"十四五"普通高等教育本科系列教材

中国电力教育协会高校能源动力类专业精品教材

汽轮机原理（少学时）

（第二版）

谢诞梅　王建梅　岳亚楠　刘先斐
张恒良　赵文胜　江海峰　姜　伟　合编
于达仁　主　审

中国电力出版社
CHINA ELECTRIC POWER PRESS

内 容 提 要

本书主要阐述了汽轮机的工作原理和基本结构。主要内容包括：汽轮机级的工作原理、多级汽轮机、汽轮机的变工况、凝汽设备及系统、汽轮机零件强度与振动、汽轮机调节及保护系统、特种汽轮机等。

本书在着重介绍汽轮机经典理论的同时，力求反映汽轮机技术领域的最新技术与发展，培养学生运用现代理论与方法解决工程实际问题的能力。

本书可作为普通高等院校本科能源动力类专业、核工程与核技术专业汽轮机原理课程的教材，也可作为高等职业教育本科热能动力工程专业的教材。

图书在版编目（CIP）数据

汽轮机原理：少学时/谢诞梅等合编．—2版．—北京：中国电力出版社，2021.7（2024.1重印）

"十四五"普通高等教育本科系列教材　中国电力教育协会高校能源动力类专业精品教材

ISBN 978-7-5198-5546-8

Ⅰ.①汽…　Ⅱ.①谢…　Ⅲ.①蒸汽透平－高等学校－教材　Ⅳ.①TK26

中国版本图书馆 CIP 数据核字（2021）第 066517 号

出版发行：中国电力出版社

地　　址：北京市东城区北京站西街 19 号（邮政编码 100005）

网　　址：http://www.cepp.sgcc.com.cn

责任编辑：吴玉贤（010-63412540）

责任校对：黄　蓓　王海南

装帧设计：郝晓燕

责任印制：吴　迪

印　　刷：三河市百盛印装有限公司

版　　次：2012 年 11 月第一版　2021 年 7 月第二版

印　　次：2024 年 1 月北京第十一次印刷

开　　本：787 毫米×1092 毫米　16 开本

印　　张：14.5　插页 1

字　　数：355 千字

定　　价：45.00 元

前 言

扫描二维码获取资源

本书自 2012 年出版以来，得到了广大读者的认可，已经多次印刷，并于 2020 年被评为中国电力教育协会高校能源动力类专业精品教材。九年多来，汽轮机技术有了很多新发展，特别是随着超（超）临界压力机组和大型核电机组运行时间的增长，出现了一些新的工程实践问题，而慕课（MOOC）及自媒体等教学手段的应用等都对教材内容和组织提出了更高的要求。结合教材在使用过程中发现的一些问题和不足，本次修订基本保留了第一版教材的体系和章节，但对内容（包括文字、公式、插图等）进行了调整、补充、删减与订正。主要修订内容包括：

（1）根据教学经验与反馈，对一些知识点和教学难点内容重新梳理并组织编写。各章主要修订内容包括：第一章蒸汽在级内的流动、长叶片级；第四章凝汽系统的类型、表面式凝汽器传热系数的计算、供水系统、空气冷却系统的传热计算；第五章叶片强度计算、转子应力计算的基本公式、汽轮机转子振动的原因分析；第七章饱和蒸汽汽轮机等。

（2）增加和补充了部分内容。包括：第四章循环供水系统中的冷却塔及冷却池；第五章叶片振动坎贝尔图、机组振动的评价标准、轴系扭转振动、汽缸强度计算、螺栓强度计算等。

（3）为了帮助读者强化对所学知识的理解，本次修订增加了配套数字资源，主要包括：隔板结构、汽轮机的滑销系统、汽轮机高中压转子模型、转子稳定运行后的温度场、核电汽轮机低压缸的三维模型等彩图资源；汽轮机叶片的振动、凝汽设备及系统、供油系统等微课资源；电磁阀组件动作原理、控制型液压执行机构的工作原理等动画资源，请在相应位置扫描二维码获取。

（4）本次修订对全书公式和图表中的符号和表达方式按照最新标准进行了统一，力求表述更加严密。

（5）在绪论等部分更新了数据，修订了各章后的思考题。

本书内容既涉及理论性很强的基础理论知识，也涉及实践性很强的专业知识。修订过程中，尽管编者们已竭尽全力，但因自身理论水平所限、实践经验积累不足，仍难免有不妥之处，恳请读者不吝赐教！

在本书的修订过程中，参阅了部分科研项目、新出版的教材、著作及学术论文等技术资料，在此谨对上述文献资料的作者致以衷心感谢！

本书由谢诞梅、岳亚楠、王建梅、刘先斐、赵文胜、张恒良、江海峰和姜伟修订。修订期间，正值 2020 年 COVID-19 肆虐全球。突如其来的疫情，给全国（特别是武汉）人民的身心造成创伤，也对修订工作产生影响。在此，向疫情期间为本书出版辛勤工作的所有同仁致以崇高的敬意！

编　者
2021.6

第一版前言

为了加强教材建设，切实贯彻教育部《关于进一步加强高等学校本科教学工作的若干意见》的精神，中国电力出版社组织编写了普通高等学校"十二五"教材规划。为适应学科发展和高等学校教学改革的要求，特组织编写适应少学时的规划教材。

汽轮机原理是能源与动力工程专业的一门重要必修课。本书取材力求保证汽轮机知识体系的系统性和完整性，同时尽量体现近年来国内外汽轮机设备的设计、制造和运行的最新成果，如超（超）临界汽轮机、双压凝汽器等技术。本书重点讲述以下内容：汽轮机级的工作原理、多级汽轮机、多级汽轮机结构、汽轮机的变工况、凝汽设备及系统、汽轮机的振动、汽轮机调节及保护系统、特种汽轮机等的基本理论和基础知识。为便于复习，每章都附有思考题。

本书由谢诞梅、戴义平、王建梅、刘先斐、张恒良、杨毅等编写。

本书由哈尔滨工业大学于达仁教授主审。于教授教学科研任务繁忙，仍然认真审阅并提出了很多中肯的修改意见，在此表示衷心的感谢。

由于时间仓促，加之编者水平所限，书中疏漏之处在所难免，恳请读者批评指正。

编　者

2012 年 7 月

目　　录

绪　　论

汽轮机（steam turbine）又称蒸汽透平，是一种以蒸汽为工质的旋转式原动机，被广泛用于现代火力发电厂和核电厂。与水轮机（water turbine）、燃气轮机（gas turbine）、风力机（wind turbine）等相比较，汽轮机具有运行平稳、单机功率大、效率高、使用寿命长等优点。汽轮机还可作为带动各种泵、风机、压缩机等的原动机。

汽轮机的连续安全经济运行决定了发电厂（火力与核动力）的经济效益。为了保证汽轮机安全经济地运行，并适应外界负荷的变化，每台汽轮机都配有调节保护装置和其他辅助设备（如凝汽设备、回热加热设备等）。汽轮机本体及其附属设备由管道和阀门连成整体，统称汽轮机设备。汽轮机与发电机的组合称为汽轮发电机组。

一、汽轮机的发展

汽轮机最早大约出现在公元前 120 年，也就是埃及人希罗（Hero）所描述的利用蒸汽反作用力而旋转的圆球（见图 0-1）。其原理如下：将水装入金属锅 1 中，加热水使其蒸发，将蒸汽用导管送入圆球，由排汽管 4 和 5 喷出，圆球则沿蒸汽喷出的反方向旋转。这是反动式汽轮机的雏形。

最早的冲动式汽轮机的雏形由意大利人布兰卡提出。如图 0-2 所示，将叶片安装在叶轮上，利用高速汽流冲击叶片，从而使叶轮旋转，这种叶轮称为布兰卡轮。

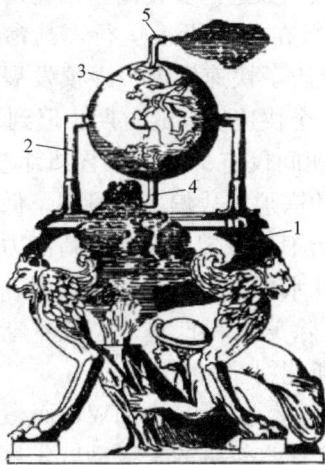

图 0-1　反动式汽轮机雏形　　　　图 0-2　冲动式汽轮机的雏形　　　微课 1-绪论
1—金属锅；2—导管；3—圆球；4、5—排汽管

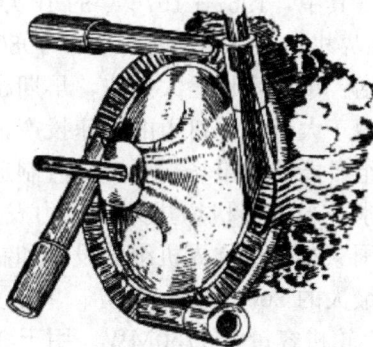

单级冲动式汽轮机是 1883 年由瑞典工程师拉瓦尔发明制造的，其主要参数如下：进汽压力为 1.034MPa，进汽温度为 204.4℃，排汽压力为 6.8kPa，转速为 25 000r/min，功率为 3.73kW。

多级反动式汽轮机、速度级和多级冲动式汽轮机分别出现在 1884、1896 年和 1902 年。

由于这些汽轮机的汽流方向均与转轴的轴线方向一致，所以也称为轴流式汽轮机。1912 年，瑞士人制成了反动式辐流式汽轮机，如图 0-3 所示。1930 年，德国西门子公司将辐流式高压级与任何一种普通的轴流式低压级结合，制成了一种能采用较高参数的汽轮机，如图 0-4 所示的多级轴流式汽轮机。

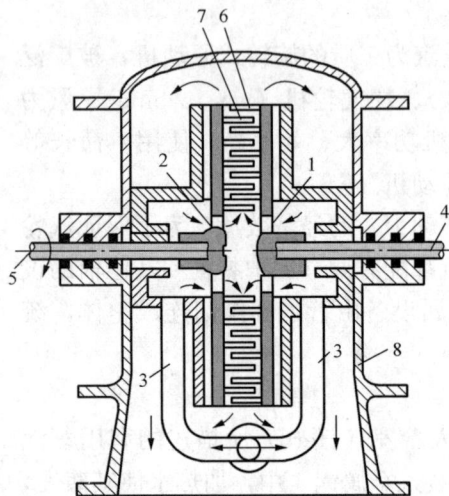

图 0-3　反动式辐流式汽轮机

1、2—叶轮；3—新蒸汽管；
4、5—轴；6、7—叶片；8—汽缸

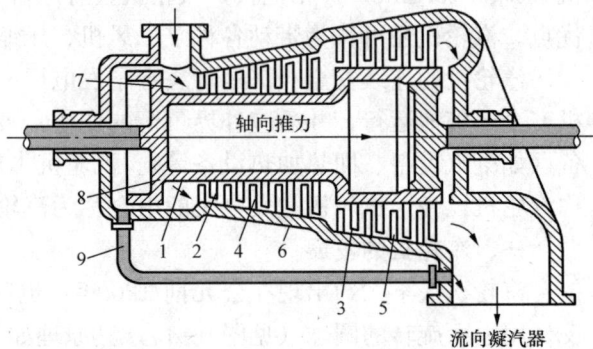

图 0-4　多级轴流式汽轮机

1—轮毂；2、3—动叶片；4、5—静叶片；6—汽缸；
7—环形蒸汽管；8—平衡活塞；9—连通管

　　进入 20 世纪 40 年代以后，汽轮机的发展非常迅速，蒸汽参数进一步提高，结构日趋完善，单机功率连续攀升。1957 年，世界上第一台超临界机组在美国投入运行，其参数为 31MPa/621℃/621℃，功率为 125MW。之后，超临界机组经历了快速发展、谨慎发展和大力发展的反复过程。其中，1967—1976 年的 10 年期间，是一个快速发展的时期。但到了 20 世纪 70 年代，超临界机组的订货急剧下降，1980—1989 年期间仅有 7 台超临界机组投运。究其原因，主要包括：单机容量增大过快，早期超临界机组的锅炉事故偏多，可用率低及维修费用高。另外，由于大量核电机组的迅速投产，以及当时尚不具备带周期性负荷能力等原因，使得超临界机组不能适合市场需要。随着制造技术、设计水平和材料技术的发展，加上能源危机和环保要求，超临界机组进入了大力发展的阶段。除美国和日本外，俄罗斯、德国、瑞士和捷克等国家都在超临界机组的设计和制造方面有所建树。

　　目前，世界上最大的 3000r/min 单机、单轴火电厂汽轮机容量为 1200MW，而最大的 1500r/min 核电厂汽轮机容量为 1750MW。用于 3000r/min 全速汽轮机的末级动叶长度已经达到 1415mm；长度为 1828mm 的末级动叶片已经用在 CAP1400 的半转速汽轮机上；长度为 1900mm 等级的叶片也已经开发出来；目前正在开发 2000mm 等级的长叶片。

　　经过 100 余年的发展，汽轮机已广泛用于燃煤发电、核能发电、蒸汽 - 燃气联合循环发电、地热发电和太阳能集热发电等领域。世界上著名的汽轮机生产厂有通用公司（GE）、西屋公司（WH）、西门子公司（SIMENS）、阿尔斯通公司（ALSTOM）、日立公司（HITACHI）、东芝公司（TOSHIBA）、三菱公司（MITSUBISHI），以及列宁格勒金属工厂（LMZ）等。

　　我国 1955 年开始生产第一台中压 6MW 汽轮机，20 世纪 70 年代开始生产超高参数、具有中间再热的 125、200MW 和亚临界 300MW 汽轮机。进入 21 世纪，随着我国电力工业步入快速发展轨道，国内三大汽轮机制造厂，通过引进国外先进技术（上海汽轮机厂采用西门子、西屋公司的技术，哈尔滨汽轮机厂采用三菱技术，东方汽轮机厂采用日立技术），在汽轮机设计、制造等方面有了长足的进步，生产出 600MW 等级和 1000MW 超（超）临界汽轮机。2004 年 11 月，首台国产超临界机组在河南沁北电厂正式投入运行，汽轮机为哈尔滨汽轮机厂生产；2006 年 11 和 12 月，国产 1000MW 超超临界机组分别在浙江玉环电厂和山东邹县电厂正式投入商业运行，汽轮机分别为上海汽轮机厂和东方汽轮机厂生产。而北重阿尔斯通（北京）电气设备有限公司则采用阿尔斯通公司技术，其生产的 600MW 超临界汽轮机也已投入运行。

到 2020 年底，我国电力总装机容量超过 22 亿 kW，各大电网的主力机组为 600MW 或 1000MW 的机组，其中由汽轮机驱动的燃煤和核电机组约占 70%。

核电厂汽轮机与普通火电厂汽轮机，两者无论在理论、结构，还是在设计、运行等方面均基本类似。所不同的是火电厂汽轮机一般采用过热蒸汽，而核电厂汽轮机则采用饱和蒸汽。另外，由于核电厂采用核燃料，给核电厂汽轮机带来一些特殊问题。本书重点介绍火电厂汽轮机的内容。

二、汽轮机的分类和型号

1. 汽轮机的分类

根据汽轮机的工作原理、热力过程特性、蒸汽参数的不同，可对汽轮机进行分类。

（1）按工作原理分类。

1）冲动式汽轮机。（大部分）由冲动级组成的汽轮机称为冲动式汽轮机。在冲动式汽轮机中，蒸汽主要在喷嘴中膨胀，在动叶中仅有少量膨胀。因此，汽轮机主要依靠蒸汽冲击力做功。

2）反动式汽轮机。由反动级组成的汽轮机称为反动式汽轮机。在反动式汽轮机中，蒸汽在喷嘴和动叶中的膨胀程度基本相同。由于反动级不宜做成部分进汽，故反动式汽轮机的调节级采用单列冲动级或双列速度级。

（2）按热力过程特性分类。

1）凝汽式汽轮机。进入汽轮机的蒸汽除少量从轴封泄漏和抽出加热锅炉给水外，其余蒸汽在能量转换后全部排入凝汽器。

2）背压式汽轮机。排汽压力大于大气压力的汽轮机。由于其排汽可供工业或生活使用，使蒸汽的热能得到充分利用，热经济性最好。当其排汽供中低压汽轮机使用时，称为前置式汽轮机。

3）调整抽汽式汽轮机。从汽轮机的某级后抽出部分一定压力的蒸汽对外供热，排汽仍排入凝汽器。由于热用户对供热量和供热压力有一定的要求，需要对供热抽汽压力进行自动调节（回热抽汽压力无需进行调节），故称这类汽轮机为调整抽汽式汽轮机。

4）中间再热式汽轮机。进入汽轮机的蒸汽膨胀到某一压力后，将其全部抽出，送往锅炉再热器进行再加热，再热后的蒸汽又返回汽轮机继续膨胀做功，最后排入凝汽器。

5）混压式汽轮机。采用两种不同压力的蒸汽进行能量转换，压力较高的蒸汽从调节级前引入，而压力较低的蒸汽从某一中间级引入，两股蒸汽混合，继续膨胀做功。该类汽轮机的效率通常比较低。

（3）按蒸汽参数分类。

1）低压汽轮机。主要用于主蒸汽压力小于 1.5MPa、主蒸汽温度小于 360℃，且功率通常小于或等于 3MW 的机组。

2）中压汽轮机。主要用于主蒸汽压力为 2～4MPa、主蒸汽温度为 370～450℃，且功率通常小于 50MW 的机组。

3）高压汽轮机。主要用于主蒸汽压力为 6～10MPa、主蒸汽温度为 480～535℃，且功率通常为 25～100MW 的机组。

4）超高压汽轮机。主要用于主蒸汽压力为 12～14MPa、主蒸汽温度为 535～550℃，且功率通常大于 100MW 的机组。

5）亚临界汽轮机。主要用于主蒸汽压力为 16～18MPa、主蒸汽温度为 535～550℃，且功率通常大于 200MW 的机组。

6）超临界汽轮机。主要用于主蒸汽压力大于 22.5MPa、主蒸汽温度大于 560℃，且功率通常大于或等于 300MW 的机组。

7）超超临界汽轮机。主要用于主蒸汽压力大于或等于 27MPa、主蒸汽温度大于或等于 600℃，且功率通常大于或等于 600MW 的机组。

此外，按照汽缸的数目可将汽轮机分为单缸、多缸汽轮机；按照布置方式，可将汽轮机分为单轴、双轴汽轮机；按照汽流的流动方向，可将汽轮机分为轴流式和辐流式汽轮机；按照用途，可将汽轮机分为电厂汽轮机、工业汽轮机和船用汽轮机等。

2. 汽轮机的型号

根据国家的有关标准，我国生产的汽轮机所采用的系列标准及型号已经统一，其表示方法如下：

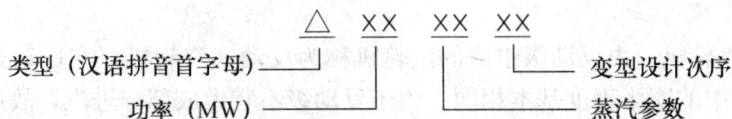

```
              △    ××    ××   ××
类型（汉语拼音首字母）─┘          └─ 变型设计次序
    功率（MW）─┘              └─ 蒸汽参数
```

我国汽轮机的型号代号通常用汉语拼音的第一个字母表示，见表 0-1。

表 0-1　　　　　　　　　　　　　汽轮机汉语拼音代号

代号	N	B	C	CC	CB	CY	HN	Y
类型	凝汽式	背压式	抽汽式	二次调整抽汽式	抽汽背压式	船用	核电	移动式

我国汽轮机型号中表示参数的方法见表 0-2，其中功率单位为 MW，蒸汽压力单位为 MPa，蒸汽温度单位为℃。

表 0-2　　　　　　　　　　　汽轮机型号中表示参数的方法

汽轮机类型	蒸汽参数表示方法	示例
凝汽式	主蒸汽压力/主蒸汽温度	N100-8.43/535
中间再热式	主蒸汽压力/主蒸汽温度/再热蒸汽温度	N300-16.7/538/538
一次调整抽汽式	主蒸汽压力/调整抽汽压力	C12-3.43/0.98
二次调整抽汽式	主蒸汽压力/高压抽汽压力/低压抽汽压力	CC50-8.83/0.98/0.147
背压式	主蒸汽压力/排汽压力	B25-8.83/0.98

第一章 汽轮机级的工作原理

汽轮机是以蒸汽为工质并利用其热能做功的旋转式原动机。与其他类型的原动机相比,汽轮机具有转速快、效率高、单机功率大、运行安全可靠等特点,在电力、冶金、化工、航运等领域中得到广泛的应用。

第一节 汽轮机级的分类

一、汽轮机级的概念及工作原理

蒸汽在汽轮机内流动的过程中,将蒸汽携带的热能转变为动能,然后将动能转变为旋转轴所输出的机械功,即蒸汽在汽轮机内的流动过程中完成热能到机械功的转变。汽轮机中蒸汽流动的通道称为通流部分,它由一系列叶栅(由多个叶片相连构成)组成,固定在静止部件上的叶栅称为静叶栅(或喷嘴叶栅),固定在转动部件上的叶栅称为动叶栅。一列喷嘴叶栅和其后相应的动叶栅构成的基本做功单元称为汽轮机的级,级是蒸汽进行能量转换的基本单元。喷嘴叶栅将蒸汽的热能转变为动能,动叶栅将蒸汽的动能转化为机械功。汽轮机级的结构如图1-1所示。

汽轮机中蒸汽动能到机械能的转换,一般通过两种不同的工作原理来实现,即冲动原理和反动原理。

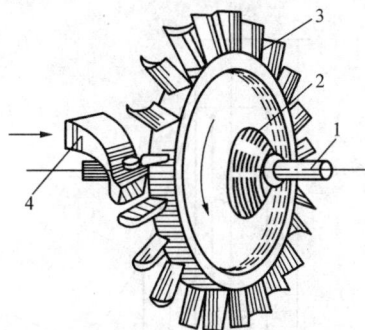

图1-1 汽轮机级的结构

1—轴;2—叶轮;3—动叶片;4—喷嘴

1. 蒸汽的冲动原理

当运动的物体受到另一个静止的或运动速度较低的物体阻碍时,对阻碍物体产生的作用力,称为冲动力。运动物体质量越大,受阻前后的速度矢量变化就越大,则冲动力越大。若在冲动力作用下,阻碍运动的物体速度发生改变,则阻碍物体就做出了机械功。在汽轮机中,当蒸汽在喷嘴中获得高速动能后,从喷嘴中流出,进入动叶。高速蒸汽流流过动叶栅时,其动量发生改变,从而对动叶栅产生冲动力。

蒸汽流过喷嘴及动叶流道如图1-2所示。冲动力(F_t)做功的特点是蒸汽在动叶流道中不膨胀,动叶流道不收缩,蒸汽仅将喷嘴中获得的动能转变为机械功。

2. 蒸汽的反动原理

原来静止的或运动速度较小的物体,在获得加速度时所产生的一个与物体运动方向相反的作用力,称为反动力。动叶流道前后压差越大,膨胀加速就越明显,则反动力越大。

蒸汽在动叶流道中产生的反动力(F_r)如图1-3所示。反动力做功的特点是蒸汽在动叶流道中不仅要改变方向,而且要膨胀加速,动叶流道为渐缩型。随着反动力的产生,蒸汽在动叶栅内完成了两种能量转换,即蒸汽在动叶栅内进行膨胀,将蒸汽的热能转化为蒸汽流动的动能;同时随着蒸汽的加速流动,又对动叶栅产生一个反动力,推动转子转动,完成动能到机械能的转换。

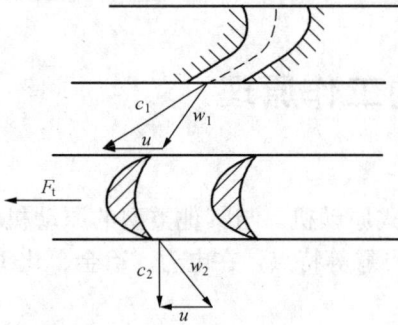

图 1-2　蒸汽流过喷嘴及动叶流道

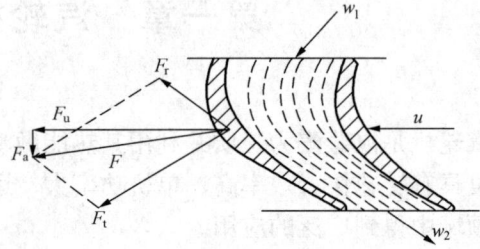

图 1-3　蒸汽在动叶流道中产生的反动力

二、反动度和级的类型

蒸汽在级中膨胀的热力过程线如图 1-4 所示。图中 p_0^* 为喷嘴前的滞止压力，p_0 为喷嘴前的压力，p_1 为喷嘴后的压力，p_2 为动叶后的压力，Δh_t^* 为级的滞止理想比焓降，Δh_t 为级的理想比焓降，Δh_n^* 为喷嘴的滞止理想比焓降，Δh_n 为喷嘴的理想比焓降，Δh_b 为动叶的理想比焓降。一般情况下，动叶栅是在冲动力和反动力的共同作用下来进行能量转换的。由于冲动原理和反动原理做功方式的不同，使蒸汽在动叶流道内的膨胀程度不同，这种差别用反动度 Ω 表示。Ω_m 为级的平均反动度，是指在级的平均直径截面上的反动度，其值等于蒸汽在动叶栅的理想比焓降 Δh_b 与整级的滞止理想比焓降 Δh_t^* 之比，即

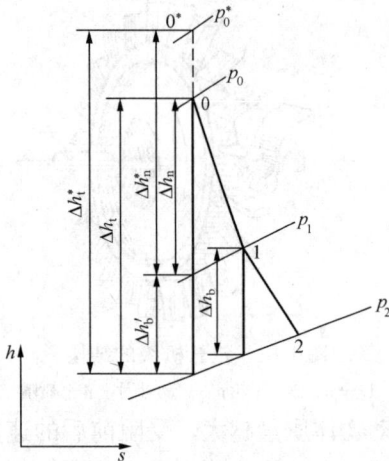

图 1-4　蒸汽在级中膨胀的热力过程线

$$\Omega_m = \frac{\Delta h_b}{\Delta h_t^*} \approx \frac{\Delta h_b}{\Delta h_n^* + \Delta h_b} \qquad (1-1)$$

根据蒸汽在汽轮机内能量转换的特点，可将汽轮机的级分为纯冲动级、带反动度的冲动级、反动级和复速级等几种。它们之间在热力过程方面的差别主要是蒸汽在动叶流道内的膨胀程度，即反动度 Ω_m 有所不同。

1. 纯冲动级

反动度 $\Omega_m = 0$ 的级称为纯冲动级。蒸汽只在喷嘴叶栅中进行膨胀，而在动叶栅中蒸汽不膨胀。动叶流道为等截面流道 [见图 1-5 (a)]，当不考虑损失时，其进出口压力相等，仅利用冲击力来做功。

纯冲动级中 $p_1 = p_2$，$\Delta h_b = 0$，$\Delta h_n^* = \Delta h_t^*$。

2. 带反动度的冲动级

反动度 $\Omega_m = 0.05 \sim 0.2$ 的级称为冲动级。蒸汽的膨胀大部分在喷嘴叶栅中进行，只有一小部分在动叶栅中进行。由于蒸汽在动叶流道中膨胀程度很小，产生的反动力较小，所以冲动级主要利用冲动力来做功，其动叶流道沿汽流方向有一定的收缩 [见图 1-5 (b)]。这种级具有冲动级和反动级的特点，其做功能力高于反动级，效率又高于纯冲动级。

冲动级中，$p_1 > p_2$，$\Delta h_n > \Delta h_b > 0$。

3. 反动级

反动度 $\Omega_m \approx 0.5$ 的级称为反动级。蒸汽的膨胀一半在喷嘴中进行，一半在动叶中进行，

动叶叶型与喷嘴叶型完全相同［见图 1-5（c）］。反动级的动叶栅中不仅存在冲动力，还存在较大的反动力做功，基本上冲动力和反动力做功各占一半。反动级的流动效率高于纯冲动级，但做功能力较小。

反动级中，$p_1 > p_2$，$\Delta h_n \approx \Delta h_b \approx 0.5 \Delta h_t$。

4. 复速级

在叶轮上装有两列动叶栅，并在两列动叶栅之间装有一列固定不动的导向叶栅，这种级称为复速级，也称双列速度级［见图 1-5（d）］。复速级可以是纯冲动式的，也可以带有一定的反动度，即蒸汽除了在喷嘴中进行膨胀外，也可在两列动叶和导叶中进行适当的膨胀。由于复速级采用了两列动叶栅，其做功能力要比单列冲动级大，通常适用于承担比焓降较大的级。

相对于复速级，将由一列喷嘴叶栅和一列动叶栅构成的级称为单列级。根据汽轮机通流部分的变化特点，又可将汽轮机的级分为调节级和压力级。压力级一般是指调节级后的各非调节级。由流量相同、通流面积确定的若干个相邻的级构成汽轮机的级组。根据蒸汽容积流量的大小和在汽轮机各级中的变化情况，将压力级分为三种不同的级组：高压级组、中压级组和低压级组。图 1-5 所示为蒸汽流经各种级的通流部分时，级内蒸汽压力和速度的变化示意。

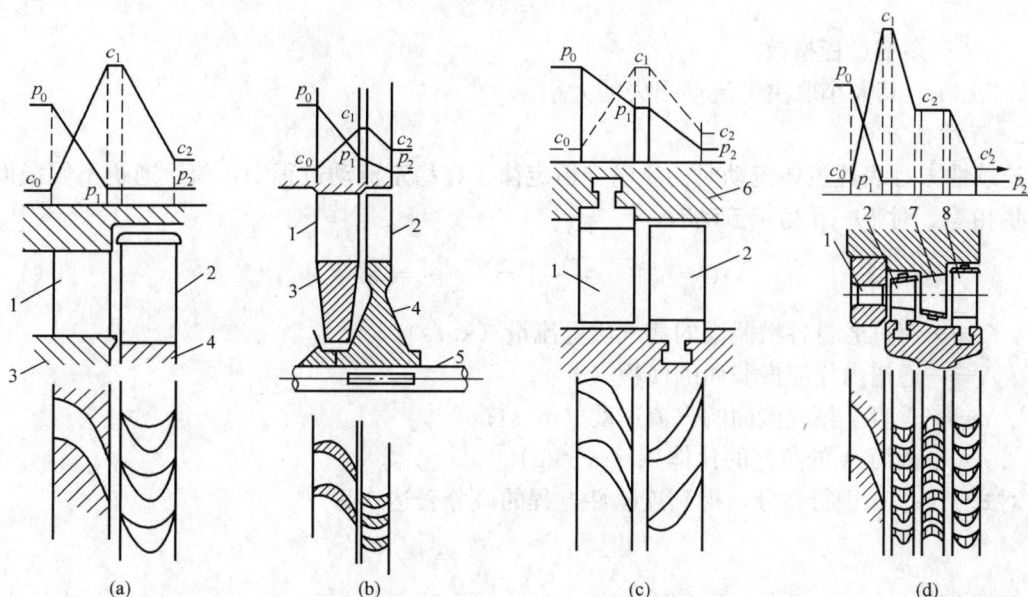

图 1-5　级内蒸汽压力和速度的变化示意

（a）纯冲动级；（b）冲动级；（c）反动级；（d）复数级

1—喷嘴；2—动叶；3—隔板；4—叶轮；5—轴；6—静叶持环；7—导向叶片；8—第二列动叶

三、汽轮机级内能量转换的特点

蒸汽在汽轮机级内的能量转换过程，是先将蒸汽的热能在其喷嘴叶栅中转换为蒸汽所具有的动能，然后将蒸汽的动能在动叶栅中转换为轴所输出的机械功。由一个级构成的汽轮机称为单级汽轮机，由若干个级构成的汽轮机称为多级汽轮机。因此，研究级的工作原理，就掌握了整个汽轮机工作原理的核心。

蒸汽在汽轮机内的能量转换是在喷嘴叶栅和动叶栅内流动的过程中进行的。研究汽轮机级内的能量转换，就要研究蒸汽在喷嘴叶栅和动叶栅中的流动特性、做功原理及流动过程中产生的损失等，并掌握它们之间的数量关系，了解能量转换的本质。

在实际情况下，蒸汽在叶栅通道中流动时，汽流的各项参数沿着三个坐标方向均有变化，同时又具有不稳定流的性质，应属于有黏性、非定常的三元流动。但为了便于分析和研究，通常将叶栅内的流动简化为绝热、稳定的一元流动。简化之后，就可以方便地研究叶栅流道内的能量转换规律。

1. 过程方程

根据工程热力学的基本理论，蒸汽等熵过程的过程方程为

$$pv^\kappa = 常数$$

式中　p——气体压力（Pa）；

　　　v——气体比体积（m^3/kg）；

　　　κ——等熵指数。

κ 对水蒸气不是常数，通常取其平均值：过热蒸汽 $\kappa=1.3$；干饱和蒸汽 $\kappa=1.135$；湿蒸汽 $\kappa=1.035+0.1x$，其中 x 为蒸汽干度。

由于蒸汽的实际膨胀做功过程是有损失的绝热过程，称为多变过程，其过程方程为

$$pv^n = 常数 \tag{1-2}$$

式中　n——多变过程指数。

$1<n<\kappa$，其大小取决于流动损失的大小。

2. 连续性方程

连续性方程表达流体流动时的质量守恒定律。在稳定流动过程中，流过通道不同截面上的流量相等。对于一元稳定流动有

$$G = \frac{Ac}{v} = \frac{A_1 c_1}{v_1} = \frac{A_2 c_2}{v_2} = 常数 \tag{1-3}$$

式中　G——流过通道各横截面的蒸汽质量流量（kg/s）；

　　　A——通道内相应横截面的面积（m^2）；

　　　c——垂直于相应截面的汽流速度（m/s）；

　　　v——截面 A 处蒸汽的比体积（m^3/kg）。

对式（1-3）进行微分，得到连续性方程的微分表达式为

$$\frac{\mathrm{d}A}{A} + \frac{\mathrm{d}c}{c} - \frac{\mathrm{d}v}{v} = 0$$

上式表示一元稳定流动中汽流速度 c 和比体积 v 的变化率与通道截面积变化之间的关系。在流动过程中，亚声速汽流的速度变化率大于其比体积变化率，通道截面积将随速度的增大而减小；超声速汽流的速度变化率小于其比体积变化率，通道截面积将随速度的增大而增大。

3. 能量方程

根据热力学第一定理，一元稳定流动热力系的能量方程为

$$h_0 + \frac{c_0^2}{2} + q = h_1 + \frac{c_1^2}{2} + w \tag{1-4}$$

式中　h_0、c_0——蒸汽流入喷嘴热力系时的比焓值（J/kg）和流速（m/s）；

　　　h_1、c_1——蒸汽流出喷嘴热力系时的比焓值（J/kg）和流速（m/s）；

　　　q——每千克蒸汽与外界交换的热量（J/kg），从外界吸热 q 为正，对外界放热 q 为负；

　　　w——每千克蒸汽对外界做的机械功（J/kg）。

　　单级冲动式汽轮机级的结构示意如图 1-6 所示。具有一定温度和压力的蒸汽先在固定不动的喷嘴流道中膨胀加速，蒸汽的压力、温度降低，速度增加，将蒸汽所携带的部分热能转变为蒸汽的动能。从喷嘴叶栅喷出的高速汽流，以一定的方向进入装在叶轮上的动叶栅，在动叶流道中汽流改变速度的方向和大小，对动叶栅产生作用力，推动叶轮旋转做功，通过汽轮机轴对外输出机械功，完成动能到机械功的转换。

　　由上述可知，汽轮机中的能量转换经历了两个阶段：第一阶段是在喷嘴叶栅中将蒸汽所携带的热能转变为蒸汽具有的动能，第二阶段是在动叶栅中将蒸汽的动能转变为轴所输出的机械功。

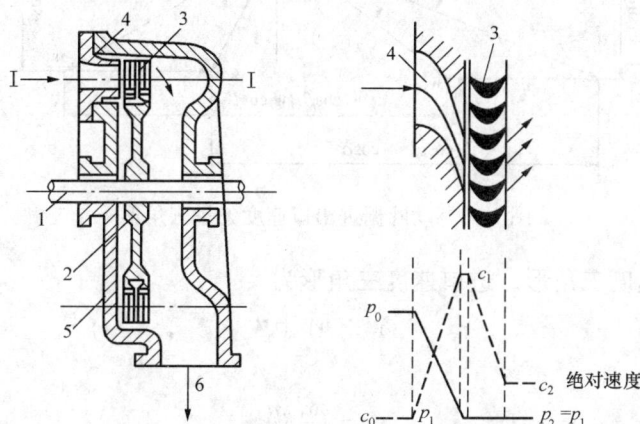

图 1-6　单级冲动式汽轮机级的结构示意

1—轴；2—叶轮；3—动叶片；4—喷嘴；5—汽缸；6—排汽口

第二节　蒸汽在级内的流动

一、蒸汽在级内的膨胀过程

1. 蒸汽在喷嘴内能量转换的条件

　　蒸汽在汽轮机级内进行能量转换，必须具备相应的条件。首先，蒸汽应具备一定可供转换的能量。汽轮机是利用蒸汽的热能做功的，因此为了使能量转换够顺利进行，首先，要求蒸汽具有一定的可用热能，即蒸汽需具有足够高的温度和压力，而且喷嘴叶栅的进口蒸汽压力必须高于其出口蒸汽压力，即喷嘴进出口应具有一定的蒸汽压差。其次，进行能量转换的叶栅也需具备有一定的结构条件。如叶栅流道截面积的变化应满足连续流动方程；叶片的截面应为流线型，流道应具有良好的几何形状；流道的壁面应为光滑的表面，以保证流道内的流动损失尽可能小。同时，为了在动叶栅内使更多的动能转化为机械功，动叶栅结构形式应满足汽流产生冲动力和反动力的要求，即动叶栅必须是弯曲的渐缩形流道，且可以绕轴线运动。此外，喷嘴叶栅喷出的高速汽流应能顺利进入动叶栅，以减少流动损失，故喷嘴叶栅也应为弯曲的流道，如图 1-7 所示。当具备了这样的能量条件和结构条件后，蒸汽的能量转换才能顺利地在汽轮机的级内完成。

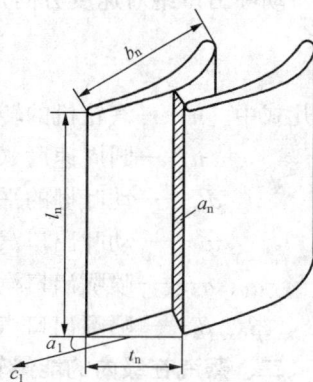

图 1-7　喷嘴流道

2. 动叶进出口速度三角形

蒸汽在动叶栅内流动时，与喷嘴叶栅的最大区别在于：喷嘴叶栅是固定不动的，而动叶栅是随着叶轮一起旋转的，即动叶栅存在一个圆周运动速度 u，因此蒸汽在动叶栅中的流动是相对运动。根据相对运动的原理，蒸汽的绝对运动速度 c、相对动叶栅的运动速度 w 和动叶栅圆周运动速度 u 之间的矢量关系为 $c = w + u$。可用矢量三角形表示，如图 1-8 所示。

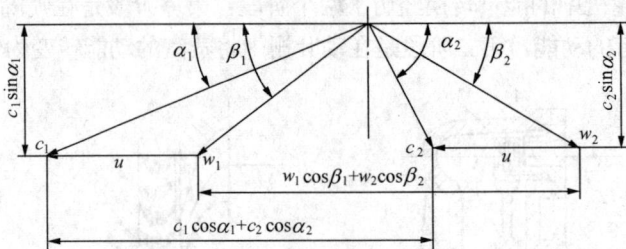

图 1-8　动叶栅进出口速度矢量三角形

（1）动叶进口速度三角形。进口速度三角形为

$$c_1 = w_1 + u$$

圆周速度为

$$u = \frac{\pi d_m n}{60} \qquad (1-5)$$

动叶进口相对速度为

$$w_1 = \sqrt{c_1^2 + u^2 - 2uc_1\cos\alpha_1} \qquad (1-6)$$

动叶进口汽流相对方向角为

$$\beta_1 = \arcsin\frac{c_1\sin\alpha_1}{w_1} \qquad (1-7)$$

（2）动叶出口速度三角形。出口速度三角形为

$$c_2 = w_2 + u$$

动叶出口绝对速度为

$$c_2 = \sqrt{w_2^2 + u^2 - 2w_2 u\cos\beta_2} \qquad (1-8)$$

动叶出口绝对速度方向角为

$$\alpha_2 = \arctan\frac{w_2\sin\beta_2}{w_2\cos\beta_2 - u} \qquad (1-9)$$

上几式中　　n——汽轮机的转速（r/min）；

u——圆周速度（m/s）；

d_m——动叶栅的平均直径（m）；

w_2——动叶出口汽流相对速度（m/s）；

α_1、α_2——喷嘴出口汽流绝对速度方向角和动叶出口汽流绝对速度方向角；

β_1、β_2——喷嘴出口汽流相对速度方向角和动叶出口汽流相对速度方向角。

二、蒸汽在级内的能量转换

1. 蒸汽在喷嘴叶栅内的能量转换

蒸汽在汽轮机喷嘴中将其所携带的热能转换为动能。喷嘴在汽轮机中固定不动，故不对外做功。由于蒸汽微团通过喷嘴叶栅流道时所需的时间极短，且叶栅各流道排列在一起，其散热损失与其转换的能量相比非常小，即可以认为蒸汽在喷嘴中流动时与外界无热交换，故可将该热力过程简化为绝热过程。蒸汽在喷嘴中膨胀的热力过程线如图 1-9 所示。

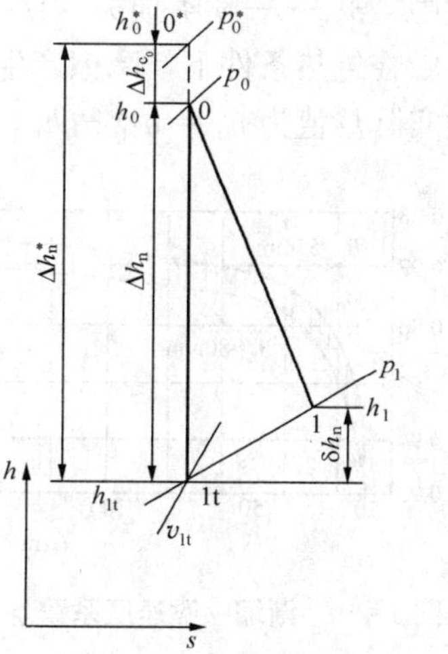

若不计流动中的摩擦损失，则该能量转换过程为等熵过程。根据能量守恒定理得到喷嘴内的能量转换方程为

$$h_0 + \frac{c_0^2}{2} = h_{1t} + \frac{c_{1t}^2}{2} = h_0^*$$

式中　h_0、c_0——喷嘴叶栅进口蒸汽的比焓值（J/kg）和实际流速（m/s）；

h_{1t}、c_{1t}——喷嘴叶栅出口蒸汽的理想比焓值（J/kg）和理想速度（m/s）；

h_0^*——喷嘴叶栅进口蒸汽的滞止比焓值（J/kg）。

图 1-9　蒸汽在喷嘴中膨胀的热力过程线

$$\Delta h_n = h_0 - h_{1t} = \frac{c_{1t}^2}{2} - \frac{c_0^2}{2}$$

于是喷嘴出口理想速度为

$$c_{1t} = \sqrt{2(h_0 - h_{1t}) + c_0^2} = \sqrt{2\Delta h_n + c_0^2}$$
$$= \sqrt{2(h_0^* - h_{1t})} = \sqrt{2\Delta h_n^*} \tag{1-10}$$

式中　Δh_n、Δh_n^*——蒸汽在喷嘴叶栅中的理想比焓降和滞止理想比焓降（J/kg）。

蒸汽在喷嘴叶栅中的流动是有损失的，包括黏性气体的摩擦损失、膨胀过程中的不可逆损失等，若考虑到实际流动过程中存在损失，则实际的能量转换方程应表示为

$$h_0 + \frac{c_0^2}{2} = h_1 + \frac{c_1^2}{2} = h_0^*$$

式中　h_1、c_1——喷嘴叶栅出口蒸汽的实际比焓值（J/kg）和实际流速（m/s）。

蒸汽在喷嘴叶栅内流动时，由于蒸汽是具有一定黏性的实际气体，在流动过程中汽流与流道壁面之间、汽流各部分之间存在碰撞和摩擦，产生损失，称为喷嘴损失 δh_n。流动损失使喷嘴叶栅出口的实际蒸汽速度（c_1）小于蒸汽的理想流速（c_{1t}）。一般将实际速度与理想速度的比值称为喷嘴速度系数，用符号 φ 表示，其值通过试验求取。φ 值的大小与喷嘴结构形式及喷嘴压力比有关，一般情况下，$\varphi = 0.95 \sim 0.97$。

喷嘴速度系数的表达式为

$$\varphi = \frac{c_1}{c_{1t}}$$

喷嘴出口实际速度为

$$c_1 = \varphi c_{1t} = \varphi \sqrt{2\Delta h_n + c_0^2} = \varphi \sqrt{2\Delta h_n^*}$$

喷嘴损失是蒸汽在流道内摩擦损耗的动能，用 δh_n 表示，即

$$\delta h_n = \frac{1}{2}(c_{1t}^2 - c_1^2) = \frac{1}{2}(1 - \varphi^2)c_{1t}^2 \tag{1-11}$$

式中　δh_n——喷嘴损失（J/kg）。

在绝热条件下，摩擦产生的热量被蒸汽吸收，使蒸汽的焓值增加，则喷嘴叶栅出口蒸汽的实际焓值为 $h_1 = h_{1t} + \delta h_n$。

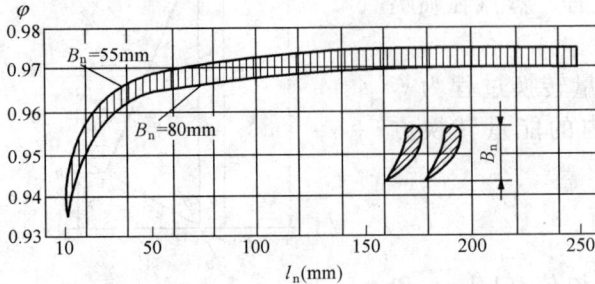

图 1-10　渐缩喷嘴速度系数 φ 与喷嘴叶高 l_n 的关系曲线

喷嘴速度系数 φ 值的大小主要与喷嘴高度 l_n、叶型、流道表面粗糙度及流速等因素有关，通常采用试验方法确定。图 1-10 所示为渐缩喷嘴速度系数 φ 与喷嘴叶高 l_n 的关系曲线。该曲线是喷嘴叶宽 B_n 在 55～80mm 的范围内，在不同叶高条件下通过试验绘制而成的。图中随喷嘴叶高 l_n 的增加，φ 值逐渐增加，当 $l_n < 10 \sim 12$mm 时，φ 值急剧下降。因此，为了减少喷嘴损失，要求 $l_n \geqslant 12$mm。

2. 蒸汽在动叶栅中的能量转换

将动叶视为相对静止时，蒸汽以相对速度 w 流过动叶栅。采用相对速度 w 来研究动叶栅中的能量转换，与以绝对速度研究蒸汽在喷嘴中的能量转换类似。根据一元稳定流动能量方程，动叶栅的能量方程可表示为

$$h_1 + \frac{w_1^2}{2} = h_{2t} + \frac{w_{2t}^2}{2} = h_1^*, \quad \Delta h_b = h_1 - h_{2t} = \frac{w_{2t}^2}{2} - \frac{w_1^2}{2}$$

则
$$w_{2t} = \sqrt{2(h_1 - h_{2t}) + w_1^2} = \sqrt{2\Delta h_b + w_1^2} = \sqrt{2\Delta h_b^*} \tag{1-12}$$

式中　h_{2t}、w_{2t}——动叶栅出口蒸汽的理想比焓值（J/kg）和理想速度（m/s）；

h_1^*——动叶栅进口蒸汽的滞止理想比焓降（J/kg）；

Δh_b、Δh_b^*——蒸汽在动叶栅内的理想比焓降和滞止比焓（J/kg）。

图 1-11 所示为蒸汽在动叶栅中膨胀的热力过程线。当动叶栅中仅存在冲动力做功时，$\Delta h_b = 0$。

实际上，蒸汽在动叶流道内流动时也存在各种损失，这就导致蒸汽在动叶出口的实际相对速度 w_2 小于其出口的理想相对速度 w_{2t}。

动叶出口实际相对速度与理想相对速度的比值称为动叶速度系数，用符号 ψ 表示，即

$$\psi = w_2 / w_{2t}$$

动叶出口实际速度为

$$w_2 = \psi w_{2t} = \psi \sqrt{2\Delta h_b + w_1^2} = \psi \sqrt{2\Delta h_b^*}$$

ψ 的大小与动叶流道的几何形状和动叶内蒸汽的膨胀程度等因素相关，其中与 l_b 和 Ω_m 的关系最为密切，且 ψ 随 l_b 和 Ω_m 的增大而增大。其值可通过试验求取，试验结果表明，现代汽轮机的动叶栅，常取 $\psi = 0.90 \sim 0.95$。图 1-12 所示为仅考虑 ψ 随 Ω_m 及 w_{2t} 变化的关系曲线。

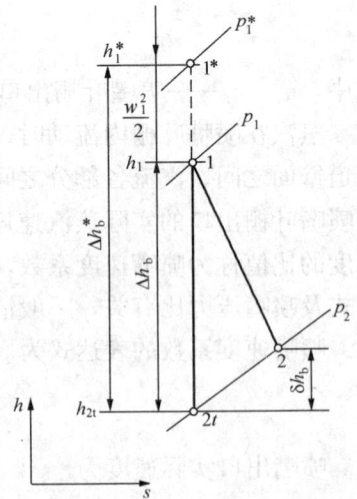

图 1-11　蒸汽在动叶栅中膨胀的热力过程线

蒸汽在流道内因摩擦而损耗的动能称为动叶损失，用 δh_b 表示，即

$$\delta h_b = \frac{1}{2}(w_{2t}^2 - w_2^2) = \frac{1}{2}(1 - \psi^2)w_{2t}^2$$

$$(1 - 13)$$

在绝热条件下，因摩擦产生的热量被蒸汽吸收，使动叶出口的焓值增加，动叶出口的实际焓值为 $h_2 = h_{2t} + \delta h_b$。

当蒸汽离开动叶栅时，仍具有一定的绝对速度 c_2，这部分速度将带走一部分蒸汽做功的能量，这部分动能称为余速损失 δh_{c_2}，表示为

$$\delta h_{c_2} = \frac{c_2^2}{2} \qquad (1 - 14)$$

三、蒸汽流过级内的流量

1. 喷嘴的理想流量

根据稳定流动连续性方程，对于具有一定出口面积 A_n 的渐缩喷嘴，流过喷嘴叶栅的理想流量 G_{nt} 为

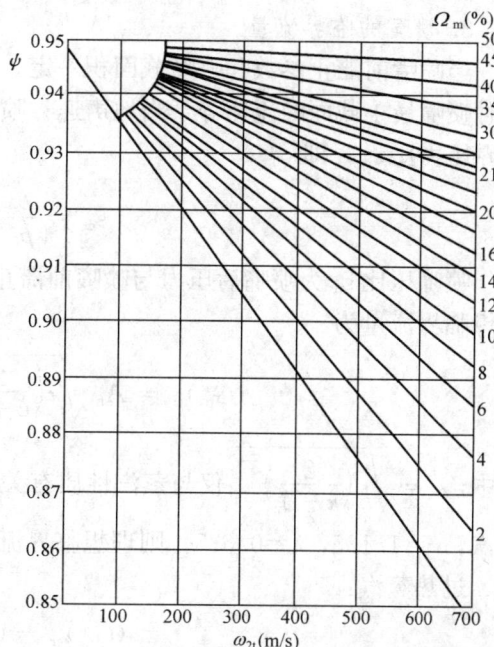

图 1 - 12 动叶速度系数 ψ 随 Ω_m 及 w_{2t} 变化的关系曲线

$$G_{nt} = \frac{A_n c_{1t}}{v_{1t}} \qquad (1 - 15)$$

2. 喷嘴的实际流量

蒸汽在喷嘴内的流动过程存在摩擦损失，故流过喷嘴的实际流量 G_n 小于理想流量 G_{nt}，其实际流量为

$$G_n = \frac{A_n c_1}{v_1} \qquad (1 - 16)$$

令 $\mu_n = G_n / G_{nt}$ 为喷嘴流量系数，将式（1 - 15）和式（1 - 16）两式代入得

$$\mu_n = \frac{c_1}{c_{1t}} \times \frac{v_{1t}}{v_1} = \varphi \frac{v_{1t}}{v_1} \qquad (1 - 17)$$

由式（1 - 17）可知，喷嘴流量系数 μ_n 不仅与 φ 有关，还与流动损失时的比体积变化有关。由于影响流量系数的因素很多，一般采用试验的方法求取。如图 1 - 13 所示，当喷嘴在过热蒸汽区工作时，由于喷嘴损失所引起的密度变化较小（$\rho_1 \approx \rho_{1t}$），则流量系数近似等于速度系数，即 $\mu_n \approx \varphi = 0.97$。当喷嘴在湿蒸汽区工作时，由于蒸汽流过喷嘴的时间极短，有一部分应凝结成水珠的饱和蒸汽来不及凝结，未能释放出汽化潜热，出现过冷现象，从而使蒸汽的温度较低，蒸汽的实际密度大于理想密度（$\rho_1 / \rho_{1t} > 1$），于是出现实际流量大于理论流量，此时 $\mu_n = 1.02$。

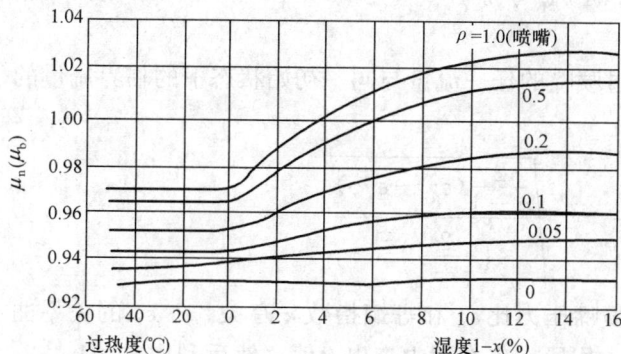

图 1 - 13 喷嘴和动叶的流量系数

3. 喷嘴的临界流量

当喷嘴前滞止参数和喷嘴截面积一定，流过喷嘴的流量达到最大值时，称为临界流量。此时喷嘴最小截面的流速等于当地声速；喷嘴最小截面处压力与喷嘴前滞止压力的比，称为临界压力比 ε_{cr}，即

$$\varepsilon_{cr} = \frac{p_{cr}}{p_0^*} = \left(\frac{2}{\kappa+1}\right)^{\frac{\kappa}{\kappa-1}} \tag{1-18}$$

喷嘴压比 ε_n 为喷嘴后压力与喷嘴前滞止压力之比，即 $\varepsilon_n = p_1/p_0^*$。当 $\varepsilon_n = \varepsilon_{cr}$ 时，对应的理想临界流量为

$$(G_{nt})_{cr} = A_n \sqrt{\kappa \left(\frac{2}{\kappa+1}\right)^{\frac{\kappa+1}{\kappa-1}} \frac{p_0^*}{v_0^*}} = \lambda A_n \sqrt{p_0^* \rho_0^*} \tag{1-19}$$

式中，$\lambda = \sqrt{\kappa \left(\frac{2}{\kappa+1}\right)^{\frac{\kappa+1}{\kappa-1}}}$ 仅与蒸汽性质有关。对于过热蒸汽，$\kappa=1.3$，$\lambda=0.667$；对于饱和蒸汽，$\kappa=1.135$，$\lambda=0.635$。则理想临界流量 $(G_{nt})_{cr}$ 为

过热蒸汽：

$$(G_{nt})_{cr} = 0.667 A_n \sqrt{p_0^* \rho_0^*}$$

饱和蒸汽：

$$(G_{nt})_{cr} = 0.635 A_n \sqrt{p_0^* \rho_0^*}$$

当喷嘴出口面积一定时，其临界流量只与蒸汽的滞止初参数有关，并随滞止初压力的升高而增大。对于渐缩喷嘴，其出口截面为最小截面，当其出口截面的流速等于当地声速时，其压力比 $\varepsilon_n = \varepsilon_{cr}$。

考虑流量系数后，计算实际临界流量的公式为 $G_{cr} = \mu_n (G_{nt})_{cr}$，则

过热蒸汽（$\mu_n = 0.97$）：

$$G_{cr} = 0.647 A_n \sqrt{p_0^* \rho_0^*}$$

饱和蒸汽（$\mu_n = 1.02$）：

$$G_{cr} = 0.648 A_n \sqrt{p_0^* \rho_0^*}$$

由于过热蒸汽和饱和蒸汽求得的实际临界流量近似相等，所以实际使用时，统一为以下计算式，即

$$G_{cr} = 0.648 A_n \sqrt{p_0^* \rho_0^*} \tag{1-20}$$

4. 彭台门系数

为了更方便地进行理论分析，定义通过喷嘴的任一流量与同一初始状态下的临界流量的比值为彭台门系数，用符号 β 表示，即

$$\beta = \frac{G_n}{G_{cr}} = \frac{G_{nt}}{(G_{nt})_{cr}} = \sqrt{\frac{\frac{2}{\kappa-1}(\varepsilon_n^{\frac{2}{\kappa}} - \varepsilon_n^{\frac{\kappa+1}{\kappa}})}{\left(\frac{2}{\kappa+1}\right)^{\frac{\kappa+1}{\kappa-1}}}} \tag{1-21}$$

由式（1-21）可知，β 值的大小只与喷嘴压力比 ε_n 和等熵指数 κ 有关。β-ε_n 的关系曲线如图 1-14 所示。实际计算喷嘴流量时，根据 ε_n 先在图中查出 β 值，然后利用式（1-22）计算出喷嘴流量 G_n，即

$$G_n = \beta G_{cr} = 0.648\beta A_n \sqrt{p_0^* \rho_0^*} \qquad (1-22)$$

5. 动叶栅的实际流量

根据稳定流动连续性方程，由于汽流在动叶栅内通常为亚临界流动，在已知动叶栅结构尺寸的基础上，流过动叶栅的蒸汽流量 G_b 为

$$G_b = \mu_b \frac{A_b w_{2t}}{v_{2t}} \qquad (1-23)$$

四、蒸汽在喷嘴斜切部分中的膨胀

为使喷嘴出口汽流顺利进入动叶流道，汽轮机中的喷嘴出口都有一段斜切部分，如图 1-15 中的 ABC 即为斜切部分，这种喷嘴称为斜切喷嘴。在某些工况下，喷嘴的斜切部分对汽流的速度和大小将会产生一定的影响。

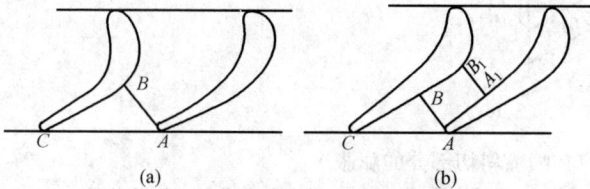

图 1-14　β-ε_n 的关系曲线（$\kappa=1.3$）

（1）渐缩斜切喷嘴 $\varepsilon_n \geqslant \varepsilon_{cr}$ 时，喷嘴喉部截面 AB 上的压力等于喷嘴背压 p_1，蒸汽仅在喷嘴的渐缩部分进行膨胀，在斜切部分不膨胀。斜切部分 ABC 只对汽流起导流作用。在喷嘴出口截面 AC 上，$c_1 \leqslant c_{cr}$，平均流速的大小及其方向基本上保持喉部截面处的数值；汽流的出汽角（汽流方向与轮轴方

图 1-15　带斜切部分的喷嘴

（a）渐缩喷嘴；（b）缩放喷嘴

AB—流道出口截面；$A_1 B_1$—流道最小截面

向的夹角称为喷嘴的出汽角）等于出口角，即 $\alpha_1 = \alpha_n$。

（2）渐缩斜切喷嘴 $\varepsilon_n < \varepsilon_{cr}$ 时，在喷嘴喉部截面 AB 上保持临界状态，压力为临界压力 p_{cr}，速度为临界速度 c_{cr}。在喷嘴斜切部分中，汽流从喉部截面处的临界压力 p_{cr} 膨胀到出口压力 p_1。如图 1-16 所示，当蒸汽在渐缩喷嘴斜切部分膨胀时，A 点汽流的压力由临界压力突然降低到喷嘴出口处的压力 p_1，因此 A 点是一个扰动源，自 A 点产生的一组膨胀波在汽流中传播。斜切部分形成以 A 点为中心的膨胀区，并从 A 点射出一束特性线，即等压线。AB 是该束特性线中的第一条，AE 是该束特性线中的最后一条。两条特性线之间的流线是弯曲的，AE 线以后的汽流又恢复为平行线。随着喷嘴出口压力的不断降低，斜切部分的膨胀程度不断增大，则最后一条特性线也不断向出口处移动。当膨胀到最后一条特性线与 AC 边重合时，斜切部分的膨胀能力用完，即喷嘴膨胀到了极限。

在喷嘴渐缩段内，蒸汽只能膨胀到临界压力，当背压低于临界压力时，要求具有渐扩的流道，汽流速度才能大于声速。而渐缩喷嘴最小截面后的斜切部分，相当于不完整的渐扩流道，此时蒸汽在斜切部分进行膨胀，流速继续增大而获得超声速汽流。由于斜切部分一侧无边壁，汽流方向发生偏转，其方向角相应增大，流量保持临界流量不变。一般渐缩喷嘴出口斜切部分的高度不变，假定蒸汽在斜切部分的膨胀为等熵过程，根据连续性方程，可求出斜切部分发生膨胀后的汽流方向角为

$$\sin(\alpha_1 + \delta) = \frac{c_{cr} v_{1t}}{c_{1t} v_{cr}} \sin\alpha_1 \qquad (1-24)$$

利用喷嘴斜切部分进行膨胀是有限度的。当超声速汽流的马赫线与叶栅出口边重合时，

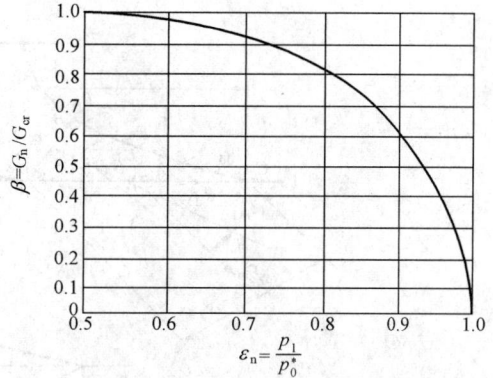

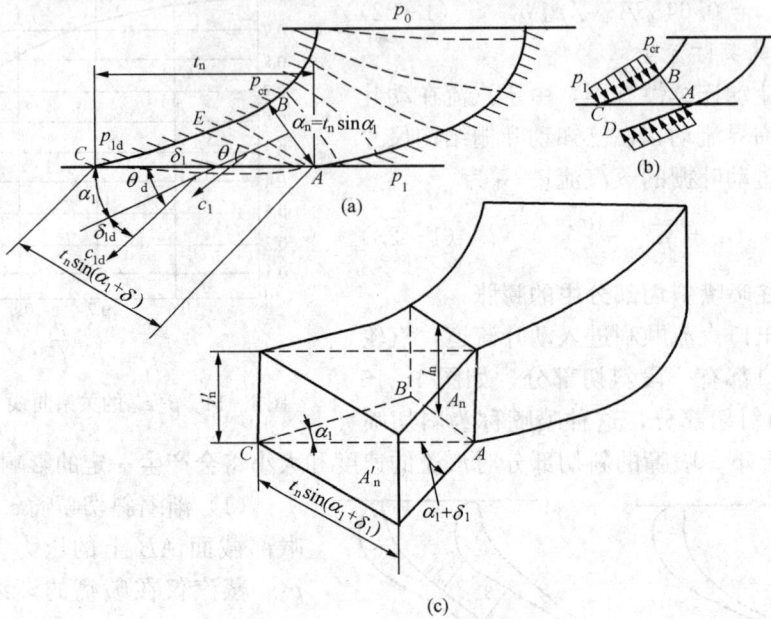

图 1-16　蒸汽在喷嘴斜切部分的膨胀

（a）斜切部分内汽流的偏转；（b）斜切部分两侧压力分布情况；（c）喷嘴斜切部分的立体示意图

斜切部分已被充分利用。若喷嘴叶栅的背压再降低，蒸汽将在喷嘴斜切部分外无序膨胀，流速不再增加。斜切部分被充分利用时，喷嘴的压力比为极限压力比。假定斜切部分的膨胀过程为等熵过程，则极限压力比 ε_{1d} 为

$$\varepsilon_{1d} = \frac{p_{1d}}{p_0^*} = \left(\frac{2}{\kappa+1}\right)^{\frac{\kappa}{\kappa-1}} (\sin\alpha_1)^{\frac{2\kappa}{\kappa+1}} \tag{1-25}$$

极限压力 p_{1d} 为

$$p_{1d} = \varepsilon_{cr}(\sin\alpha_1)^{\frac{2\kappa}{\kappa+1}} p_0^* \tag{1-26}$$

第三节　级的轮周功率和轮周效率

一、蒸汽作用在动叶上的力

蒸汽在动叶栅中将携带的动能转化为推动叶轮旋转的机械功，这种能量转换表现为蒸汽在动叶栅内速度大小和方向的变化。蒸汽流过动叶栅时，其绝对速度 c 的大小和方向都发生变化，表明蒸汽受到力的作用，即动叶栅对汽流的作用力 F_b 和动叶栅前后蒸汽压力差对汽流产生的作用力 F_s。蒸汽在动叶栅内的流动过程如图 1-17 所示。根据牛顿第二运动定律有

$$\boldsymbol{F}_b + \boldsymbol{F}_s = m\boldsymbol{a} = \frac{m(\boldsymbol{c}_2-\boldsymbol{c}_1)}{\tau} = G(\boldsymbol{c}_2-\boldsymbol{c}_1) \tag{1-27}$$

$$F_s = \pi d_b l_b(p_1-p_2) \tag{1-28}$$

根据牛顿第三运动定律，在蒸汽受动叶栅作用力的同时，蒸汽对动叶栅产生一个大小相等、方向相反的反作用力 $\boldsymbol{F}$，即

$$\boldsymbol{F} = -\boldsymbol{F}_b = G(\boldsymbol{c}_1 - \boldsymbol{c}_2) + \boldsymbol{F}_s$$

蒸汽对动叶栅产生的合力 $\boldsymbol{F}$ 可分解为轮周方向的切向力 $\boldsymbol{F}_u$ 和轴向力 $\boldsymbol{F}_a$。切向力是蒸汽对动叶做功的力，切向力越大则蒸汽做功能力越大。而轴向力只对动叶产生轴向推力，不做功，故为了减小轴向推力，轴向力应越小越好。根据图 1-8 所示速度三角形中各速度矢量之间的关系，绝对速度 c_1 和 c_2 的矢量差在轮周方向和轴向的投影分别为（$c_1\cos\alpha_1 + c_2\cos\alpha_2$）和（$c_1\sin\alpha_1 - c_2\sin\alpha_2$），则

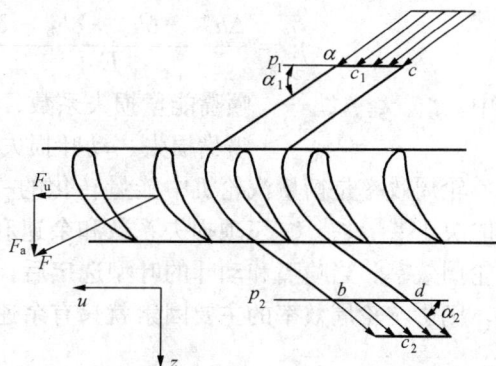

图 1-17　蒸汽在动叶栅内的流动过程

$$F_u = G(c_1\cos\alpha_1 + c_2\cos\alpha_2) \tag{1-29}$$

$$F_a = G(c_1\sin\alpha_1 - c_2\sin\alpha_2) + \pi d_b l_b(p_1 - p_2) \tag{1-30}$$

蒸汽对动叶栅的合力 F 为

$$F = \sqrt{F_u^2 + F_a^2} \tag{1-31}$$

二、级的轮周功率

汽轮机中只有作用在叶片旋转的轮周方向上的蒸汽作用力 F_u 才能做机械功，而轴向力 F_a 不做功，只对汽轮机产生轴向推力。

单位时间内切向力在动叶片上所做的功称为轮周功率。对于等速运动的动叶栅，轮周功率为

$$P_u = F_u u = Gu(c_1\cos\alpha_1 + c_2\cos\alpha_2) \tag{1-32}$$

每千克蒸汽所做的轮周功为

$$w_u = u(c_1\cos\alpha_1 + c_2\cos\alpha_2) \tag{1-33}$$

蒸汽在级内的滞止理想比焓降扣除各项叶栅损失，可得 1kg 蒸汽在动叶栅内所做的轮周功，即

$$\Delta h_u = w_u = \Delta h_t^* - \delta h_n - \delta h_b - \delta h_{c_2} \tag{1-34}$$

式中　Δh_u——级的轮周有效比焓降（J/kg）。

三、级的轮周效率

1kg 蒸汽在级内转换的轮周功（W_u）和其参与能量转换的理想能量 E_0 之比称为轮周效率，用 η_u 表示，即

$$\eta_u = \frac{W_u}{E_0} \tag{1-35}$$

其中

$$E_0 = \frac{c_0^2}{2} + \Delta h_t$$

若本级的余速动能被下一级部分利用，则应从本级中扣除被下一级利用的动能，以免计算重复，即

$$E_0 = \frac{c_0^2}{2} + \Delta h_t - \mu_1\frac{c_2^2}{2} = \Delta h_t^* - \mu_1\frac{c_2^2}{2} \tag{1-36}$$

式中　μ_1——余速利用系数，为本级余速动能被下一级利用的百分比。

若用式（1-34）表示轮周功，则轮周效率可表示为

$$\eta_{\mathrm{u}} = \frac{\Delta h_{\mathrm{t}}^* - \delta h_{\mathrm{n}} - \delta h_{\mathrm{b}} - \delta h_{c_2}}{E_0} = 1 - \zeta_{\mathrm{n}} - \zeta_{\mathrm{b}} - \zeta_{c_2}(1-\mu_1) \qquad (1-37)$$

式中　ζ_{n}、ζ_{b}、ζ_{c_2}——喷嘴能量损失系数、动叶能量损失系数和余速能量损失系数，分别为喷嘴损失、动叶损失和余速损失与理想能量 E_0 之比。

轮周效率是衡量汽轮机中能量转化的一个重要经济指标。从式（1-37）可知，轮周效率取决于 ζ_{n}、ζ_{b}、ζ_{c_2} 三项损失系数和余速利用系数 μ_1，减小 ζ_{n}、ζ_{b}、ζ_{c_2} 和提高 μ_1，即可提高轮周效率。当喷嘴和动叶的叶型选定后，φ 和 ψ 值就基本确定了，即 ζ_{n} 和 ζ_{b} 的值基本确定，则影响轮周效率的主要因素就只有余速损失系数 ζ_{c_2} 和余速利用系数 μ_1。

微课 2 - 汽轮机速度比和
轮周效率

第四节　速度比和轮周效率的关系

一、最佳速度比

轮周速度 u 与喷嘴出口汽流速度 c_1 的比值定义为速度比 x_1，计算式为

$$x_1 = \frac{u}{c_1} \qquad (1-38)$$

影响轮周效率的主要因素是速度系数和余速能量损失系数，其中余速能量损失系数的变化范围最大。余速损失的大小取决于动叶出口绝对速度。由动叶进出口速度三角形可以看出，当其他条件不变，动叶绝对速度出口汽流角 $\alpha_2 = 90°$ 时，c_2 的值最小，即此时余速损失和余速能量损失系数最小，级具有最高的轮周效率。当动叶进口速度三角形变化时，其出口速度三角形随之发生变化，即余速能量损失系数的大小取决于进口速度三角形的形状。因此在喷嘴出口角 α_1 不变时，动叶进口速度三角形的形状，取决于其两邻边的比值，即速度比。

轮周效率 η_{u} 最高时，所对应的速度比称为最佳速度比，用 $(x_1)_{\mathrm{op}}$ 表示。

由于在设计和实验研究中，喷嘴和动叶之间的间隙很小，c_1 不易测量，因此为了方便应用，常用 x_{a} 来代替 x_1。令 $\Delta h_{\mathrm{t}}^* = \dfrac{c_0^2}{2} + \Delta h_{\mathrm{t}} = \dfrac{c_{\mathrm{a}}^2}{2}$，$c_{\mathrm{a}}$ 称为级的假想速度，则定义 $x_{\mathrm{a}} = \dfrac{u}{c_{\mathrm{a}}}$，$x_{\mathrm{a}}$ 称为级的假想速度比。

二、冲动级的轮周效率与速度比的关系

1. 纯冲动级

对于纯冲动级，由于 $\Omega_{\mathrm{m}} = 0$，$\Delta h_{\mathrm{b}} = 0$，$w_{2\mathrm{t}} = w_1$。若 $c_0 = 0$，$\mu_1 = 0$，此时轮周效率 η_{u} 可表示为

$$\eta_{\mathrm{u}} = \frac{2u(w_1\cos\beta_1 + w_2\cos\beta_2)}{c_{1\mathrm{t}}^2} = \frac{2u}{c_{1\mathrm{t}}^2}w_1\cos\beta_1\left(1 + \psi\frac{\cos\beta_2}{\cos\beta_1}\right) \qquad (1-39)$$

而

$$w_1\cos\beta_1 = c_1\cos\alpha_1 - u$$

则

$$\eta_{\mathrm{u}} = 2\varphi^2 x_1(\cos\alpha_1 - x_1)\left(1 + \psi\frac{\cos\beta_2}{\cos\beta_1}\right) \qquad (1-40)$$

由式（1-40）可以看出，η_{u} 与 x_1、φ、ψ、α_1、β_1、β_2 等值有关，其中 φ、ψ、α_1、β_1、β_2 的值变化较小，速度比 x_1 对轮周效率 η_{u} 的影响最大。根据式（1-40）可得到轮周效率

和速度比的关系曲线，如图 1-18 所示。由图中可以看出：当 $x_1=0$ 时，$u=0$，叶轮不转动，故不做功，所以 $\eta_u=0$；当 $x_1=\cos\alpha_1$ 时，$\beta_1=\beta_2=90°$，即动叶相对速度在圆周方向的分速度为 0，蒸汽对动叶不做功，故 $\eta_u=0$。所以 x_1 在 $0\sim\cos\alpha_1$ 之间，必存在一最佳值，使轮周效率达到最大值。根据函数的极值条件，此时 $\mathrm{d}\eta_u/\mathrm{d}x_1=0$。

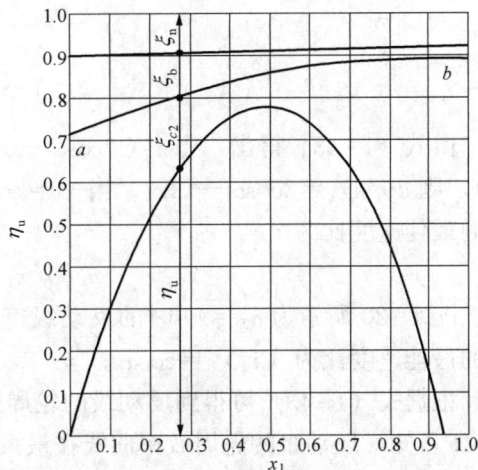

图 1-18　纯冲动级的 η_u-x_1 关系曲线

由于纯冲动级采用等截面流道（$\beta_1=\beta_2$），若 φ、ψ、α_1 为常数，据式（1-40），则

$$\frac{\mathrm{d}\eta_u}{\mathrm{d}x_1}=\cos\alpha_1-2x_1$$

当 $\cos\alpha_1-2x_1=0$ 时，得到纯冲动级的最佳速度比为

$$(x_1)_{op}=\frac{1}{2}\cos\alpha_1 \tag{1-41}$$

汽轮机中一般 $\alpha_1=12°\sim20°$，因此纯冲动级的最佳速度比 $(x_1)_{op}=0.47\sim0.49$。$(x_1)_{op}$ 的物理意义可由图 1-19 分析得到。在纯冲动级中，$\beta_1=\beta_2$，设 $\psi=1$，则 $w_1=w_{2t}=w_2$。根据图 1-19 可知，当 $u/c_1=\cos\alpha_1/2$ 时，$\alpha_2=90°$，c_2 达到最小值。当动叶出口汽流为轴向排汽时，c_2 值最小，余速损失最小，轮周效率 η_u 最高。

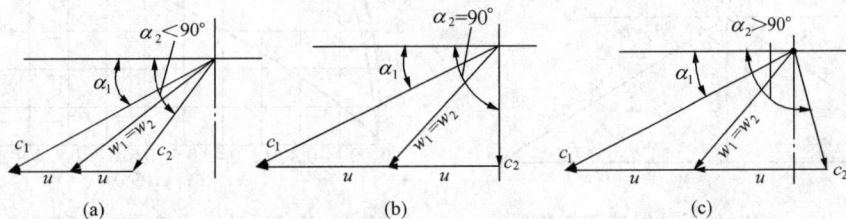

图 1-19　不同速度比下纯冲动级的速度三角形

(a) $\alpha_2<90°$；(b) $\alpha_2=90°$；(c) $\alpha_2>90°$

2. 冲动级

冲动级的反动度介于纯冲动级和反动级之间，反动度越大，其最佳速度比的值也越大。冲动级的最佳速度比具有如下关系：$\cos\alpha_1/2<(x_1)_{op}<\cos\alpha_1$。

冲动级的最佳速度比可表示为

$$(x_1)_{op}\approx\frac{\cos\alpha_1}{2(1-\Omega_m)} \tag{1-42}$$

三、反动级的轮周效率与速度比的关系

对于反动级，$\Omega_m=0.5$，$\Delta h_n=\Delta h_b=0.5\Delta h_t$。喷嘴与动叶叶型相同，则 $\varphi=\psi$，$\alpha_1=\beta_2$。若 $c_0=w_1$，则 $w_2=c_1$，且 $w_1=c_2$，动叶进出口速度三角形完全对称。由于反动级的结构特点，其余速基本上可全部利用，所以 $\mu_0=\mu_1=1$。反动级的轮周效率可表示为

$$\eta_{\mathrm{u}} = \cfrac{1}{1 + \cfrac{\dfrac{1}{\varphi^2} - 1}{x_1(2\cos\alpha_1 - x_1)}} \qquad (1-43)$$

由式（1-43）得出，当 $x_1(2\cos\alpha_1 - x_1)$ 为最大值时，η_{u} 有最大值。令 $y = x_1(2\cos\alpha_1 - x_1)$，则 $\mathrm{d}y/\mathrm{d}x_1 = 2\cos\alpha_1 - 2x_1$。当 $x_1 = \cos\alpha_1$ 时，$\mathrm{d}y/\mathrm{d}x_1 = 0$，则 η_{u} 有最大值，故可得反动级的最佳速度比为

$$(x_1)_{\mathrm{op}} = \cos\alpha_1 \qquad (1-44)$$

图 1-20 所示为 $\alpha_2 = 90°$ 时的反动级速度三角形，根据图中可知，$u/c_1 = \cos\alpha_1$，即反动级的最佳速度比为 $(x_1)_{\mathrm{op}} = \cos\alpha_1$。

根据式（1-43）可得到反动级的轮周效率和速度比的关系曲线，如图 1-21 所示。由图 1-21 可知，反动级的轮周效率曲线在最大值附近变化较为平坦，因此速度比在一定范围内偏离最佳值时不会引起效率的显著下降，所以反动级的变工况适应能力较强。但反动级的最佳速度比值比冲动级大，在轮周速度相同时，反动级的做功能力较冲动级小。

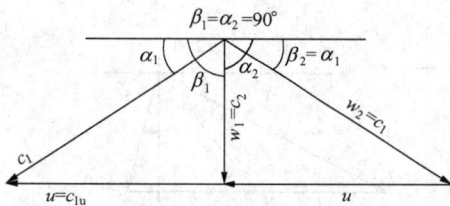

图 1-20　$\alpha_2 = 90°$ 时的反动级速度三角形

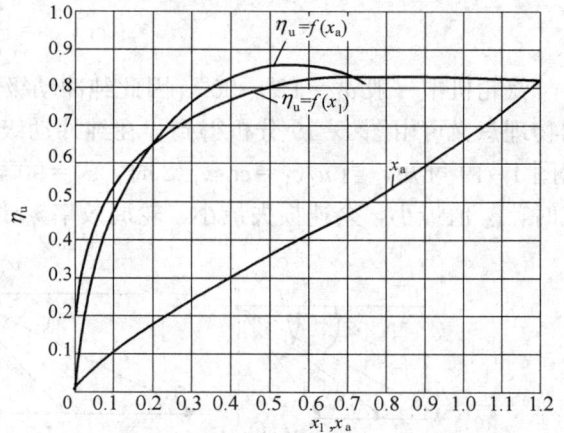

图 1-21　反动级的轮周效率和速度比的
关系曲线（$\alpha_1 = 20°$，$\varphi = \psi = 0.93$）

四、复速级

1. 复速级的热力过程

为了改善叶片通道内的流动状况，提高复速级的效率，一般复速级都在其动叶和导叶内采用适当的反动度。而大多数情况下复速级都是部分进汽的，故其反动度不宜过大，否则，由于反动度的增大会使动叶通道内的漏汽损失增大，导致级效率降低。目前常见的复速级内总的反动度值为 0.05～0.15。复速级内反动度的分配，应按其各列叶片高度平滑变化来确定。不同反动度时，反动度对复速级轮周效率的影响如图 1-22 所示，图中效率曲线上的数字是复速级中各列叶片上反动度的百分数。由图 1-22 可知，当采用了适当的反动度后，可提高级的轮周效率，但级的最佳速度比值将增大。

带反动度的复速级的热力过程线如图 1-23 所示。图中 0 是级的蒸汽进口点，0-1-2-3-4 线是级内的实际热力过程线，4 是动叶出口状态点。若考虑级的余速损失，则出口焓值由点 4 升到点 5。复速级中各列叶栅的比焓降分别表示如下：

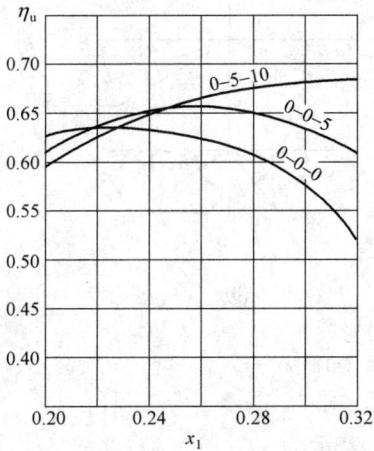

图 1-22 反动度对复速级轮周效率的影响

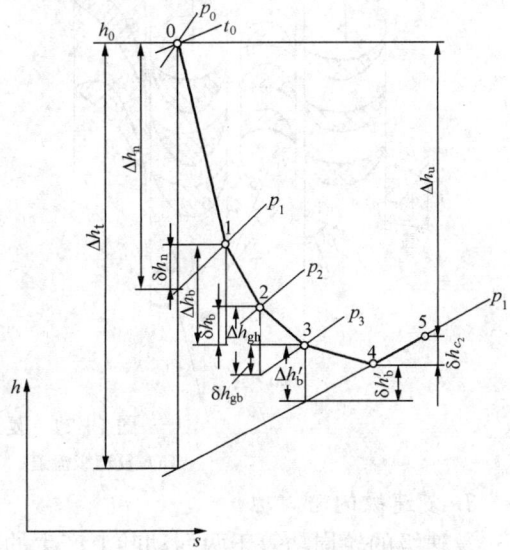

图 1-23 带反动度的复速级的热力过程线

喷嘴比焓降为

$$\Delta h_n = (1 - \Omega_b - \Omega_{gb} - \Omega_b')\Delta h_t$$

第一列动叶比焓降为

$$\Delta h_b = \Omega_b \Delta h_t$$

导叶比焓降为

$$\Delta h_{gb} = \Omega_{gb} \Delta h_t$$

第二列动叶比焓降为

$$\Delta h_b' = \Omega_b' \Delta h_t$$

上几式中 Ω_b、Ω_{gb}、Ω_b'——第一列动叶、导叶和第二列动叶中的反动度。

由各列叶栅的比焓降可求得各列叶栅出口汽流速度为

喷嘴出口汽流速度：

$$c_1 = \varphi \sqrt{2\Delta h_n}$$

第一列动叶出口汽流速度：

$$w_2 = \psi \sqrt{2\Delta h_b + w_1^2}$$

导叶出口汽流速度：

$$c_1' = \psi_{gb} \sqrt{2\Delta h_{gb} + c_2^2}$$

第二列动叶出口汽流速度：

$$w_2' = \psi' \sqrt{2\Delta h_b' + w_1'^2}$$

式中 ψ_{gb}、ψ'——导叶和第二列动叶的速度系数。

2. 复速级的速度三角形

图 1-24 所示为复速级的速度三角形。复速级具有两列动叶栅，第一列动叶的表示符号与单列级相同，第二列动叶均在相应的符号右上角加 "'"，以示区别。

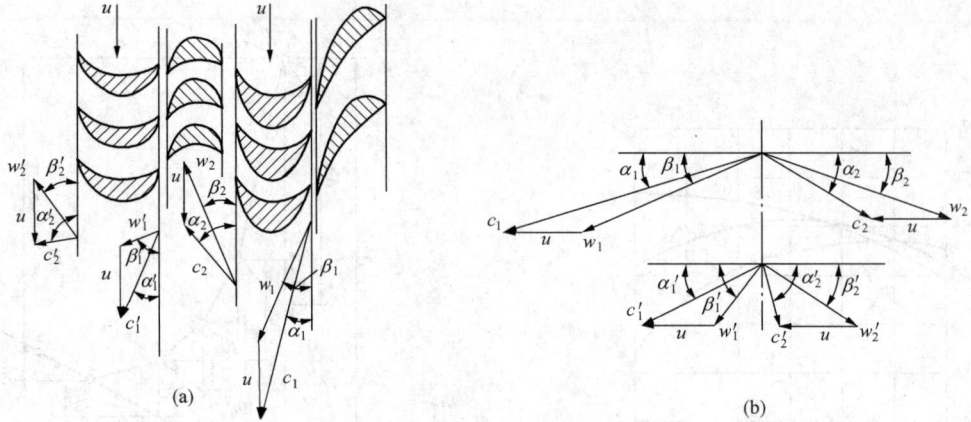

图 1-24　复速级的速度三角形

(a) 复速级流道；(b) 复速级的速度三角形

3. 复速级的轮周功

复速级的轮周功等于两列动叶上产生的机械功之和，表示为

$$w_u = w_u^I + w_u^{II} = u[(c_1\cos\alpha_1 + c_2\cos\alpha_2) + (c_1'\cos\alpha_1' + c_2'\cos\alpha_2')] \qquad (1\text{-}45)$$

假定复速级为纯冲动式，$\Omega_m = 0$，且蒸汽在级中的流动为无损失的绝热过程，则有

$$w_1 = w_2, \quad c_2 = c_1', \quad w_2' = w_1', \quad \beta_1 = \beta_2, \quad \alpha_2 = \alpha_1', \quad \beta_1' = \beta_2'$$

此时根据复速级的速度三角形（见图 1-25）可得到如下关系式：

$$c_2\cos\alpha_2 = c_1'\cos\alpha_1' = c_1\cos\alpha_1 - 2u$$

$$c_2'\cos\alpha_2' = c_1\cos\alpha_1 - 4u$$

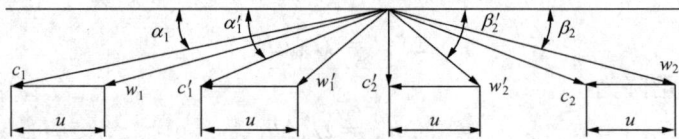

图 1-25　无损失纯冲动复速级速度三角形

将上述关系式代入式（1-45）中，可得 $w_u = 4u(c_1\cos\alpha_1 - 2u)$。

4. 复速级的轮周效率和最佳速度比

根据轮周效率的公式，考虑到复速级的余速不被利用，得

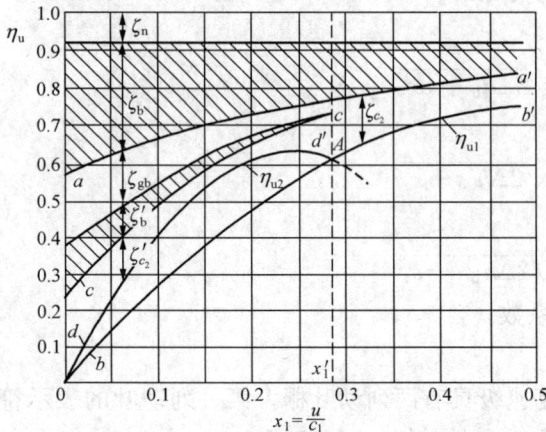

图 1-26　复速级的轮周效率与速度比的关系曲线

$$\eta_u = \frac{w_u}{\Delta h_t^*} = \frac{4u(c_1\cos\alpha_1 - 2u)}{\dfrac{c_{1t}^2}{2}}$$

$$= 8\varphi^2 x_1(\cos\alpha_1 - 2x_1)$$

$$(1\text{-}46)$$

对于纯冲动式的复速级，同样可根据求极值的方法求复速级的最佳速度比，即

$$(x_1)_{op} = \frac{1}{4}\cos\alpha_1 \qquad (1\text{-}47)$$

考虑了各列叶栅的能量损失后，复速级的轮周效率与速度比的关系曲线如图 1-26 所示。由图可知，当复速级的

速度比 x_1 在 $0 \sim 0.28$ 的范围内变化时，复速级的轮周效率 η_{u2} 高于单列级的 η_{u1}，在 $x_1 = 0.2$ ~ 0.28 范围内复速级的 η_u 达到最大值。因此只要在速度比 x_1 小于 η_{u2} 与 η_{u1} 的交点 A 对应的横坐标时，采用复速级才有可能提高效率。但是在最佳速度比下，单列级的效率要高于复速级。复速级的主要优点是在相同的圆周速度时，能承担比单列级大得多的理想比焓降，因此复速级多用作小功率汽轮机的调节级。

五、最佳速度比下各类级的做功能力

根据上述不同类级的最佳速度比，在级的平均直径、喷嘴速度系数和喷嘴出口角等条件相同时，不同级的最佳速度比的比值为

反动级 $(x_1)_{op}$：纯冲动级 $(x_1)_{op}$：复速级 $(x_1)_{op} = \cos\alpha_1 : 1/2\cos\alpha_1 : 1/4\cos\alpha_1 = 1 : 1/2 : 1/4$

$$反动级\ c_1：纯冲动级\ c_1：复速级\ c_1 \approx 1 : 2 : 4$$

由于 $c_1^2 = \varphi^2(2\Delta h_n + c_0^2)$，而反动级 $\Delta h_n = \Delta h_t / 2$，故各类级在最佳速度比下，能量转换能力的比值为

$$反动级\ \Delta h_t：纯冲动级\ \Delta h_t：复速级\ \Delta h_t = 1 : 2 : 8$$

在级的平均直径、喷嘴速度系数、喷嘴出口角相同，且在最佳速度比的条件下，复速级的理想比焓降最大，其做功能力是纯冲动级的 4 倍，是反动级的 8 倍，见表 1-1。故在要求级具有大的比焓降时，多采用复速级。但从轮周效率的分析可知，反动级的轮周效率最高，带反动度的冲动级次之，复速级的轮周效率最低。而纯冲动级的效率很低，现代汽轮机中已不再采用。

表 1-1　　　　　　　　　　　　　　不同类型级的做功能力对比

做功能力	反动级	纯冲动级	复数级（$\Omega_m = 0$）
最佳速度比 $(x_1)_{op}$ 的比值	1	1/2	1/4
喷嘴出口速度 c_1 的比值	1/4	1/2	1
喷嘴比焓降 Δh_n 的比值	1	4	16
级的理想比焓降 Δh_t 的比值	1	2	8

第五节　级的通流部分尺寸的确定

汽轮机设计包括热力设计、结构设计和强度校核。汽轮机热力设计主要是按已给定的设计条件，确定机组通流部分的几何尺寸、热力参数，以获得尽可能高的效率和要求的功率。汽轮机的结构设计主要是在满足机组强度及振动的条件下，合理设计转子、汽缸、叶片等设备的结构形式和尺寸，满足机组运行的要求。汽轮机的强度校核主要是保证机组的安全性。汽轮机设计中基本参数的选取是保证整个机组安全经济运行的基础，必须按一定要求进行合理地选取和确定。此外，在进行汽轮机设计时应注意，各项参数的选择，应符合国家制定的汽轮机标准和相关的规定。本节主要讨论汽轮机设计中级的通流部分尺寸的确定。

一、叶栅尺寸的确定

1. 叶栅的几何参数

反映叶栅几何特性的主要参数有平均直径 d_m、叶片高度 l、叶栅节距 t、叶型宽度 B、

叶型弦长 b、叶片出口边厚度 δ、叶片进口边宽度 a 和出口边宽度 a_1 与 a_2。与叶栅流道形状和汽流方向有关的主要参数有喷嘴叶栅和动叶栅的安装角 α_s 和 β_s、喷嘴叶栅和动叶栅的叶型进口几何角 α_{1g} 和 β_{1g}、喷嘴叶栅和动叶栅的叶型出口几何角 α_{1g} 和 β_{2g}、喷嘴出口汽流角 α_1 和动叶出口汽流角 β_2 等。叶栅的各种参数如图 1-27 所示，正确选择这些参数，可使汽轮机具有较高的通流部分效率。

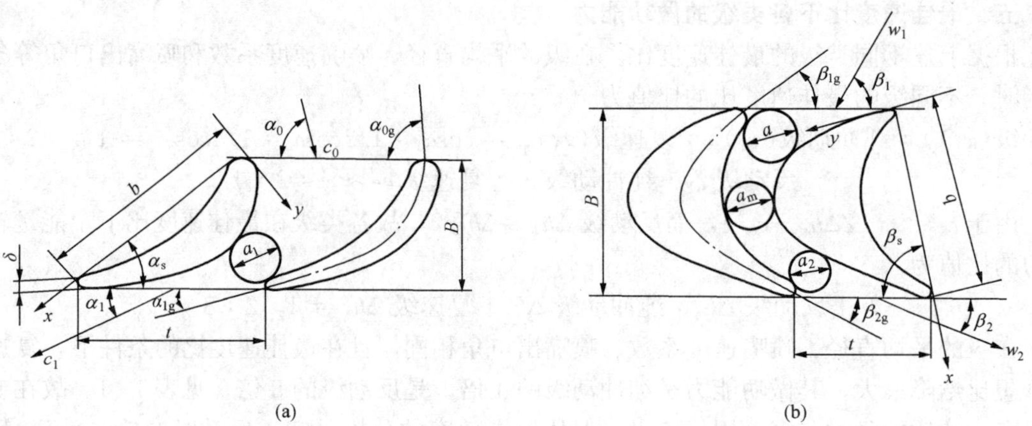

图 1-27　喷嘴叶栅和动叶栅的几何参数
(a) 喷嘴叶栅；(b) 动叶栅

2. 喷嘴叶栅结构尺寸

通常计算喷嘴尺寸前应根据喷嘴压力比 ε_n 选择喷嘴类型。当 $\varepsilon_n \geqslant \varepsilon_{cr}$ 时，应采用渐缩喷嘴；当 $\varepsilon_n < 0.3$ 时，采用缩放喷嘴；当 $0.3 \leqslant \varepsilon_n < \varepsilon_{cr}$ 时，仍可采用渐缩喷嘴，利用喷嘴斜切部分的膨胀来获得超声速汽流。

先计算喷嘴出口汽流速度和喷嘴损失，并根据连续方程计算喷嘴出口面积。根据喷嘴压力比选择喷嘴型线、叶片宽度、叶片数、节距及出口角。然后计算喷嘴叶栅高度及部分进汽度。具体计算式为

$$A_n = \frac{G_n v_1}{c_1} = e\pi d_n l_n \sin\alpha_1 \tag{1-48}$$

式中　　　　G_n——喷嘴叶栅的流量（kg/s）；

　　　　　　e——部分进汽度，为平均直径处工作喷嘴所占的弧段长度 $z_n t_n$ 与整个圆周长 πd_n 的比值，考虑最大流量工况时，部分进汽度 $e < 0.85 \sim 0.9$；

A_n、d_n、l_n、α_1——喷嘴叶栅的出口面积（m²）、平均直径（m）、叶栅高度（m）、出口几何角。

式 (1-48) 中，$e = \dfrac{z_n t_n}{\pi d_n}$，$l_n = \dfrac{A_n}{e\pi d_n \sin\alpha_1}$。

3. 动叶栅结构尺寸

先计算动叶栅进、出口汽流速度和动叶损失；根据喷嘴叶栅高度考虑叶栅的盖度，确定动叶高度；然后用连续方程计算动叶出口面积。根据动叶栅进、出口角选定动叶型线、叶片宽度、叶片数和节距，然后用式 (1-49) 计算动叶出口叶高。其中动叶栅的部分进汽度 e 与喷嘴叶栅相同，计算式为

$$A_b = \frac{G_b}{\mu_b \rho_{2t} w_{2t}} = e\pi d_b l_b \sin\beta_2 \qquad (1-49)$$

式中 G_b——动叶栅的流量（kg/s）；

                  μ_b——动叶栅的流量系数；

A_b、d_b、l_b、β_2——动叶栅的出口面积（m²）、平均直径（m）、叶栅高度（m）、出口几何角。

式（1-49）中，$l_b = \dfrac{A_b}{e\pi d_b \sin\beta_2}$。

二、喷嘴叶栅和动叶栅主要参数的选择

1. 叶栅出口汽流角 α_1 和 β_2 的选择

喷嘴出口汽流角 α_1 的值会影响汽轮机轮周效率的大小。适当减小 α_1 可增大汽轮机的做功能力，提高轮周效率，但 α_1 值过小会导致 β_1 和 β_2 减小，使动叶损失增加。一般在高压级段中蒸汽容积流量不大，其变化相对较小。高压级组的通流部分叶栅高度一般不大，平均直径和叶栅高度变化较平缓，其各级的能量损失中叶栅端部损失、级内间隙漏汽损失所占比例较大。为了减少损失，提高高压级组内各级的级效率，可采用较小的平均直径和喷嘴出口角来增大叶片高度，通常冲动级 $\alpha_1 = 11° \sim 14°$，反动级 $\alpha_1 = 14° \sim 20°$。高压级组若 α_1 取值过小，会导致喷嘴损失增大。在低压级段，由于蒸汽的比体积变化剧烈，为了保证通流部分的平滑变化，α_1 将逐级增大。

动叶栅出口汽流角通常选择为 $\beta_2 = \beta_1 - (3° \sim 5°)$。

2. 部分进汽度的选择

一般压力级中为了减小损失，都采用全周进汽，即 $e=1$。而调节级喷嘴采用分组布置方式，喷嘴组之间存在着隔离壁，因此调节级部分进汽，即 $e < 1$。对于一些高压级组，当蒸汽容积流量较小，叶片高度小于 $20 \sim 25mm$ 时，可采用部分进汽的措施来提高叶片高度，减小叶高损失。但采用部分进汽后，会引起部分进汽损失，为了减少损失，应该使 $e \geqslant 0.15$。反动级不能采用部分进汽，否则会产生很大的漏汽损失，所以反动级不能作为调节级。

叶片高度与部分进汽度的选取原则是，叶高损失和部分进汽损失之和最小时，所对应的叶片高度为最佳叶高。

3. 盖度的选择

盖度是指动叶栅的进口高度 l_b' 与喷嘴叶栅的出口高度 l_n 之差，用 Δ 表示，如图 1-28 所示。它由顶部盖度 Δ_t 和根部盖度 Δ_r 组成，即

$$\Delta = l_b' - l_n = \Delta_t + \Delta_r \qquad (1-50)$$

为了使蒸汽顺利地进入动叶栅，在结构设计时应选择合适的盖度值。如果盖度过小，当动静部分变形不一致或汽流径向扩散时，就会使汽流撞击动叶栅的围带和叶根而造成损失；如果盖度较大，会使汽流突然膨胀，在叶根和叶顶产生较大的径向分速，形成旋涡，造成损失。因此，按叶顶漏汽损失和端部突然膨胀损失之和为最小的原则来确定盖度。动叶栅盖度见表 1-2。

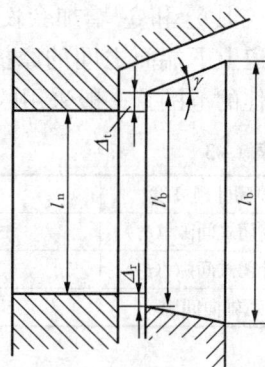

图 1-28 级的通流部分示意

表 1-2	喷嘴叶栅和动叶栅之间的盖度			mm
喷嘴叶栅高度	≤50	51~90	91~150	>150
叶顶盖度	1.5	2.0	2.0~2.5	2.5~3.0
叶根盖度	0.5	1.0	1.0~1.5	1.5
平均直径之差	1.0	1.0	1.0	1.0~2.0

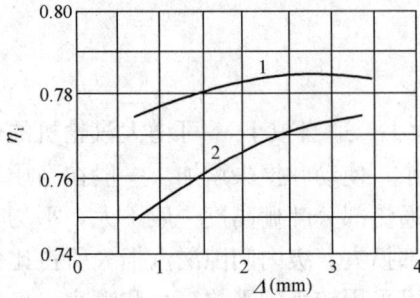

图 1-29　盖度对级效率的影响
（在一定的速度比下）
1—有径向汽封；2—无径向汽封

由于离心力的作用，汽流被压向顶部，一般顶部盖度 Δ_t 比根部盖度 Δ_r 大。当动叶栅进出口密度相差不大时，为了制造方便，可使动叶栅进出口高度相等，即 $l_b=l_b'$。但在凝汽式机组最后几级中，由于反动度较大，动叶栅进出口蒸汽密度变化较大，此时 $l_b>l_b'$，动叶顶部倾角 γ 一般取 $12°$~$15°$。否则汽流无法充满整个流道，会在叶顶形成停滞区，产生旋涡，引起附加损失。

盖度对级效率的影响如图 1-29 所示。当没有径向汽封时，盖度增加使叶顶漏汽损失减小，级效率显著提高。但当盖度超过一定值后，级效率开始下降，这是由于端部突然膨胀产生过大的损失。装有径向汽封时，盖度对级效率的影响已不明显。

4. 动、静叶栅之间的轴向间隙和径向间隙

要保证转子在汽缸中正常旋转，动叶和静叶之间必须保证有足够的轴向间隙和径向间隙。总的轴向间隙 δ 由三部分组成，即 $\delta=\delta_1+\delta_2+\delta_z$，如图 1-30 所示，其中，$\delta_1$ 和 δ_2 分别称为喷嘴和动叶的闭式轴向间隙，δ_z 称为开式轴向间隙。

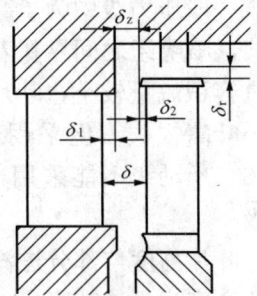

图 1-30　动叶顶部轴向和径向间隙示意

δ_z 越小，级的叶顶漏汽量就越少，但考虑到汽轮机运行中动静间的相对膨胀差，为了避免发生动静结构之间的碰撞摩擦，δ_z 不能取得太小，一般 $\delta_z=1.2$~2.0mm。闭式轴向间隙 δ_1 和 δ_2 增加，使喷嘴出汽边到动叶进汽边之间的轴向距离增大，可减少喷嘴出口尾迹的影响，使动叶进口的汽流趋于均匀，有利于提高级效率。但 δ_1 和 δ_2 增加会使汽流运动的距离增大，从而增加汽流与汽道上下端面之间的摩擦，使级效率下降。因此 δ_1 和 δ_2 有一个较佳的范围，一般采用的 δ_1 和 δ_2 值见表 1-3。

表 1-3	级的轴向间隙与叶高的关系			mm
喷嘴叶栅高度	≤50	50~90	90~150	>150
喷嘴闭式间隙（δ_1）	1~2	2~3	3~4	4~6
动叶闭式间隙（δ_2）	2.5	2.5	2.5	2.5
总轴向间隙	5~6	6~7	7~8	8~10

在动叶顶部加装围带和径向汽封可明显减少叶顶漏汽。径向间隙 δ_r 越小，漏汽就越少，但从机组膨胀和振动看，δ_r 不能取得太小，一般可取 $\delta_r=0.5$~1.5mm。当叶高较大时，δ_r 取偏大值；反之取较小值。在隔板内缘与轴之间加装隔板汽封可有效地减少隔板漏汽。隔板

较厚的高压级，可采用高低齿汽封，齿数也较多，低压级可采用平齿汽封。如图 1-31 所示，汽封凹槽的开挡 A 和径向间隙 δ_p 都要取得合适，δ_p 太大时汽封效果差，δ_p 太小时容易发生动静摩擦。一般 $A=11\sim12\text{mm}$，$\delta_p=0.5\sim1.5\text{mm}$。

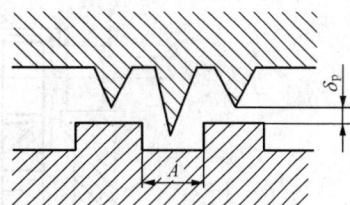

图 1-31　隔板汽封凹槽示意

5. 平衡孔

叶轮轮面上开设的平衡孔主要用于平衡轴向推力。叶根反动度过大或过小时，平衡孔会使叶根的吸汽或漏汽损失增大，降低级效率。如图 1-32 所示，当隔板漏汽量 ΔG_p 较小时，无平衡孔的级效率高于有平衡孔的级效率，此时平衡孔相当于一个漏汽通道，使叶根漏汽量增大。当隔板漏汽量 ΔG_p 较大时，有平衡孔的级效率高于无平衡孔的级效率，此时平衡孔使隔板漏汽顺利地流到级后，减少了吸汽造成的损失。可见只有在叶根反动度适当及隔板漏汽量较大时，采用平衡孔才可以提高级效率。

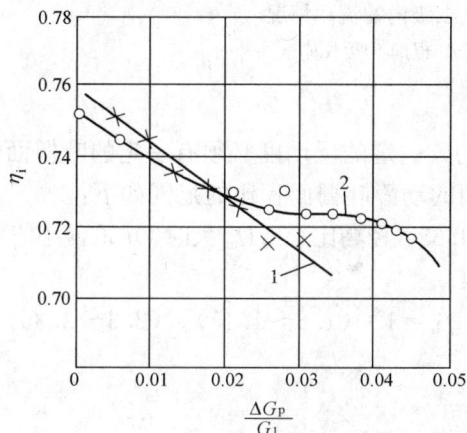

图 1-32　隔板漏汽量变化时平衡孔对级
效率的影响
1—无平衡孔；2—有平衡孔

三、冲动级内反动度的选择

反动度是级的一个重要特性参数，对汽轮机的级效率有很大的影响。存在一个使级效率最高的反动度。一般先选定一个合理的根部反动度 Ω_r，然后根据等截面直叶片中反动度沿叶高变化的规律，用式（1-51）和式（1-52）计算出平均反动度 Ω_m 和叶顶反动度 Ω_t，即

$$\Omega_m = 1-(1-\Omega_r)\frac{d_b-l_b}{d_b} \tag{1-51}$$

$$\Omega_t = 1-(1-\Omega_r)\frac{d_b-l_b}{d_b+l_b} \tag{1-52}$$

图 1-33 所示为根部反动度不同时蒸汽在级内的流动情况。对于一般的压力级，级效率最高时根部反动度 $\Omega_r=0.03\sim0.05$。当根部反动度较大时，在动叶流道根部存在较大的进出口压差，从喷嘴流出的高速汽流，有一部分经动叶进口侧的轴向间隙漏到级后，如图 1-33（a）所示。由于叶根漏汽量 ΔG_r 不能做功，造成漏汽损失。对于等截面直叶片，由于反动度随叶片高度逐渐增大，叶根反动度较大时将使叶顶反动度更大，造成叶顶漏汽损失增大，因此不应采用较大的叶根反动度。当叶根反动度很小或为负值时，动叶根部进口压力略大于或低于出口压力，此时隔板漏汽 ΔG_p 的一部分或全部就可能不经平衡孔流到级后，而会通过动叶进口侧的轴向间隙进入汽道。当叶根反动度为负值时，一部分级后蒸汽会通过平衡孔流到叶轮前，然后经轴向间隙被吸入主流汽道，如图 1-33（b）所示。被吸入汽道的这部分蒸汽由于流动方向与主流方向不一致，不仅不能做功，反而干扰了主流，造成损失。试验表明吸汽损失比漏汽损失更严重。降低叶根反动度，虽然可以减少叶顶漏汽损失，但不能抵消由于吸汽产生的损失，因此叶根反动度也不应取得太小。只有当叶根反动度 $\Omega_r=0.03\sim0.05$ 时，才能保证叶根处不吸不漏，如图 1-33（c）所示。

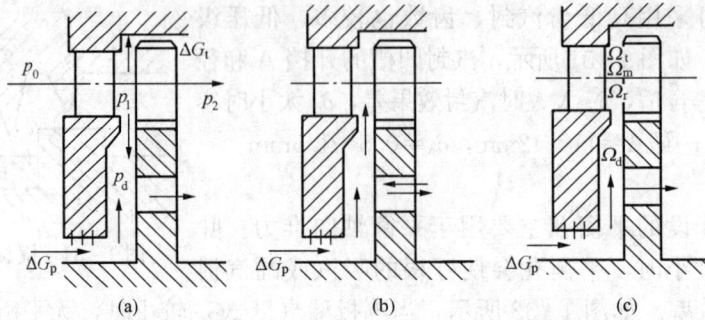

图 1-33 根部反动度不同时蒸汽在级内的流动情况
(a) 根部漏汽；(b) 根部吸汽；(c) 根部不吸不漏

四、汽轮机动静叶栅面积比的确定

级的反动度是通过动静叶栅的具体结构来实现的，一定的反动度必须有一定的叶栅面积比 $f=A_b/A_n$ 与之相对应。对于冲动式汽轮机，常用的动静叶栅面积比的范围如下：

(1) 直叶片压力级。$\Omega_m=0.05\sim0.20$，$f=1.85\sim1.65$（径高比 θ 和 Ω_m 大时，f 取偏小值）。

(2) 扭叶片级。$\Omega_m=0.20\sim0.40$，$f=1.7\sim1.4$。

(3) 复速级。$\Omega_m=0.03\sim0.08$，$f_n:f_b:f_{gb}:f_b'=1:(1.6\sim1.45):(2.6\sim2.35):(4\sim3.2)$。

第六节 长 叶 片 级

一、长叶片级蒸汽流动特点

一般认为，径高比 $\theta\leqslant8\sim10$ 的叶片就称为长叶片。此时由于叶片比较高，级平均直径处的汽流参数与顶部和根部的汽流参数相差较大，必须考虑汽流参数沿叶片高度的变化。

1. 圆周速度不同引起的损失变化

长叶片级中，从叶根到叶顶，随着半径的增大，圆周速度逐渐增大。如果采用等截面直叶片，只有在平均直径处可以维持最佳速度比，叶顶和叶根处由于圆周速度不同，速度比值都偏离设计值，使级效率下降。如图 1-34 所示，在 $d>d_m$ 处，汽流将撞击动叶的背弧；在 $d<d_m$ 处，汽流将撞击动叶的内弧。同理，动叶出口绝对速度 c_2 的大小和方向沿叶高发生很大的变化，造成级后汽流扭曲，使下级汽流进口条件恶化，产生附加损失。

2. 叶栅的相对节距不同引起的损失变化

汽轮机的叶栅是环形叶栅，叶栅的槽道断面呈扇形，如图 1-35 所示。从叶根

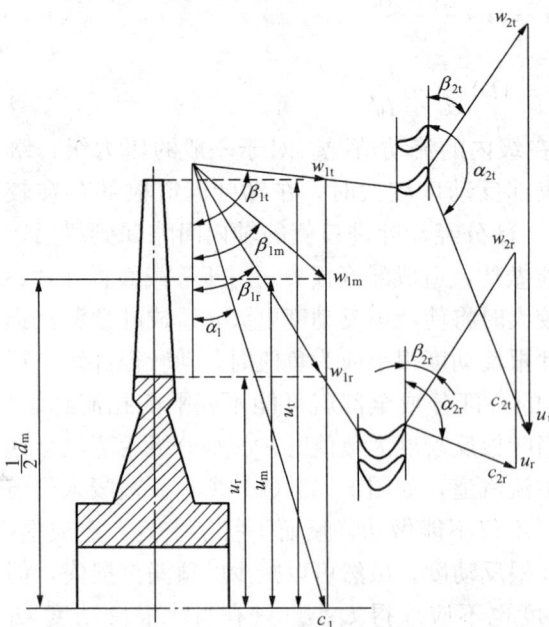

图 1-34 长叶片级的速度三角形

到叶顶，叶栅的相对节距 t 不断增大，即 $t_t > t_m > t_r$，只能保证平均直径处的相对节距为最佳，其他各处均偏离设计值，使叶栅损失增大。

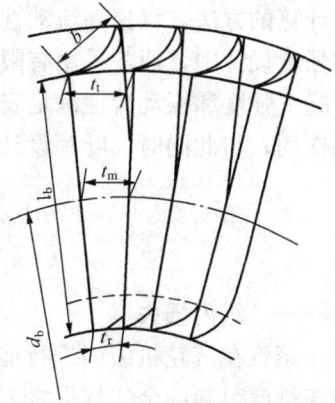

图 1-35 环形叶栅的节距变化

3. 汽流径向流动引起的损失变化

蒸汽在级内流动时，存在圆周方向的分速度，使蒸汽在喷嘴和动叶之间的轴向间隙中受到离心力的作用，产生径向流动。叶顶部分离心力较大，叶根部分离心力较小。若不采取径向平衡措施，就会使汽流在轴向间隙中沿径向流动。这种径向流动不会推动叶轮旋转做功，反而会造成损失，降低效率。

通过以上的分析可知，长叶片中沿不同叶高处汽流的情况和平均直径处的情况差别很大。为了获得较高的级效率，必须把长叶片设计成进出口角及截面积沿叶片高度改变的变截面叶片，以适应圆周速度和汽流参数沿叶高的变化规律。这种叶片称为扭叶片。通常 $\theta = 8$ 时，扭叶片比直叶片提高效率 1.5%～2.5%；$\theta = 6$ 时，扭叶片比直叶片提高效率 3%～4%；$\theta = 4$ 时，扭叶片比直叶片提高效率 7%～8%。目前由于扭叶片加工工艺水平的提高，成本下降，使扭叶片的应用范围越来越广。

二、长叶片级的设计方法

为了保证整个长叶片级具有较高的效率，一般采用轴向间隙中汽流的径向平衡条件，并以此作为长叶片中汽流的流动模型。扭叶片（长叶片）设计中采用的这种径向平衡法，能够保证叶片有较高的效率。径向平衡法又分为简单径向平衡法和完全径向平衡法两种。

1. 简单径向平衡法

简单径向平衡法是假定汽流在轴向间隙中作与轴对称的圆柱面流动，即其径向分速度为零或流线的倾斜角为零，其曲率半径为无限大。简单径向平衡法是按二元流建立的气体流动模型，计算比较简单，但是该模型中反动度或动静叶片间轴向间隙内的汽流压力沿叶高增大，而且变化较剧烈。当叶片 $\theta < 3$ 时，叶根会出现负反动度，使损失显著增大。

2. 完全径向平衡法

完全径向平衡法是假定汽流在级的轴向间隙中作任意回转面流动，即三元流动模型，此时流线曲率半径为定值。这种流型中，级的轴向间隙的汽压和反动度不仅与汽流的轴向分速度沿叶高的分布有关，而且与流线的弯曲情况有关。可以通过改变流线的倾斜角和曲率半径值来改变轴向间隙中汽流压力和级的反动度沿叶高的变化规律，使得级的根部反动度增大，而沿叶高反动度却增加缓慢，从而达到控制反动度沿叶高变化规律的目的。

随着汽轮机单机功率的增大，末级叶片高度也越来越大，对于 $\theta \geq 8 \sim 10$ 的短叶片级，用一元流流型基本上是有效的。对 $\theta < 8 \sim 10$ 的较长的叶片级，用二元流流型能较好地解决一元流难以解决的问题。对 $\theta < 3$ 的长叶片级，由于轴向间隙中的汽流流动不再保持与轴对称的圆柱面流动，应该考虑汽流流线弯曲的影响，采用完全径向平衡法（三元流流型）来进行设计。

三、现代汽轮机叶片设计方法

叶片是包含复杂曲面的零件，是组成汽轮机的核心部件，其结构型线、工作状态直接影响汽轮机的能量转换效率和安全性能。

汽轮机叶片的设计涉及气动力学、强度振动及材料等技术。现代汽轮机的叶片设计以高度模块化和全三维叶型为特征。在气动热力设计中，通常采用基于一维、准三维和全三维耦合计算的方法，以提高流动性能，特别是长叶片设计必须考虑蒸汽在级内流动的三维特征；在强度设计中，通常采用有限元方法对所选用的叶片材料进行强度校核，确保其在所有运行工况下强度和振动特性满足安全性要求。对于工作在湿蒸汽区的叶片，还要考虑湿蒸汽的冲蚀作用。与此同时，叶片设计时必须考虑加工工艺和精度等。

第七节　级内损失和级效率

一、级内损失

蒸汽在汽轮机级内进行能量转换的过程中，除了在叶栅流道内产生喷嘴损失和动叶损失、排汽引起的余速损失之外，由于不同的工作条件、流动状况及其他因素，还会产生其他的级内损失，如叶栅损失、部分进汽损失、叶轮摩擦损失、漏汽损失和湿汽损失等。对于不同结构形式的级，产生的各项级内损失需先根据具体的流动情况来进行判断，然后选用适当的公式进行计算。各项损失的计算公式是在一定的试验条件下所获得的试验系数和半经验公式。不同的试验条件，得到的经验公式和计算结果是不同的。

1. 叶栅损失

叶栅损失包括喷嘴损失和动叶损失，主要由叶型损失、叶端损失和冲波损失组成。

（1）叶型损失。叶型损失是指蒸汽流经叶型表面时所产生的能量损失，包括附面层中的摩擦损失、附面层分离时的涡流损失及尾迹损失。

当具有黏滞性的蒸汽以速度 c_0 流经叶栅时，在叶片表面要形成附面层。附面层内由于蒸汽流速不同，产生内摩擦力，造成损失。附面层的厚度 δ 与蒸汽的流动情况和叶片表面的清洁度有关，流速增加时，附面层的厚度减薄；流速减小时，附面层的厚度增加（δ_{max}），如图 1-36（a）所示。在冲动级中采用一定的反动度，可增大蒸汽流过动叶栅的相对速度，减少附面层中的摩擦损失。当叶片表面附面层增加到一定的厚度后，蒸汽会出现停滞和倒流现象。此时汽流质点离开叶片的背弧，造成附面层分离，产生涡流损失，如图 1-36（b）所示。叶型弯曲程度越大，正冲角越大，就越容易在叶片背弧造成附面层分离。当蒸汽离开叶型的尾缘时，由于叶片出口边有一定的厚度 Δ，且背弧和内弧面内附面层速度不同，两股汽流混合时会产生旋涡，造成尾迹损失，如图 1-37 所示。Δ 越大时，尾迹损失就越大，因此应尽量减小叶片出口边厚度。

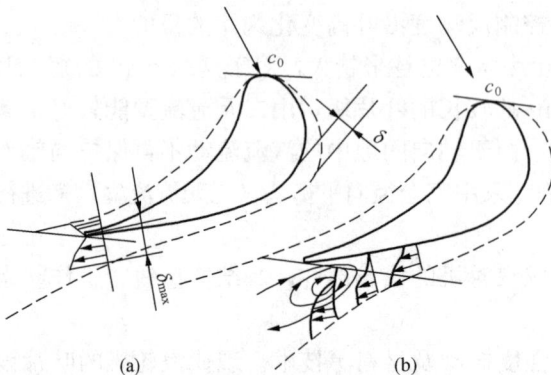

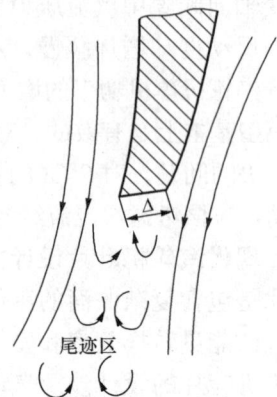

图 1-36　叶栅叶型上的附面层分布示意　　　　　　图 1-37　尾迹损失
（a）没有分离的流动；（b）有分离的流动

叶型损失的大小直接取决于叶型，为了提高效率，减少损失，在设计和制造时应选择合理的叶型。

（2）叶端损失。由于叶栅流道存在上下两个端面，当蒸汽流动时，在端面附面层内产生摩擦损失，使其中流速降低，在弯曲流道内做曲线运动产生的离心力相应减小，其凹弧侧的压力低于叶栅型线部分对应点的压力。汽流在此压差作用下向端部流动，使该处的压力升高。在端面的背弧处则相反，压力相对降低。因此在端面附面层内，凹弧和背弧之间的压差大于离心力，产生由凹弧向背弧的横向流动（称为二次流），与背弧上沿主流方向形成的附面层混合并堆积成两个对称且方向相反的旋涡区，从而引起较大的能量损失，这种损失称为二次流损失，如图1-38所示。在叶片中部，由于蒸汽流速大，压差力与汽流的离心力相平衡，则不会形成二次流损失。

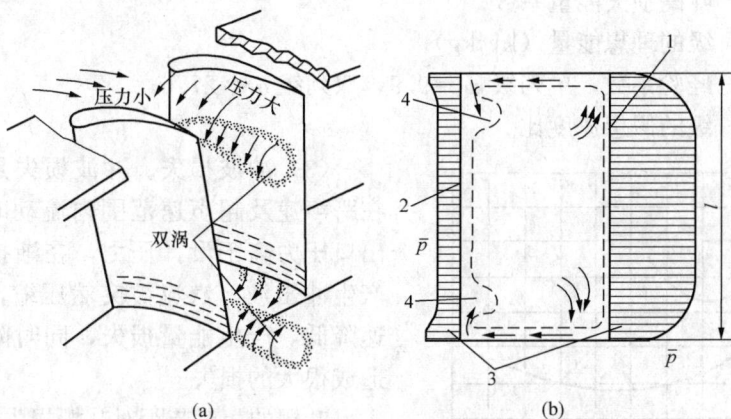

图1-38　叶栅中汽流的二次流损失
（a）双旋涡示意图；（b）附面层和压力分布示意图
1—内弧；2—背弧；3—压力分布；4—附面层增厚区

为了方便，在计算叶栅摩擦损失时不考虑这部分能量损失，而将其从叶栅摩擦损失中分离出来单独计算，称为叶高损失。试验证明，当叶片较长时，叶栅流道顶部和根部产生的摩擦损失在叶栅摩擦损失中占的比例较小，故叶高损失较小。叶片越短，叶高损失就越大。因此，对于小容量汽轮机，可采用部分进汽来增加叶片的高度，以减小叶高损失。

对于大容量汽轮机，高压级组通流部分叶栅高度虽较大，但为了保证必要的刚度和强度，往往采用较厚的高压隔板和喷嘴，这将导致喷嘴相对高度降低，端部损失增大。为提高叶栅的相对高度，汽轮机制造厂广泛采用窄喷嘴的隔板结构，而配以加强筋来满足隔板刚度与强度的要求，如图1-39所示。但采用加强筋也会带来一定的附加损失。

叶高损失δh_l常用半经验公式计算，即

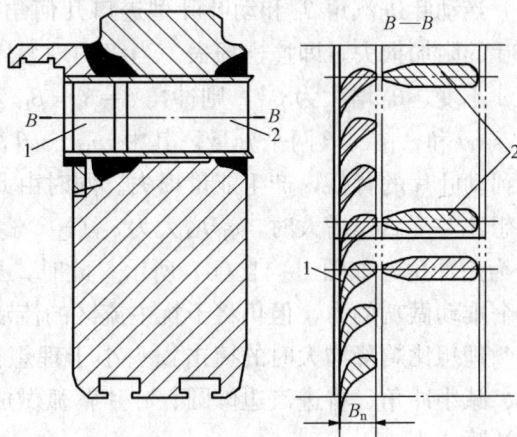

图1-39　装有窄喷嘴的焊接隔板
1—窄叶片；2—加强筋

$$\delta h_l = \frac{\alpha}{l} \Delta h_u \tag{1-53}$$

式中　α——经验系数，单列级 $\alpha=1.2$（未包括扇形损失）或 $\alpha=1.6$（包括扇形损失），双列级 $\alpha=2$；

　　　l——叶栅高度，对单列级为喷嘴高度，对双列级为各列叶栅的平均高度（mm）；

　　　Δh_u——不包括叶高损失的轮周有效比焓降（kJ/kg）。

叶高损失也可用经验公式（1-54）和式（1-55）计算，即

$$\delta h_l = \zeta_l E_0 \tag{1-54}$$

$$\zeta_l = \frac{\alpha_1}{l_n} x_a^2 \tag{1-55}$$

上两式中　ζ_l——叶高损失能量系数；

　　　　　E_0——级的理想能量（kJ/kg）；

　　　　　α_1——经验系数，单列级 $\alpha_1=9.9$，双列级 $\alpha_1=27.6$；

　　　　　x_a——级的假想速度比。

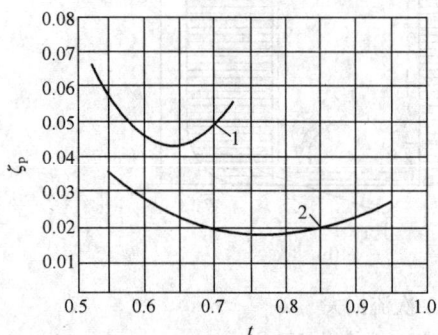

图 1-40　叶型损失系数与相对节距的关系曲线
1—冲动式；2—反动式

（3）冲波损失。冲波损失是指叶栅中汽流在跨声速及超声速范围内流动时，若缩放喷嘴出口压力高于设计压力，在渐扩段某一截面要产生冲击波，汽流被突然压缩，压力升高，流速降低，产生能量损失，同时附面层的分离也造成很大的损失。

叶栅的相对节距对叶栅损失影响较大，叶型损失系数（ζ_p）与相对节距的关系曲线如图 1-40 所示。由图 1-40 可知，存在一个最佳的相对节距，使损失最小，当节距偏离最佳值时，损失增大。因此在设计时，应选择最佳节距值。

2. 撞击损失

当动叶进汽角 β_1 和动叶叶型进口几何角 β_{1g} 不相等时，两者之间存在一个冲角 θ，引起动叶的附加损失，即撞击损失。当级的理想比焓降 Δh_t 减小时，c_1 减小为 c_{11}（$c_{11} < c_1$），此时 u 不变，β_1 增大为 β_{11}，则冲角 $\theta = \beta_1 - \beta_{11}$ 为负冲角，如图 1-41（a）所示。w_{11} 可分解为 $w_{11}\sin\theta$ 和 $w_{11}\cos\theta$ 两个分量，其中 $w_{11}\cos\theta$ 沿 β_1 方向顺利进入到动叶流道，而 $w_{11}\sin\theta$ 将打击到动叶片的背弧，产生能量损失。同时由此产生的力将对叶片运动产生阻滞作用。当级的理想比焓降 Δh_t 增大时，c_1 增大为 c_{11}（$c_{11} > c_1$），此时 u 不变，β_1 减小为 β_{11}，则冲角 $\theta = \beta_1 - \beta_{11}$ 为正冲角，如图 1-41（b）所示。此时，虽然 $w_{11}\sin\theta$ 将撞击动叶片的内弧，对动叶产生一个推动做功的力，但仍将干扰主流区的流动，因而也产生损失。

理想比焓降增大时的撞击损失小于理想比焓降减小时的撞击损失。可通过合理选择叶型、减小冲角、将进汽边修圆、叶片背弧做成曲线形等方法来减小撞击损失。撞击损失 $\delta h_{\beta 1}$ 的计算式为

$$\delta h_{\beta 1} = \frac{(w_{11}\sin\theta)^2}{2} \tag{1-56}$$

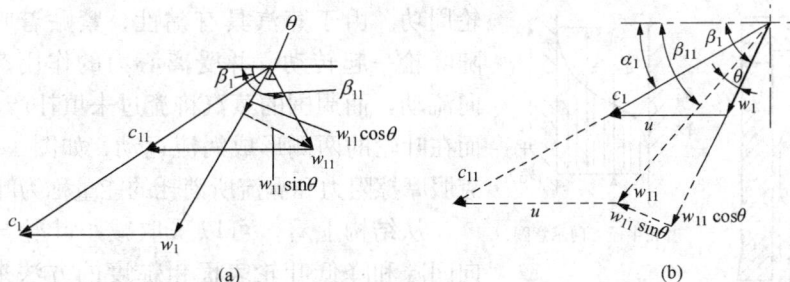

图 1-41　叶栅中的撞击损失
（a）理想比焓降 Δh_t 减小；（b）理想比焓降 Δh_t 增大

3. 扇形损失

汽轮机的叶栅安装在叶轮外圆周上，为环形叶栅。当叶片为直叶片时，其通流截面沿叶高变化，叶片越高，变化就越大。另外，由于喷嘴出口汽流切向分速度的离心作用，将汽流向叶栅顶部挤压，使喷嘴出口蒸汽压力沿叶高逐渐升高。而按一元流动理论进行设计时，所有参数的选取，只能保证平均直径截面处为最佳值，而沿叶片高度其他截面的参数，由于偏离最佳值将引起附加损失，统称为扇形损失。

当叶栅 $\theta \geqslant 8 \sim 12$ 时，扇形损失较小，可按一元流动理论进行设计，采用等截面直叶片组成叶栅，设计计算和加工制造都比较方便；当 $\theta < 8 \sim 12$ 时，扇形损失较大，此时需采用按二元和三元流动理论设计的扭转叶片组成叶栅。扭叶片一般为变截面叶片，沿叶片高度方向各截面的几何形状不同，且扭转一个角度，以适应蒸汽参数沿叶高的变化规律，可达到消除扇形损失的目的。虽加工较困难，但可避免扇形损失，提高级效率。

扇形损失 δh_θ 的计算一般采用半经验公式（1-57）和式（1-58）计算，即

$$\delta h_\theta = \zeta_\theta E_0 \tag{1-57}$$

$$\zeta_\theta = 0.7\left(\frac{l_b}{d_b}\right)^2 \tag{1-58}$$

式中　l_b、d_b——动叶高度（mm）、动叶平均直径（mm）；
　　　ζ_θ——扇形损失能量系数。

扇形损失是由叶栅采用环形布置而引起的（见图 1-42），其大小与叶栅的径高比有关。叶栅高度越大、直径越小，则扇形损失越大。

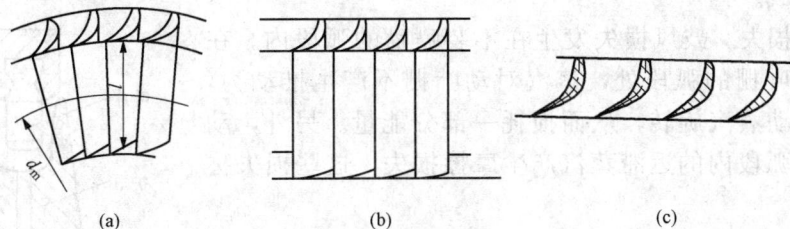

图 1-42　叶栅示意
（a）环形叶栅；（b）直列叶栅；（c）平面叶栅

4. 叶轮摩擦损失

叶轮在高速旋转时，轮面与其两侧的蒸汽发生摩擦，为了克服摩擦阻力，将损耗一部分

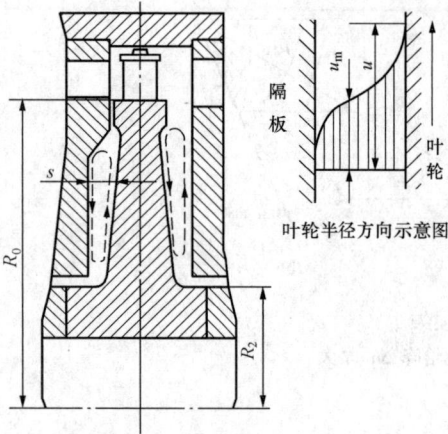

图 1-43　叶轮摩擦损失示意

R_0—动叶叶根处半径；R_2—轴的半径；

s—隔板与叶轮面的间隙

叶轮摩擦损失能量系数 ζ_f 为

轮周功。由于蒸汽具有黏性，紧贴着叶轮的蒸汽将随叶轮一起转动，并受离心力的作用产生向外的径向流动，而周围的蒸汽将流过来填补产生的空隙，从而在叶轮的两侧形成涡流运动，如图 1-43 所示。为克服摩擦阻力和涡流所消耗的能量称为叶轮摩擦损失。

从结构上看，可以采取减小叶轮与隔板间的轴向间隙和降低叶轮表面粗糙度的方法来减小叶轮摩擦损失。叶轮摩擦的耗功 ΔP_f 通常用经验公式计算，即

$$\Delta P_f = k_1 \left(\frac{u}{100}\right)^3 d^2 \frac{1}{v} \tag{1-59}$$

叶轮摩擦损失 δh_f 为

$$\delta h_f = \frac{\Delta P_f}{G} \tag{1-60}$$

$$\zeta_f = \frac{\delta h_f}{E_0} = \frac{\Delta P_f}{P_t} \tag{1-61}$$

上几式中　k_1——经验系数，一般 $k_1=1.0\sim1.3$；

　　　　u——圆周速度（m/s）；

　　　　d——叶轮直径（m）；

　　　　v——汽室中蒸汽的平均比体积（m³/kg）；

　　　　G——级的蒸汽流量（kg/s）；

　　　　P_t——汽轮机的功率（kW）。

影响叶轮摩擦损失的主要因素有 u、d 和 v。汽轮机从高压级到低压级，u、d 和 v 都逐渐增大，其中 v 增大尤为明显，因此它对叶轮摩擦损失的影响最大。在高压级中，v 较小，则叶轮摩擦损失较大；在低压级中，v 很大，则叶轮摩擦损失很小，可以忽略不计。对于反动级，由于其没有叶轮，所以不存在叶轮摩擦损失。

5. 部分进汽损失

对于采用部分进汽（$e<1$）的级，存在部分进汽损失。部分进汽损失由鼓风损失和斥汽损失两部分组成。

（1）鼓风损失。鼓风损失发生在不装喷嘴的弧段内。在没有布置喷嘴叶栅的弧段处，蒸汽对动叶栅不产生推动力，而需动叶栅带动蒸汽旋转，从而损耗一部分能量。另外，动叶两侧面也与弧段内的迟滞蒸汽产生摩擦损失，这些损失称为鼓风损失。

喷嘴叶栅的部分进汽度越小，则鼓风损失越大。当部分进汽度小于 50% 时，为了减小损失，可在动叶不进汽的弧段加装护罩，如图 1-44 所示。在不装喷嘴的弧段内把动叶罩住，以减少鼓动的蒸汽量，从而减小鼓风损失。鼓风损失 δh_w 可用经验公式（1-62）和式（1-63）求得，即

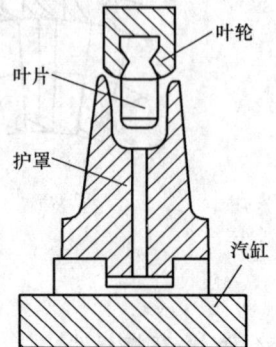

图 1-44　部分进汽时采用护罩

$$\delta h_w = \zeta_w E_0 \tag{1-62}$$

$$\zeta_w = B_e \frac{1}{e}\left(1 - e - \frac{e_c}{2}\right)x_a^3 \tag{1-63}$$

上两式中　ζ_w——鼓风损失能量系数；

B_e——与汽轮机级的类型有关的系数，单列级 $B_e = 0.1 \sim 0.2$（一般计算时取 B_e $=0.15$），双列级 $B_e = 0.4 \sim 0.7$（一般计算时取 $B_e = 0.55$）；

e_c——装有护罩的弧段长度与整个圆周长度的比值。

（2）斥汽损失。斥汽损失发生在装有喷嘴的弧段内。当不进汽的动叶流道进入布置喷嘴叶栅的弧段时，由喷嘴叶栅喷出的高速汽流要推动残存在动叶流道内的迟滞气体，将损耗一部分动能。此外，由于叶轮高速旋转和压力差的作用，在喷嘴组出口端 A 处的轴向间隙会产生漏汽，而在喷嘴组进口端 B 处将出现吸汽现象，使间隙中的低速蒸汽进入动叶流道，扰乱主流，形成损失，这些损失称为斥汽损失，如图 1-45 所示。由于斥汽损失产生于喷嘴弧段的两端处，故又称为弧端损失。

动叶栅每经过一组喷嘴弧段时就要产生一次斥汽损失，因此当部分进汽度相同时，所分的喷嘴组越多，斥汽损失就越大。为了减少斥汽损失，应尽量减少喷嘴组数。斥汽损失 δh_s 可用经验公式（1-64）和式（1-65）求取，即

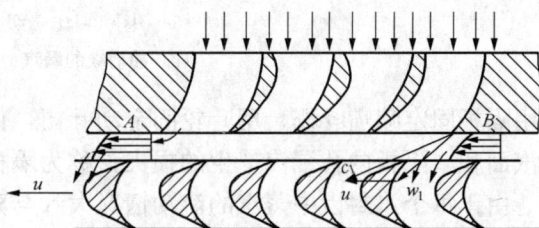

图 1-45　部分进汽时产生斥汽损失

$$\delta h_s = \zeta_s E_0 \tag{1-64}$$

$$\zeta_s = C_e \frac{1}{e} \times \frac{Z_n}{d_n}x_a \tag{1-65}$$

式中　ζ_s——斥汽损失能量系数；

C_e——与汽轮机级的类型有关的系数，单列级 $C_e = 0.01 \sim 0.015$（一般计算时取 $C_e = 0.012$），双列级 $C_e = 0.012 \sim 0.018$（一般计算时取 $C_e = 0.016$）；

Z_n——喷嘴组数，若两组喷嘴间只相隔一个喷嘴节距，则视为一个喷嘴。

部分进汽损失 δh_e 和部分进汽损失能量系数 ζ_e 的计算式为

$$\delta h_e = \delta h_w + \delta h_s \tag{1-66}$$

$$\zeta_e = \zeta_w + \zeta_s \tag{1-67}$$

反动级由于动叶两侧压力差较大，为避免叶栅轴向间隙漏汽过大，则不能做成部分进汽的结构，故反动式汽轮机的调节级必须采用冲动级。

6. 漏汽损失

汽轮机的级由静止部分和转动部分组成，动静部分之间必须留有间隙，而在间隙的前后存在一定的压差时，会产生漏汽，使参加做功的蒸汽量减少，造成损失，这部分能量损失称为漏汽损失。漏汽损失的大小与动、静间隙的面积和间隙两侧压力差的大小有关。不同的级漏汽情况不同，冲动级有隔板漏汽和叶顶漏汽，反动级有静叶根部漏汽和动叶顶部漏汽，如图 1-46 所示。

（1）隔板漏汽损失。对于冲动级，其喷嘴叶栅前后的压力差较大，为了减小漏汽损失，

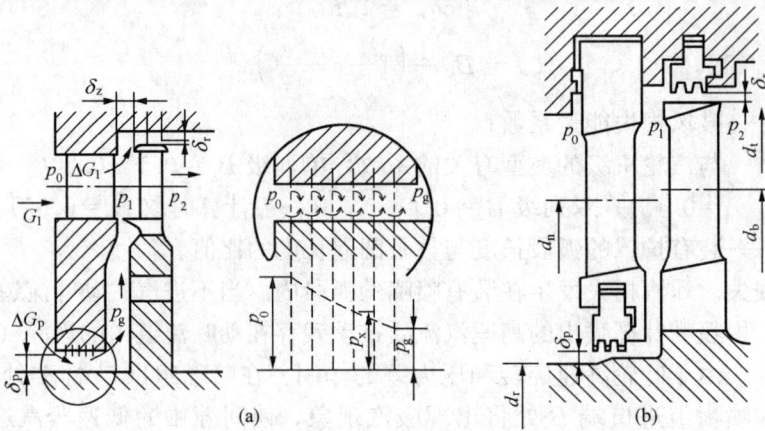

图 1-46　级内漏汽示意

(a) 冲动级的漏汽；(b) 反动级的漏汽

采用隔板固定喷嘴叶栅，用叶轮固定动叶栅，使喷嘴叶栅处漏汽间隙的直径减小，从而减小漏汽面积。隔板内孔漏汽产生的损失，称为隔板漏汽损失。

由于每个汽封齿中蒸汽的流动情况大致与蒸汽在渐缩喷嘴内的流动情况相同，因此可以采用渐缩喷嘴的流量计算公式计算隔板漏汽量 ΔG_p，即

$$\Delta G_p = \frac{\mu_p A_p c_{1p}}{v_{1t}} = \mu_p A_p \frac{\sqrt{2\Delta h_n^*}}{v_{1t} \sqrt{Z_p}} \tag{1-68}$$

式中　μ_p——隔板汽封流量系数，一般 $\mu_p = 0.7 \sim 0.8$；

A_p——汽封间隙面积（m^2）；

c_{1p}——汽封齿出口流速（m/s）；

v_{1t}——汽封齿出口蒸汽理想比体积（m^3/kg）；

Z_p——汽封高低齿齿数，如果是平齿且齿数为 Z，则 $Z_p = (Z+1)/2$；

d_p——汽封高低齿两齿隙处直径的平均值（m）；

δ_p——汽封间隙（m）。

式（1-68）中，$A_p = \pi d_p \delta_p$。

隔板漏汽损失 δh_p 为

$$\delta h_p = \frac{\Delta G_p}{G} \Delta h_u' \tag{1-69}$$

式中　$\Delta h_u'$——级的轮周有效比焓降（kJ/kg），$\Delta h_u' = \Delta h_t^* - \delta h_n - \delta h_b - \delta h_{c2} - \delta h_l - \delta h_\theta$。

可通过设置隔板汽封来减小隔板漏汽损失，且隔板汽封齿数越多，漏汽量就越少。在喷嘴和动叶根部可设置轴向汽封来减少进入动叶的漏汽量。在叶轮上开平衡孔使隔板漏汽经平衡孔流到级后，以避免漏汽进入动叶流道，扰乱主流。

（2）叶顶漏汽损失。动叶栅两侧有压力差时，其顶部间隙也产生漏汽损失，称为叶顶漏汽损失。叶顶漏汽量的大小取决于级的反动度，对于冲动级，动叶前后没有压差，动叶顶部漏汽量较小，可忽略不计。随着级反动度的增大，动叶顶部的漏汽量增大。对于反动级，由于动叶栅两侧压力差较冲动级大，为减小轴向推力，不能采用轴向面积较大的叶轮固定动叶栅，也不能采用隔板固定喷嘴叶栅，应用持环固定喷嘴叶栅，持环动、

静间隙也产生漏汽。

动叶顶部漏汽量 ΔG_t 的计算式为

$$\Delta G_t = \frac{\mu_t A_t c_t}{v_{2t}} = \frac{\mu_t \pi (d_b + l_b)\bar{\delta}_t \sqrt{2\Omega_t \Delta h_t^*}}{v_{2t}} \tag{1-70}$$

式中　μ_t——动叶顶部间隙的流量系数，一般取 $\mu_t/\mu_n \approx 0.6$，μ_n 为喷嘴叶栅的流量系数；

A_t——汽封间隙面积（m^2），$A_t = \pi (d_b + l_b)\bar{\delta}_t$；

$\bar{\delta}_t$——动叶顶部的当量间隙；

Ω_t——动叶叶顶反动度。

对于叶顶围带上同时装有轴向汽封和径向汽封，有

$$\bar{\delta}_t = \frac{\delta_z}{\sqrt{1 + Z_r \left(\frac{\delta_z}{\delta_r}\right)^2}} \tag{1-71}$$

式中　δ_z——动叶顶部的轴向间隙；

δ_r——动叶顶部的径向间隙；

Z_r——动叶顶部径向汽封齿数。

动叶顶部的漏汽损失 δh_t 为

$$\delta h_t = \frac{\Delta G_t}{G} \Delta h_u' \tag{1-72}$$

可通过在动叶围带上安装径向汽封和轴向汽封来减少叶顶漏汽损失。对于无围带的动叶片，可将叶顶削薄以起到汽封的作用。

反动级采用鼓式转子，如图 1-46（b）所示。对于 $\Delta h_n = \Delta h_b$ 的反动级，动叶顶部的漏汽损失常用经验公式计算，即

$$\delta h_t = 1.72 \frac{\delta_r^{1.4}}{l_b} E_0 \tag{1-73}$$

汽轮机级的漏汽损失包括隔板漏汽和叶顶漏汽损失，即

$$\delta h_\delta = \delta h_p + \delta h_t$$

7. 湿汽损失

过热蒸汽在汽轮机内做功时，随着蒸汽压力、温度降低，汽轮机的最末几级可能在湿蒸汽区内工作，此时会出现蒸汽带水现象。当级在湿蒸汽区内工作时，将产生湿汽损失。

湿汽损失一般由以下几种原因产生：湿蒸汽中的小水滴，因其质量比蒸汽的质量大，所获得的速度比蒸汽的速度小，故当蒸汽带动水滴运动时，造成两者之间的碰撞和摩擦，损耗一部分蒸汽动能；在湿蒸汽进入动叶栅时，由于水滴的运动速度较小，在圆周速度 u 相同时，水滴进入动叶的方向角与动叶栅进口几何角相差很大，水滴便撞击在动叶片的背弧上（见图 1-47），对动叶栅产生制动作用，阻止叶轮的旋转，为克服水滴的制动作用力，将损

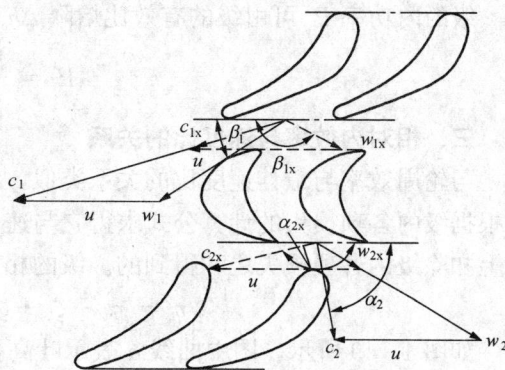

图 1-47　水滴对动、静叶栅冲击的示意

耗一部分轮周功；当水滴撞击在动叶片的背弧上时，四处飞溅，扰乱主流，进一步加大水滴与蒸汽之间的摩擦，又损耗一部分蒸汽动能。以上所有损失称为湿汽损失。

湿汽损失 δh_x 通常用经验公式计算，即

$$\delta h_x = (1 - x_m) \Delta h_i' \tag{1-74}$$

式中　x_m——级的平均干度，$x_m = (x_0 + x_2)/2$；

　　　$\Delta h_i'$——级内不包括湿汽损失的有效比焓降（kJ/kg）。

湿蒸汽中的水滴除了带来一定的能量损失之外，还会因为水滴不断冲击叶片，使叶片表面被冲蚀而造成损坏。为了减小蒸汽湿度并防止叶片因侵蚀而损害，可采用除湿装置和提高叶片的抗侵蚀能力的措施。详见第七章相关内容。

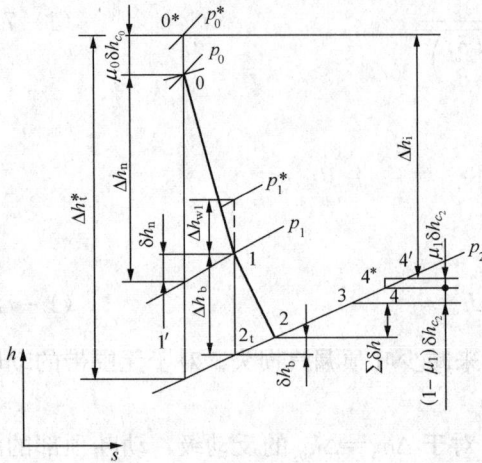

图 1-48　冲动级的热力过程线

二、级的相对内效率和内功率

考虑了级内各项损失后，冲动级的热力过程线如图 1-48 所示。图中 $\sum \delta h$ 表示除了喷嘴损失、动叶损失和余速损失的级内各项损失之和。由于级内为绝热过程，所有的能量损失都重新转变为热能，加热了蒸汽本身，使级的排汽比焓值升高。

考虑到余速利用系数 μ_1，4^* 点为下级进口的滞止状态点。Δh_i 为级的有效比焓降，表示 1 kg 蒸汽所具有的理想能量在转轴上转变为有效功的能量。

1. 级的相对内效率

蒸汽在汽轮机内的有效比焓降 Δh_i 与理想能量 E_0 的比值称为级的相对内效率 η_i，即

$$\eta_i = \frac{\Delta h_i}{E_0} = \frac{\Delta h_t^* - \delta h_n - \delta h_b - \delta h_l - \delta h_f - \delta h_e - \delta h_\delta - \delta h_x - \delta h_\theta - \delta h_{c_2}}{\Delta h_t^* - \mu_1 \delta h_{c_2}} \tag{1-75}$$

级的相对内效率是反映汽轮机通流部分完善程度的指标。它的大小与叶型、速度比、反动度、叶高等参数相关，也与蒸汽的性质及级的结构有关。

2. 级的内功率

级的内功率 P_i 可由级的有效比焓降 Δh_i 和蒸汽流量 D 求得，即

$$P_i = \frac{D \Delta h_i}{3600} (\text{kW}) \tag{1-76}$$

三、相对内效率与速度比的关系

与轮周效率与最佳速度比的关系类似，级的相对内效率与速度比也有一个最佳的关系。可根据级内各项损失的计算公式求得它与速度比的关系。级的相对内效率是在轮周效率的基础上扣除级内各项损失之和得到的。级的相对内效率可表达为

$$\eta_i = \eta_u - \zeta_l - \zeta_f - \zeta_e - \zeta_\delta - \zeta_\theta - \zeta_x \tag{1-77}$$

如图 1-49 所示，图中曲线 a 表示叶高损失、叶轮摩擦损失和部分进汽损失随速度比的变化曲线。由图 1-49 可知，叶高损失、叶轮摩擦损失和部分进汽损失随速度比的增加而增大，级内损失不仅使级的轮周效率降低，也会使最佳速度比值减小，即相对内效率最高时的

最佳速度比小于轮周效率最高时的最佳速度比。

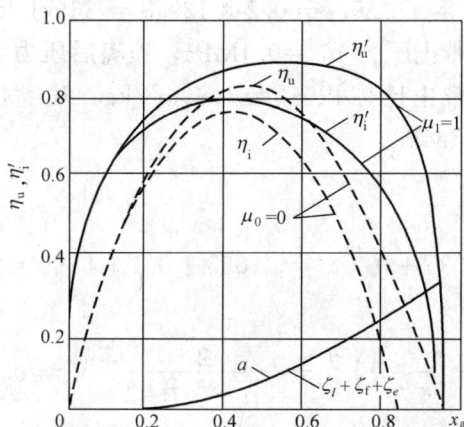

图 1-49 级效率 η_i 与速度比 x_a 的关系曲线

a—损失系数 $\zeta_l + \zeta_f + \zeta_e$ 与速度比的关系曲线；η_i'—级效率曲线；η_u—轮周效率曲线

第八节 级的热力计算过程

本节通过例题对级的热力过程进行计算，对相关公式进一步了解和应用。

【例 1-1】 已知汽轮机的转速 $n=3000 \text{r/min}$，蒸汽流量 $G=16.67 \text{kg/s}$，某冲动级中级的平均直径 $d_m = 1.44\text{m}$，级前蒸汽压力 $p_0 = 0.098\text{MPa}$，干度 $x_0 = 0.99$，流入该级的蒸汽初速度 $c_0 = 91.5 \text{m/s}$。级的理想比焓降 $\Delta h_t = 125.6 \text{kJ/kg}$，级的平均反动度 $\Omega_m = 0.2$，叶顶反动度 $\Omega_t = 0.24$，喷嘴出口角 $\alpha_1 = 19°$。隔板汽封采用平齿汽封，汽封齿的平均直径 $d_p = 200 \text{ mm}$，汽封间隙 $\delta_p = 0.5 \text{ mm}$，齿数 $Z_p = 2$，动叶顶当量间隙 $\bar{\delta}_t = 2\text{mm}$，余速利用系数 $\mu_1 = 0.85$。

求：（1）进行喷嘴热力计算，确定喷嘴叶栅通流面积和叶高。

（2）进行动叶热力计算，画出动叶的进出口速度三角形，确定动叶栅出口面积和叶高。

（3）计算级的轮周效率和轮周功率。

（4）计算级内各项损失。

（5）计算级的内功率和内效率，画出级的热力过程线。

解：根据已知条件求得

级的圆周速度：

$$u = \frac{\pi d_m n}{60} = \frac{\pi \times 1.44 \times 3000}{60} = 226 (\text{m/s})$$

级前蒸汽初始动能：

$$\Delta h_{c_0} = \frac{c_0^2}{2} = \frac{91.5^2}{2} = 4186 (\text{J/kg}) = 4.186 (\text{kJ/kg})$$

级的滞止理想比焓降：

$$\Delta h_t^* = \Delta h_t + \Delta h_{c_0} = 125.6 + 4.186 = 129.8 (\text{kJ/kg})$$

喷嘴的滞止理想比焓降：

$$\Delta h_n^* = (1 - \Omega_m) \Delta h_t^* = (1 - 0.2) \times 129.8 = 103.8 (\text{kJ/kg})$$

动叶的理想比焓降：
$$\Delta h_b = \Omega_m \Delta h_t^* = 0.2 \times 129.8 = 26(\text{kJ/kg})$$

由 h-s 图可查得：级前滞止压力 $p_0^* = 0.1\text{MPa}$，喷嘴后压力 $p_1 = 0.054\text{MPa}$，级前滞止焓 $h_0^* = 2656$ kJ/kg，级前滞止比体积 $v_0^* = 1.69\text{m}^3/\text{kg}$，喷嘴出口理想比体积 $v_{1t} = 3.0$ m³/kg，级后压力 $p_2 = 0.044\text{MPa}$。

(1) 喷嘴热力计算。

等熵指数 κ：
$$\kappa = 1.035 + 0.1x_0 = 1.035 + 0.1 \times 0.99 = 1.134$$

临界压力比 ε_{cr}：
$$\varepsilon_{cr} = \left(\frac{2}{\kappa+1}\right)^{\frac{\kappa}{\kappa-1}} = \left(\frac{2}{1.134+1}\right)^{\frac{1.134}{1.134-1}} = 0.577$$

喷嘴压力比 ε_n：
$$\varepsilon_n = \frac{p_1}{p_0^*} = \frac{0.054}{0.1} = 0.54$$

因为 $\varepsilon_n < \varepsilon_{cr}$，可知汽流在喷嘴的斜切部分发生膨胀。

喷嘴临界压力 p_{cr}：
$$p_{cr} = p_0^* \varepsilon_{cr} = 0.1 \times 0.577 = 0.0577(\text{MPa})$$

由 h-s 图可查得喷嘴临界状态参数：
$$h_{cr} = 2562\text{kJ/kg}, \quad v_{cr} = 2.75\text{m}^3/\text{kg}$$

喷嘴出口汽流理想速度 c_{1t}：
$$c_{1t} = \sqrt{2\Delta h_n^*} = \sqrt{2 \times 103.8 \times 10^3} = 455.6(\text{m/s})$$

取喷嘴速度系数 $\varphi = 0.97$，则喷嘴出口汽流实际速度 c_1 为
$$c_1 = \varphi c_{1t} = 0.97 \times 455.6 = 442(\text{m/s})$$

喷嘴临界速度 c_{cr}：
$$c_{cr} = \sqrt{2(h_0^* - h_{cr})} = \sqrt{2 \times (2656 - 2562) \times 10^3} = 434(\text{m/s})$$

因为喷嘴出口压力 $p_1 < p_{cr}$，喷嘴斜切部分中汽流产生膨胀，发生偏转，则喷嘴汽流出口角应为喷嘴出口角 α_1 加上汽流偏转角 δ_1，其正弦为
$$\sin(\alpha_1 + \delta_1) = \sin\alpha_1 \frac{c_{cr} v_{1t}}{c_{1t} v_{cr}} = \sin 19° \times \frac{434 \times 3}{455.6 \times 2.75} = 0.338$$

喷嘴汽流出口角：
$$\alpha_1 + \delta_1 = \arcsin(\alpha_1 + \delta_1) = 19.76°$$

根据 $(1-x_0)$ 之值可查得喷嘴流量系数 $\mu_n = 0.973$。

隔板漏汽量 ΔG_p：
$$\Delta G_p = \mu_p A_p \frac{\sqrt{2\Delta h_n^*}}{v_{1t}\sqrt{Z_p}} = \mu_p \pi d_p \delta_p \frac{\sqrt{2\Delta h_n^*}}{v_{1t}\sqrt{Z_p}}$$
$$= 0.75 \times 3.14 \times 0.2 \times 0.0005 \times \frac{\sqrt{2 \times 103.8 \times 10^3}}{3\sqrt{\frac{2+1}{2}}} = 0.0292(\text{kg/s})$$

流经喷嘴的流量 G_n：

$$G_n = G - \Delta G_p = 16.67 - 0.029\ 2 = 16.64(\text{kg/s})$$

喷嘴叶栅通流面积 A_n：

$$A_n = \frac{G_n}{0.648\sqrt{p_0^*/v_0^*}} = \frac{16.64}{0.648 \times \sqrt{\dfrac{0.1\times10^6}{1.69}}} = 0.105\ 5(\text{m}^2)$$

喷嘴叶片高度 l_n：

$$l_n = \frac{A_n}{e\pi d_m\sin(\alpha_1+\delta_1)} = \frac{0.105\ 5}{1\times3.14\times1.44\times\sin19.76°} = 0.069(\text{m})$$

喷嘴损失 δh_n：

$$\delta h_n = (1-\varphi^2)\Delta h_n^* = (1-0.97^2)\times103.8 = 6.134(\text{kJ/kg})$$

喷嘴出口实际比焓值 h_1：

$$h_1 = h_{1t} + \delta h_n = 2552.2 + 6.134 = 2558.33(\text{kJ/kg})$$

由 h-s 图可查得喷嘴出口实际比体积 $v_1 = 3.05\text{m}^3/\text{kg}$。

（2）动叶热力计算。

作动叶进口速度三角形，如图 1-50 所示。由动叶进口速度三角形求动叶进口相对速度 w_1：

$$w_1 = \sqrt{c_1^2 + u^2 - 2c_1u\cos(\alpha_1+\delta_1)}$$
$$= \sqrt{442^2 + 226^2 - 2\times442\times226\times\cos19.76°} = 241.7(\text{m/s})$$

动叶进口汽流相对速度方向角 β_1：

$$\beta_1 = \arctan\frac{c_1\sin(\alpha_1+\delta_1)}{c_1\cos(\alpha_1+\delta_1)-u} = \arctan\frac{442\times\sin19.76°}{442\times\cos19.76°-226} = 38.19°$$

动叶进口的能量 Δh_{w1}：

$$\Delta h_{w1} = \frac{w_1^2}{2} = \frac{241.7^2}{2} = 29\ 209(\text{J/kg}) = 2.92(\text{kJ/kg})$$

由 h-s 图可查得：动叶前滞止压力 $p_1^* = 0.064\text{MPa}$，动叶进口蒸汽干度 $x_1 = 0.96$，动叶后蒸汽理想比体积 $v_{2t} = 3.498\text{m}^3/\text{kg}$。

动叶的滞止理想比焓降 Δh_b^*：

$$\Delta h_b^* = \Omega_m\Delta h_t^* + \Delta h_{w1} = 0.2\times129.8 + 29.2 = 55.2(\text{kJ/kg})$$

等熵指数 κ：

$$\kappa = 1.035 + 0.1x_1 = 1.035 + 0.1\times0.96 = 1.131$$

临界压力比 ε_{cr}：

$$\varepsilon_{cr} = \left(\frac{2}{\kappa+1}\right)^{\frac{\kappa}{\kappa-1}} = \left(\frac{2}{1.131+1}\right)^{\frac{1.131}{1.131-1}} = 0.578$$

动叶前后压力比 ε_b：

$$\varepsilon_b = \frac{p_2}{p_1^*} = \frac{0.044}{0.064} = 0.688$$

因为动叶压力比 $\varepsilon_b > \varepsilon_{cr}$，蒸汽在动叶中为亚临界流动。

动叶出口汽流理想相对速度 w_{2t}：

$$w_{2t} = \sqrt{2\Delta h_b^*} = \sqrt{2\times55.2\times10^3} = 332.3(\text{m/s})$$

查得动叶速度系数 $\psi = 0.937$，则动叶出口汽流实际相对速度 w_2：

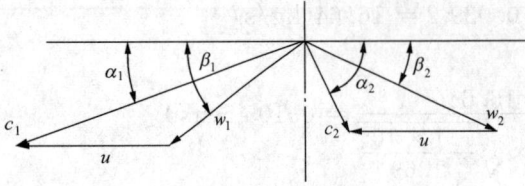

图 1-50　动叶进出口速度三角形

$w_2 = \psi w_{2t} = 0.937 \times 332.3 = 311.4 (\text{m/s})$

动叶出口汽流相对速度方向角 $\beta_2 = \beta_1 - (3° \sim 10°)$，取

$\beta_2 = \beta_1 - 5° = 38.19° - 5° = 33.19°$

做动叶出口速度三角形，如图 1-50 所示。

动叶出口汽流绝对速度 c_2：

$$c_2 = \sqrt{w_2^2 + u^2 - 2w_2 u \cos\beta_2}$$
$$= \sqrt{311.4^2 + 226^2 - 2 \times 311.4 \times 226 \times \cos 33.19°} = 173.9 (\text{m/s})$$

动叶出口汽流绝对速度方向角 α_2：

$$\alpha_2 = \arcsin\left(\frac{w_2 \sin\beta_2}{c_2}\right) = \arcsin\left(\frac{311.4 \times \sin 33.19°}{173.9}\right) = 78.44°$$

动叶栅损失 δh_b：

$$\delta h_b = (1 - \psi^2)\Delta h^*_b = (1 - 0.937^2) \times 55.2 = 6.74 (\text{kJ/kg})$$

动叶栅出口理想比焓 h_{2t}：

$$h_{2t} = h_1 - \Delta h_b = 2558.33 - 26 = 2532.33 (\text{kJ/kg})$$

动叶栅出口实际比焓 h_2：

$$h_2 = h_{2t} + \delta h_b = 2532.33 + 6.74 = 2539.07 (\text{kJ/kg})$$

由 $h\text{-}s$ 图可查得：动叶后蒸汽实际比体积 $v_2 = 3.5 \text{m}^3/\text{kg}$。

动叶栅进口高度 l_b'：

$$l_b' = l_n + \Delta_r + \Delta_t = 69 + 1 + 2 = 72 (\text{mm}) = 0.072 (\text{m})$$

动叶叶顶漏汽量 ΔG_t：

$$\Delta G_t = \frac{\mu_t \pi (d_b + l_b)\bar{\delta}_t \sqrt{2\Omega_t \Delta h^*_t}}{v_{2t}}$$
$$= \frac{0.6 \times 3.14 \times (1.442 + 0.072) \times 0.002 \sqrt{2 \times 0.24 \times 129.8 \times 10^3}}{3.498}$$
$$= 0.4 (\text{kg/s})$$

查得动叶流量系数 $\mu_b = 0.955$，则动叶栅出口面积 A_b：

$$A_b = \frac{G_b v_{2t}}{\mu_b w_{2t}} = \frac{(G_n - \Delta G_t)v_{2t}}{\mu_b w_{2t}} = \frac{(16.64 - 0.4) \times 3.498}{0.955 \times 332.3} = 0.179 (\text{m}^2)$$

动叶出口高度 l_b：

$$l_b = \frac{A_b}{\pi d_b \sin\beta_2} = \frac{0.179}{3.14 \times 1.442 \times \sin 33.19°} = 0.0722 (\text{m})$$

$l_b > l_b'$，则 β_2 的选择符合要求。

余速动能 δh_{c_2}：

$$\delta h_{c_2} = \frac{c_2^2}{2} = \frac{173.9^2}{2} = 15120.6 (\text{J/kg}) = 15.12 (\text{kJ/kg})$$

（3）级的轮周效率和轮周功率。

用轮周有效焓降计算轮周功为

$$P_u = \Delta h_t^* - \delta h_n - \delta h_b - \delta h_{c_2} = 129.8 - 6.14 - 6.74 - 15.12 = 101.8 (\text{kJ/kg})$$

通过速度三角形计算轮周功：

$$P_u' = u[c_1 \cos(\alpha_1 + \delta_1) + c_2 \cos\alpha_2]$$

$$= 226[442 \times \cos 19.76° + 173.9 \times \cos 78.44°] = 101.85 (\text{kJ/kg})$$

P_u 与 P_u' 基本相符合，计算正确性符合要求。

级的轮周效率：

$$\eta_u = \frac{\Delta h_u}{E_0} = \frac{\Delta h_u}{\Delta h_t^* - \mu_1 \delta h_{c_2}} = \frac{101.8}{129.8 - 0.85 \times 15.12} = 87\%$$

（4）级内各项损失。

叶高损失 δh_l：

$$\delta h_l = \frac{a}{l_n} \Delta h_u = \frac{1.6}{69} \times 101.8 = 2.36 (\text{kJ/kg})$$

（单列级，包括扇形损失，所以取 $a = 1.6$）

叶轮摩擦损失 δh_f：

$$\delta h_f = \frac{k\left(\frac{u}{100}\right)^3 d^2}{G v_2} = \frac{1.2 \times \left(\frac{226}{100}\right)^3 \times 1.441^2}{16.67 \times 3.5} = 0.49 (\text{kJ/kg})$$

隔板漏汽损失 δh_p：

$$\delta h_p = \frac{\Delta G_p}{G} \Delta h_u' = \frac{\Delta G_p}{G}(\Delta h_t^* - \delta h_n - \delta h_b - \delta h_{c_2} - \delta h_l)$$

$$= \frac{0.029\,2}{16.67}(129.8 - 6.14 - 6.74 - 15.12 - 2.36) = \frac{0.029\,2}{16.67} \times 99.44 = 0.174 (\text{kJ/kg})$$

叶顶漏汽损失 δh_t：

$$\delta h_t = \frac{\Delta G_t}{G} \Delta h_u' = \frac{0.4}{16.67} \times 99.44 = 2.386 (\text{kJ/kg})$$

湿汽损失 $\delta h_x \left(\text{取平均干度} \, x_m = \frac{x_0 + x_2}{2}\right)$：

$$\delta h_x = (1 - x_m)\Delta h_i' = \left(1 - \frac{x_0 + x_2}{2}\right)(\Delta h_t^* - \delta h_n - \delta h_b - \delta h_{c_2} - \delta h_l - \delta h_f - \delta h_p - \delta h_t)$$

$$= \left(1 - \frac{0.99 + 0.96}{2}\right) \times (129.8 - 6.14 - 6.74 - 15.12 - 2.36 - 0.49 - 0.174 - 2.386)$$

$$= 0.025 \times 96.39 = 2.48 (\text{kJ/kg})$$

（5）级的内功率和内效率。

级内有效焓降 Δh_i：

$$\Delta h_i = \Delta h_t^* - \delta h_n - \delta h_b - \delta h_{c_2} - \delta h_l - \delta h_f - \delta h_p - \delta h_t - \delta h_x$$

$$= 129.8 - 6.14 - 6.74 - 15.12 - 2.36 - 0.49 - 0.174 - 2.386 - 2.48$$

$$= 93.91 (\text{kJ/kg})$$

$$P_i = G\Delta h_i = 16.67 \times 93.91 = 1565.5 (\text{kW})$$

$$\eta_i = \frac{\Delta h_i}{E_0} = \frac{\Delta h_i}{\Delta h_t^* - \mu_1 \delta h_{c_2}} = \frac{93.91}{129.8 - 0.85 \times 15.12} = 80.3\%$$

级的热力过程线如图 1-51 所示。

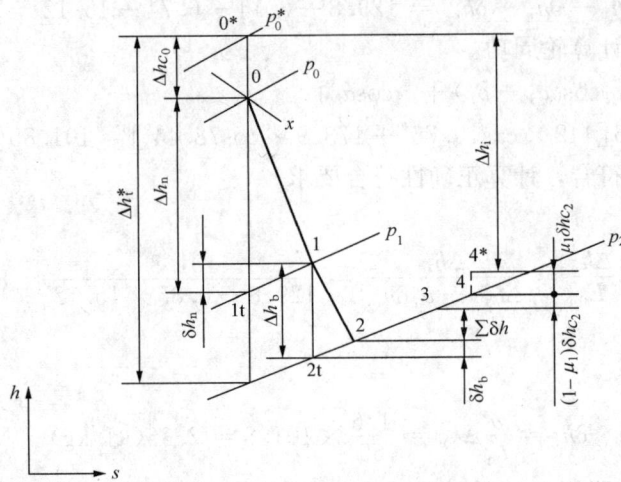

图 1-51　级的热力过程线

思 考 题

1. 什么是汽轮机的级？汽轮机的级可分为哪几类？各有何特点？

2. 分别说明冲动式和反动式汽轮机级的工作原理和级内能量转换的过程及特点。

3. 写出喷嘴出口速度计算公式、喷嘴流量计算公式。

4. 质量为 2.7kg 的蒸汽在喷嘴中绝热膨胀，可用热量为 253.25kJ，如果蒸汽初速度为 0，试计算喷嘴出口汽流速度。若喷嘴速度系数为 90%，喷嘴出口汽流速度又为多少？

5. 已知喷嘴进口蒸汽压力 $p_0 = 3MPa$，温度 $t_0 = 450℃$，蒸汽具有初速度 $c_0 = 70m/s$，喷嘴后蒸汽压力 $p_1 = 2.0MPa$，喷嘴速度系数为 0.97。计算喷嘴前蒸汽滞止参数和喷嘴出口实际速度。

6. 什么是冲动原理和反动原理？在什么情况下，动叶栅受反动力作用？

7. 叶栅的主要几何参数有哪些？它们对叶栅损失有什么影响？

8. 如何确定喷嘴叶栅和动叶栅的出口面积？

9. 什么是反动度？级的反动度的大小反映了流道的什么特性？

10. 什么是级的轮周效率？影响级的轮周效率的因素有哪些？

11. 什么是最佳速度比？纯冲动级、反动级和纯冲动式复速级的最佳速度比的值是多少？

12. 什么是临界状态？什么是临界压力比？什么是喷嘴的临界流量？怎么判别喷嘴或动叶是否到达临界状态？

13. 什么是长叶片级？蒸汽在长叶片级中流动有何特点？

14. 汽轮机的级内损失一般包括哪几项？造成这些损失的原因是什么？

15. 什么是级的部分进汽度？如何减小由于级的部分进汽而引起的级内损失？

16. 汽轮机级内叶栅损失包括哪些项？各项损失的大小受哪些因素影响？

17. 什么是汽轮机的相对内效率？影响级的相对内效率的因素有哪些？

18. 纯冲动级、反动级和纯冲动式复速级的速度比与轮周效率的关系是什么？

19. 冲动级中反动度的选择对汽轮机的级效率有何影响？

20. 画出带反动度的冲动级的热力过程线，标出喷嘴损失、动叶损失和余速损失，注明级的滞止理想比焓降、喷嘴与动叶的理想比焓降。

第二章　多级汽轮机

为了提高汽轮机的经济性，一方面要努力减小汽轮机级内的各项损失，另一方面要尽量提高蒸汽的初参数并降低背压，以提高循环热效率。为了提高汽轮机的单机功率，除要增大汽轮机的进汽量外，还要增大蒸汽在汽轮机内的比焓降。

若比较大的比焓降只在单级内加以利用，其结果是：级的最佳速度比远远偏离最佳值，级效率显著降低；或者由于蒸汽的容积流量急剧增大，要求有足够大的级的直径和叶片高度，这不仅在制造上无法实现，而且将对汽轮机的安全性构成很大的威胁。因此，为保证汽轮机有较高的效率和较大的单机功率，保证汽轮机的安全性，就必须将汽轮机设计成多级汽轮机。在多级汽轮机中，整机的理想焓降分别被各个级逐级有效利用。

多级汽轮机广泛应用于火力和原子能发电、供热，或驱动泵和风机等。本节将重点介绍大型多级汽轮机的主要结构、蒸汽在多级汽轮机中的流动特点，同时讨论多级汽轮机相关问题，如重热现象、汽轮机进汽/排汽损失、轴向推力等。

第一节　多级汽轮机结构

汽轮机本体结构由静止和转动两大部分构成，静止部分又称作静子，转动部分是指转子。此外，为了维持汽轮机的正常运行，汽轮机还设置了轴封系统、配汽机构等。

从整体上看，对于冲动式汽轮机和反动式汽轮机，由于蒸汽在动叶中的膨胀程度不同、多级汽轮机转子承受的轴向推力不同，两者的结构也有所不同，主要包括：

(1) 转子结构不同（反动式汽轮机采用鼓式转子）。

(2) 汽缸的绝对死点布置不同（对于 600MW 汽轮机，冲动式汽轮机往往采用多死点结构，而反动式则多采用单死点结构）。

(3) 叶型不同（详见本节汽轮机的转动部分）。

多级冲动式汽轮机结构见图 2-1。

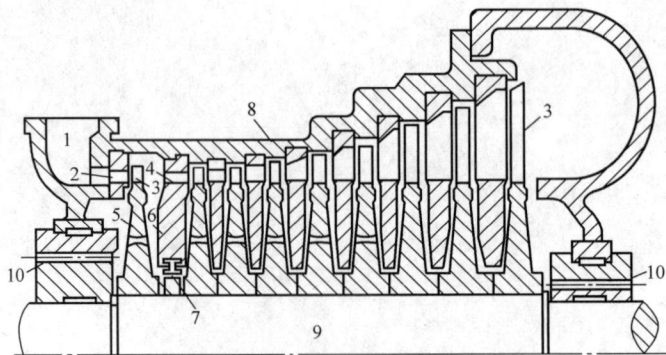

图 2-1　多级冲动式汽轮机结构示意

1—调节级喷嘴室；2—调节级喷嘴；3—动叶；4—喷嘴；5—叶轮；6—隔板；
7—隔板汽封；8—汽缸；9—转轴；10—轴端汽封

一、汽轮机的静止部分

汽轮机的静止部分包括喷嘴、隔板、汽缸和轴承等主要部件。

1. 喷嘴

汽轮机的喷嘴又称静叶（片）。蒸汽流过喷嘴时产生膨胀，压力降低，速度增大，蒸汽的部分热能被转换成动能，使蒸汽以一定的速度进入动叶。为了保证蒸汽按一定的角度进入动叶，喷嘴通常与动叶一样沿轮周方向布置（见图1-5和图1-6）。

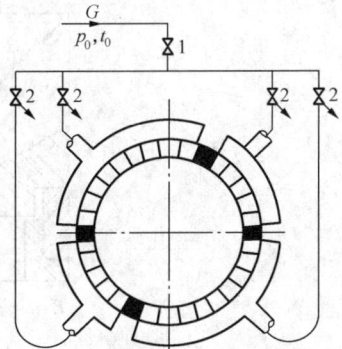

图2-2 喷嘴组示意
1—主汽门；2—调节汽门

由于要求机组具有调峰能力，我国绝大多数汽轮机都采用喷嘴调节，其第一级都被设置成调节级。因为调节级焓降大，且承受的蒸汽压力和温度均较高，所以其喷嘴与后面各压力级喷嘴的构造有所不同，大多数调节级喷嘴都采用合金钢铣制而成。通常，在汽轮机进汽管的汽柜上设置调节汽门，也称调节阀，几个调节阀分别控制几组喷嘴，借以控制汽轮机的进汽量，如图2-2和图2-3所示。来自锅炉的主蒸汽首先进入主汽门，然后通过汽轮机的调节阀，再流入汽轮机各级中逐级膨胀做功。

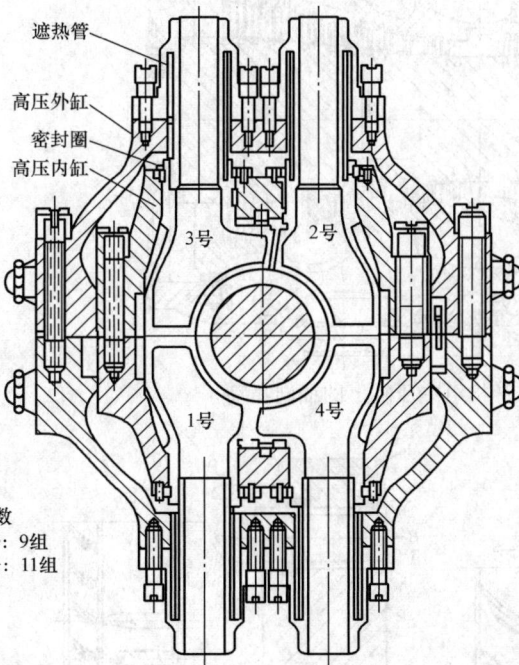

图2-3 喷嘴室结构

喷嘴数
1、2号：9组
3、4号：11组

需要说明的是，随着电网容量和单机容量的不断增加，带基本负荷机组和调峰机组的功能逐步划分开来，目前国内核电机组和1000MW容量超超临界机组（包括部分600MW超临界机组）开始采用节流调节。喷嘴布置也出现了不同形式，如倾斜喷嘴（见图2-4）和径向喷嘴（见图2-5）等。

2. 隔板（隔板套）与静叶环（静叶持环）

对于冲动式汽轮机，其喷嘴安装在隔板上，隔板则直接安装在汽缸上或通过隔板套安装在汽缸上。对于反动式汽轮机，由于转子采用转鼓结构，所以喷嘴安装在静叶环上，静叶环直接安装在汽缸上或通过静叶持环安装在汽缸上。

隔板又称喷嘴板，它将汽轮机的各个压力级分隔开来，是组成工作级的重要部分之一。各级的隔板均分上隔板和下隔板两半。隔板又分成焊接隔板（见图2-6）和铸造隔板两种。焊接隔板的特点是喷嘴与隔板内外环分别加工再焊接起来，强度和刚度较高，但造价也较高，广泛用于温度超过350℃的高中压部分。铸造是在浇铸隔板体的时候将已经成型的喷嘴叶片放入模具一体浇铸而成的，具有成本低的优点，主要用于温度低于350℃的低压部分。

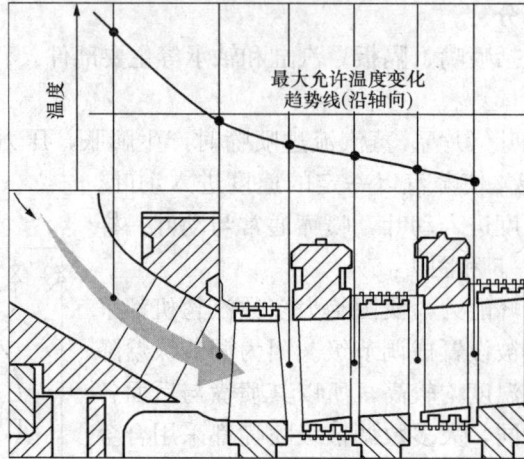

图 2-4　国产 1000MW 机组中压缸上的倾斜喷嘴

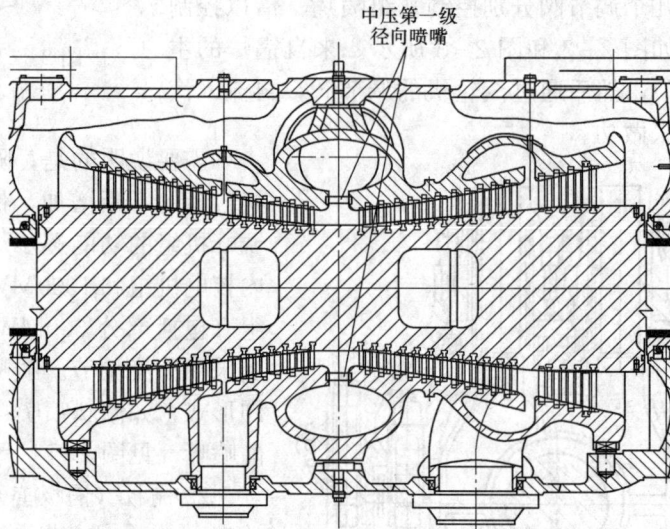

图 2-5　国产 600MW 机组中压缸上的径向喷嘴

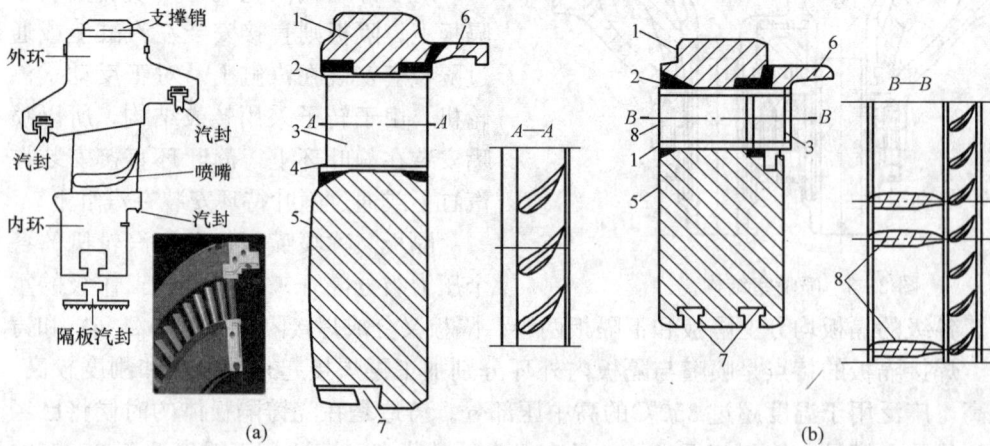

图 2-6　隔板结构

（a）普通焊接隔板；（b）带加强筋的焊接隔板

1—隔板外环；2—外围带；3—静叶片；4—内围带；5—隔板体；6—径向汽封；7—汽封槽；8—加强筋

为了便于抽汽口的布置，同时尽量减小汽轮机轴向尺寸，有时将相邻几级的隔板镶装在一个隔板套（或静叶持环）里，然后再将隔板套（或静叶持环）固定在汽缸体上。图2-7所示为引进型300MW汽轮机高中压缸静叶持环结构。

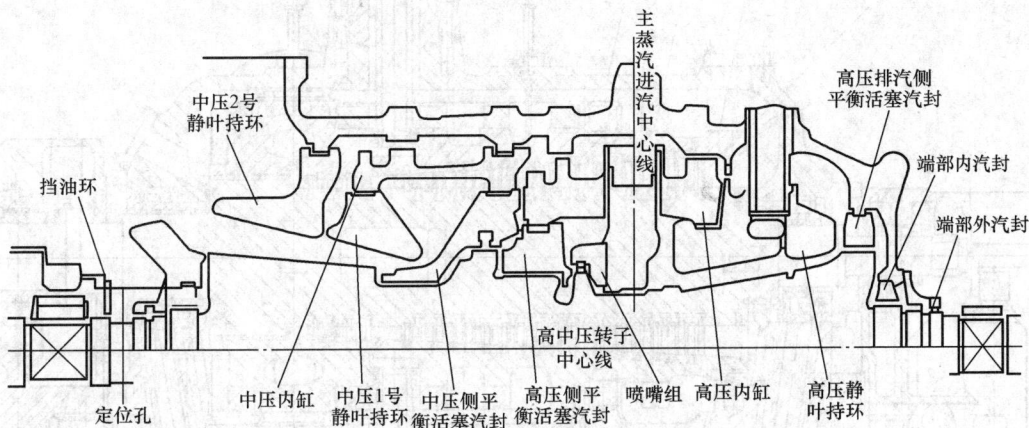

图2-7 引进型300MW汽轮机高中压缸静叶持环结构

3. 汽缸

汽缸是汽轮机的外壳。蒸汽在汽轮机中逐级膨胀进行能量转换时，其比体积不断增大，尤其对于高压进汽、高真空排汽的凝汽式汽轮机，蒸汽膨胀到最后，其比体积可能增大数百倍甚至上千倍，所以汽缸沿汽流运动方向的尺寸也必须逐渐扩大。

随着蒸汽参数、机组容量以及机组制造厂家的不同，汽缸的结构也有很多种形式。通常，为了便于制造、安装和检修，汽缸一般沿水平中分面分为上、下两个半缸，而上汽缸和下汽缸则通过水平法兰用螺栓装配紧固（见图2-8）。另外，为了合理利用材料及加工、运输方便，汽缸也常以垂直结合面分为2或3段，各段通过法兰螺栓连接紧固。

根据进汽参数的不同，汽缸可分为高压缸、中压缸和低压缸。

对于火电厂大容量汽轮机的高压缸，由于承受的蒸汽温度和压力都很高，加上布置调节级而造成进汽部分结构复杂，使其在启动、停机和变负荷工程中产生很大的热应力。随着蒸汽参数和机组容量的不断提高，这种现象日趋严重。因此，为了尽量简化结构，减小热应力，各制造厂在高压缸的设计方面都采用了不同的技术，传统方法包括采用双层缸结构、内外缸之间的夹层冷却等。近期，通过引进技术和消化，国内各大汽轮机制造厂均在汽轮机设计方面出现了一些新进展，纷纷开发了采用无水平法兰的红套环结构，如图2-9所示。

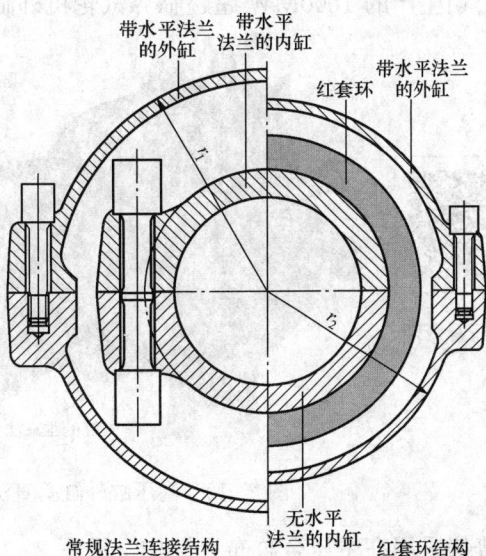

图2-8 不同的高压缸上下缸的连接方式

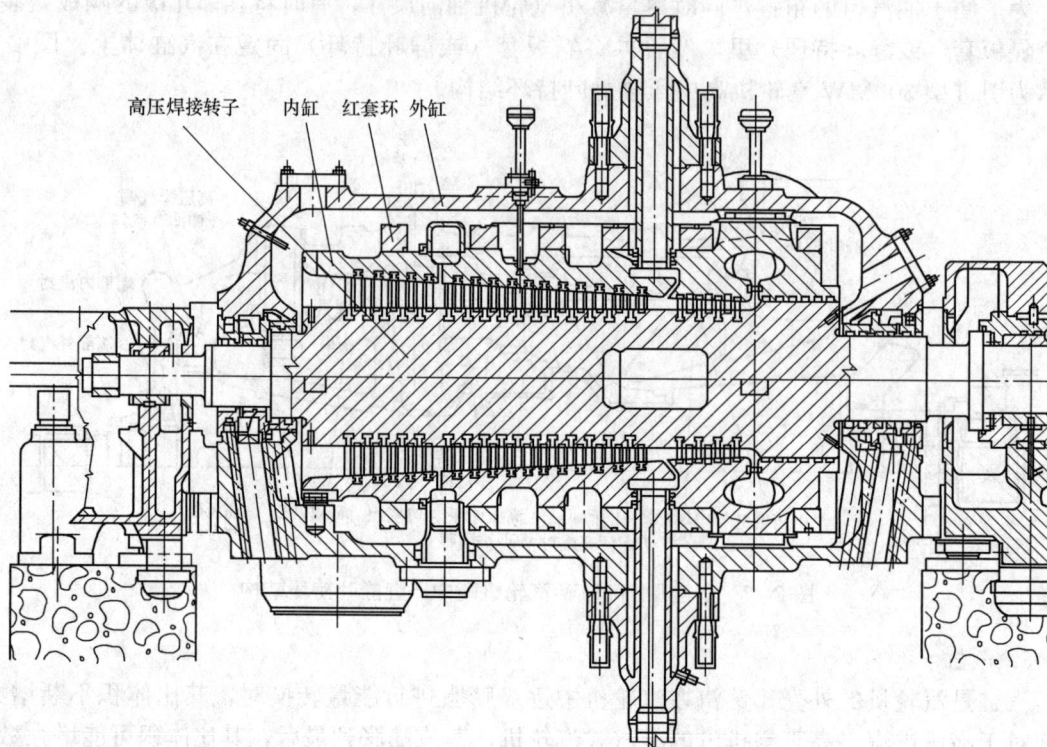

图 2-9　某 600MW 超临界机组高压缸无水平法兰的红套环结构

　　图 2-8 右侧表示无水平法兰的红套环结构。由图 2-8 左侧的传统有水平法兰汽缸结构与右侧无水平法兰的红套环结构对比可知，当采用无水平法兰的红套环结构时，一方面使内缸结构得到很大程度的简化，另一方面减小了外缸尺寸，因而减小了热应力。而上汽-西门子公司生产的 1000MW 超超临界汽轮机外缸采用垂直法兰结构，如图 2-10 所示。

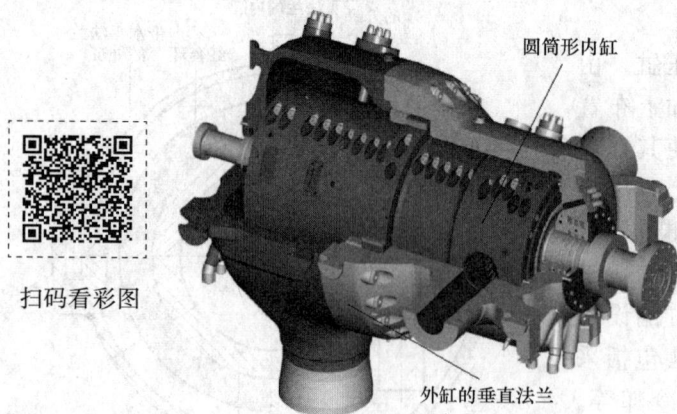

扫码看彩图

图 2-10　高压缸外缸垂直法兰结构

　　对于核电厂汽轮机，因采用饱和蒸汽，其高压缸蒸汽的压力和温度都较低；又因为机组承担基本负荷，第一级通常采用全周进汽，所以高压缸热应力相对较低，结构也比较简单。

　　对于火电厂大容量汽轮机的中压缸，虽然压力比高压缸低，但进汽温度与高压缸相当，甚至更高。因此中压缸通常也采用双层缸结构。

　　目前国内 600MW 超临界机组普遍采用高中压合缸布置结构（见图 2-11）。这种结构的优点是：将高中压缸的进汽部分集中在汽缸中部，可改善汽缸的温度分布，减小汽缸的热应力；高中压缸的两端分别是高压缸和中压缸的排汽，压力和温度都相对较低，轴端漏汽量相应减少，轴承受汽封温度的影响减少，工作条件得以改善；高中压缸反向布置，高中压缸的轴向推力可相互抵消一部分。此外，这种结构减少了径向轴承的数目（1、2个）。高中压合缸布置的缺点主要有汽缸、转子的几何尺寸较大，管道布置比较拥挤，机组相对膨胀比较复杂等。因此，北重-阿尔斯通公司生产的 600MW 汽轮机以及国产 1000MW 机组通常采用高中压缸分缸结构。

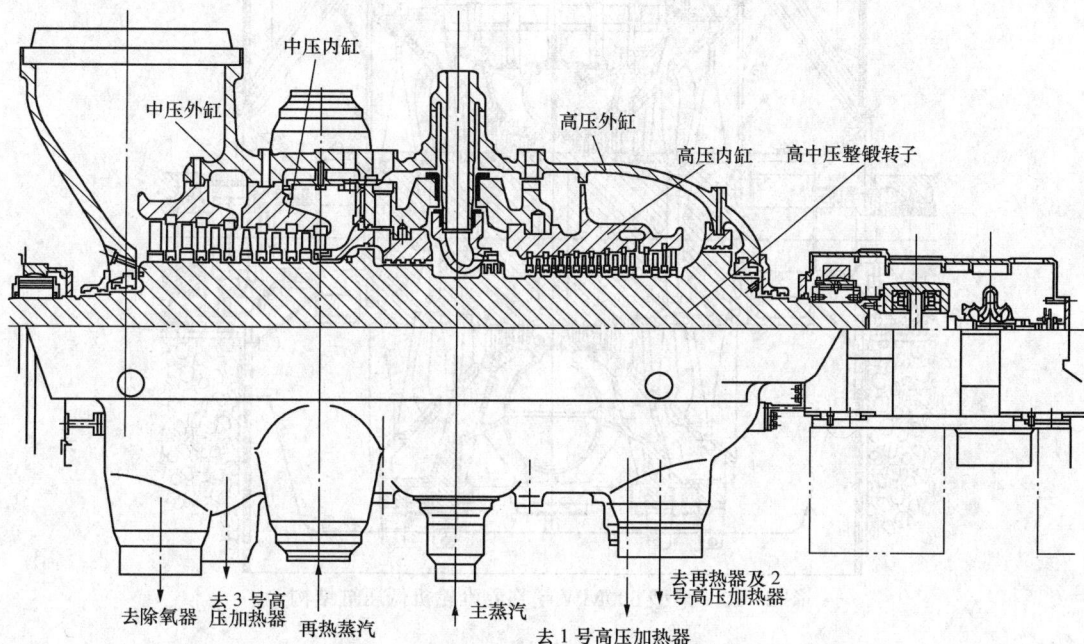

图 2-11　某型 600MW 超临界汽轮机高中压缸汽缸结构

对于大容量汽轮机的低压缸，其蒸汽温度和压力都比较低，但由于蒸汽容积大，低压缸排汽部分的尺寸很大。因此在低压缸的设计中，保证汽缸具有足够的刚度、防止汽缸变形、改善其热膨胀条件是主要需解决的问题。目前，大容量汽轮机的低压缸均采用双层缸结构。另外，为了提高凝汽式汽轮机低压段各级的通流能力，便于制造并减轻质量，现代大型汽轮机的低压缸常采用蒸汽由中间流入、从两侧排出的分流结构（见图 2-12）。此外，为使低压缸的巨大外壳温度分布均匀，不致产生翘曲变形而影响动、静部分的间隙，有些大型机组的低压缸采用三层缸结构。

汽轮机受热之后，各零部件都要膨胀。对大型汽轮发电机组，由于其体积庞大，工作蒸汽温度又高，特别是汽轮机在启动、停机时，蒸汽温度变化较大，其绝对膨胀值较大，必须保证汽轮机能自由热胀冷缩，否则汽缸就会产生热应力和热变形，使设备损坏。但是如果任汽缸随意膨胀而不加以约束，汽缸可能歪斜，造成动、静部件之间的摩擦与碰撞等重大事故。为了使汽缸在长、宽、高几个方向上能够膨胀自如，同时保证汽轮机中心线不变，保证转子与汽缸的正确位置，使汽轮机的膨胀不致影响机组的安全经济运行，汽轮机必须设置一套完整的滑销系统。

滑销系统一般由立销、纵销、横销、角销等组成。立销引导汽缸沿垂直方向自由膨胀；纵销引导汽缸和轴承箱沿轴向自由膨胀；横销引导汽缸横向自由膨胀；角销的作用是防止轴承箱在轴向滑动时一端翘起。

基础台板上横销中心线与纵销中心线的交点是机组的绝对死点（见图 2-13）。

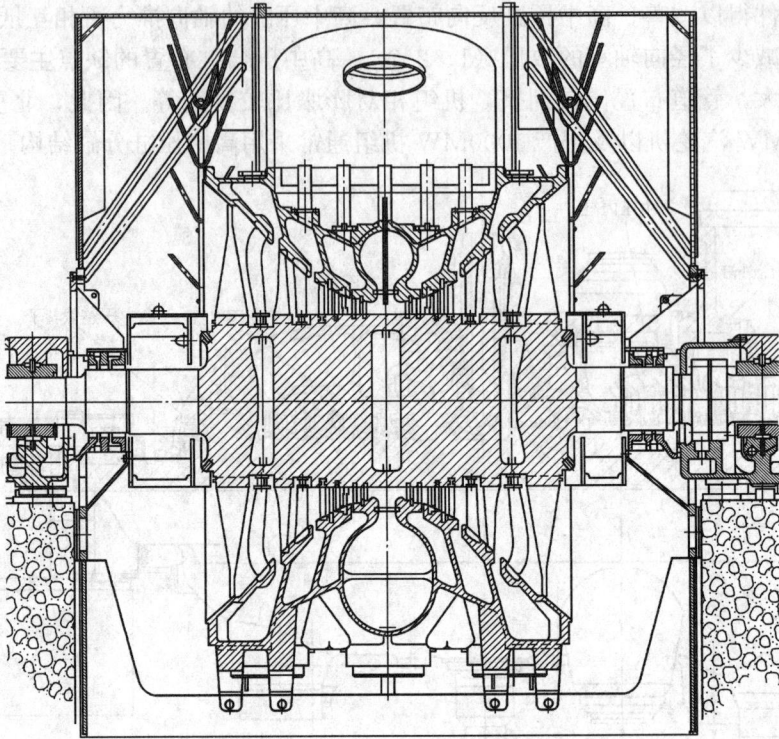

图 2-12　某型 600MW 超临界汽轮机低压缸结构

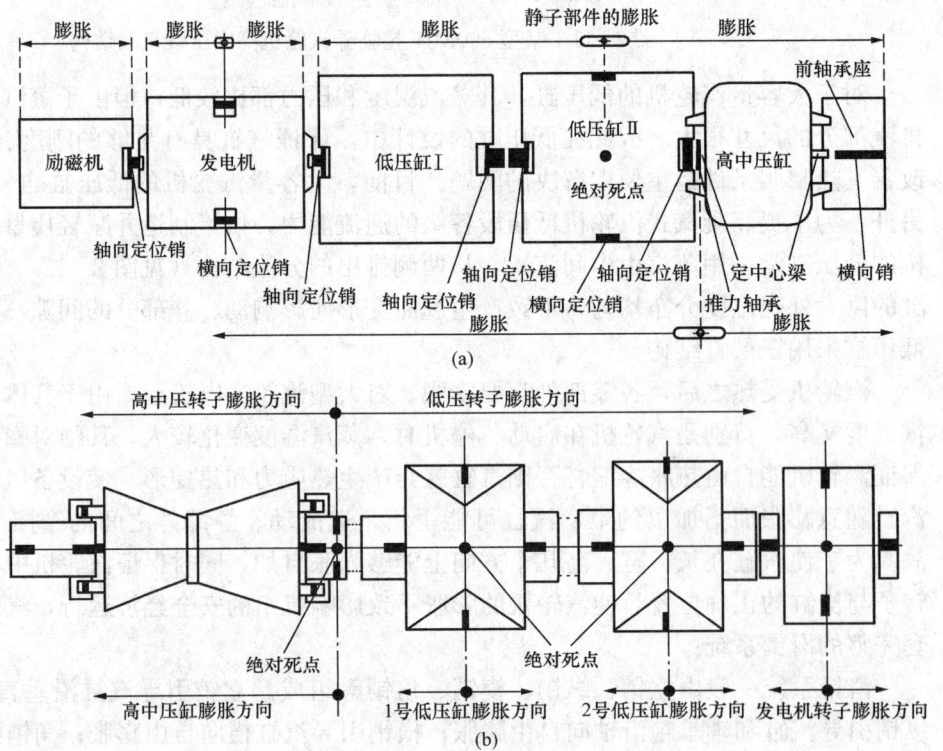

(a)

(b)

图 2-13　国产 600MW 汽轮机的滑销系统

（a）单死点；（b）多死点

　　绝对死点相对于运转层是不动的。汽轮机的绝对死点一般设置在低压汽缸，使机组向调节阀端膨胀。采用这种布置的原因是：由于低压汽缸和凝汽器直接连接，如果低压汽缸位移较大，势必造成巨大的连接应力。同时，低压汽缸又是最重的，且凝汽器也是庞大笨重的设备，它们一起移动很困难，如果强行使机组由高压汽缸向低压汽缸方向膨胀，很可能会因膨胀受阻而导致机组振动。所以设计合理的滑销系统应该能在汽轮机启动、运行和停机时，保证汽轮机各个部件正确地膨胀、收缩和定位，同时保证汽缸和转子正确对中。

　　4. 轴承

　　轴承是汽轮机的重要组成部件，有支持轴承（即主轴承）和推力轴承两种类型。

　　支持轴承的作用是承受转子的重力、由于转子质量不平衡引起的离心力，以及由于振动等原因而引起的附加力等；确定转子的径向位置，保证转子中心线与汽缸中心线一致，从而保证转子与汽缸、汽封、隔板等静止部件之间正确的径向间隙。图 2-14 所示为某 600MW 超临界机组的支持轴承结构。

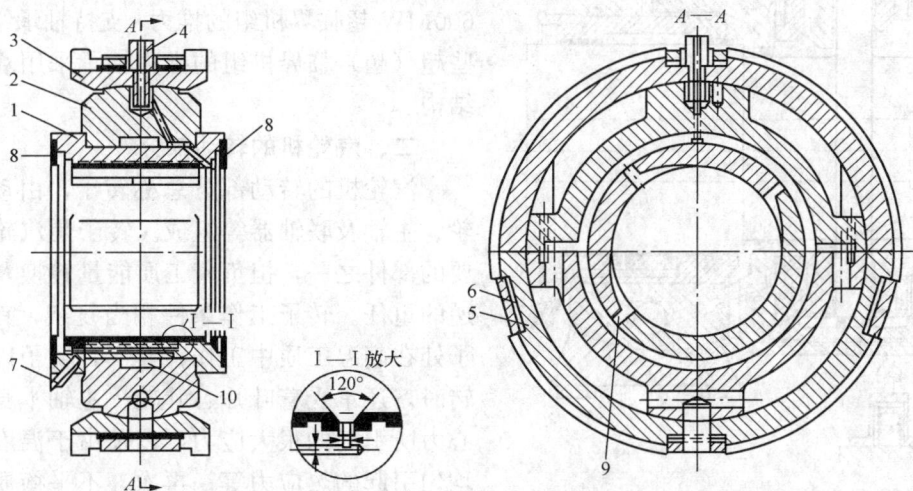

图 2-14　某 600MW 超临界机组的支持轴承结构
1—轴瓦；2—轴承体；3—球面支座；4—温度计插座（定位销）；5—垫铁；
6—调整垫片；7—顶轴油进口；8—挡油环；9—油楔进口油；10—油室

　　由于每个轴承都要承受较高的载荷，而且轴颈转速很高，所以汽轮机的轴承都采用以液体摩擦为理论基础的轴瓦式滑动轴承，该类轴承借助具有一定压力的润滑油在轴颈与轴瓦之间形成油膜，建立液体摩擦，使汽轮机安全稳定地工作。对轴承正常工作的基本要求是：保持油膜稳定，使轴承平稳地工作，尽量减少轴承的摩擦损失。

　　随着机组容量的不断增大，在轴承的结构上采取了不少改进措施以保证达到上述要求。目前，汽轮机支持（径向）轴承中广泛采用圆筒形轴承、椭圆形轴承、多油楔轴承及可倾瓦轴承等结构。

　　此外，为了减小汽轮机的机械摩擦损失，并缩短转子的轴向尺寸，有些超（超）临界机组的支持轴承采用单点支撑的方式，如图 2-15 所示。

(a)

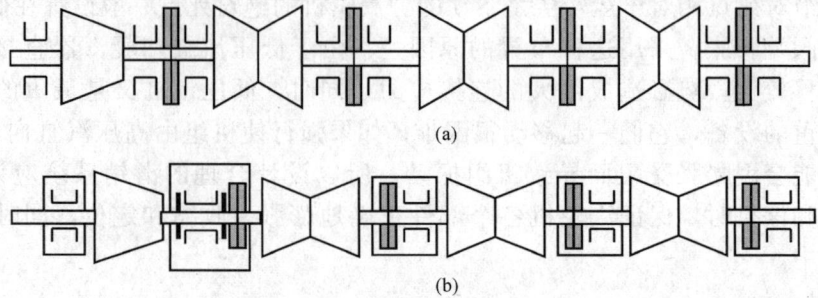

图 2-15　转子的支撑方式
（a）双点支撑；（b）单点支撑

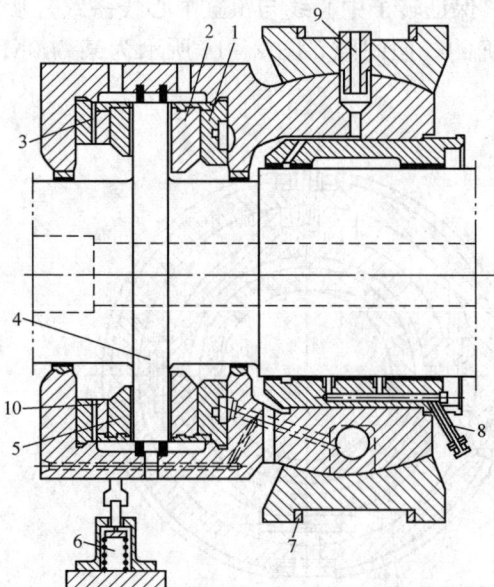

图 2-16　某 600MW 超临界机组的
推力 - 支持轴承结构

1—工作环；2—工作瓦块；3、7—调整垫片；
4—推力盘；5—非工作瓦块；6—弹簧支座；
8—顶轴油进口；9—温度计插座；10—安装环

推力轴承的主要作用是承受转子的轴向推力，并确定转子的轴向位置。在推力轴承中应用最广泛的是密切尔轴承。图 2-16 所示为某 600MW 超临界机组的推力 - 支持轴承结构。有些超（超）临界机组的推力轴承采用双推力盘结构。

二、汽轮机的转动部分

汽轮机的转动部分总称转子，由动叶、叶轮、主轴及联轴器等组成。转子是汽轮机最重要的部件之一，担负着工质能量转换及功率传递的重任。转子工作条件相当复杂，首先，转子处在高温工质中工作；其次，转子以高速旋转时，还承受着叶片、叶轮、主轴本身质量离心力所引起的很大应力，以及由于温度分布不均匀引起的热应力等；再次，不平衡质量产生的离心力还将引起转子振动；最后，转子上的叶轮、主轴和联轴器等部件担负着将蒸汽作用在动叶栅上的巨大力矩传递给发电机或其他工作机的任务，使转子的受力条件更加复杂。所以，设计中要求转子具有很高的强度、均匀的质量和良好的振动特性，以保证其安全工作。运行中特别要注意转子的工作状况。这里主要介绍汽轮机的动叶片、叶轮和转子的主要结构。

1. 动叶片

动叶片又称动叶，是汽轮机中数量最多的部件，多个叶片装在叶轮的轮缘上构成动叶栅。由于动叶栅是完成蒸汽能量转换的部件，工作时受力复杂，工作条件又很恶劣，所以叶片的结构不但应使动叶栅具有高的效率，而且应保证足够的强度。

叶片由叶型、叶顶和叶根三部分组成，如图 2-17 所示。叶型部分是叶片的工作部分，由它构成汽流通道。根据叶型部分的横截面变化规律，可以把叶片分为等截面叶片和变截面叶片。根据工作原理的不同，叶片可分成冲动式叶片与反动式叶片两种，两者的叶型有所不同，如图 2-18 所示。

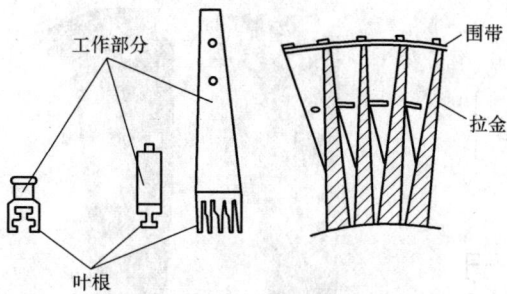

图 2-17 叶片结构

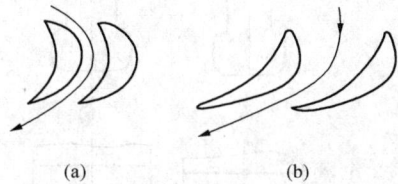

图 2-18 动叶叶型
(a) 冲动式叶片；(b) 反动式叶片

通常，汽轮机的中、短叶片常用围带连在一起构成叶片组，长叶片则用拉金连成组或互不相干而成为自由叶片。用围带或拉金把叶片连成组可以减小叶片中汽流产生的弯应力，改变叶片的刚性，提高其振动安全性。围带还构成封闭的汽流通道，防止蒸汽从叶顶逸出，有的围带上还做出径向汽封和轴向汽封，以减少级内漏汽损失。随着成组方式的不同，叶顶结构也不相同，主要有整体围带和铆接围带两种，如图 2-19（a）和（b）所示。现代大型汽轮机叶片采用图 2-19（c）所示的自锁围带。

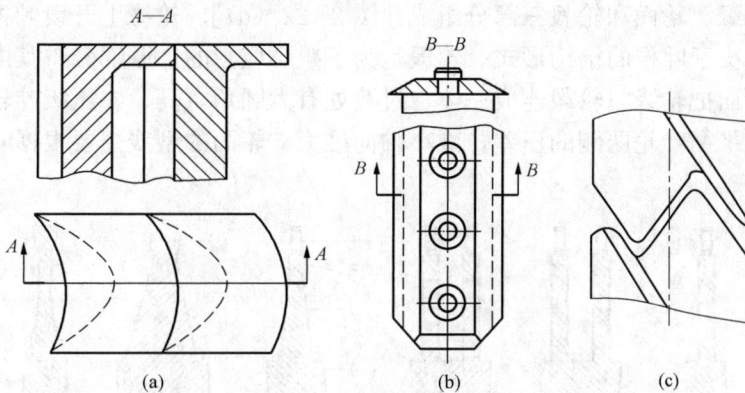

图 2-19 叶片围带结构形式
(a) 整体围带；(b) 铆接围带；(c) 自锁围带

叶根是叶片与轮缘相连接的部分，它的结构应保证在任何运行条件下叶片都能牢靠地固定在叶轮上，同时应力求制造简单、装配方便。叶根的结构形式很多，主要有 T 形叶根、枞树形叶根和叉形叶根等，如图 2-20 所示。

需要说明的是，为了提高汽轮机级的内效率，目前国产超（超）临界机组的叶片普遍采用三维设计（图 2-21 所示为弯、扭静/动叶片），长叶片采用自锁围带和凸台拉金。

2. 叶轮

叶轮用来安装动叶，并传递汽流力在动叶栅上产生的扭矩。由于处在高温蒸汽内并以高速旋转，叶轮受力情况相当复杂，除承受自身和叶片等零件的质量引起的巨大离心力外，还承受因温度沿叶轮径向分布不均匀所引起的热应力、叶轮两边蒸汽的压差作用力，以及叶片、叶轮振动引起的振动应力等。对于套装叶轮，其内孔还承受因装配过盈产生的接触压力。

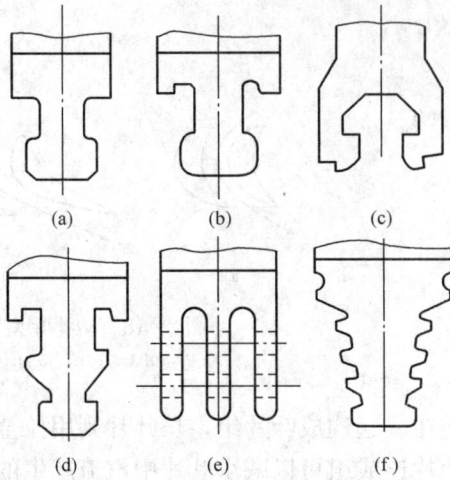

图 2-20　叶根结构

(a) T 形叶根；(b) 外包凸肩 T 形叶根；(c) 菌形叶根；

(d) 外包凸肩双 T 形叶根；(e) 叉形叶根；(f) 枞树形叶根

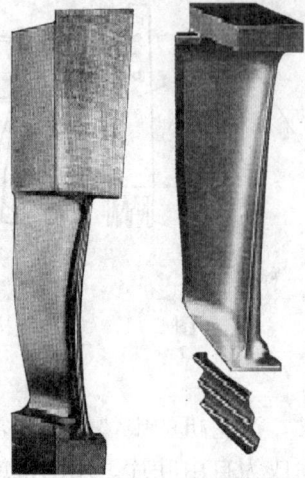

图 2-21　弯、扭静/动叶片

　　叶轮的结构与转子的结构形式密切相关。图 2-22 所示为不同叶轮结构的纵截面。套装式叶轮主要由轮缘、轮面和轮毂三部分组成 [图 2-22（d）]。轮缘上开设叶根槽用以装置动叶片，其形状取决于叶根的结构形式。轮毂是为了减小应力的加厚部分，其内表面上通常开设定位键槽。轮面把轮缘与轮毂连成一体，过渡处有大圆角，高、中压级叶轮的轮面上通常开设平衡孔，以平衡叶轮两侧的压差，减小轴向推力。轮面的型线主要根据叶轮的工作条件选择。

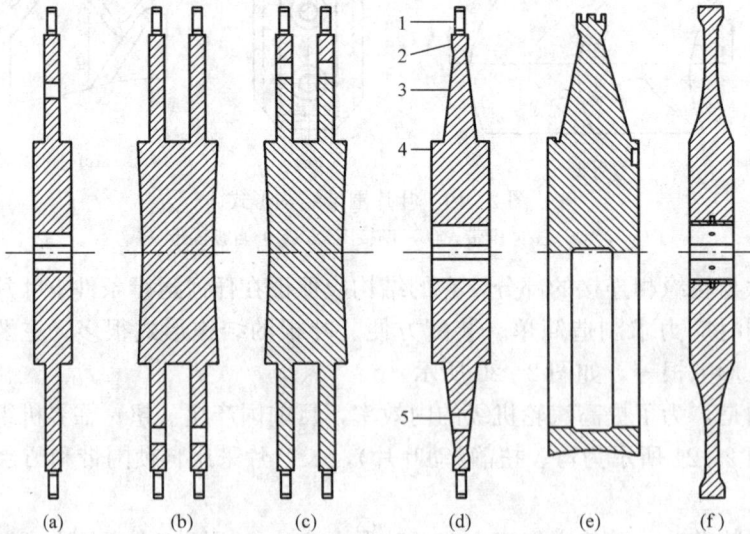

图 2-22　不同叶轮结构的纵截面

（a）、（b）、（c）等厚度叶轮；（d）、（e）锥形叶轮；（f）等强度叶轮

1—叶片；2—轮缘；3—轮面；4—轮毂；5—平衡孔

　　按照轮面的型线，可将叶轮分成等厚度叶轮、锥形叶轮、双曲线叶轮及等强度叶轮等几

种形式。

3. 转子

按主轴与其他部件之间的组合方式，转子一般可分为套装转子、整锻转子、组合转子和焊接转子四大类，如图 2-23 所示。

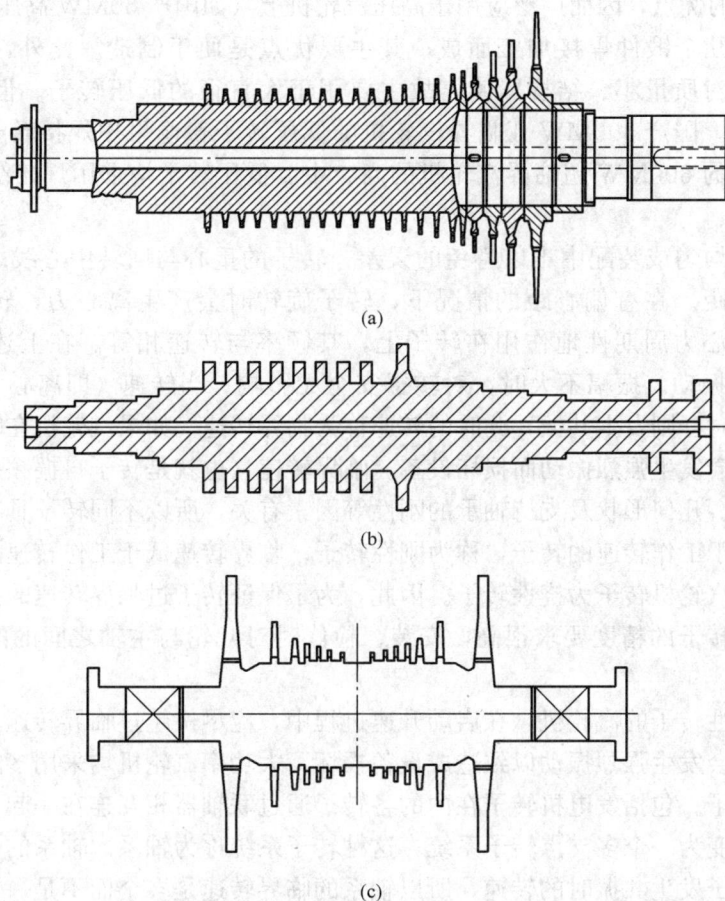

图 2-23 转子结构
(a) 组合转子；(b) 有中心孔的整锻转子；(c) 无中心孔的整锻转子

套装叶轮转子的叶轮和主轴分别单独加工后，将叶轮加热，当其内孔因受热膨胀变大时，把叶轮套在主轴上，冷却后叶轮即固定在主轴上。这种转子的特点是加工方便，材料利用合理，叶轮和转子锻件质量容易保证，但在高温运行条件下，叶轮可能松动，快速启动适应性差，故仅用于中、低压小型汽轮机或高参数汽轮机的低压部分。整锻转子的叶轮、主轴及其他主要部件是用一个锻件加工而成的，其优点是不存在高温下的叶轮松动问题，而且强度和刚度都很高；缺点是生产整锻转子需要大型锻压设备，锻件质量较难保证，而且贵重材料消耗量大。整锻转子主要有两类：一类是有中心孔结构，普遍应用于国产 300MW 以下机组 [见图 2-23 (b)]，主要原因是大型锻件（特别是锻件的中心部位）的锻造质量不易保证，于是人为将转子中心有缺陷的部分车除；另一类是无中心孔结构，目前普遍应用于国产 600MW 以上大型汽轮机的高中低压转子 [见图 2-11 和图 2-23 (c)]。采用无中心孔结构的主要原因是目前锻造工艺水平得以提高，而大型有中心孔转子的中心孔附近的离心应力相当大，所以为了避免应力集中，采用无中心孔结构。

整锻转子与套装转子的组合被称为组合转子，其特点是在同一转子上，高压部分采用整锻式，中低压部分采用套装叶轮式，如图 2-23（a）所示。这类转子同时具有整锻转子和套装叶轮转子两者的优点，因而广泛应用于高压汽轮机上（如国产 50MW 高压汽轮机）。

焊接转子由几个锻件焊接加工而成，其主要优点是便于制造。此外，这种转子强度高、刚度大、相对质量小、结构紧凑，故主要用于大直径的低压转子。但焊接转子对焊接工艺要求很高。国产 300MW 亚临界汽轮机的低压转子普遍采用焊接转子。而北重-阿尔斯通公司生产的 600MW 超临界汽轮机的高、中、低压转子均采用焊接结构（见图 2-9 和图 2-12）。

由于材料不均匀或装配中难以避免的误差，转子的重心与回转中心线之间总有一定偏差，即存在偏心距。在有偏心距的情况下，转子旋转时会产生离心力，转速越高，离心力就越大。该离心力周期性地作用在转子上，其频率与转速相等。在上述离心力的作用下，转子会发生振动。振幅不大时，对转子安全无影响。当转速（即离心力频率）与转子的自振频率相等时，则发生共振，此时的转速称为临界转速。如果汽轮机在临界转速下运行时间过长，转子会发生强烈振动而损坏设备。临界转速（也就是转子自振频率）的大小与转子的粗细、长度、几何形状及支持轴承的刚性等因素有关，所以不同转子具有不同的临界转速。临界转速高于工作转速的转子，称为刚性转子；临界转速低于工作转速的转子，称为挠性转子。大多数汽轮机转子为挠性转子。因此，为了保证转子过临界转速的振动特性，设计制造时对汽轮机转子的精度要求很高，安装、检修时对叶轮与主轴之间的配合质量要求也很严。

对于具有挠性转子的汽轮机，在启动升速过程中，应尽快越过临界转速，不能在临界转速下停留，否则会发生强烈振动以致造成设备损坏。大功率汽轮机均采用多缸结构，各个汽缸内都有一个转子。包括发电机转子在内的各转子通过联轴器相互连在一起，使若干个单跨距的两支点转子变为一个多支点转子系统，这种转子系统称为轴系。轴系的临界转速是指轴系中任何一个转子发生共振时的转速，所以轴系的临界转速是多个而不是一个。

三、汽封及轴封系统

汽轮机运转时，转子高速旋转，静止部件固定，为了使转子和静止部件不产生相互碰磨，转子和静止部件之间需留有适当的间隙，而间隙的存在就会导致泄漏。一方面，高压蒸汽可能从汽缸内向汽缸外泄漏；另一方面，空气可能从轴端漏入汽缸真空部分，这样不仅会降低机组效率，还会增大凝结水损失或使机组真空恶化，并增大抽气器的负荷，进而影响机组的安全运行。为了减少动静间隙中的上述漏汽（气），保证汽轮机正常安全运行，特别在机组内有关部位设置了各种汽封。汽封按其安装位置的不同，可分为通流部分汽封、隔板汽封和轴端汽封。

通流部分汽封是安装在动叶栅顶部和根部处的汽封，其作用是阻碍蒸汽从动叶栅两端逸散，防止做功能力降低，见图 2-6。

隔板汽封是安装在隔板内圆处的汽封，其作用是阻碍蒸汽绕过喷嘴引起能量损失，并防止叶轮上的轴向推力增大。

转子穿过汽封两端处的汽封称为轴端汽封（简称轴封）。高压轴封用来防止蒸汽漏出汽缸，造成工质损失，恶化运行环境，并且加热轴颈或冲进轴承使润滑油质劣化；低压轴封则用来防止空气漏入汽缸，破坏凝汽器的正常工作。

电厂汽轮机汽封装置常见的形式是曲径汽封（或称迷宫汽封，如图 2-24 所示），它由安装在转子或静止部件上的许多汽封齿组成，蒸汽通过这些汽封齿和相应的汽封凸肩时，在依次连接的狭窄通道中反复节流降压和膨胀，漏汽（气）量明显减小。

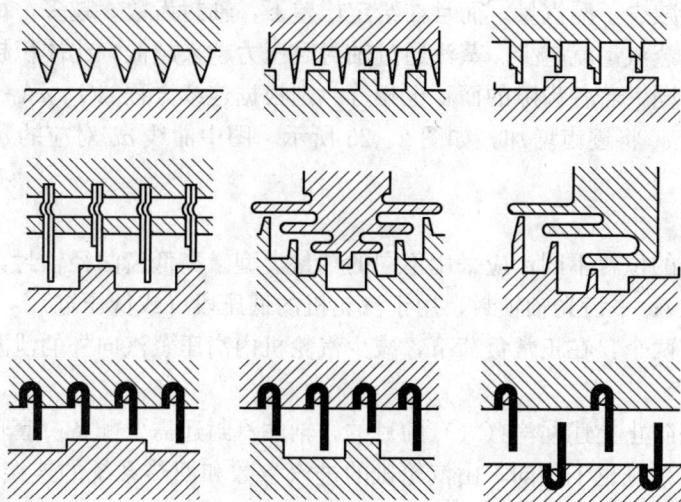

图 2-24　曲径汽封片的结构

1. 曲径式轴端汽封的工作原理

曲径式轴端汽封的工作原理如图 2-25 所示。

轴封由若干个依次排列并固定在汽缸上的金属片组成。金属片组成若干个狭小的通道及相间的小室，从侧面看上去，即为许多环形孔口和环状汽室。

蒸汽从高压侧流向低压侧。当蒸汽流过环形孔口时，由于通流面积减小，蒸汽速度增加，压力降低。图 2-25（b）中，a 点为汽封前的蒸汽状态点，当蒸汽流过第一个孔口时，压力从 p_0 降到 p_1，比焓由 $h_a=h_0$ 降为 h_b。若将此过程按等熵膨胀过程考虑，热力过程线为 ab 线。当蒸汽进入环状汽室 E 时，通流面积突然增大，汽流转向，形成涡流，蒸汽流速近似降到零，蒸汽的动能全部消耗又转变成了热能，并将蒸汽加热，使蒸汽的比焓恢复

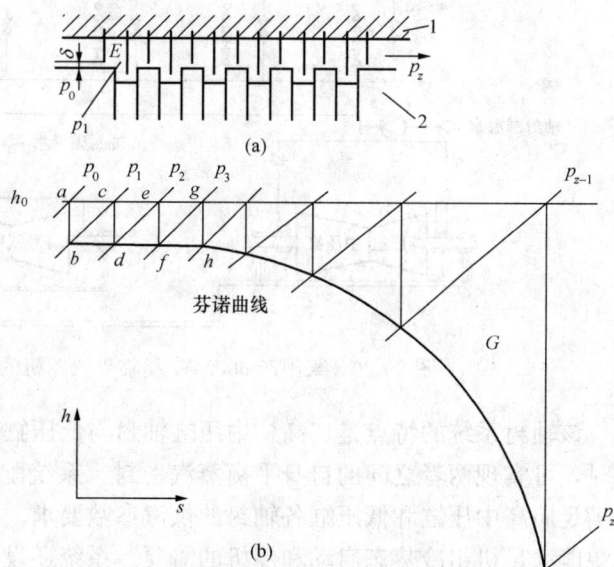

图 2-25　曲径式轴端汽封的工作原理示意
(a) 迷宫式汽封中蒸汽压力下降图；
(b) 蒸汽在迷宫式汽封中的膨胀过程
1—汽封套；2—轴

到原来的数值 h_0。由此可知，蒸汽通过轴封的热力过程是一个节流过程。蒸汽依次通过各轴封片时，重复上述过程，压力不断降低，一直降到轴封后压力 p_z 为止，即

$$p_0 > p_1 > p_2 > \cdots > p_z$$

$$h_0 = h_a = h_c = \cdots = h_{z-1} = h_z$$

当蒸汽流过轴封时，压力逐渐降低，将总压差分为 $(p_0 - p_z)/z$ 份，使每个轴封片两侧的压差很小，从而减少了漏汽量。而且在给定压差下，轴封齿数 z 越多，每一个齿两侧的压差就越小，漏过的蒸汽量就越少。蒸汽通过轴封时压力越来越低，比体积越来越大，而通过各齿隙的蒸汽量相同，若各齿隙的面积也相等，则根据连续方程 $\Delta G_1 / \mu A_1 = \rho c =$ 常数，即各齿隙中的汽流速度 c_x 将逐齿增加，如图 2-25 所示。图中曲线 ab 对应的 $\rho c =$ 常数称为芬诺曲线。

2. 轴封系统

根据轴封所处的位置不同，应采用不同的轴封类型。高低齿曲径轴封，用于汽轮机的高压段（或高中压缸）；平齿光轴轴封，用于汽轮机的低压段（或低压缸）。

轴封的作用有两个：在正常负荷下，减少汽轮机内高压蒸汽向外的泄漏量；防止外界空气漏入汽缸。

为了达到彻底防止上述漏汽（气）的目的，轴端汽封还需要配备一套轴封系统。不同类型汽轮机组的轴封系统也不相同，由汽轮机的进汽参数和回热系统的连接方式等因素决定。大中型汽轮机都采用具有自动调节装置的闭式轴封系统。

图 2-26 所示为某国产 600MW 超临界汽轮机的闭式自密封轴封供汽系统。

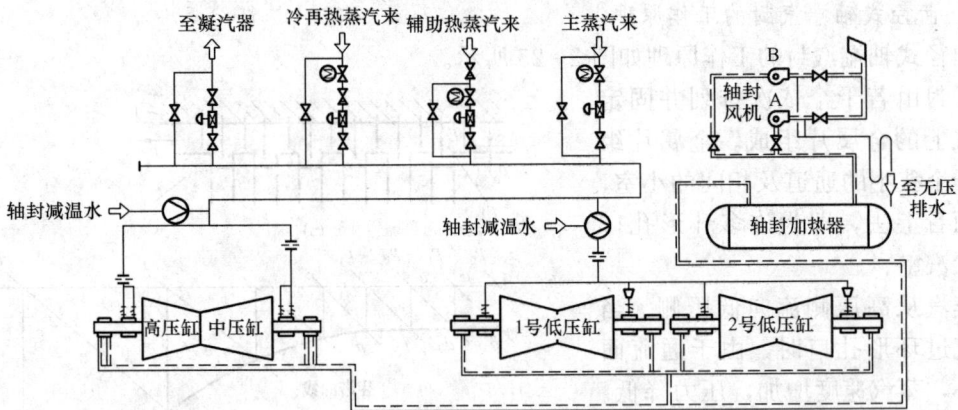

图 2-26 某国产 600MW 超临界汽轮机的闭式自密封轴封供汽系统

该轴封系统的特点是，高、中压缸轴封与低压缸轴封通过母管连接起来，在机组运行正常时，可实现两者之间的自身平衡蒸汽密封。系统配置一套简便而可靠的调压、调温装置，以满足向高中压缸和低压缸各轴封的供汽参数要求。系统还能向给水泵汽轮机供轴封汽，其汽源能满足机组冷热态启动和停机的需要。系统还设有溢流泄压装置和轴封抽气装置。在汽封母管上设有冷再热蒸汽（二段抽汽）、厂内辅助蒸汽及主蒸汽三个汽源管道。

四、其他部件

为了确保汽轮机安全经济运行，汽轮机设备还有其他部件，如盘车装置和配汽机构。

1. 盘车装置

汽轮机停机后，由于汽缸的上部与下部存在温差，如果转子静止不动，它便会因为汽缸的上述温差而向上弯曲。对于大型汽轮机，这种热弯曲可以达到很大的数值，并且需要经过几十个小时才能逐渐消失。在热弯曲减小到规定数值以前，不允许重新启动汽轮机。另外，在汽轮机启动过程中，为了迅速提高真空，常常需要在冲动转子以前向轴封供汽。由于过热蒸汽大部分滞留在汽缸内上部，将会造成转子的热弯曲，妨碍启动工作的正常进行，甚至引起动静部分的摩擦。

为了避免转子产生热弯曲，就需要一种设备带动转子在汽轮机冲转前和停机后仍以一定的转速连续地转动，以保证转子的均匀受热和冷却，这种设备称为盘车装置。盘车装置内部结构如图 2 - 27 所示，主要由电动机、减速用的传动齿轮系统等组成。一般布置在启动力矩比较大的位置，如中（低）压缸处。

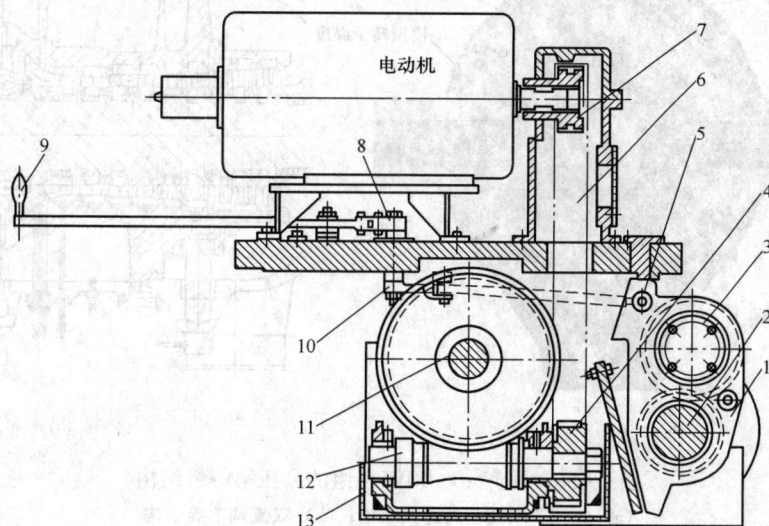

图 2 - 27 盘车装置内部结构

1—摆动板；2—盘车齿轮与轴；3—主轴；4—链轮；5—连杆；6—齿轮链；7—主动齿轮；
8、10—操纵杆；9—手柄；11—涡轮轴；12—蜗杆；13—滤油网框架

盘车的主要作用包括：

（1）在汽轮机冲转前盘动转子，检查汽轮机动静部分是否有摩擦，汽轮机是否具备正常运行条件，并使机组随时可以启动。

（2）在汽轮机冲转前盘动转子，减小转子启动力矩。

（3）停机后盘动转子，使转子均匀冷却，避免转子热弯曲。

通常对盘车装置的要求是既能盘动转子，又能在升速过程中当汽轮机转子转速高于盘车转速时自动脱开。

2. 配汽机构

汽轮机的配汽机构主要指主汽门和调节汽门，各种汽门和相应的蒸汽管路系统的作用是传输和控制从锅炉至汽轮机的蒸汽。汽流通过高压主汽门、高压调节汽门及主蒸汽管道进入高压缸，从高压缸排汽回到锅炉再热。再热过的蒸汽通过再热蒸汽管经中压主汽门和中压调节汽门进入中压缸，中压排汽通过中低压连通管直接通往低压缸。

　　目前，国产 300MW 亚临界和 600MW 超临界汽轮机的配汽机构基本相同，普遍采用 2 套高压汽阀组件（包括 2 个卧式高压主汽门配 4 个高压调节汽门）、2 套中压汽阀组件（2 个中压主汽门配 4 个中压调节汽门）。

　　对于国产的 1000MW 机组，其配汽机构结构差异很大。如上汽-西门子公司生产的 1000MW 超超临界机组，采用无调节级的全周进汽方式［见图 2-28（a）］，2 个高压主汽门与 2 个切向布置的高压调节汽门配套。此外，配备 2 个补汽调节阀，从高压第 5 级前补汽，2 个再热调节汽门也是切向布置结构，低压缸的进汽方向也是切向。这种设计的主要优点是进汽节流损失小。而东方汽轮机厂生产的超超临界 1000MW 机组的调节级采用双流调节级，如图 2-28（b）所示。

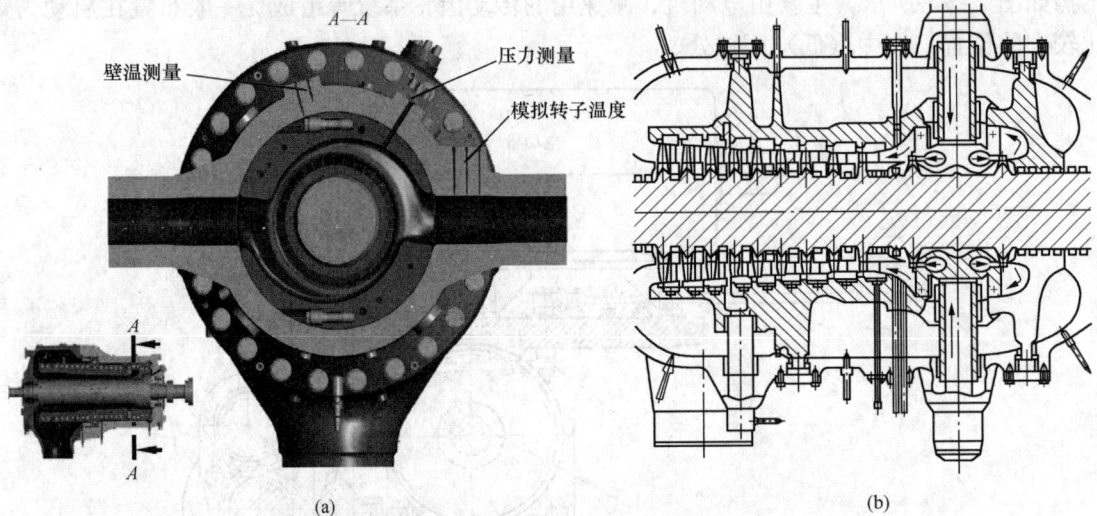

图 2-28　国产 1000MW 机组的高压第一级结构
（a）无调节级的全周进汽结构；（b）双流调节级结构

　　目前，国内很多汽轮机制造厂生产的 600MW 超临界汽轮机的配汽机构类似于上汽-西门子公司生产的 1000MW 机组，也采用无调节级的全周进汽结构，也设有补汽阀。

第二节　多级汽轮机的工作特点

一、重热现象和重热系数

1. 重热现象

　　根据工程热力学的知识，在水蒸气的 h-s 图上，等压线沿着熵增的方向逐渐扩张，即等压线之间的理想比焓降随着比熵的增大而增大。这样上一级的损失将引起熵增，进而使后面级的理想比焓降增大，这相当于上一级损失以热能的形式被后面各级部分利用，这种现象称为"多级汽轮机的重热现象"。

　　图 2-29 所示为四级汽轮机的简化热力过程线。由图 2-29 可知，若各级没有损失，整机的总理想比焓降 Δh_t 为

$$\Delta h_t = \Delta h'_{t1} + \Delta h'_{t2} + \Delta h'_{t3} + \Delta h'_{t4}$$

由于各级存在损失，使各级的累计理想比焓降 $\sum \Delta h_t$ 大于无损失时的整机的总理想比焓

降 Δh_t。各级的累计理想比焓降 $\sum\Delta h_t$ 为

$$\sum\Delta h_t = \Delta h_{t1} + \Delta h_{t2} + \Delta h_{t3} + \Delta h_{t4}$$

Δh_t 和 $\sum\Delta h_t$ 两者之差，即增大的那部分比焓降与无损失时整机的总理想比焓降之比，称为重热系数，用 α 表示，即

$$\alpha = \frac{\sum\Delta h_t - \Delta h_t}{\Delta h_t}$$

对于凝汽式汽轮机，$\alpha = 0.04 \sim 0.08$。

2. 影响重热系数 α 的因素

（1）多级汽轮机各级的效率。若效率为 1，即各级无损失，则重热系数 $\alpha = 0$。级效率越低，即损失越大，后面级利用的部分也越多，α 值也就越大。

（2）多级汽轮机的级数。级数越多，则上一级的损失被后面级利用的机会越大，利用的份额也越大，α 值也就越大。

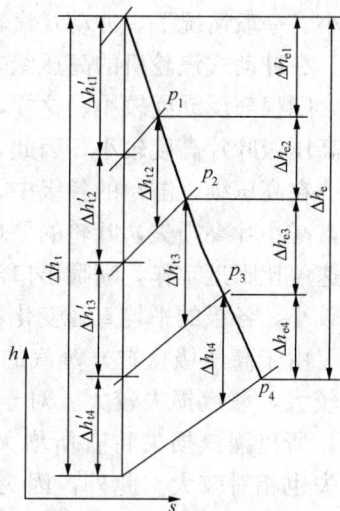

图 2-29 四级汽轮机的简化热力过程曲线

（3）各级的初参数。初温越高，初压越低，初始比熵值较大，使膨胀过程接近等压线间扩张较大的部分，则 α 较大。另外，因为在过热蒸汽区等压线扩张程度较大，而在湿蒸汽区较小，所以 α 在过热区较大，在湿汽区较小。

由图 2-29 可知，整机的相对内效率为

$$\eta_{ri} = \frac{\Delta h_e}{\Delta h_t} \tag{2-1}$$

式中 Δh_e——整机的有效比焓降，$\Delta h_e = \Delta h_{e1} + \Delta h_{e2} + \Delta h_{e3} + \Delta h_{e4}$。

各级的平均相对内效率为

$$\eta_{ri,av} = \frac{\Delta h_e}{\sum\Delta h_t} \tag{2-2}$$

由此可得

$$\frac{\eta_{ri}}{\eta_{ri,av}} = \frac{\Delta h_e \sum\Delta h_t}{\Delta h_t \Delta h_e} = \frac{\sum\Delta h_t}{\Delta h_t} \tag{2-3}$$

从式（2-3）可以看出，由于重热现象的存在，使整机的相对内效率高于各级的平均相对内效率。需要特别指出的是，不能从这一结论简单地得出 α 越大，整机效率就越高的结论。这是因为 α 的提高是建立在各级存在损失、各级效率降低的前提下的，重热现象仅仅是利用了多级汽轮机的一部分损失的能量。

二、多级汽轮机各级（缸）的工作特点

在多级汽轮机中，沿着蒸汽的流动方向，可以将其分为高压段（缸）、中压段（缸）和低压段（缸）三个部分。由于工作条件不同，各级（缸）的工作特点也不一样，下面分别加以说明。图 2-30 所示为某型号汽轮机纵剖面（见文末插页）。

1. 高压级（缸）

在多级汽轮机的高压级（缸）中，蒸汽的压力、温度很高，比体积较小，因此蒸汽容积流量较小，所需的通流面积也较小。由连续性方程可知，为了减小叶高损失，提高喷嘴效率，并保证高压级（缸）的喷嘴具有足够的出口高度，所以将喷嘴出口汽流方向角 α_1 取得

较小。一般情况下，冲动式汽轮机的 $\alpha_1 = 11°\sim14°$，反动式汽轮机的 $\alpha_1 = 14°\sim20°$。

在冲动式汽轮机的高压级，级的反动度一般不大。若动静叶根处的间隙不吸汽也不漏汽，则根部反动度较小。这样，尽管沿叶片高度方向，反动度从叶根到叶顶不断增大，但由于高压级叶片高度较小，因此，平均直径处的反动度仍较小。

在高压级（缸）的各级中，比焓降不大，变化也不大。因此，如前所述，为增大叶片高度，减小叶高损失，叶轮的平均直径较小，相应的轮周速度也较小。同时，为保证各级在最佳速度比附近工作，喷嘴出口汽流速度也必然较小，所以各级的比焓降不大。由于比体积变化较小，各级的平均直径变化不大，所以各级比焓降的变化也不大。

由于高压级（缸）蒸汽的比体积较小，而漏汽间隙又不可能按比例减小，故漏汽量相对较大，漏汽损失较大。对于采用部分进汽的级，由于不进汽的动叶弧段成为漏汽的通道，所以漏汽损失将有所增大。同样，由于高压级（缸）蒸汽的比体积较小，叶轮摩擦损失也相对较大。此外，因为高压级（缸）叶片高度相对较小，所以叶高损失也较大。综上所述，高压各级的效率相对较低。对于国产 600MW 超临界汽轮机，高压缸效率为 $87.2\%\sim89.0\%$。

2. 低压级（缸）

低压级（缸）的特点是蒸汽的容积流量很大，所以低压各级具有很大的通流面积，叶片高度很大。为避免叶高过大，有时不得不将低压各级的喷嘴出口汽流方向角 α_1 取得很大。

在低压级（缸），采用较大的反动度，其原因有两个：一是低压级叶高很大，为保证叶片根部不出现负反动度，则平均直径处的反动度就必然较大；二是低压级（缸）的比焓降较大，为避免喷嘴出口汽流速度超过临界速度过多，要求蒸汽在喷嘴中的比焓降不能太大，因而要增大级的反动度，保证动叶内有足够的比焓降。

由于低压级（缸）的容积流量大，因此叶轮直径大，级的轮周速度也较大。为了保证有较高的级效率，各级的理想比焓降将明显增大。

从低压级（缸）的损失看，由于低压级的蒸汽比体积很大，所以叶轮摩擦损失很小；由于低压级均是全周进汽，所以没有部分进汽损失；低压级的叶片高度很大，漏汽间隙所占比例很小，因此漏汽损失很小。另外，由于蒸汽容积流量很大，通流面积受到一定限制，因此低压级的余速损失较大；由于低压级一般都处于湿蒸汽区，所以存在湿汽损失，而且压力越低该项损失就越大。总而言之，对于低压级（缸），由于湿汽损失很大，使其效率降低很多，尤其是最后几级。对于国产 600MW 超临界汽轮机，低压缸效率为 $89.72\%\sim91.77\%$。

3. 中压级（缸）

对于中压级（缸），由于其处于高压级（缸）和低压级（缸）之间，其蒸汽比体积既不像高压级（缸）那样小，也不像低压级（缸）那样大，因此其特点包括：①漏汽损失较小，叶轮摩擦损失也较小；②由于叶片有足够的高度，叶高损失较小；③由于中压级（缸）一般为全周进汽，故无部分进汽损失；④没有湿汽损失。可见，中压各级的级内损失较小，其效率高于高压级（缸）级和低压级（缸）。

中压（缸）各级的反动度一般介于高压级（缸）和低压级（缸）之间，且随流动方向逐级增大。对于国产 600MW 超临界汽轮机，中压缸效率为 $92.14\%\sim94.1\%$。

三、汽轮机进汽损失和排汽损失

1. 进汽节流损失

蒸汽进入汽轮机时，首先流经主汽门、调节阀和蒸汽室。蒸汽通过这些部件时因摩擦而使其压力由 p_0 降至 p_0'。由于蒸汽通过这些部件时的散热损失可忽略不计，该热力过程可视为节流过程，即蒸汽通过汽阀后压力虽然降低，但比焓不变，如图 2-31 所示。若无节流，则整机的理想比焓降为 Δh_t，考虑汽阀的节流作用后，实际的理想比焓降为 $\Delta h_t'$，其差值 $\delta h_0 = \Delta h_t - \Delta h_t'$ 即为进汽节流损失。

汽轮机的进汽节流损失与汽流速度、阀门类型、阀门型线以及汽室形状等因素有关。设计时一般取蒸汽流过主汽门、蒸汽管道等的流速小于 60m/s，使其压力损失控制在 $\Delta p_0 = p_0 - p_0' = (0.03 \sim 0.05) p_0$。对于设计良好的机组，此值可小于 0.03。而对于高压大容量机组，由于两缸之间的连接管道较长，蒸汽通过汽阀的流速较快，因而此项损失可能较大。

限制蒸汽流速只是减小进汽节流损失的一个办法，而改进阀门的蒸汽流动特性才是减小进汽节流损失的根本手段。近代汽轮机普遍采用带扩压管的单座阀，其原因是阀碟和阀座可以

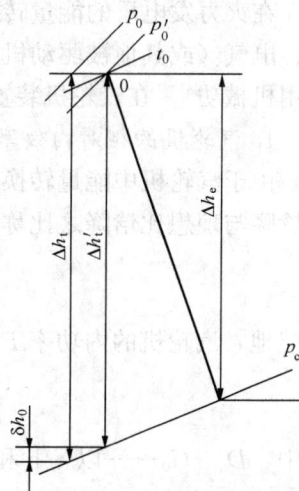

图 2-31 进汽节流损失

设计成较好的型线，而且由于加装了扩压器，将部分蒸汽动能转换成压力能，最终减小了该项损失。

2. 排汽节流损失

汽轮机的排汽从末级动叶流出后通过排汽管排入凝汽器。蒸汽在排汽管（缸）中流动时，由于存在摩擦、涡流阻力，使其压力降低，如图 2-32 所示，p_c' 表示汽轮机末级动叶出口的蒸汽静压，p_c 为凝汽器喉部静压，其差值即为压力损失 $\Delta p_c = p_c - p_c'$。压力损失使蒸汽在汽轮机中的理想比焓降由 $\Delta h_t'$（图 2-31 中）变为 $\Delta h_t''$，其差值 $\delta h_{ex} = \Delta h_t' - \Delta h_t''$ 被称为排汽节流损失，它使整机的有效理想比焓降减小。

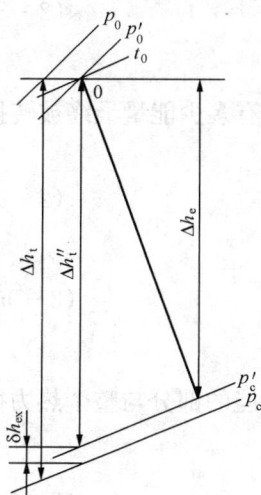

图 2-32 排汽节流损失

排汽压力损失 Δp_c 的大小取决于排汽管中的汽流速度、排汽部分的结构形式，以及排汽管的型线好坏等。Δp_c 一般可用式（2-4）估算，即

$$\Delta p_c = \lambda \left(\frac{c_{ex}}{100} \right)^2 p_{ex} \qquad (2-4)$$

式中 λ——排汽管的阻力系数；

c_{ex}——排汽管中的汽流速度（m/s）。

对于凝汽式汽轮机，一般取 $c_{ex} < 120\text{m/s}$，对于背压式机组一般取 $c_{ex} < 60\text{m/s}$。阻力系数 λ 的变化范围较大。一般情况下，凝汽器布置在汽轮机的下方，汽流方向在排汽管中有 $90°$ 的改变，此时排汽损失较大，$\lambda = 0.05 \sim 0.1$。而对于设计良好的排汽管，由于其可有效地利用末级出口的余速动能，所以 λ 值较小，有时可小于 0.05，甚至可以为零，或是负值（动压头转变为静压头，使压力回升）。

对于大型汽轮发电机组，其排汽余速很大，为了将排汽动能变成蒸汽静压（扩压），以补偿排汽管中的蒸汽压力损失，可将排汽管设计成具有较好扩压效果的扩压器。

四、汽轮机装置的评价指标

在火力发电厂的能量转换中，除了不可避免的冷源损失之外，还存在着各种损失，如机械、电气（或其他被驱动机械）等损失，所以蒸汽的理想比焓降不可能全部转换为电能（或有用机械功）。在汽轮机装置中，通常用各种效率来评价其整个能量转换过程的完善程度。

1. 汽轮机的相对内效率

由于汽轮机中能量转换存在损失，所以只有蒸汽的有效比焓降才能转换成有用功。有效比焓降与理想比焓降之比称为汽轮机的相对内效率，用 η_{ri} 表示，即

$$\eta_{ri} = \frac{\Delta h_e}{\Delta h_t} \qquad (2-5)$$

相应地，汽轮机的内功率 P_i 可表示为

$$P_i = \frac{D_0 \Delta h_t \eta_{ri}}{3.6} = G_0 \Delta h_t \eta_{ri} \qquad (2-6)$$

式中 D_0、G_0——以 t/h 和 kg/s 为单位的汽轮机进汽流量。

2. 机械效率

运行中，汽轮机需消耗一部分功率克服支持轴承和推力轴承的摩擦阻力，同时还需要消耗一部分功率带动主油泵等部件。这些多消耗的功率统称为汽轮机的机械损失。考虑机械损失后，汽轮机联轴器端的输出功率（轴端功率）P_a 要小于汽轮机的内功率 P_i，两者之比称为汽轮机的机械效率，用 η_m 表示，即

$$\eta_m = \frac{P_a}{P_i} = \frac{3.6 P_a}{D_0 \Delta h_t \eta_{ri}} \qquad (2-7)$$

3. 发电机效率

当考虑发电机的机械损失和电气损失后，发电机出线端的功率要小于汽轮机的轴端功率 P_a，两者之比称为发电机的机械效率，用 η_g 表示，即

$$\eta_g = \frac{P_{el}}{P_a} = \frac{3.6 P_{el}}{D_0 \Delta h_t \eta_{ri} \eta_m} = \frac{P_{el}}{G_0 \Delta h_t \eta_{ri} \eta_m} \qquad (2-8)$$

4. 汽轮发电机组的相对电效率

汽轮发电机组的相对电效率表示 1kg 蒸汽所具有的理想比焓降中有多少能量最终被转换成电能，用 η_{el} 表示，即

$$\eta_{el} = \eta_{ri} \eta_m \eta_g \qquad (2-9)$$

将式（2-9）代入式（2-8）并整理，得

$$P_{el} = \frac{D_0 \Delta h_t \eta_{el}}{3.6} = G_0 \Delta h_t \eta_{el} \qquad (2-9a)$$

5. 汽轮发电机组的绝对电效率

汽轮发电机组的绝对电效率表示 1kg 蒸汽理想比焓降中转换成电能的部分与整个热力循环中加入 1kg 蒸汽的热量之比，用 $\eta_{el,a}$ 表示，即

$$\eta_{el,a} = \frac{\Delta h_t \eta_{el}}{h_0 - h_c'} = \eta_t \eta_{el} = \eta_t \eta_{ri} \eta_m \eta_g \qquad (2-10)$$

式中 h_0——新蒸汽的比焓；

h'_c——凝结水的比焓，有回热抽汽时为给水的比焓 h_{fw}。

6. 汽耗率

汽轮发电机组每生产 1kW·h 电能所消耗的蒸汽量称为汽耗率，用 d 表示，即

$$d = \frac{1000D_0}{P_{el}} = \frac{3600}{\Delta h_t \eta_{el}} \quad [\text{kg}/(\text{kW}\cdot\text{h})] \tag{2-11}$$

7. 热耗率

汽轮发电机组每生产 1kW·h 电能所消耗的热量称为热耗率，用 q 表示，即

$$q = d(h_0 - h'_c) = \frac{3600(h_0 - h'_c)}{\Delta h_t \eta_{el}} = \frac{3600}{\eta_{el,a}} \quad [\text{kJ}/(\text{kW}\cdot\text{h})] \tag{2-12}$$

对于一次中间再热机组有

$$q = d\left[(h_0 - h'_c) + \frac{D_r}{D_0}(h_r - h'_r)\right] \quad [\text{kJ}/(\text{kW}\cdot\text{h})] \tag{2-12a}$$

式中　D_0——汽轮机组的新蒸汽流量（t/h）；

D_r——再热蒸汽流量（t/h）；

h'_r——再热蒸汽比焓（kJ/kg）；

h_r——高压缸排汽焓（kJ/kg）。

不同功率汽轮发电机组的各种效率及热经济性指标见表 2-1。

表 2-1　　　　　不同功率汽轮发电机组的各种效率及热经济性指标

额定功率/MW	η_{ri}	η_m	η_g	$\eta_{el,a}$	$d/[\text{kg}/(\text{kW}\cdot\text{h})]$	$q/[\text{kJ}/(\text{kW}\cdot\text{h})]$
0.75~6	0.76~0.82	0.965~0.985	0.93~0.96	<0.28	>4.9	>12 980
12~25	0.82~0.85	0.985~0.99	0.965~0.975	0.30~0.33	4.1~4.7	10 880~12140
50~100	0.85~0.87	≈0.99	0.92~0.985	0.37~0.39	3.5~3.7	9210~9630
125~200	0.87~0.88	>0.99	0.985~0.99	0.42~0.43	3.0~3.2	8370~8500
300~600	0.885~0.90	0.985~0.99	0.985~0.99	0.44~0.4	2.9~3.2	7810~8100
>600	≥0.90	>0.99	0.985~0.99	>0.46	<3.2	7510~7800
1000	≥0.91	>0.99	0.985~0.9			7317~7383

第三节　多级汽轮机的轴向推力及其平衡

从整体上看，在轴流式多级汽轮机中，当高压蒸汽由一端进入、低压蒸汽由另一端流出时，蒸汽压差对汽轮机转子上的各凸出部分（叶片、叶轮等）施加了一个由高压端指向低压端的轴向力，该力使汽轮机转子有向低压端移动的趋势，这个力称为汽轮机的轴向推力。

随着机组容量的提高，大型汽轮机的轴向推力也随之增加（对于冲动式汽轮机可能高达数兆牛顿，而反动式汽轮机的轴向推力可能更大）。如此大的推力不能只靠推力轴承来承担，必须采取措施加以平衡。因此，在汽轮机设计或改造时，要对转子的轴向推力进行计算和分析。

一、轴向推力产生的原因

下面以某型号汽轮机转子为例，分析作用在多级汽轮机上的轴向推力。由图 2 - 33 可知，作用在该级上的轴向推力主要由动叶片、叶轮、转子凸肩（包括轴封凸肩）三个部位产生。

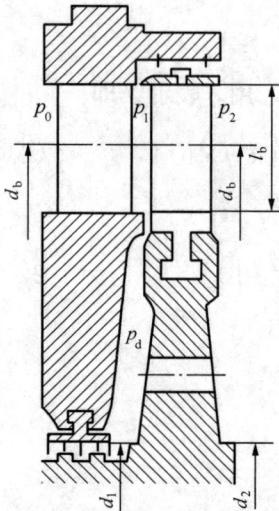

图 2 - 33　冲动式汽轮机轴向推力

1. 作用在动叶上的轴向推力 F_{a1}

由第一章的讨论可知，蒸汽作用在某一级动叶片上的轴向推力可表示为

$$F_{a1} = G(c_1 \sin\alpha_1 - c_2 \sin\alpha_2) + \pi d_b l_b (p_1 - p_2)$$
$$(2 - 13)$$

对于冲动式汽轮机而言，由于轴向分速度通常相差不大，即 $c_1 \sin\alpha_1 \approx c_2 \sin\alpha_2$，所以

$$F_{a1} \approx \pi d_b l_b (p_1 - p_2) \qquad (2 - 13a)$$

又因为冲动式汽轮机的比焓降反动度不大，可以用压力反动度来近似取代级的平均比焓降反动度 Ω_m，即

$$\Omega_m = \frac{\Delta h_b}{\Delta h_t^*} \approx \Omega_p = \frac{p_1 - p_2}{p_0 - p_2} \qquad (2 - 14)$$

故式（2 - 13a）可以表示为

$$F_{a1} \approx \pi d_b l_b \Omega_m (p_0 - p_2) \qquad (2 - 15)$$

通常，各级的压力反动度 Ω_p 都小于级的平均比焓降反动度 Ω_m，所以按式（2 - 15）计算得到的轴向推力偏大，偏于安全。

对于采用部分进汽的级来说，计算时应该乘以部分进汽度。

2. 作用在叶轮面上的轴向推力 F_{a2}

作用在叶轮面上的轴向推力 F_{a2} 为

$$F_{a2} = \frac{\pi}{4}\left[(d_b - l_b)^2 - d_1^2\right]p_d - \frac{\pi}{4}\left[(d_b - l_b)^2 - d_2^2\right]p_2 \qquad (2 - 16)$$

上几式中　d_b、d_1、d_2——叶轮平均直径、叶轮轮毂两侧直径（m）；

$\qquad\qquad p_d$——隔板与叶轮轮面间汽室的压力（Pa）。

当叶轮两侧轮毂直径相等，即 $d_1 = d_2 = d$ 时，有

$$F_{a2} = \frac{\pi}{4}\left[(d_b - l_b)^2 - d^2\right](p_d - p_2) \qquad (2 - 16a)$$

通常，隔板与叶轮轮面间汽室的压力 p_d 不同于动叶前的压力 p_1，需要由动叶叶根轴向间隙处的漏汽或吸汽等情况确定。

3. 作用在转子凸肩上的轴向推力

蒸汽作用在转子凸肩和汽封凸肩上的轴向推力 F_{a3} 为

$$F_{a3} = \frac{\pi}{4}(d_1^2 - d_2^2)\Delta p \qquad (2 - 17)$$

式中　d_1、d_2——对应计算面上的外径和内径（m）；

$\qquad\quad \Delta p$——对应计算面上的压差。

根据以上计算，多级汽轮机任一级的总轴向推力 F_{sa} 为

$$F_{sa} = F_{a1} + F_{a2} + F_{a3} \qquad (2 - 18)$$

作用在整个汽轮机转子的总轴向推力等于各级的轴向推力之和，即

$$F_z = \sum F_{sa} \tag{2-19}$$

二、轴向推力的平衡

平衡汽轮机轴向推力的目的是减小汽轮机转子上的轴向推力，使推力轴承的承载能力长期处于安全运行的范围。常见的平衡方法有以下几种。

1. 设置平衡活塞

设置平衡活塞就是将高压轴封套的直径加大（见图2-34）。因为平衡活塞上装有齿型轴封，活塞两侧存在压差，当蒸汽压力由活塞高压侧的压力 p_1 降低到低压侧的压力 p_x 时，平衡活塞在其两侧压差（$p_1 - p_x$）的作用下，受到一个与轴向推力 F_a 相反的力 F，该力平衡了一部分轴向推力，即

$$F = \frac{\pi}{4}(d_x^2 - d_2^2)p_1 - \frac{\pi}{4}(d_x^2 - d_1^2)p_x > 0 \tag{2-20}$$

随着机组容量和汽轮机级数的增加，轴向推力也越来越大，这就要求平衡活塞的外径也相应增加，随之而来的后果是轴封漏汽面积增大，漏汽量增加，进而降低了汽轮机的效率。因此平衡活塞在 600MW 以上等级的汽轮机上使用并不多。

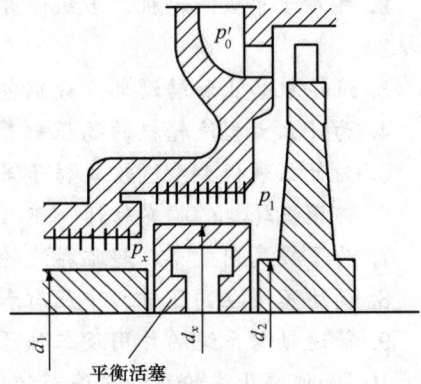

图2-34 平衡活塞示意

2. 叶轮开设平衡孔

通过在叶轮上开设若干个平衡孔（奇数个）的方法达到减少叶轮两侧的压差、相应减少转子的轴向推力的目的。这种方法适用于冲动式汽轮机。

3. 采用鼓式转子

对于反动式汽轮机，由于各级的反动度比较大，动叶前后的压差很大，所以其转子设计成鼓式结构，以减小叶轮的受力面积，进而减小级的轴向推力。

4. 结构的反向布置

如果汽轮机是多缸的，通过适当布置汽缸，可使不同汽缸中的汽流反向流动，以产生反向的轴向推力，使之相互抵消一部分。图2-35 所示为某型号 600MW 超临界汽轮机反向布置结构。

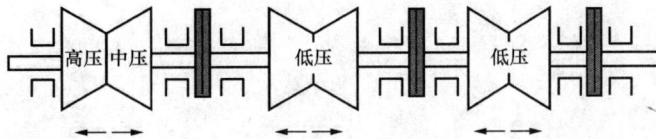

图2-35 某型号 600MW 超临界汽轮机反向布置结构

由图2-35 可知，该机组高中压缸采用对称布置，低压缸采用对称分流。这样，机组的大部分轴向推力得以平衡。

5. 采用推力轴承

汽轮机的轴向推力经上述方法平衡后，剩余的不平衡部分最后由推力轴承来承担。一般要求推力轴承应承受适当的推力，以保证在各种工况下，推力方向不变，使机组转子的轴向

位置相对稳定，而不发生窜轴现象。

　　需要特别说明是，对于反动式汽轮机，由于动叶（叶轮）前后压差大，其轴向推力也相应增加。正因为如此，反动式汽轮机采用鼓式转子结构，以减小叶轮的受力面积，进而减小级的轴向推力。

思　考　题

　　1. 什么是汽轮机？什么是汽轮机设备？

　　2. 相对于单级汽轮机，多级汽轮机的优点是什么？为什么电站汽轮机普遍采用多级汽轮机？

　　3. 汽轮机静止和转动部分分别包括哪些设备？各有什么作用？

　　4. 为什么大型汽轮机的高压缸普遍采用双层缸？

　　5. 为什么现代大型汽轮机转子多采用无中心孔的整段转子？

　　6. 何谓汽轮机的临界转速？刚性转子和柔性转子的区别是什么？

　　7. 为了提高内效率，超临界汽轮机在结构上采取了哪些措施？

　　8. 简述蒸汽在高压缸、中压缸和低压缸的流动特点。

　　9. 简述轴封系统的作用及工作原理。

　　10. 如何减小汽轮机的进汽节流损失和排汽节流损失？

　　11. 多级汽轮机有哪些损失，如何减少这些损失？汽轮机内部损失与外部损失有什么区别？多级汽轮机的重热现象和余速利用对汽轮机的相对内效率分别有什么影响？

　　12. 汽轮机装置的评价指标有哪些？

　　13. 平衡汽轮机轴向推力的措施有哪些？能否将轴向推力平衡为零而不用推力轴承？

　　14. 沿着汽流方向，为什么多级汽轮机各级的叶片越来越高？为什么多级汽轮机各级的焓降越来越大？

　　15. 为什么大功率汽轮机低压末几级的反动度较大？

第三章 汽轮机的变工况

汽轮机是根据设计工况给定的参数和功率进行设计的,当其运行在设计工况下时,各级保持最佳速度比,级效率最高。汽轮机的额定工况是指在规定的条件下,汽轮发电机组发出额定功率时的运行工况。汽轮机的额定功率通常等于或大于设计工况下的功率。

汽轮机工况变动时,进入汽轮机的蒸汽流量随外界负荷的变化而相应变化,各级的压力、温度、理想比焓降、反动度和效率等都可能发生变化,这不仅影响汽轮机运行的经济性,而且还会影响汽轮机的安全性。为了保证汽轮机的安全经济运行,需要对工况变动时压力、焓降、反动度等的变化规律进行探讨。本章主要讨论蒸汽流量变化及不同调节方式下汽轮机的变工况特性。

第一节 喷嘴的变工况特性

汽轮机由若干个级组成,因此分析汽轮机变工况的特性应分析级的变工况,即从喷嘴和动叶的变工况特性着手。喷嘴的变工况特性,主要是分析喷嘴前后压力与流量之间的变化关系,这也是研究汽轮机的级和汽轮机变工况特性的基础。

一、渐缩斜切喷嘴的变工况特性

1. 喷嘴初压不变而背压变化

渐缩斜切喷嘴的变工况特性如图 3-1 所示。当喷嘴初压不变而背压变化时,根据第一章中关于渐缩喷嘴蒸汽流量和压力的关系,流过喷嘴的蒸汽流量 G 和喷嘴压力比 ε_n 的关系曲线如图 3-2 所示。

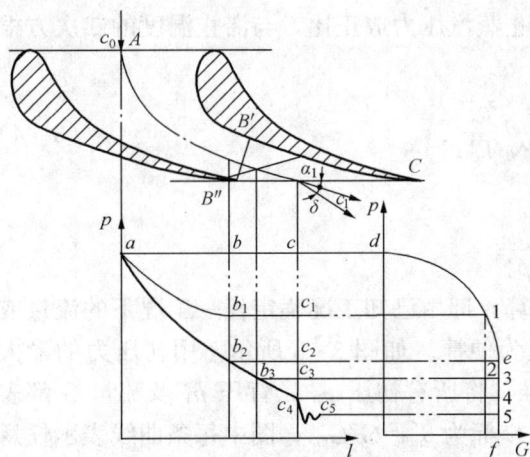

图 3-1 渐缩斜切喷嘴的变工况特性

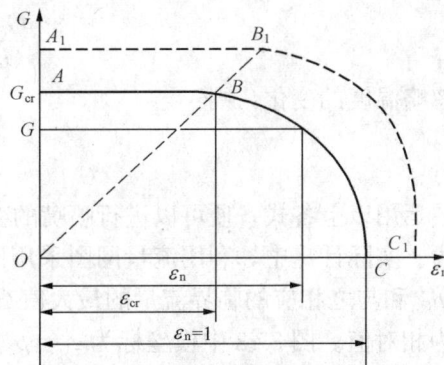

图 3-2 渐缩喷嘴流量与喷嘴压力比的
关系曲线

(1) 当 $p_{cr} < p_1 \leqslant p_0^*$,$\varepsilon_{cr} < \varepsilon_n \leqslant 1$ 时,随着背压 p_1 的减小,蒸汽在喷嘴中膨胀加速,压

力逐渐降低，至最小截面 $B'B''$ 处压力为 p_1，喷嘴的斜切部分只起导流的作用，蒸汽在其中不发生膨胀。流过喷嘴的蒸汽流量 G 随着 p_1 的下降近似椭圆规律增加，可表示为

$$\left(\frac{G}{G_{cr}}\right)^2+\left(\frac{\varepsilon_n-\varepsilon_{cr}}{1-\varepsilon_{cr}}\right)^2=1$$

即

$$\left(\frac{\beta}{1}\right)^2+\left(\frac{\varepsilon_n-\varepsilon_{cr}}{1-\varepsilon_{cr}}\right)^2=1 \tag{3-1}$$

因此，彭台门系数 β 的曲线可简化为原点在 ε_{cr}，长轴为 1，短轴为 $1-\varepsilon_{cr}$ 的椭圆曲线。

（2）当 $p_1\leqslant p_{cr}$，$\varepsilon_n\leqslant\varepsilon_{cr}$ 时，蒸汽在最小截面 $B'B''$ 处达到临界状态，压力为临界压力 p_{cr}，流量为临界流量 G_{cr} 且保持不变。若背压 $p_1<p_{cr}$，蒸汽在喷嘴的斜切部分发生膨胀，压力降至出口压力 p_1。若 p_1 继续下降，当 $p_1=p_{1d}$（$\varepsilon_n=\varepsilon_{1d}$）时，蒸汽在斜切部分的膨胀已达到极限。

2. 喷嘴初终参数都变化

当变工况前后流过喷嘴的流量均未达临界流量时，压力和流量的关系可用式（3-2）表示，即

$$\frac{G_1}{G_0}=\frac{\mu_n\beta_1 G_{1c}}{\mu_n\beta G_{0c}}=\frac{\beta_1}{\beta}\sqrt{\frac{p_{01}^* v_0^*}{p_0^* v_{01}^*}} \tag{3-2}$$

若近似将蒸汽视为理想气体，将理想气体状态方程 $pv=RT$ 代入式（3-2），得

$$\frac{G_1}{G_0}=\frac{\beta_1}{\beta}\times\frac{p_{01}^*}{p_0^*}\sqrt{\frac{T_0^*}{T_{01}^*}} \tag{3-3}$$

上两式中　　　　　　G_0、G_1——设计工况及变工况时流经喷嘴的蒸汽流量（kg/s）；

β、β_1——设计工况及变工况时喷嘴的彭台门系数；

p_0^*、p_{01}^*、v_0^*、v_{01}^*、T_0^*、T_{01}^*——设计工况及工况变动后喷嘴前蒸汽滞止状态的压力（MPa）、比体积（m^3/kg）和绝对温度（K）。

如果变工况前或后喷嘴达到临界流量，则 $\beta=1$ 或 $\beta_1=1$；若变工况前后喷嘴均为临界流量，则 $\beta=\beta_1=1$，流过喷嘴的流量与喷嘴前的滞止蒸汽压力成正比，与滞止温度的二次方根成反比，而与喷嘴后的参数无关，则有

$$\frac{G_{cr1}}{G_{cr}}=\frac{p_{01}^*}{p_0^*}\sqrt{\frac{T_0^*}{T_{01}^*}} \tag{3-4}$$

若忽略温度的变化，则

$$\frac{G_{cr1}}{G_{cr}}=\frac{p_{01}^*}{p_0^*} \tag{3-5}$$

运用以上各式，便可以进行喷嘴的变工况计算，即由已知工况确定任一工况下的流量或压力。实际计算中，利用流量网图采用图解法更为便捷。如图 3-3 所示，用初压力的最大值 p_{0m}^* 和与之相应的临界流量的最大值 G_{0m} 为基准，将所有初压 p_0^*、背压 p_1 及流量 G 都表示为相对值。图 3-3 中横坐标为 $\varepsilon_1=p_1/p_{0m}^*$，纵坐标为 $\beta_m=G/G_{0m}$，图中每条曲线表示任意工况的 ε_0 为常数时的流量曲线（$\varepsilon_0=p_0/p_{0m}^*$）。在选择最大初压力 p_{0m}^* 时，应使各个压力相对值 $\varepsilon_1\leqslant1$ 和 $\varepsilon_0\leqslant1$，否则无法利用流量网图来进行计算。利用流量网图可方便地根据三个比值中的任意两个求得第三个。

流量网图是在假定喷嘴前的蒸汽初温保持不变的条件下得到的，如果变工况时初温 T_0^*

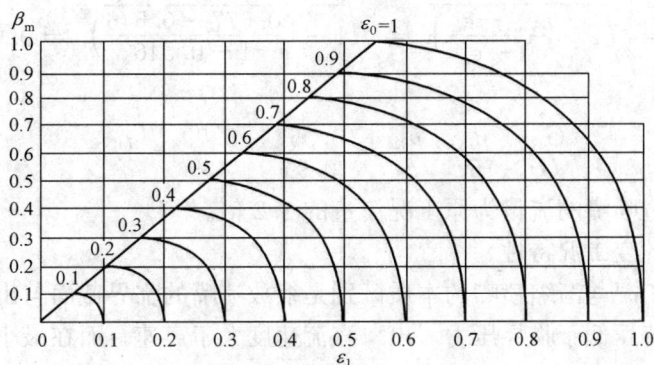

图 3-3　渐缩喷嘴流量网图

的变化不能忽略，则计算时应假设 T_0^* 不变，按流量网图求得变况的流量，然后再乘以温度校正系数 $\sqrt{\dfrac{T_0^*}{T_{01}^*}}$，即可得到实际的蒸汽流量。

动叶栅为渐缩流道，上述渐缩喷嘴蒸汽参数与流量的特性完全可适用于动叶栅，所不同的是研究动叶栅时应使用相对速度 w。

【例 3-1】 过热蒸汽流过某渐缩喷嘴，变工况前，喷嘴前的压力为 $p_0 = 4.9\text{MPa}$，喷嘴后压力 $p_1 = 3.43\text{MPa}$。变工况后，喷嘴前的压力升高为 $p_{01} = 5.79\text{MPa}$，喷嘴后压力升高为 $p_{11} = 3.92\text{MPa}$。若忽略初温变化的影响，试分别用流量网图和解析法求通过喷嘴的流量变化。

解：（1）图解法。

取最大初压 $p_{0m} = 9.8\text{MPa}$。

原工况下：$\varepsilon_0 = \dfrac{p_0}{p_{0m}} = \dfrac{4.9}{9.8} = 0.5$，$\varepsilon_1 = \dfrac{p_1}{p_{0m}} = \dfrac{3.43}{9.8} = 0.35$，在流量网图中，根据 $\varepsilon_0 = 0.5$ 的曲线，按 $\varepsilon_1 = 0.35$ 查得 $\beta_m = \dfrac{G}{G_m} = 0.47$。

变工况后：$\varepsilon_{01} = \dfrac{p_{01}}{p_{0m}} = \dfrac{5.79}{9.8} = 0.59$，$\varepsilon_{11} = \dfrac{p_{11}}{p_{0m}} = \dfrac{3.92}{9.8} = 0.4$，在流量网图中，根据 $\varepsilon_{01} = 0.59$ 的曲线，按 $\varepsilon_{11} = 0.4$ 查得 $\beta_{m1} = \dfrac{G_1}{G_{0m}} = 0.564$。

可得

$$\frac{G_1}{G} = \frac{G_1}{G_{0m}} \times \frac{G_{0m}}{G} = \frac{\beta_{m1}}{\beta_m} = \frac{0.564}{0.47} = 1.2$$

即在变工况后，通过喷嘴的流量为原工况流量的 1.2 倍。

（2）解析法。

原工况：$\varepsilon_n = \dfrac{p_1}{p_0} = \dfrac{3.43}{4.9} = 0.7 > \varepsilon_{cr} = 0.546$，因此流量比系数可按下式计算：

$$\beta = \sqrt{1 - \left(\frac{\varepsilon_n - \varepsilon_{cr}}{1 - \varepsilon_{cr}}\right)^2} = \sqrt{1 - \left(\frac{0.7 - 0.546}{1 - 0.546}\right)^2} = 0.94$$

变工况后：$\varepsilon_{n1} = \dfrac{p_{11}}{p_{01}} = \dfrac{3.92}{5.79} = 0.677 > \varepsilon_{cr} = 0.546$，因此流量比系数可按下式计算：

$$\beta_1 = \sqrt{1 - \left(\frac{\varepsilon_{n1} - \varepsilon_{cr}}{1 - \varepsilon_{cr}}\right)^2} = \sqrt{1 - \left(\frac{0.677 - 0.546}{1 - 0.546}\right)^2} = 0.957$$

可得

$$\frac{G_1}{G} = \frac{\beta_1}{\beta} \times \frac{p_{01}}{p_0} = \frac{0.957}{0.94} \times \frac{5.79}{4.9} = 1.2$$

即在变工况后，通过喷嘴的流量为原工况流量的 1.2 倍。

二、缩放喷嘴的变工况特性

缩放喷嘴的变工况与渐缩喷嘴的本质区别是缩放喷嘴的临界截面与出口截面不同，且缩放喷嘴设计工况下背压低于临界压力、出口汽流速度大于声速，而在最小截面处理想速度等于声速。

1. 喷嘴初压不变而背压变化

当喷嘴前滞止初参数保持不变，而背压 p_1 改变时，蒸汽在缩放喷嘴中的流动状态将发生相应的改变，此时缩放喷嘴的变工况特性如图 3-4 所示。

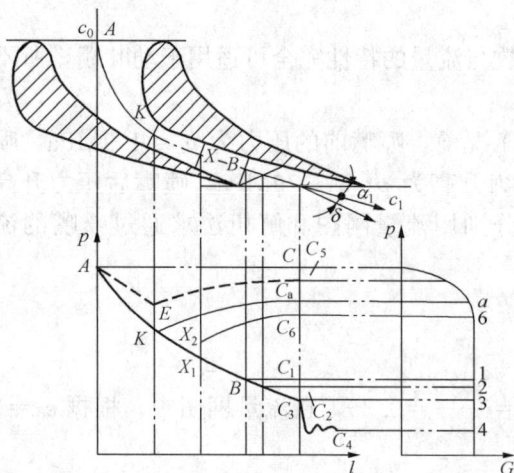

图 3-4　缩放喷嘴的变工况

图中 $AKBC_1$ 线为设计工况下缩放喷嘴流道内的压力变化曲线，此时蒸汽由进口压力逐渐膨胀到喉部截面上的临界压力，再继续膨胀到出口截面设计压力 p_{ca}。在渐缩流道内为亚声速汽流，其喉部达临界速度，在渐扩部分内为超声速汽流，蒸汽在喷嘴斜切部分内不发生膨胀，喷嘴流量为临界流量。

（1）喷嘴出口压力升高。当喷嘴后的压力由设计值逐渐升高时，由于压力波是以声速传播的，喷嘴出口截面的超声速汽流受到阻滞，这种阻滞波不能向上游传播，故在喷嘴出口截面产生压力阶跃，压力由设计背压 p_{ca} 突然升高到 p_1，出口汽流流速降低，但仍为超声速，喷嘴流道内的压力曲线仍为 $AKBC_1$。超声速汽流受阻产生压力阶跃的现象称为冲波。当喷嘴后的压力继续升高时，出口汽流受到的阻滞随之增大，激波强度加强，激波后的流速逐渐降至临界速度。若喷嘴后的压力再继续升高，激波后的流速变为亚声速。压力波在亚声速汽流中向上游传播，激波面向喷嘴流道内移动。由于亚声速汽流在渐扩流道中的流动是扩压过程，因此冲波面后压力逐渐升高。此时喷嘴流道内的压力曲线为 $AKX_1X_2C_6$。随着喷嘴后的压力不断升高，激波面向喷嘴喉部推移。当喷嘴后的压力升高到 p_a 时，激波发生在喷嘴喉部，其渐扩部分的流速全为亚声速，压力由喉部压力逐渐升高至出口压力 p_a。在喷嘴出口压力由设计值 p_{ca} 逐渐升高到 p_a 的过程中，喷嘴喉部均保持临界状态，故喷嘴流量保持临界值不变。p_a 为缩放喷嘴由临界状态向非临界状态转变的特征背压，是使喷嘴喉部保持临界状态的最高背压，其与喷嘴前滞止压力的比值称特征压力比。

当喷嘴后的压力由 p_a 继续升高时，喷嘴喉部压力随之升高，整个喷嘴流道均为亚声速，流量随之降低。蒸汽在其渐缩部分内进行膨胀，而在其渐扩部分内进行扩压，此时喷嘴流道

内的压力曲线为 AEC_5，喷嘴变为文丘里管。因此缩放喷嘴的临界压力比（也称特征压力比）远小于渐缩喷嘴的临界压力比。

特征压力比的值可由式（3-6）求取，即

$$\varepsilon_a = 0.546 + 0.454\sqrt{1 - \left(\frac{1}{f_d}\right)^2} \tag{3-6}$$

式中 f_d——喷嘴出口截面积与喉部截面积之比，$f_d = A_n/A_{cr}$。

（2）喷嘴出口压力降低。当缩放喷嘴后压力由设计值降低时（渐缩喷嘴后的压力低于临界压力时），出口截面压力保持设计值不变，蒸汽在喷嘴斜切部分内膨胀到喷嘴后压力 p_1，流速进一步增大时，汽流方向发生偏转，汽流方向角增大。当喷嘴后压力 $p_1 = p_{1d}$ 时，斜切部分已充分利用。当喷嘴后压力 $p_1 < p_{1d}$ 时，由 p_{1d} 到 p_1 的膨胀过程则在斜切部分外无序进行，汽流速度不再增大。p_{1d} 称为极限膨胀压力，与喷嘴结构有关。极限膨胀压力与喷嘴前滞止压力的比值称为极限压力比。缩放喷嘴的极限压力比推导比较复杂，不再详述。

2. 喷嘴初终参数都变化

对于缩放喷嘴，当喷嘴后压力 p_1 大于特征压力 p_a 时，流量才小于临界流量。在喷嘴前滞止压力一定，喷嘴后压力 p_1 由 p_a 升高时，流量随 p_1 的变化也近似为椭圆曲线。对照渐缩喷嘴的推导方法可得缩放喷嘴的彭台门系数为

$$\beta_a = \frac{G_t}{(G_t)_{cr}} = \sqrt{1 - \left(\frac{\varepsilon_n - \varepsilon_a}{1 - \varepsilon_a}\right)^2} \tag{3-7}$$

当初、终参数同时改变时则有

$$\frac{G_1}{G_0} = \frac{\beta_{a1}}{\beta_a} \times \frac{p_{01}^*}{p_0^*}\sqrt{\frac{T_0^*}{T_{01}^*}} \tag{3-8}$$

一般缩放喷嘴的速度系数只有在设计工况下才较高，在变工况下由于产生冲击波或发生斜切膨胀，速度系数急剧下降。

第二节 级组的变工况特性

级组由流量相同、各级的通流面积确定的若干个相邻级组成。每一台汽轮机都可按流量相等的条件分成若干个不同的级组，如图3-5所示。

一、级组前后蒸汽参数与流量的关系

在20世纪20年代，斯托多拉通过试验，并总结实际运行经验，得出如下结论：在通流面积不变、各级流量相等的条件下，通过级组的蒸汽流量与级组前后蒸汽压力的关系遵守椭圆规律（见图3-6），级组前温度变化对流量的影响可用包曼公式表示，即

$$\frac{G_1}{G_0} = \sqrt{\frac{p_{01}^2 - p_{z1}^2}{p_0^2 - p_z^2}}\sqrt{\frac{T_0}{T_{01}}} \tag{3-9}$$

式中 p_0、p_z、T_0、G_0——工况变化前级组前后蒸汽压力、级组前蒸汽绝对温度和蒸汽流量；
p_{01}、p_{z1}、T_{01}、G_1——工况变化后级组前后蒸汽压力、级组前蒸汽绝对温度和蒸汽流量。

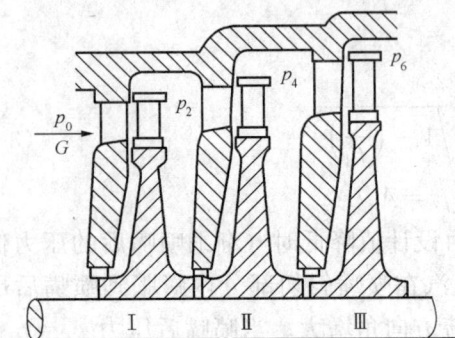

图 3-5 级组示意

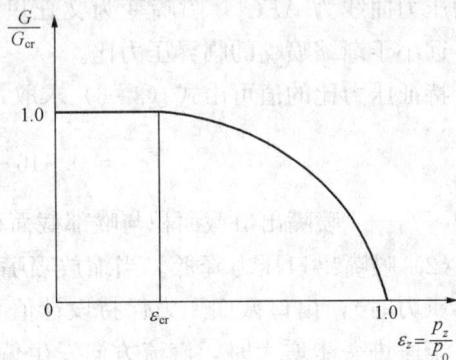

图 3-6 级组流量与级组压力比之间的关系

工况变动时，级组前后的压力与流量的关系，可用斯托多拉流量锥表示，如图 3-7 所示。图中横坐标为级组后压力 p_z，OA 坐标为级组前压力 p_0，纵坐标为流量 G。当初压保持

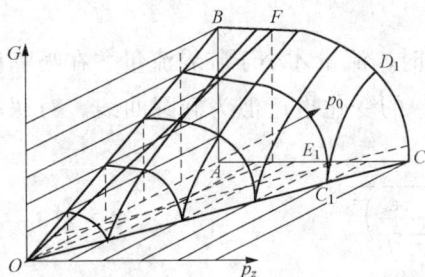

图 3-7 斯托多拉流量锥

不变时，流量与背压的关系曲线为 BFD_1C，其中曲线 FD_1C 段近似为一椭圆曲线，背压 p_z 增加时，流量 G 减小。曲线 BF 段为一水平线，表示级组在此区域处于临界状态，级组保持临界流量不变。可见级组的流量与背压的关系曲线与喷嘴的流量曲线相似。但级组的临界压力是指当级组中任一级处于临界状态时级组的最高背压，以 p_{zcr} 表示；级组的临界压力比 ε_{crg} 是级组的临界压力 p_{zcr} 与级组的初压 p_0 之比，即 $\varepsilon_{crg} = p_{zcr}/p_0$。

由于不同级数的级组具有不同的临界压力比，因此斯托多拉流量锥不具有通用性，在实际计算级组变工况时常采用解析法。

1. 变工况前后级组均未达临界状态

变工况前后级组均未达临界状态时，级组流量与压力的变化关系近似为椭圆曲线。在不同初压力下流量 G 与背压 p_z 之间的关系曲线如图 3-8 所示。图中的椭圆曲线为级组在亚临界状态流动的流量曲线。

当变工况前后级组均未达临界状态时，级组的流量与级组前后压力平方差的平方根成正比。如果不考虑级组前蒸汽温度变化对蒸汽流量的影响，可将式（3-9）简化为

$$\frac{G_1}{G_0} = \sqrt{\frac{p_{01}^2 - p_{z1}^2}{p_0^2 - p_z^2}} \qquad (3-10)$$

1931 年，弗留格尔首先从理论上证明了斯托多拉根据试验数据得到的椭圆方程式，故称式（3-9）和式（3-10）为弗留格尔公式。

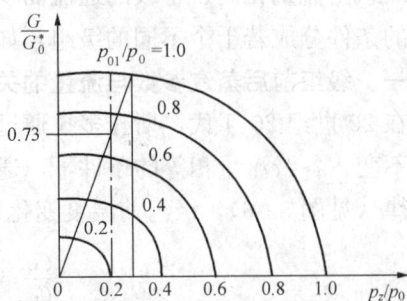

图 3-8 不同初压下流量与背压的关系曲线

2. 变工况前后级组均处于临界状态

在各级通流面积不变的条件下，处于亚临界工况的级组，若级组前后压差由小变大，则

一般级组最后一级最先达到临界状态。此时级组中蒸汽流量与级组前的压力成正比,即

$$\frac{G_1}{G_0} = \frac{p_{01}}{p_0}$$

若将级组的第一级去掉,将剩下的级作为一个新级组,则新级组中仍包含达到临界状态的末级,故蒸汽流量仍与级组前压力成正比,即

$$\frac{G_1}{G_0} = \frac{p_{21}}{p_2}$$

依此类推,若级组由若干级组成,则

$$\frac{G_1}{G_0} = \frac{p_{01}}{p_0} = \frac{p_{21}}{p_2} = \cdots = \frac{p_{n1}}{p_n} \tag{3-11}$$

当级组中某一级变工况前后均处于临界状态,则通过级组的流量与级组中各级级前压力成正比。

二、弗留格尔公式的应用条件

弗留格尔在证明中作了如下假设:级组中有无限多个级,各级内蒸汽理想比焓降很小;喷嘴叶栅和动叶栅出口比体积的比值近似相等;各级效率相等且为常数。随后有不少学者用不同的方法,从理论上证明了弗留格尔公式,但都相应作了一些简化假设。可见式(3-10)是一个近似的关系式。级组中的级数越多,工况变化范围就越小,也越接近实际运行情况。尽管如此,弗留格尔公式仍然反映出级组在工况变化时,蒸汽流量与级组前后蒸汽参数变化的规律。

1. 应用弗留格尔公式的注意事项

(1)在同一工况下,通过级组中各级的流量应相等。但在各级蒸汽流量按比例变化的条件下,弗留格尔公式仍然成立。对于具有回热系统的汽轮机,在工况变化时各段抽汽的流量与进汽量的变化成比例,故弗留格尔公式也适用于中间有回热抽汽的级组。而供热机组的供热蒸汽量与进汽量不成比例,使用弗留格尔公式时,必须在供热抽汽点将其分成不同的级组。

(2)在不同工况下,级组中各级的通流面积应保持不变。在斯托多拉试验和弗留格尔的理论证明中,都以变工况时各级通流面积不变为条件,因此调节级和以旋转隔板为调节元件的级,不能包含在级组内使用弗留格尔公式进行变工况分析。但各级叶栅均匀积垢使通流面积近似按比例变化时,该级组的前后蒸汽参数与蒸汽流量的关系,仍符合弗留格尔公式表述的规律,但要考虑叶栅通流面积改变的影响。

此时蒸汽参数与流量的关系为

$$\frac{G_1}{G_0} = \frac{A_1}{A_0} \sqrt{\frac{p_{01}^2 - p_{z1}^2}{p_0^2 - p_z^2}} \sqrt{\frac{T_0}{T_{01}}} \tag{3-12}$$

式中 A_0、A_1——工况变化前后叶栅的通流面积。

这也从另一个侧面表明,当级组流量与其前后蒸汽参数不符合弗留格尔公式时,说明此时叶栅的通流面积发生了变化。在相同的流量下,级组前后压力差增大,或级组前后压力差不变而流量减少,均说明叶栅因积垢或变形而使通流面积减少。

(3)级组中的级数应不小于3~4级。严格地讲,弗留格尔公式只适用于无穷多级数的级组。级组中的级数越多,弗留格尔公式计算的结果就越精确。

2. 弗留格尔公式的应用范围

弗留格尔公式是一个很重要的关于流量和压力关系的公式，形式简单，使用方便，可用来进行分析或近似计算运行中汽轮机的内部工况变动情况，从而判断运行的安全性和经济性。

（1）进行变工况近似计算。由于级组的级数可以任意选取，本级的级后状态即下一级的级前状态，可以利用弗留格尔公式推算出不同流量下各级的级前压力，求得各级的压差、压力比、焓降，确定相应的功率和效率的变化，估计零部件的受力状况；或在已知压力的条件下，推算出流过级组的流量。

（2）判断汽轮机通流部分是否正常。在已知流量或功率的条件下，根据运行时纪录的参数，确定各级组前压力是否符合弗留格尔公式，来判断汽轮机通流部分的面积是否改变，即可判断通流部分是否结垢或损坏。

（3）热力试验时对进汽参数进行修正。进行热力试验时，可根据弗留格尔公式中流量与蒸汽参数之间的对应关系，修正蒸汽参数或蒸汽流量，用平移热力过程曲线的方法，得到所求工况的结果。

（4）用调节级后压力作为流量或功率信号。

三、级组临界状态的判别

由于压力的传播按声速进行，当级组内有一级叶栅在工况变化前后均处于临界状态时，级组后压力的变化不会影响临界截面处的蒸汽参数，也就不会影响级组的蒸汽流量，此时若仍使用弗留格尔公式，必将引起较大的误差。因此在使用弗留格尔公式进行变工况分析时，首先要判别级组中的级是否处于临界状态。一个级处于临界状态有两种情况，即喷嘴叶栅或动叶栅处于临界状态。

1. 喷嘴临界状态的判别

由于汽轮机的压力级毫无例外地采用渐缩喷嘴，当喷嘴叶栅为临界状态时，其压力比小于或等于临界压力比。利用弗留格尔公式只能求出级的压力比，而要通过级的压力比来判断喷嘴叶栅是否达临界状态，必须寻求变工况时级的压力比与喷嘴压力比之间的关系。

根据级的反动度的定义，并假定蒸汽为理想气体，可得到级的压力比与喷嘴压力比之间的关系，即

$$1 - \Omega_m = \frac{\Delta h_n}{\Delta h_t} = \frac{\frac{\kappa}{\kappa - 1}RT_0\left[1 - \left(\frac{p_1}{p_0}\right)^{\frac{\kappa-1}{\kappa}}\right]}{\frac{\kappa}{\kappa - 1}RT_0\left[1 - \left(\frac{p_2}{p_0}\right)^{\frac{\kappa-1}{\kappa}}\right]} = \frac{1 - \left(\frac{p_1}{p_0}\right)^{\frac{\kappa-1}{\kappa}}}{1 - \left(\frac{p_2}{p_0}\right)^{\frac{\kappa-1}{\kappa}}}$$

$$1 - \left(\frac{p_1}{p_0}\right)^{\frac{\kappa-1}{\kappa}} = (1 - \Omega_m)\left[1 - \left(\frac{p_2}{p_0}\right)^{\frac{\kappa-1}{\kappa}}\right]$$

$$\frac{p_1}{p_0} = \left\{\left(\frac{p_2}{p_0}\right)^{\frac{\kappa-1}{\kappa}} + \Omega_m\left[1 - \left(\frac{p_2}{p_0}\right)^{\frac{\kappa-1}{\kappa}}\right]\right\}^{\frac{\kappa}{\kappa-1}} \tag{3-13}$$

当喷嘴达临界时，对应的级的压力比称为级的临界压力比，其计算式为

$$\varepsilon_{cr} = \frac{p_1}{p_0} = \left(\frac{2}{\kappa + 1}\right)^{\frac{\kappa}{\kappa-1}} = \left\{\left(\frac{p_2}{p_0}\right)_*^{\frac{\kappa-1}{\kappa}} + \Omega_*\left[1 - \left(\frac{p_2}{p_0}\right)_*^{\frac{\kappa-1}{\kappa}}\right]\right\}^{\frac{\kappa}{\kappa-1}}$$

$$\left(\frac{p_2}{p_0}\right)_* = \left[\frac{\frac{2}{\kappa+1} - \Omega_*}{1 - \Omega_*}\right]^{\frac{\kappa}{\kappa-1}} \tag{3-14}$$

式中 Ω_*——喷嘴叶栅达临界时级的反动度。

由式（3-14）可知，级的临界压力比仅与级的反动度有关。按此式画出曲线如图3-9所示。若已知级的反动度和级的压力比，在图中得交点 A，若交点在曲线上或曲线左侧，则级处在超临界状态。若交点在曲线右侧，则级未达临界。

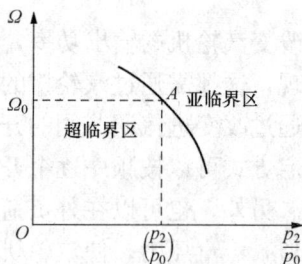

图3-9 反动度与级的临界压力比之间的关系曲线

2. 动叶临界状态的判别

对于动叶栅，不便用其压力比来判断是否处于临界状态，故采用动叶栅出口马赫数 M_{2t}（动叶栅出口相对速度与当地声速的比值）是否大于或等于1，来判断其是否处于临界状态。根据喷嘴叶栅和动叶栅出口的连续方程，并忽略级间漏汽，可得

$$G = \frac{\mu_1 F_1 c_{1t}}{v_{1t}} = \frac{\mu_2 F_2 w_{2t}}{v_{2t}}$$

$$w_{2t} = \frac{\mu_1}{\mu_2} \times \frac{F_1}{F_2} \times \frac{v_{2t}}{v_{1t}} c_{1t}$$

$$c_{1t} = \sqrt{2\Delta h_n^*} = \sqrt{2\Delta h_t^* (1 - \Omega_*)}$$

动叶栅出口理想状态的声速

$$a_{2t} = \sqrt{\kappa p_2 v_{2t}} = \sqrt{\kappa R T_{2t}}$$

得动叶出口理想状态马赫数的平方，即

$$M_{2t}^2 = \frac{w_{2t}^2}{\kappa R T_{2t}} = \left(\frac{\mu_1}{\mu_2}\right)^2 \left(\frac{F_1}{F_2}\right)^2 \left(\frac{v_{2t}}{v_{1t}}\right)^2 \frac{2\Delta h_t^* (1 - \Omega_*)}{\kappa R T_1 \left(\frac{T_{2t}}{T_1}\right)}$$

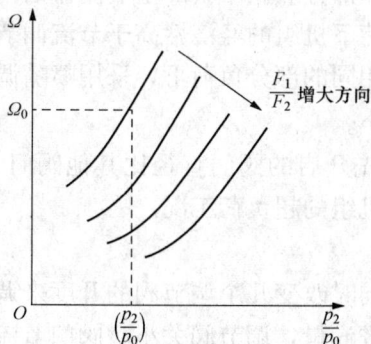

图3-10 对应不同 F_1/F_2 值的反动度和级的压力比关系曲线

通常喷嘴叶栅速度系数 $\varphi = 0.97$，可假定喷嘴叶栅内为等熵过程，利用等熵过程方程得

$$M_{2t} = f\left(\Omega, \frac{p_2}{p_0}, \frac{F_1}{F_2}\right) \qquad (3-15)$$

当 $M_{2t}=1$ 时，动叶栅处于超临界状态。令 $M_{2t}=1$，按不同的喷嘴叶栅和动叶栅出口面积比（F_1/F_2），用式（3-15）作不同的 $\Omega - p_2/p_0$ 曲线，如图3-10所示。图中曲线为 F_1/F_2 等于常数的线。若已知级的 F_1/F_2、Ω 和 p_2/p_0，可利用 Ω 和 p_2/p_0 在图中求交点。当交点在 F_1/F_2 曲线上或在其左侧，则动叶处于超临界状态。

第三节 汽轮机的变工况特性

一、汽轮机负荷的调节方式

在汽轮机实际运行过程中，外负荷不断变化，这就要求汽轮机的输出功率也相应变化，以保持与外界负荷一致。汽轮机的功率计算式为

$$P_{el} = \frac{D \Delta H_t \eta_{ri} \eta_m \eta_g}{3600} \qquad (3-16)$$

改变汽轮机的输出功率，可通过调节蒸汽的进汽量和改变蒸汽在汽轮机内的焓降等方法来实现，这都需通过汽轮机的调节机构来完成。在外负荷变化时，保持汽轮机的进汽参数不变，通过改变进汽调节阀的开度来改变进汽量，这种运行方式称为定压运行。此时，调节阀的开启方式可以按顺序逐个开启，也可以各阀同时开启。前者称为喷嘴调节，后者称为节流调节。另外，也可以在外负荷变化时，保持调节阀开度不变，而通过改变锅炉出口（即汽轮机进口）蒸汽压力，使汽轮机的进汽量（与进汽压力成正比）变化，此时蒸汽在汽轮机内的理想焓降也相应变化，从而使机组输出功率变化，与外负荷相适应。这种运行方式称为滑压运行，也称滑压调节。因此，目前常用的负荷（转速）调节方式有喷嘴调节、节流调节、滑压调节和旁通调节等。其中旁通调节不能单独使用，只能与喷嘴调节或节流调节结合使用。

1. 喷嘴调节

喷嘴调节方式是将汽轮机第一级的喷嘴叶栅分成互不相通的若干组，设置若干个调节阀，一个调节阀控制一组喷嘴的进汽。负荷变化时，依次开启或关闭各调节阀（即当前一个阀门接近完全开启时，后一个阀门才开始开启），改变调节阀的节流损失和第一级喷嘴叶栅的通流面积，从而改变汽轮机的进汽量。喷嘴调节是目前广泛采用的一种配汽方式。汽轮机第一级喷嘴通流面积随负荷的改变而变化，参与流量调节，故称为喷嘴调节，其结构示意如图 3-11 所示。

在任一工况下，只有通过未完全开启的调节阀的那部分蒸汽才会产生节流作用，故在部分负荷下机组的经济性高于节流调节的机组。在相同的部分负荷下，采用喷嘴调节方式时，汽轮机的进汽节流损失较小，内效率的变化也较小。

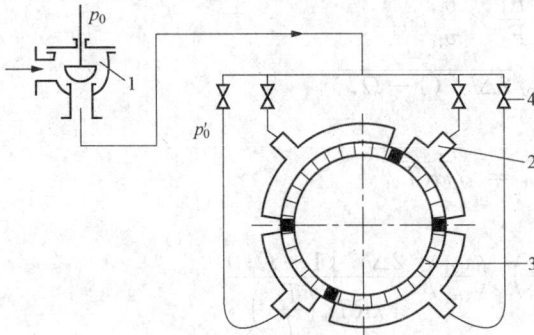

图 3-11 喷嘴调节结构示意
1—主汽阀；2—进汽室；3—喷嘴组；4—调节阀

汽轮机通过各个调节阀的最大流量一般各不相同。最先开启的阀门直径比其他阀门大，所以通过的最大流量也较大。最后开启的阀门，一般用于机组的超负荷工况。

2. 节流调节

汽轮机采用节流调节方式时，通过改变一个调节阀或同时改变几个调节阀的开度来调节负荷。在负荷调节过程中，通过调节阀的节流作用来改变进汽量，调节阀关小时阀门节流作用增大，汽轮机第一级喷嘴前的进汽压力降低，进汽量随之减少，反之亦然。采用节流调节方式时，调节阀的节流损失与其开度有关，当调节阀全开时，其节流损失最小。在部分负荷时，由于调节阀的节流作用会使机组损失加大。

采用节流调节的凝汽式汽轮机，其第一级的通流面积在工况变化时不变，因此第一级的变工况特性和中间级相同，可根据弗留格尔公式求得第一级级前（即调节阀后）的压力。汽轮机负荷越低，调节阀的节流效率就越低；汽轮机的背压越高，部分负荷下汽轮机的节流效率就越低。因此对于高真空的凝汽式汽轮机，采用节流调节时，即使负荷在很大范围内变化，调节阀的节流效率也下降不多；而背压式汽轮机则因其背压较高，不宜采用节流调节。

3. 滑压调节

滑压调节是指在任何稳定工况下保持调节阀处于全开状态，而通过改变锅炉出口的蒸汽压力（尽可能保持蒸汽温度不变），使汽轮机的进汽量和蒸汽的理想比焓降相应变化，从而使机组的功率与外负荷相适应。由于调节阀全开，机组无节流损失，因此滑压调节方式在部分负荷下经济性最佳。但在部分负荷时，由于进汽压力的降低，使循环热效率相应降低。此外，由于锅炉调节延时性较大，在外负荷变化时，负荷响应速度较慢，需要汽轮机进汽调节阀快速动作，瞬间参与调节，此时利用了锅炉和热力系统的蓄能，从而使机组的功率迅速与外负荷的变化相适应。待锅炉压力变化达到要求值时，调节阀再恢复正常开度。因此，滑压调节时，汽轮机的调节阀仍会参与调节，是锅炉和汽轮机联合进行调节的一种方式。

4. 旁通调节

旁通调节是汽轮机过负荷时采用的一种调节方式。当汽轮机功率超过设计值时，部分新蒸汽通过旁通阀进入汽轮机的某中间级，以增大蒸汽流量，提升机组负荷。旁通调节汽轮机的示意如图 3 - 12 所示。旁通调节是一种使汽轮机过负荷的辅助性调节方式，通常与节流调节联合使用。图 3 - 13 所示为旁通调节汽轮机的变工况曲线。图 3 - 13（a）中 OAB 表示调节阀阀后旁通级组（旁通汽室前的级组）的初压变化曲线。A 点对应调节阀全开工况（即设计工况），此时旁通级组初压力为 p_0'，机组流量为 D_0；OB 线表示旁通汽室压力 p_x 的变化曲线，在设计工况下旁通汽室压力为 p_{x0}。

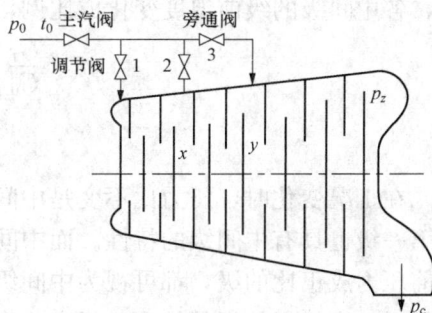

图 3 - 12 旁通调节汽轮机的示意

旁通调节汽轮机过负荷工作时，机组效率显著下降，因为此时一部分新蒸汽在旁通阀中产生了节流损失。在汽轮机过负荷时，由于蒸汽初压 p_0' 保持不变，旁通汽室压力 p_x 增大，使旁通级组流量 D_1 成双曲线减小，如图 3 - 13（b）中 ab 线所示。其理想比焓降随之减小，因而各旁通级速度比增大，级效率下降，整个汽轮机的效率随之下降。

汽轮机的过负荷量越大，就越需要通过旁通阀向后面的级送汽，即旁通汽室向后移，以增大其通流面积，但此时旁通阀中的节流损失随之增大，因此，旁通蒸汽最有利的引入处应经过技术经济比较后确定。

汽轮机过负荷工作时，随着旁通汽室压力 p_x 的增大，旁通级组的流量不断减小。为了防止旁通级组温度过高，必须保证在额定负荷 D_n 下，旁通级组有一最小流量 D_{1min} 通过，以便带走鼓风摩擦产生的热量。因此，要求旁通阀全开时，旁通汽室中的压力 $p_{x,max}$ 比旁通级组初压 p_0' 略低一些，见图 3 - 13（a）中的 f 点。

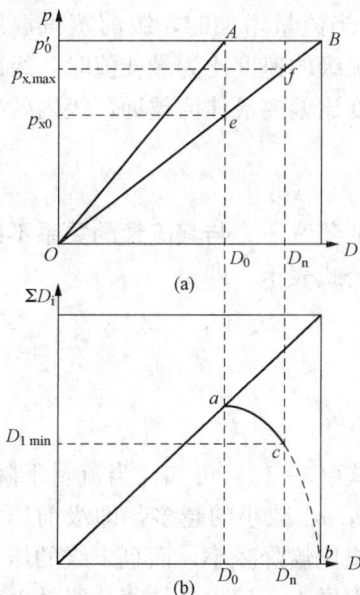

图 3 - 13 旁通调节汽轮机的变工况曲线
(a) 压力与流量的关系曲线；
(b) 流量分配曲线

二、级的变工况特性

当汽轮机的工况变化时，各级理想比熔降、速度比、反动度、级效率和功率如何变化，是级的变工况特性研究的主要问题。按各级在工况变化时的特点通常将汽轮机的级分为中间级、末级组和调节级三类。

1. 中间级的变工况特性

中间级是指调节级后、末级组之前的各级。由于汽轮机中前一级的排汽参数为后一级的进汽参数，且各级流量变化成比例，可以任一中间级至末级为一个级组。中间级的级前压力 p_0 比汽轮机的排汽压力大得多，满足 p_z 小于 $0.1p_0$ 的条件，或其低压级在变工况前后均处于临界状态，都满足其蒸汽流量与级组前压力成正比的关系。同时在工况变化范围不太大时，各中间级的级前温度变化成比例，即 $T_{01}/T_0 \approx T_{21}/T_2$，因此有

$$\frac{G_1}{G_0} = \frac{p_{01}}{p_0} = \frac{p_{21}}{p_2} = \cdots$$

$$\frac{p_2}{p_0} = \frac{p_{21}}{p_{01}}$$

在工况变化时，压力比不变是中间级的特点。对于采用节流调节或滑压调节的汽轮机，其第一级也具有中间级的特性。而中间级是一个不固定的概念，只要可以简化为蒸汽流量与级前压力成正比的级，都可视为中间级。当工况变化范围较小或所分析的问题要求的精度较低时，中间级的级数就多；反之只有较少的级可作为中间级来分析。当末级在工况变化前后均处于临界状态时，其也具有中间级的特性。

汽轮机级的理想比熔降是级前温度和级的压力比的函数，在工况变化范围不大时，中间级的级前蒸汽温度基本不变。此时级内蒸汽的理想比熔降不变，速度比也不变，故级效率不变，级的内功率与蒸汽流量成正比，即与级前蒸汽压力成正比。随着工况变化范围增大，压力最低的中间级前蒸汽温度开始变化，并逐渐向前推移。当流量增加时，级前蒸汽温度升高，中间级的理想比熔降增大，速度比减小。由于设计工况级的速度比为最佳值时，级内效率最高，当速度比偏离最佳值时，级内效率降低，而且速度比偏离最佳值越远，级内效率就越低。

2. 末级组变工况特性

末级组是汽轮机的最后几级组成的级组，其特点是级前蒸汽压力与其流量的关系不能简化为正比关系，且级组内级数较少，只能近似用弗留格尔公式表示，即

$$\frac{G_1}{G_0} = \sqrt{\frac{p_{01}^2 - p_{z1}^2}{p_0^2 - p_z^2}} \sqrt{\frac{T_0}{T_{01}}}$$

$$p_{01}^2 = \left(\frac{G_1}{G_0}\right)^2 \frac{T_{01}}{T_0}(p_0^2 - p_z^2) + p_{z1}^2 \tag{3-17}$$

由于在工况变化时，汽轮机的排汽压力变化不大，由式（3-17）可知，当流量下降时，G_1/G_0 减小，p_{01} 减小，且变工况前级组前后的压力差越大，p_{01} 减小的越多，即级前压力降低得多，级后压力降低得少。此时级压力比增大，级内理想比熔降减小，而且末级的压力比和理想比熔降变化最大。级的速度比随理想比熔降的减小而增大，偏离最佳值，级效率相应降低。流量增大则反之。但向设计值靠近时，级效率将升高。

末级组内的级数也是不固定的，随着工况变化范围的增大而增多；分析精度要求高时，末级组内的级数相应增多。对于级数不多的背压式汽轮机，其非调节级都属于末级组

特性。

图 3-14 所示为末级组各级理想比焓降与其蒸汽流量的关系曲线。

3. 调节级的变工况特性

采用喷嘴调节的汽轮机，其第一级称为调节级，调节级后的汽室称为调节汽室。

（1）调节级后的混合焓值。设某汽轮机具有四个调节阀，所讨论的工况为两个调节阀全开，第三个调节阀部分开启，此工况下的调节级热力过程线如图 3-15 所示。汽轮机中蒸汽流过全开阀门的热力过程线为图中 $0'-2'$ 线，蒸汽流过部分开启阀门的膨胀过程线为图中 $0''-2''$ 线。根据能量守恒定律，调节级动叶栅后的混合比焓 h_2 为

$$h_2 = \frac{D_{\mathrm{I}} h_2' + D_{\mathrm{II}} h_2''}{D_{\mathrm{I}} + D_{\mathrm{II}}} \qquad (3-18)$$

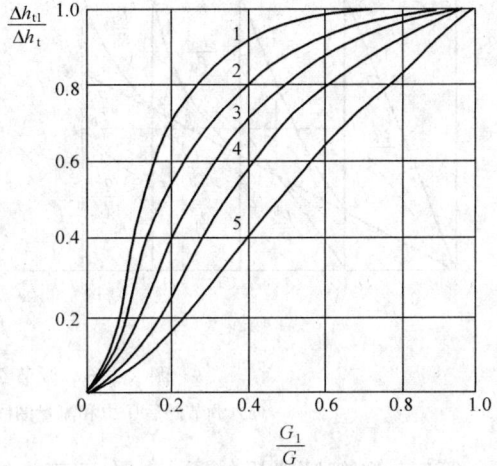

图 3-14　末级组各级理想比焓降
与其蒸汽流量的关系曲线

调节级的相对内效率可表示为

$$\eta_{\mathrm{ri}} = \frac{h_0 - h_2}{\Delta h_{\mathrm{t}}} \qquad (3-19)$$

式中　D_{I}、D_{II}——通过全开阀和部分开启阀的流量；

Δh_{t}——调节级的理想比焓降。

（2）调节级前后压力与流量的关系。对调节级不同工况进行计算，便可以作出变工况下各调节阀后压力与蒸汽流量的关系曲线及各阀之间的流量分配曲线图，如图 3-16 所示。图中没有考虑各调节阀之间的重叠度（即前一个阀完全开启后，后一个阀才开启）。

调节级后压力即第一非调节级的进汽压力，若忽略级后温度变化的影响，调节级后压力与蒸汽流量成正比。第一调节阀开启时，此阀后压力如图 3-16（a）中 0-3 线所示，其中 3 点为此阀全开时的状态点。随后在第二、三、四调节阀开启过程中，第一调节阀始终保持全开，阀后压力如图 3-16（a）中 3-6 线所示。由于蒸汽流量增加，主汽门节流损失增加，该压力略有下降。根据第一组喷嘴前压力变化规律，可求得第一组喷嘴的临界压力，如图 3-16（a）中线

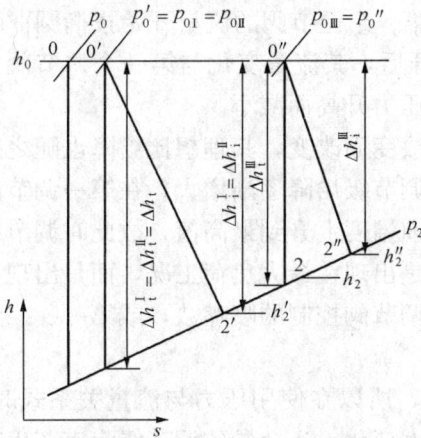

图 3-15　调节级热力过程线

p_0'、p_0''—全开阀和部分开启阀后蒸汽压力；
$\Delta h_{\mathrm{t}}^{\mathrm{I}}$、$\Delta h_{\mathrm{t}}^{\mathrm{III}}$—流过全开阀和部分开启阀的
蒸汽在调节级相应叶栅中的理想比焓降；
h_2'、h_2''—流过全开阀和部分开启阀的
蒸汽在调节级动叶栅后的比焓值；
h_2、p_2—调节级动叶栅出口蒸汽混合比焓值和
级后压力

Oag 所示。在第一调节阀开启过程中，该组喷嘴后的压力始终小于其临界压力，故其流量始终保持为临界流量，并与喷嘴前压力成正比，0-3 线为直线。2-4、7-5、8-6 线为第二、三、四个调节阀开启过程中，阀后压力随流量变化的曲线。在各调节阀开启前，其喷嘴前的压力等于调节级后压力。b-c、d-e、f-g 线分别为第二、三、四组喷嘴的临界压力线，第二组喷嘴后的压力在 s 点之前大于其临界压力，故喷嘴前压力与流量不成正比，2-m 线为双曲

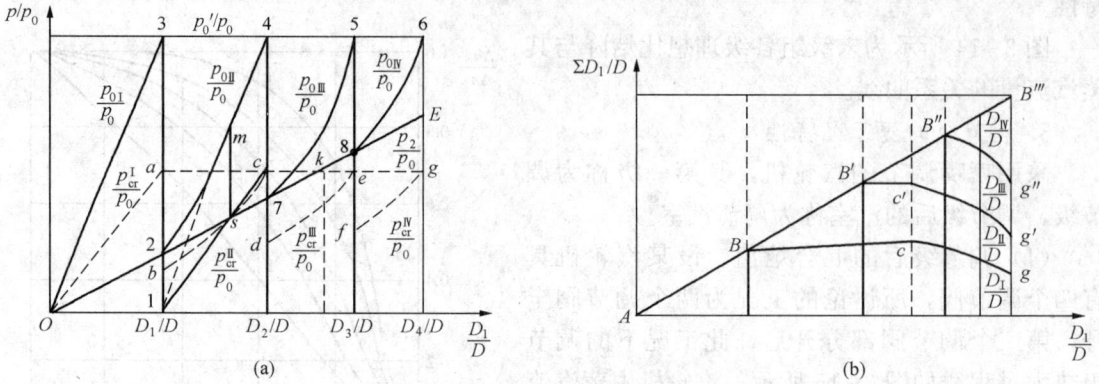

图 3-16 调节级变工况压力和流量曲线

（a）调节阀后压力和流量曲线；（b）通过各调节阀的流量分配曲线

线。第三、四组喷嘴后的压力均大于其临界压力，因此喷嘴前压力与流量的关系为曲线。图
3-16（b）所示为通过各调节阀的蒸汽流量与汽轮机总流量的关系曲线。图中 AB 线中的 B
点表示第一个调节阀全开时，流过该阀的最大流量；在 Bc 段，由于此时该组喷嘴后的压力
小于其临界压力，其临界流量随喷嘴前压力变化稍有变化。由于其他阀门的开启使总流量增
加，越过 c 点后，喷嘴后的压力大于其临界压力，通过第一个调节阀的流量开始按椭圆曲线
下降，如图 3-16（b）中 cg 线所示。第二个调节阀全开后，其流量变化与第一个调节阀的
流量变化相似。第三个调节阀全开后，其流量均随级后压力升高而减小。

通过以上的分析可知，调节级前后压力比随流量的改变而改变，其理想比焓降也随之变
化。当汽轮机流量减小时，调节级的压力比逐渐减小，调节级焓降逐渐增大。在第一调节阀
全开而第二调节阀刚要开启时，级的压力比最小，而级前温度上升到最高值，故此时调节级
理想比焓降达到最大值。所以，汽轮机的最危险工况不是出现在最大负荷工况，而是出现在
第一调节阀全开而第二调节阀未开时的工况。增加第一调节阀控制的喷嘴数，或第一、二调
节阀同时开启，可减小调节级理想比焓降。

由于工况变化时，调节级后温度有较大幅度的变化，所以在使用压力与流量关系式时，
温度修正系数不能略去。此外，调节级后蒸汽温度的较大变化，还会导致调节级汽室产生较
大的热应力和热变形，限制机组负荷的变动速度。

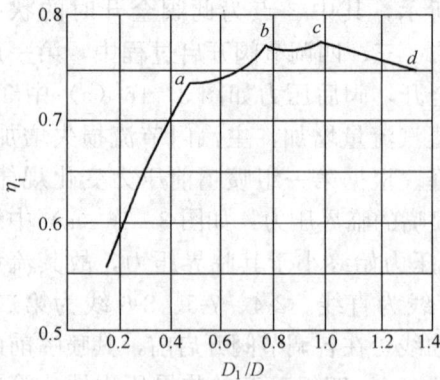

图 3-17 调节级效率曲线

（3）调节级效率变化。利用调节级变工况曲线
可以很方便地进行调节级变工况核算，以确定任一
工况下调节级的效率及功率。计算表明，调节级的
效率随流量的变化而变化，并具有明显的波折状，
如图 3-17 所示。各阀门全开时，节流损失小，级
效率较高。在其他工况下，通过部分开启阀门的汽
流受到较大的节流作用，使级效率下降。图中 c 点
对应设计工况，此时调节级效率最高。

三、级的理想比焓降变化时反动度的变化规律

在工况变化时，喷嘴和动叶栅出口面积不变。
若忽略动叶栅叶顶和叶根处的漏汽，根据连续方

程，在设计工况和变工况时有

$$G_0 = A_n c_1 \rho_1 = A_b w_2 \rho_2, \quad G_1 = A_n c_{11} \rho_{11} = A_b w_{21} \rho_{21}$$

$$\frac{w_2 \rho_2}{c_1 \rho_1} = \frac{w_{21} \rho_{21}}{c_{11} \rho_{11}} \tag{3-20}$$

式中，$c_1 = \varphi \sqrt{2(1-\Omega)\Delta h_t^*}$，$w_2 = \psi \sqrt{2\Omega \Delta h_t^* + w_1^2}$。

若假设在工况变化时级的反动度不变，则

$$\frac{\rho_1}{\rho_2} \approx \frac{\rho_{11}}{\rho_{21}}, \quad \frac{w_{21}}{c_{11}} = \frac{w_2}{c_1}$$

而喷嘴出口速度与级的理想比焓降的二次方根成正比，此时要保证连续流动，动叶出口相对速度的变化也应与级的理想比焓降的二次方根成正比，即要求动叶出口相对速度的变化与级的理想焓降的二次方根成正比，也就是动叶出口相对速度的变化与喷嘴出口速度的变化成正比。

由动叶进口速度三角形（见图 3-18）可知，在工况变化时动叶栅的圆周速度不变，所以在级的理想比焓降变化、喷嘴出口速度变化时，动叶进口相对速度的方向角 β_1 随之变化，偏离动叶栅进口几何角，在动叶栅进口产生撞击损失。蒸汽进入动叶栅的相对速度为 $w_{11}\cos(\beta_{11} - \beta_1)$。当级的理想比焓降增大，$c_1$ 增大时有

$$\frac{w_{11}\cos(\beta_{11} - \beta_1)}{c_{11}} > \frac{w_1}{c_1}$$

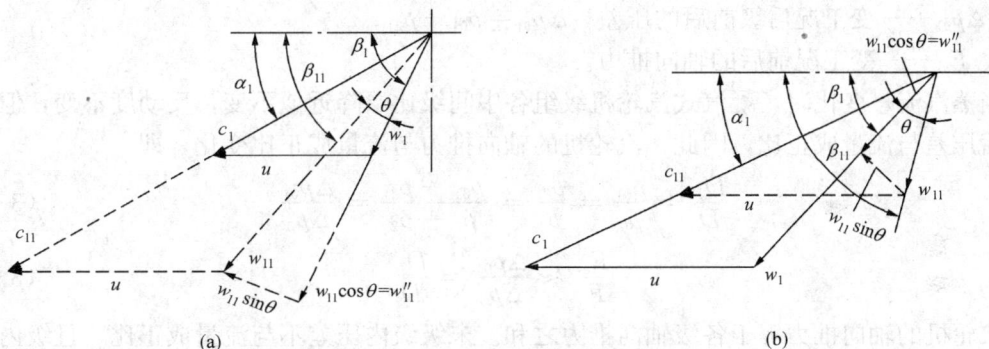

图 3-18 变工况下的动叶进口速度三角形
(a) 喷嘴出口速度增大时动叶进口速度三角形；(b) 喷嘴出口速度减小时动叶进口速度三角形

即蒸汽进入动叶栅的相对速度的变化与绝对速度的变化不成正比。当级的理想比焓降增大时，有

$$\frac{w_{21}}{c_{11}} > \frac{w_2}{c_1}$$

只有级的反动度变小，才能使式（3-20）成立，以满足连续流动的要求。反之，当级的理想比焓降减小时，级的反动度相应增大。级的反动度变化一般可用式（3-21）和式（3-22）近似计算，即

$$\frac{\Delta \Omega_x}{1-\Omega_m} = 0.4 \frac{\Delta x_a}{x_a} \qquad \left(-0.1 < \frac{\Delta x_a}{x_a} < 0.2\right) \tag{3-21}$$

$$\frac{\Delta \Omega_x}{1-\Omega_m} = 0.5 \frac{\Delta x_a}{x_a} - 0.3 \left(\frac{\Delta x_a}{x_a}\right)^2 \qquad \left(\frac{\Delta x_a}{x_a} > 0.2\right) \tag{3-22}$$

$$\Delta x_a = x_{a1} - x_a, \quad \Delta \Omega_x = \Omega_{m1} - \Omega_m$$

式中　x_a、x_{a1}、Ω_m、Ω_{m1}——工况变化前、后级的速度比和反动度。

　　用式（3-21）和式（3-22）计算时未考虑级内间隙漏汽和吸汽现象。当级内的间隙漏汽量变化与级的流量成比例时（即漏汽间隙不变）仍可用式（3-21）和式（3-22）计算。若动叶围带和叶根漏汽间隙增大，反动度的变化值要比式（3-21）和式（3-22）计算的数值小。若动叶叶根出现吸汽，反动度的变化值要比式（3-21）和式（3-22）计算的数值大。此外，如果动叶超临界，以上公式不适用。因为这时动叶后压力的降低，不影响喷嘴后压力，级的理想比焓降增大、动叶的理想比焓降增大，反动度增大。而此时速度比减小，按式（3-21）和式（3-22）计算反动度反而减小，与实际情况相反。

四、轴向推力的变化

　　汽轮机工况变化时，会引起级组轴向推力的改变。为了防止轴向推力过大造成推力轴承过负荷损坏，运行中应对其进行限制。变工况过程中轴向推力的变化取决于级组的类型、配汽方式、叶片的形状、转子结构及通流部分间隙的大小等。

　　若不考虑级间漏汽的影响，作用在一个级上的轴向推力（F_a）与级前后压差及反动度的关系为

$$\frac{F_{a1}}{F_a} = \frac{\Omega_{m1}\Delta p_{01}}{\Omega_m \Delta p_0} \tag{3-23}$$

式中　Δp_0——变工况前级前后的压差，$\Delta p_0 = p_0 - p_2$；

　　　　Δp_{01}——变工况后级前后的压差，$\Delta p_{01} = p_{01} - p_{21}$；

　　F_a、F_{a1}——变工况前后的轴向推力。

　　当蒸汽流量变化时，凝汽式汽轮机级组各中间级比焓降近似不变，反动度不变，但各级的前后压差与流量成正比，因此，汽轮机的轴向推力与流量成正比变化，即

$$\frac{D_1}{D} = \frac{p_{01}}{p_0} = \frac{p_{21}}{p_2} = \frac{p_{01}-p_{21}}{p_0-p_2} = \frac{\Delta p_{01}}{\Delta p_0} \tag{3-24}$$

$$\frac{F_{a1}}{F_a} \approx \frac{\Delta p_{01}}{\Delta p_0} = \frac{D_1}{D} \tag{3-25}$$

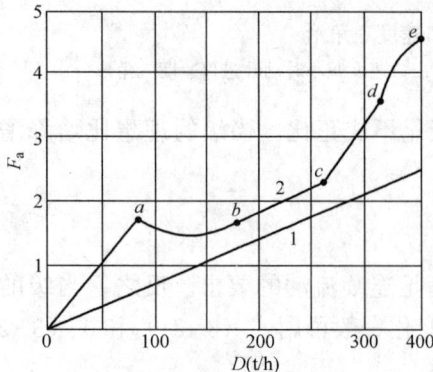

图3-19　汽轮机轴向推力变化曲线
1—压力级轴向推力变化曲线；
2—考虑调节级后轴向推力变化曲线

　　汽轮机的轴向推力等于各级轴向推力之和。末级级内压差不与流量成正比，且级内反动度也是变化的，故式（3-25）不成立。但其对总的轴向推力影响不大，因此仍可认为各压力级总的轴向推力随负荷的增大而增大，在负荷最大时达到最大值，如图3-19所示。

　　调节级轴向推力的变化较为复杂，与部分进汽度和前轴封漏汽等因素有关。如图3-19中曲线2所示，曲线2与曲线1之差值即为调节级的轴向推力。调节级变工况时，随着流量的增大，其比焓降越来越小，反动度逐渐增大，部分进汽度也逐渐增大，在最大负荷时调节级的轴向推力达到最大值。

　　调节级和末级类似，其轴向推力在总的轴向推力中所占比例较小。一般可近似认为，凝汽式汽轮机总的轴向推力与流量成正比变化，级组最大负荷时轴向推力达到最大。

第四节　主蒸汽参数变化对汽轮机运行的影响

汽轮机在运行中，由于锅炉运行工况变化，特别是锅炉调节滞缓或其他故障，将引起主蒸汽参数改变。另外，季节的变化和凝汽设备故障也将引起排汽压力发生变化。蒸汽参数的变化将影响机组效率，变化范围过大，将危及机组的安全运行。本节讨论蒸汽参数的变化对汽轮机运行的影响。

一、主蒸汽压力变化的影响

1. 初压变化对经济性的影响

假定蒸汽的初温、排汽压力和热力系统保持不变，而蒸汽初压在允许范围内变化时，将影响汽轮机运行的经济性。汽轮机的内功率可表示为

$$P_i = m_0 \frac{D\Delta H_t \eta_{ri}}{3600} \tag{3-26}$$

其中

$$m_0 = \frac{\sum D_i \Delta H_{ti} \eta_{ri}}{D\Delta H_t \eta_i}$$

式中　　　m_0——回热抽汽影响系数，对特定的机组在工况变化范围不很大时为常数；

D、ΔH_t、η_{ri}——汽轮机的进汽量、理想比焓降和相对内效率；

D_i、ΔH_{ti}、η_i——汽轮机内各股蒸汽的流量、理想比焓降和内效率。

当初压变化引起进汽量、理想比焓降和内效率变化时，机组的功率相应改变。当初压改变时，功率的变化值可表示为

$$\Delta P_i = m_0 \left(\frac{\Delta H_t \eta_{ri}}{3600} \times \frac{\partial D}{\partial p_0}\Delta p_0 + \frac{D\eta_{ri}}{3600} \times \frac{\partial \Delta H_t}{\partial p_0}\Delta p_0 + \frac{D\Delta H_t}{3600} \times \frac{\partial \eta_{ri}}{\partial p_0}\Delta p_0 \right) \tag{3-27}$$

在蒸汽初温、排汽压力及调节阀开度不变，而初压变化时，机组功率的相对变化与初压的相对变化成正比，且大于机组进汽量的相对变化。对于不同背压的级组，背压越高，初压改变对功率的影响就越大。

当主蒸汽温度不变，主蒸汽压力升高时，蒸汽的初焓减小，此时进汽流量增加，回热抽汽压力升高，给水温度随之升高，给水在锅炉中的焓升减小，1kg 蒸汽在锅炉内的吸热量减少。进汽量虽增大，但由于进汽量的相对变化小于机组功率的相对变化，故热耗率相应减小，经济性提高。反之，初压降低，热耗率相应增大。

主蒸汽压力变化时，若要保持汽轮机的功率不变，采用喷嘴调节的机组，可通过调节一个调节阀的开度，使初压改变时保持功率不变。当初压增加时，该调节阀关小，其节流损失增大，而调节级汽室蒸汽参数基本不变，故汽轮机的内效率略有降低。虽然初压升高使循环效率增高，但经济性要比调节阀开度不变的工况差。

采用节流调节的机组，若保持功率不变，初压升高时，所有调节阀的开度相应减小，在相同条件下，进汽节流损失大于喷嘴调节。初压升高使循环效率增大的经济效益，几乎全部被进汽节流损失所抵消。

2. 初压变化对安全性的影响

初压升高时，所有承压部件受力增大，尤其是主蒸汽管道、主汽门、调节阀、喷嘴室、汽缸等承压部件，其内部应力将增大。初压升高时若初温保持不变，会使在湿蒸汽区工作的级湿度增大，末级叶片的工作条件恶化，加剧其叶片的侵蚀，并使汽轮机的相对内效率降

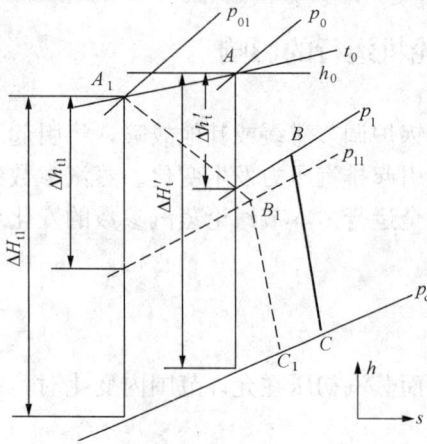

图 3 - 20　初压升高后汽轮机的热力过程线

低。若初压升高过多，而保持调节阀开度不变，使末级组蒸汽的理想比焓降增大，会导致叶片过负荷。此时调节级汽室压力升高，使汽缸、法兰和螺栓受力过大，高压级隔板前后压差增大。因此对机组初压和调节级汽室压力的允许上限值有严格的限制。图 3 - 20 所示为初压升高后汽轮机的热力过程线，其中 ABC 表示初压升高前机组的热力过程，$A_1B_1C_1$ 表示初压升高后机组的热力过程。初压升高后机组的理想比焓降有所增大，即 $\Delta h_{t1} > \Delta h_t'$。

当初压降低时，要保持汽轮机的功率不变，则要开大调节阀，增加进汽量。此时末级组蒸汽的流量和理想比焓降都相应增大，则蒸汽对动叶片的作用力增加，机组的轴向推力相应增大。所以在实际运行中，初压降低到某一值后，需限制汽轮机的出力。有些机组调节阀富余开度不大，当初压降低至额定值的 90％～95％时，随初压降低，其功率自动降低。

二、主蒸汽温度变化的影响

1. 初温变化对经济性的影响

初温在允许范围内变化时，将引起机组经济性的改变。根据工程热力学关于蒸汽动力循环的分析：汽轮机的初温升高，蒸汽在锅炉内的平均吸热温度提高，循环效率提高，热耗率降低。另外，由于初温升高，凝汽式汽轮机的排汽湿度减小，其效率相应提高。根据计算，进汽温度每升高 10℃，凝汽式汽轮机的效率相应提高 0.5％左右。循环效率和汽轮机的效率提高，运行经济性相应提高。反之，汽轮机的初温降低，运行经济性相应降低。

由于初温的变化，汽轮机的进汽量和进汽比焓值均变化，汽轮机的功率也相应变化。在调节阀开度不变时，汽轮机的进汽压力不变，进汽量与主蒸汽绝对温度的二次方根成反比。对于非再热机组，在进排汽压力不变时，其理想比焓降与主蒸汽绝对温度成正比。据式 (3-26)，此时汽轮机的功率与主蒸汽绝对温度的二次方根成正比。汽轮机功率的相对变化与主蒸汽温度的变化成正比，即

$$\Delta P_i = \frac{m_0}{3600}\left[\Delta H_t \eta_{ri}\frac{\partial D}{\partial t_0}\Delta t_0 + D\eta_{ri}\frac{\partial(\Delta H_t)}{\partial t_0}\Delta t_0 + D\Delta H_t\frac{\partial \eta_{ri}}{\partial t_0}\Delta t_0\right]$$

$$\frac{\Delta P_i}{P_i} = \left(\frac{1}{D}\times\frac{\partial D}{\partial t_0} + \frac{1}{\Delta H_t}\times\frac{\partial(\Delta H_t)}{\partial t_0} + \frac{1}{\eta_{ri}}\times\frac{\partial \eta_{ri}}{\partial t_0}\right)\Delta t_0 \tag{3-28}$$

对于再热机组，由于假定主蒸汽压力和再热蒸汽温度不变，此时再热蒸汽压力因流量减少而降低，也近似与主蒸汽绝对温度的二次方根成反比。而在主蒸汽温度升高时仅高压缸的理想比焓降增加，中低压缸的理想比焓降反而减少。高压缸的理想比焓降仅占全机理想比焓降的 35％左右，主蒸汽温度变化时对机组功率的影响小于非再热机组，但其功率的变化仍与主蒸汽温度的变化成正比。

2. 初温变化对安全性的影响

汽轮机的进汽部分和高压部分与高温蒸汽直接接触，蒸汽初温升高时，金属材料的温度升高，机械强度降低，蠕变速度加快，许用应力下降，从而使机组的使用寿命缩短。因此在

运行中应严格控制主蒸汽超温，保证机组的安全。

在调节阀开度不变，主蒸汽温度降低时，汽轮机功率相应减小，如图 3-21 所示。图中 ABC 表示初温降低前机组和热力过程线，$A_1B_1C_1$ 表示初温降低后机组的热力过程线。要保持机组功率不变，应开大调节阀，进一步增加进汽量。此时对于低压级，特别是末级，流量和焓降同时增大，导致叶栅上蒸汽的作用力增加，其弯曲应力可能超过允许值，且转子的轴向推力相应增大。另外，主蒸汽温度的降低，导致低压级的湿度增大，使湿汽损失增大，对动叶片的冲蚀作用加剧。若主蒸汽温度降至一定值时，应相应关小调节阀或降低主蒸汽压力，使机组负荷减小，以保证机组的安全。若蒸汽初温突然大幅度降低，则可能产生水冲击，导致机组出现事故，因此在运行中，应严格控制主蒸汽的温度变化，使其满足规程的要求。

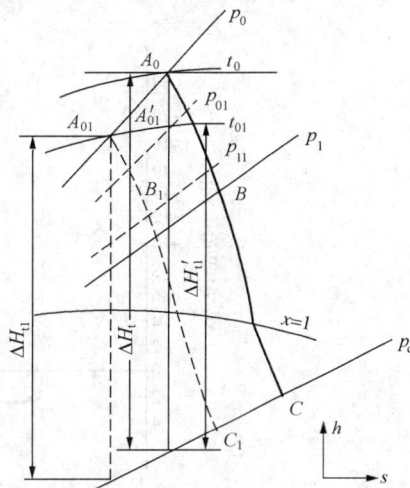

图 3-21 初温降低后汽轮机的热力过程线

三、再热蒸汽温度变化的影响

再热机组再热蒸汽温度的变化，对机组安全经济运行的影响与主蒸汽温度变化的影响相似。所不同的是再热蒸汽温度变化时，仅对中、低压缸的理想比焓降和效率产生影响，而对高压缸的影响极小。只是再热蒸汽温度升高时，其比体积相应增大，容积流量增加，再热器内流动阻力增大，使高压缸排汽压力略有增加。因此，再热蒸汽温度变化 1℃，对机组经济性的影响小于主蒸汽温度变化 1℃ 时产生的影响。

四、汽轮机排汽压力变化的影响

1. 排汽压力变化对经济性的影响

凝汽式汽轮机的排汽压力由凝汽器的运行工况确定。在正常情况下，机组负荷增加，凝汽器的凝结水量增大，传热温差增大。环境温度随季节变化，夏季冷却水温度升高，会引起排汽压力升高。此外，冷却水量减少、漏入空气量增多、抽出空气量减少或换热管积垢等不正常因素也会使排汽压力升高。排汽压力升高，冷源损失增大，循环效率降低，反之亦然。

在进汽参数和进汽量不变的条件下，排汽压力变化对机组功率的影响分为末级未达临界、达临界和排汽压力低于末级动叶栅的极限背压三种情况。

图 3-22 所示为汽轮机排汽压力变化对机组功率影响的关系曲线。在末级未达临界的情况下，排汽压力变化影响到末级组各级的功率，使机组功率变化。排汽压力升高，末级组的理想比焓降减小。此时，排汽比体积和湿度相应减小，使末级组的湿汽损失和末级余速损失减小，末级组的效率有所提高。另外，排汽压力升高，凝汽器所对应的凝结水温升高，凝结水在低压加热器内的温升减小，低压回热抽汽量相应减少，末级组各级的流量随之增大。由于在正常情况下，排汽压力变化幅度不大，末级组各级的流量增加和效率提高不足以弥补理想比焓降减小的影响，排汽压力升高，末级组的功率相应减小，且呈线性关系（见图 3-22 中的 AB 段）、反之亦然。

由于末级的平均直径最大，级的理想比焓降和反动度也最大，而蒸汽压力最低，当地声速最小。因此，随着排汽压力逐渐降低，若末级组出现临界状态，则首先发生在末级动叶

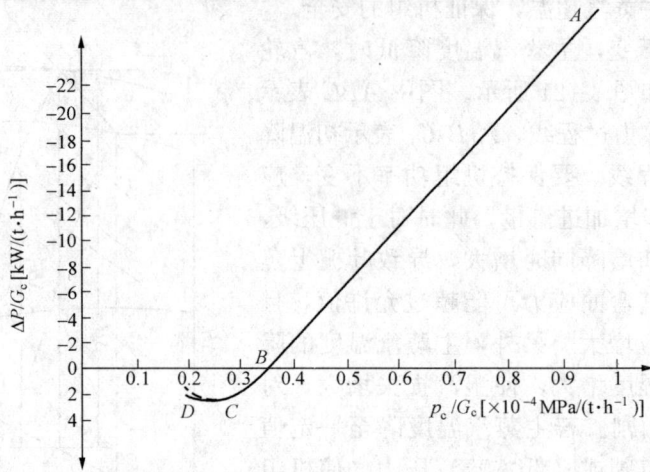

图 3-22 汽轮机排汽压力变化对机组功率影响的关系曲线

栅。当末级动叶栅达临界状态时，排汽压力降低，末级组中各级级前参数保持不变，蒸汽在末级动叶栅的斜切部分内由临界压力膨胀到排汽压力。由于蒸汽在动叶栅斜切部分内膨胀，动叶的速度系数相应减小，动叶损失随之增加，级效率降低。而且排汽压力越低，在动叶栅斜切部分内的膨胀量越大，级效率也越低。另外，随着排汽压力的降低，凝汽器内凝结水温度相应降低，而回热抽汽压力不变，因此凝结水在最末一级低压加热器内的焓升增大，最末一段的回热抽汽量相应增大，末级的蒸汽流量随之减少。由于末级效率进一步降低，其蒸汽流量随之减少，使得排汽压力降低时功率的增加量相应减小，功率随排汽压力的变化不再呈线性关系（见图 3-22 中的 BC 段）。

当排汽压力继续降低至动叶栅斜切部分膨胀的极限压力后，若排汽压力继续降低，由极限压力降到排汽压力的膨胀将在动叶栅后无序进行，末级的理想比焓降不再增加。而凝结水温度却继续降低，最末一级低压加热器抽汽量继续增加，从而使末级的蒸汽流量进一步减少。此时末级功率不但不再增加，反而减少，对经济性产生负效应，即随着排汽压力的降低，热耗率相应增加（见图 3-22 中的 CD 段）。

图 3-22 中末级动叶栅膨胀的极限压力（C 点）对应的凝汽器真空称为极限真空，即能量转换的最低压力。在凝汽器真空低于极限真空（排汽压力高于末级动叶栅膨胀的极限压力）时，降低排汽压力（提高凝汽器真空），在进汽参数和进汽量不变的条件下，汽轮机的功率增加，热耗率降低。但并不能由此认为凝汽器的真空越高越好。因为凝汽器内真空的建立要付出一定的代价，即循环水泵和抽气器的耗功。在进汽参数和进汽量不变的条件下，降低排汽压力，机组的电功率增加，要相应增加循环水量，循环水泵和抽气器的耗功相应增加。若降低排汽压力，机组的电功率增加 ΔP_e，此时循环水泵和抽气器的耗功相应增加 ΔP_p，只有在 $\Delta P_p < \Delta P_e$ 时，增加循环水量、降低排汽压力才是有益的。同理，当减少循环水量时，循环水泵和抽气器的耗功减少 ΔP_p，而机组的电功率相应减少 ΔP_e，若 $\Delta P_p > \Delta P_e$，减少循环水量，提高排汽压力是有利的。随着凝汽器真空的改变，ΔP_e 和 ΔP_p 都相应变化，当 $\Delta P_e - \Delta P_p$ 为最大值时，对运行经济性最为有利，此时凝汽器的真空称为经济真空。经济真空不是一个固定值，在运行中随机组负荷和循环水温的变化而变化，可通过排汽

压力变化对机组功率的影响曲线和凝汽器的换热特性计算，并借助循环水泵和抽气器的特性曲线求取。

　　通常根据通用曲线绘制出不同流量下背压变化时的功率变化曲线，即真空修正曲线。如图 3-23 所示，图中每一条曲线对应一定的蒸汽流量 G_c，3 是指三排汽。由图可知，当汽轮机在很大的工况范围内变化时，功率的增加 ΔP 与背压成直线关系，而与蒸汽流量无关。

　　2. 排汽压力变化对安全性的影响

　　排汽压力的变化不仅引起机组经济性的改变，同时也将影响机组的安全性。若排汽压力升高较多，使排汽温度大幅度升高，会导致排汽室的膨胀量过分增大。若低压轴承座与排汽缸连为一体，将使低压转子的中心线抬高，破坏转子中心线的自然垂弧，从而引起机组强烈振动；若采用独立轴承座，则

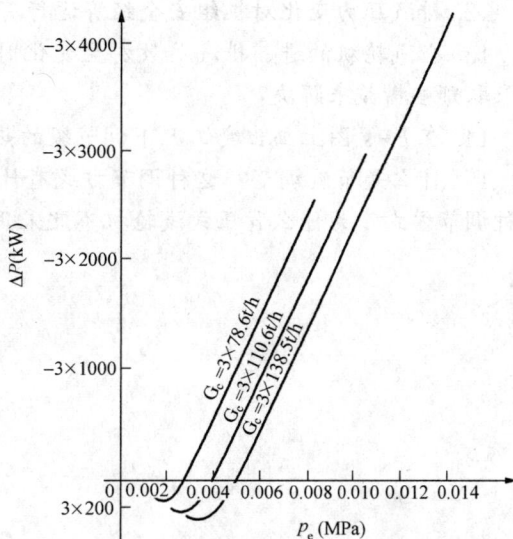

图 3-23　凝汽器真空修正曲线

排汽室抬起影响汽封径向间隙，可能使动、静部分发生摩擦。此外，排汽温度大幅度升高，还将导致凝汽器内换热管的胀口松动，造成冷却水漏入汽侧空间，凝结水的水质恶化，影响汽轮机运行的安全。

　　排汽压力升高时，若保持机组功率不变，要相应增大汽轮机的进汽量，使轴向推力增大。对凝汽式汽轮机，进汽量增加，将使排汽压力进一步升高。当真空降至规定值时，机组应开始减负荷，以维持真空降低不超过允许值。

思 考 题

　　1. 当喷嘴初终参数都变化时，分析压力和流量的变化特性。

　　2. 当背压变化时，在渐缩斜切喷嘴出现哪些现象？汽轮机为什么应尽量采用渐缩斜切喷嘴？

　　3. 证明通过一个喷嘴的临界流量比与喷嘴前的滞止压力成正比，与滞止温度的平方根成反比。

　　4. 渐缩喷嘴和缩放喷嘴的变工况特性有何差别？

　　5. 为什么可以利用研究喷嘴变工况特性的结果分析动叶栅变工况特性？

　　6. 分析工况变动时，级组前后的压力与流量的变化特性。

　　7. 调节级能否并入压力级组？为什么？

　　8. 弗留格尔公式中各符号代表什么意义？该公式在什么条件下可以简化？简化成什么形式？弗留格尔公式应用的条件有哪些？

　　9. 采用喷嘴调节的汽轮机进汽量减小时，各类级的理想比焓降如何变化？反动度、速度比、级效率如何变化？

10. 主蒸汽压力变化对机组安全经济运行有何影响？

11. 主蒸汽和再热蒸汽温度变化对机组安全经济运行有何影响？

12. 排汽压力变化对机组安全经济运行有何影响？

13. 当汽轮机的进、排汽参数发生变化时，分别对汽轮机的安全性构成什么样的影响？应采取哪些措施来解决？

14. 在 h-s 图上画出变工况下调节级的热力过程线，并求出调节级的排汽状态点。

15. 什么是节流调节？这种调节方式有什么特点？为什么高参数大功率汽轮机可以采用这种调节方式？为什么背压式汽轮机不宜采用节流调节？

第四章 凝汽设备及系统

提高汽轮机装置的经济性，主要有两个途径：一个途径是提高汽轮机的内效率，另一个途径是提高装置的循环热效率。第一个途径我们在前面各章中已进行了讨论，其核心就是努力减小各项损失，改善汽轮机通流部分的设计等。而提高循环热效率也有两个方向，一个方向是提高平均加热温度，包括采用回热循环与再热循环、提高初参数等；另一方向则是尽可能降低平均放热温度，这正是凝汽设备的主要作用。

发电用的汽轮机绝大多数是凝汽式汽轮机。凝汽系统是凝汽式汽轮机设备的一个重要组成部分，其工作的好坏直接影响整个设备运行的热经济性和可靠性。在本章中将着重介绍凝汽设备工作的基本原理以及相关系统。

第一节 凝汽系统的组成、作用及类型

一、凝汽设备的组成

凝汽设备一般由凝汽器、循环水泵、抽气器（或真空泵）和凝结水泵等主要部件及其之间的连接管道和附件组成。

最简单的凝汽设备示意如图 4-1 所示。汽轮机的排汽进入凝汽器，循环水泵不断地把冷却水送入凝汽器，吸收蒸汽凝结放出的热量，蒸汽被冷却并凝结成水，凝结水被凝结水泵从凝汽器底部抽出，送往锅炉作为锅炉给水。

在凝汽器中，蒸汽和凝结水是两相共存的，蒸汽压力是凝结温度所对应的饱和压力。只要冷却水温不高，在正常条件下，蒸汽凝结温度也不高，一般为 30℃。30℃左右的蒸汽凝结温度所对应的饱和压力为 4～5kPa，远远低于大气压力，因此在凝汽器内形成高度真空。此时，处于负压的凝汽设备管道接口并非绝对严密，外界空气会漏入。为了避免这些在常温条件下不凝结的空气在凝汽器中逐渐积累造成凝汽器中的压力升高，一般采用抽气器不断地将空气从凝汽器中抽出，以维持凝汽器内的真空。

图 4-1 凝汽设备示意

1—汽轮机；2—发电机；3—凝汽器；
4—循环水泵；5—抽气器；6—凝结水泵

微课 3 - 凝汽设备及系统

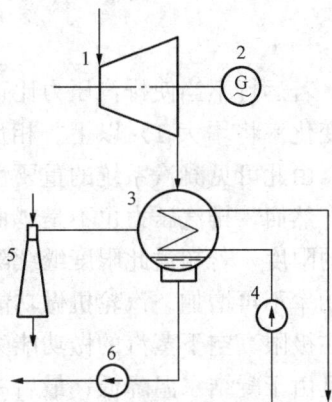

二、凝汽设备的作用

整体上说，凝汽设备的主要作用包括以下几点：

（1）在汽轮机的排汽口建立并保持所要求的真空，起到"冷源"的作用，从而增大机组的理想比焓降，提高其热经济性。

（2）将由排汽凝结而成的凝结水作为锅炉的给水，循环使用。不洁净的锅炉给水将会造成锅炉结垢和腐蚀，使新汽夹带盐分，汽轮机通流部分结垢，严重影响电厂的安全经济运行。汽轮机容量越大，给水量也越大，若全部靠软化水，则水处理设备的投资和运行费用将

大大增加，而凝汽器洁净的凝结水正好可大量用作锅炉的给水。

（3）在凝汽器中对凝结水进行真空除氧，利用热力除氧原理除去凝结水中的不凝结气体（主要是氧气），进而提高凝结水的品质。

此外，凝汽器还起到汇集和储存汽轮机排汽、凝结水、热力系统的各种疏水，以及化学补充水的作用。

凝汽设备直接影响机组的经济性。以东方汽轮机厂生产的 300MW 汽轮机为例，该机组主蒸汽压力 $p_0 = 16.67MPa$，主蒸汽和再热蒸汽温度 $t_0 = t_{rh} = 537℃$，再热蒸汽压力 $p_{rh} = 3.65MPa$，其热力循环过程如图 4 - 2（a）所示，循环热效率 η 与汽轮机排汽压力 p_c 的关系如图 4 - 2（b）所示。若没有凝汽设备，汽轮机的最低排汽压力等于大气压力，即 $p_c = 0.01MPa$，循环热效率 η 只有 37% 左右，而当 $p_c = 0.005MPa$ 时，η 为 38.5%，两者相差达约 1.5%。

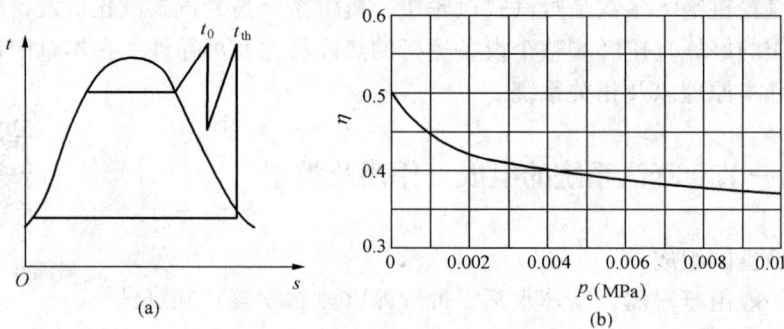

图 4 - 2　一次中间再热亚临界 300MW 机组的热力循环与热效率
（a）热力循环过程；（b）η-p_c 关系曲线

若运行不当使排汽压力比正常值上升 1%，则 $\Delta\eta/\eta$ 将降低 1% 以上，即机组热耗率的相对变化率将增大 1% 以上。相反，若使汽轮机的排汽温度下降 5℃，则 $\Delta\eta/\eta$ 将增大 1% 以上，由此可见凝汽系统的重要性。

然而，排汽压力也不是越低越好。对于一台结构已定的汽轮机，蒸汽在末级的膨胀有一定的限度，若超过此限度继续降低排汽压力，蒸汽膨胀只能在末级动叶通道以外进行，汽轮机功率不再增加。汽轮机做功能力达到最大值所对应的真空称为极限真空（见图 3 - 22）。虽然在极限真空下蒸汽的做功能力得到充分利用，但此时循环水泵耗电量维持在较高水平上，而且由于凝结水温降低，最后一级回热抽汽量增加，汽轮机功率相应减小，从经济上说这是不合算的。最佳真空是提高真空所增加的汽轮机功率与循环水泵等所消耗的厂用电功率之差达到最大时的真空值，这时经济性最好。运行中的机组要尽量维持在最佳真空，以保证机组的热经济性。

三、凝汽系统的类型

凝汽器可分为水冷式和空冷式，水冷式的冷却介质是水，空冷式主要以空气介质进行冷却。水冷式凝汽器分为混合式凝汽器和表面式凝汽器两类；空冷式凝汽器将在本章第 7 节进行介绍。图 4 - 3 所示为水冷式凝汽器的分类。

1. 混合式凝汽器

混合式凝汽器又称直接接触式凝汽器，是两种温度不同的流体直接接触进行热交换。实际上，是汽轮机的高温排汽与低温的冷却水直接接触后，高温排汽在冷却水的液柱（或液

水冷式凝气系统

混合式凝汽器　　　　　　　　　　表面式凝汽器

平流混合式　对流混合式　射流混合式　　下流面式　中心流面式　倒流面式　蒸发式　其他……

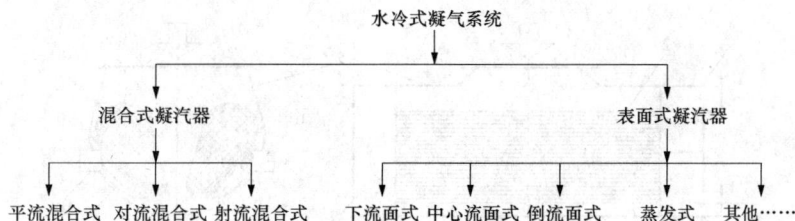

图 4-3　水冷式凝汽器的分类

面）上进行凝结，与冷却水混合后，继续参加汽水的热力循环。这种形式的凝汽器，由于不借助金属表面进行热交换，而是两种流体的混合，凝结水温度基本上等于容器内真空下的饱和温度，即传热端差为零。混合式凝汽器比表面式凝汽器具有更高的传热效率，而且结构简单，造价低，运行方便。然而混合式凝汽器对冷却水的水质要求很高，要满足锅炉供水的标准。同时，为了不丢失纯净的冷却水，不能选择湿式冷却塔来降低冷却水温度，需要采用表面式换热器对冷却水进行冷却，这又使系统变得复杂，投资也有所增加。

随着空冷技术的发展，特别是在大功率汽轮机上采用空冷系统以来，混合式凝汽器又获得了新的发展。混合式凝汽器又可分为液柱式、液膜式和喷射式。大同电厂 1 台 200MW 汽轮机配有 3 个喷射式凝汽器。该系统中，空气冷却器流出的冷却水被喷入凝汽器，与汽轮机排汽直接混合，混合后的凝结水，一部分由凝结水泵送入回热系统，其余大部分由循环水泵送至空气冷却器冷却，作为混合式凝汽器的冷却水。传热端差为 0.2～0.5℃，且由于不使用铜管，系统维护工作少，不需胶球清洗装置。

2. 表面式水冷凝汽器

表面式水冷凝汽器可以简称为表面式凝汽器，在火电厂和核电厂中有着广泛的应用。在表面凝汽器中，乏汽与冷却水之间没有直接接触。蒸汽包围着安装在凝汽器外壳中的管道，冷却水通过这些管道循环。蒸汽的热量通过导热和对流换热传到冷却水中使蒸汽凝结。从表面式凝汽器中收集的凝结水被重新用作锅炉的给水，因此，表面式凝汽器最适合现代蒸汽发电厂和化学工业。表面式凝汽器的缺点是初始成本高。

表面式凝汽器由一个密封的圆柱形外壳组成，两端封闭。平行的黄铜水管安装在管板上，管板固定在每个盖头和外壳之间。管板与盖头之间的空间为水箱。挡水板把水箱分成两部分。冷却水从下半部进入壳体，向一个方向流动。

冷却水在凝汽器内方向改变一次的，称为双流程凝汽器；冷却水在凝汽器内不转向的，称为单流程凝汽器。图 4-4 所示为表面式双流程凝汽器的结构，冷却水管 2 安装在管板 6 上，冷却水由进水管 4 先进入凝汽器下部冷却水管内，通过回流水室 7 进入上部冷却水管，再由出水管 3 排出。蒸汽进入凝汽器后，在冷却水管外的汽侧空间冷凝，凝结水汇集在下部热井 5 中，由凝结水泵抽走。

为了减轻抽气器的负荷，空气与少量蒸汽的混合物在从凝汽器抽出之前，要进一步冷却以减少蒸汽含量，并降低蒸汽空气混合物的比体积。为此，把一部分冷却管束用挡板 9 与主换热管束隔开，凝汽器的传热面就分为主凝结区 8 和空气冷却区 11 两部分。蒸汽刚进入凝汽器时，所含的空气量不到排汽量的万分之一，凝汽器总压力可以用凝汽分压力代替，直至蒸汽空气混合物进入空气冷却区，蒸汽的分压力才明显减小，和空气分压力在同一数量级上。要维持蒸汽和空气混合物以一定速度向抽出口 10 流动，抽气口处应保持较低的压力，

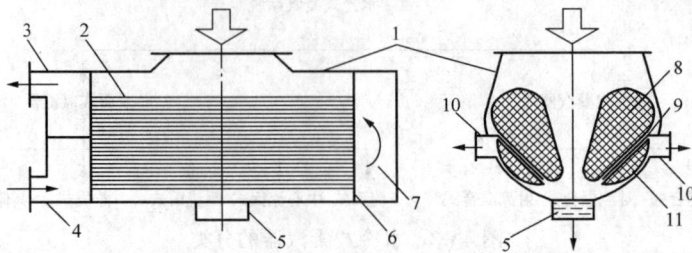

图 4-4　表面式双流程凝汽器结构简图

1—凝汽器外壳；2—冷却水管；3—冷却水出水管；4—冷却水进水管；5—凝结水集水箱（热井）；
6—管板；7—冷却水回流水室；8—主凝结区；9—空气冷却区挡板；10—空气抽出口；11—空气冷却区

这是由抽气器来实现的。

　　表面式凝汽器可以根据不同的分类方式分类，根据冷却水的流向和管道的布置可分为下流面式凝汽器、中心流面式凝汽器、倒流面式凝汽器；根据水通道的数量可分为单通、双通或是多通；根据蒸发类型可分为蒸发式和非蒸发式等。

　　图 4-5 所示为下流面式凝汽器和中心流面式凝汽器的剖面图，图中可见两种类型的凝汽器在管道布置和抽气泵布置上存在一定的差异。中心流面凝汽器是对于下流面凝汽器的一个改进，蒸汽可以进入整个冷却管的外围。而倒流面式凝汽器和前两种有区别，其吸气泵位于顶部，从凝汽器底部进入的蒸汽向上流动。冷凝蒸汽在冷凝泵的帮助下从底部收集起来。

　　蒸发式凝汽器主要应用在缺水的地方。如图 4-6 所示，冷却池中的水通过水泵抽到水平联箱上，联箱上有喷嘴。喷出来的水在管道表面形成薄膜，经过管道时蒸发，从而冷却管道内的蒸汽。在顶部的引风机作用下，将空气抽到管道表面，从而增加冷却水的蒸发，进一步增加了管内蒸汽的凝结。该凝汽器设有除气器，以防止水蒸气与离开的热空气一起排出。冷却水被收集到冷却池中，继续参加下一个循环。在冷却池中由于蒸发而损失的水会不断补充。

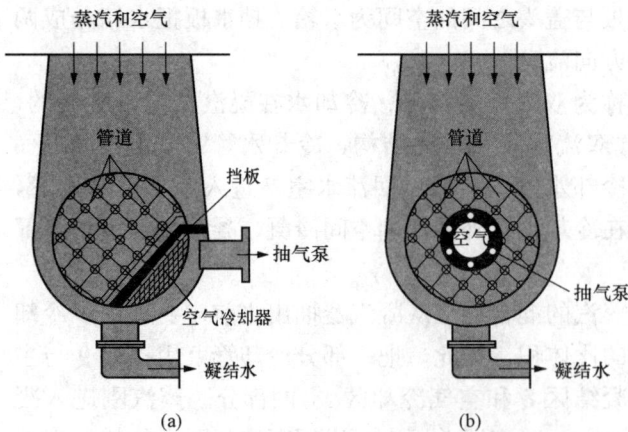

图 4-5　下流面式凝汽器和中心流面式凝汽器的剖面
（a）下流面式凝汽器的剖面示意图；
（b）中心流面式凝汽器的剖面示意图

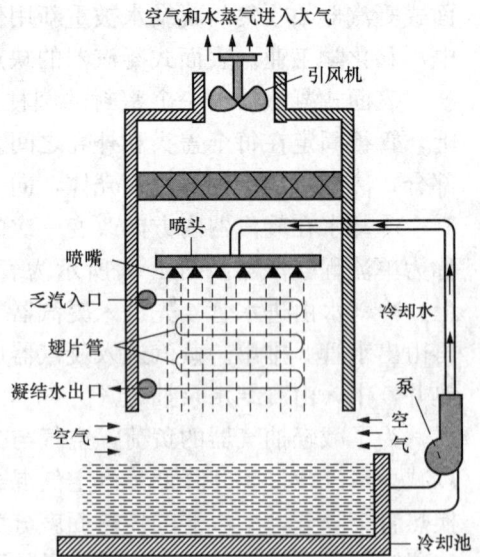

图 4-6　蒸发式凝汽器

第二节 凝汽器内压力的确定及其影响因素

一、单背压凝汽器内压力的确定

在凝汽器内,蒸汽是在汽侧压力相应的饱和温度下凝结的。若冷却水量和冷却面积均为无限大,蒸汽和冷却水之间的传热端差等于零,这时,凝汽器内的压力就等于冷却水温度相对应的饱和蒸汽压力。但实际情况是凝汽器的冷却面积是有限的,蒸汽凝结时放出的汽化潜热通过管壁传给冷却水,必然会存在一定的温差。同时,冷却水量也是有限的,冷却水吸热后温度将会有所升高,出口温度必然要高于进口温度。这样,凝汽器中的压力就需要根据凝汽器中蒸汽和冷却水的温度、流量大小及其分布情况决定。当凝汽器中蒸汽和冷却水的流动近似于逆流情况时,其温度沿冷却表面的分布如图 4-7 所示。图中曲线 1 表示凝汽器内蒸汽凝结温度 t_s 的变化。可以看出,t_s 在主凝结区内沿着冷却表面基本不变,只是在空气冷却区,由于蒸汽已大量凝结,蒸汽中的空气相对含量增加,使蒸汽分压力 p_s 明显低于凝汽器压力 p_c,这时 p_s 相对应的饱和蒸汽温度将明显下降。图中曲线 2 表示冷却水从进口到出口沿着冷却面积的变化,冷却水在吸热过程中,从进口温度 t_{w1} 上升到出口温度 t_{w2},其温升 $\Delta t = t_{w2} - t_{w1}$。冷却水的进口侧温度上升要比出口侧温度上升快,这是因为进水侧温度较低,与蒸

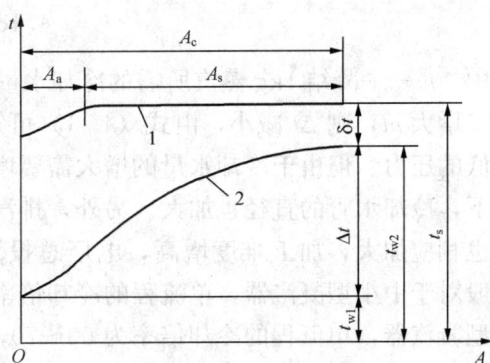

图 4-7 蒸汽和水的温度沿冷却表面的分布
A_c—凝汽器总传热面积;A_a—空气冷却区面积

汽的传热温差较大,单位传热的热负荷较大的缘故。蒸汽凝结温度 t_s 与冷却水出口温度 t_{w2} 之差称为凝汽器的传热端差,用 δt 表示,即 $\delta t = t_s - t_{w2}$。

那么,在一定的冷却面积下,在主凝结区蒸汽的凝结温度为

$$t_s = t_{w1} + \Delta t + \delta t \tag{4-1}$$

在主凝结区,凝汽器压力 p_c 与蒸汽压力 p_s 相差甚微,可认为二者相等。这样,由式 (4-1) 算出 t_s 后就可求出相对应的饱和蒸汽压力 p_s,也就确定了凝汽器内的压力 p_c。

式 (4-1) 是确定和分析凝汽器压力的理论基础。可以看出,影响凝汽器设计压力的主要因素为冷却水进口温度、冷却水温升和凝汽器传热端差。

1. 冷却水进口温度 t_{w1}

凝汽器的进水温度在冷却水开式供水系统中完全取决于自然条件。冬季环境气温低,冷却水进口温度 t_{w1} 也较低,因此蒸汽凝结温度 t_s 低,相应地冷凝压力 p_c 也低,即凝汽器真空较高;夏季 t_{w1} 较高,t_s 也高,相应地 p_c 也高,凝汽器真空较低。对于同一时间的同一水源,水面温度和水底温度不一样,可以相差 2~3℃,因此冷却水的进水口一般在水面以下几米处布置。同时,为了避免冷却水的排水与进水相混,进水口与排水口的布置应相隔一定的距离。在冷却水闭式供水系统中,冷却水进口温度 t_{w1} 除受环境因素影响外,还取决于冷水塔或冷却水池的冷却效果。

2. 冷却水温升 Δt

根据热平衡方程，蒸汽凝结放出的热量应等于冷却水吸收的热量，即

$$Q = 1000D_c(h'_c - h_c) = 1000D_w(h_{w2} - h_{w1}) \approx 4187D_w\Delta t \tag{4-2}$$

式中　Q——凝汽器的传热量（kJ/h）；

D_c、D_w——进入凝汽器的蒸汽量和冷却水量（t/h）；

h'_c、h_c——进入凝汽器的蒸汽比焓和凝结水比焓（kJ/kg）；

h_{w1}、h_{w2}——冷却水的进出口比焓（kJ/kg）。

冷却水的比焓差近似等于冷却水比热容与温差的乘积，冷却水比热容在冷却水的温度范围内可取为 4.187kJ/kg，则由式（4-2）可得

$$\Delta t = \frac{h'_c - h_c}{4.187\dfrac{D_w}{D_c}} = \frac{h'_c - h_c}{4.187m} \tag{4-3}$$

式中　m——凝结 1kg 蒸汽所需的冷却水量，称为冷却倍率或循环倍率。

增大 m，则 Δt 减小，由式（4-1）可知，冷凝温度 t_s 也相应减小，凝汽器就可以达到较低的压力。但由于冷却水量的增大需要增加循环水泵的耗功，同时在冷却水流速一定的情况下，冷却水管的直径也加大。另外，排汽压力下降，相应的排汽比体积增大，末级叶片尺寸也相应加大，加工难度增高，电厂总投资增大，因此 m 值应通过技术经济比较后确定。一般对于中小型凝汽器，单流程的冷却倍率为 60～80，双流程的冷却倍率为 50～60；对于大型凝汽器，单流程的冷却倍率为 60～70，双流程的冷却倍率为 40～50。

对于高真空下的凝汽器来说，蒸汽和凝结水的比焓差 $h'_c - h_c$ 变化范围很小。因此，冷却水温升 $\Delta t = t_{w2} - t_{w1}$ 的大小主要取决于循环倍率 m。当 D_c 一定时，若 Δt 增大，则表明冷却水量不足。这可能是因为凝汽器的管板被冷却水带进的杂物堵塞；或是冷却水吸水井水位太低而吸不上水；也可能是循环水泵运行恶化。汽轮机在运行状态下，蒸汽量 D_c 是不能随意改变的，控制冷却水温升 Δt 的方法只能是改变冷却水量 D_w。当增大 D_w 时，Δt 下降，凝汽器压力 p_c 将降低，机组的经济性有所提高。但应注意，此时，由于 D_w 的增大，使机组的厂用电也增大了。

3. 凝汽器的传热端差 δt

稳态情况下，通过冷却水管的传热量与蒸汽凝结放热量和冷却水吸热量相等，即

$$Q = 1000D_c(h'_c - h_c) = 4187D_w\Delta t = KA_c\Delta t_m \tag{4-4}$$

式中　K——凝汽器的总体传热系数 [kJ/(hm² · h · ℃)]；

Δt_m——蒸汽与冷却水之间的对数平均传热温差（℃）。

由于空冷区传热面积很小，一般可假设蒸汽凝结温度 t_s 沿冷却面积不变，此时对数平均传热温差为

$$\Delta t_m = \frac{(t_s - t_{w1}) - (t_s - t_{w2})}{\ln[(t_s - t_{w1})/(t_s - t_{w2})]} = \frac{\Delta t}{\ln[(\Delta t + \delta t)/\delta t]} \tag{4-5}$$

将式（4-4）和式（4-5）联立，可得

$$\delta t = \frac{\Delta t}{e^{\frac{KA_c}{4187D_w}} - 1} \tag{4-6}$$

可以看出，传热端差 δt 与冷却面积、传热量、传热系数和冷却水量有关，传热越强，

端差就越小。当然，δt 不是越小越好。设计时，凝汽器热负荷 Q 一定，循环水量 D_w 主要由循环倍率 m 决定，总传热系数 K 只能按经验数值取定，此时，只有增大传热面积才能减小 δt。但传热面积增大，凝汽器体积、占地面积和投资都相应增大，同样需要进行技术经济比较来确定传热端差。一般情况下，$\delta t = 3 \sim 10\,℃$，对于多流程凝汽器，取 $4 \sim 6\,℃$；对于单流程凝汽器，取 $7 \sim 9\,℃$。对于运行机组，A_c 已定，在一定的蒸汽负荷和冷却水量条件下，δt 的大小主要取决于总传热系数 K。凝汽器总传热系数的影响因素很多，当蒸汽量、冷却水量和冷却水入口温度一定时，主要影响因素为冷却表面的清洁程度和凝汽器内积存的空气量。凝汽器冷却表面结垢或脏污会使得传热热阻增大，传热系数下降，引起 δt 升高。当真空系统不严密或抽气设备工作不正常时，凝汽器内积存的空气量上升，并在冷却表面形成部分空气膜，同样会降低传热效果，使得 δt 升高。这些都将使凝结温度 t_s 增大，凝汽器压力升高。因此在运行中，应保证抽气器的正常工作，并定期对凝汽器进行清洗。

二、多背压凝汽器压力确定

如果汽轮机有多个排汽缸，且相应地有多壳凝汽器分别接收并凝结这些排汽缸的排汽，或者虽然是单壳凝汽器，但是该凝汽器设计成具有多个独立的蒸汽室，分别接收各个排汽缸的排汽，那么通过一定的措施，可以使多壳凝汽器的各个壳内或者单壳凝汽器的各蒸汽室内达到不同的设计压力值，这样的凝汽器称为多压凝汽器。在一定的条件下，多压凝汽器的经济性会优于单压凝汽器，特别对于大容量机组，其经济性更为明显。目前，多压凝汽器是各国大型电厂凝汽器发展的一个重要方向，其中美国和日本的发展较早、较快。

如果与汽轮机的每一个排汽口相连接的均是独立壳体的凝汽器（即多壳凝汽器），或者把单壳凝汽器的汽侧分隔成与汽轮机排汽口数目相同的独立的汽室，那么，让冷却水依次流过各独立壳体或各独立汽室内的冷却管，使各壳体或汽室在不同压力下运行，这就成为所谓多压凝汽器。具有两个壳体或两个汽室的凝汽器称为双压凝汽器。双压凝汽器是最常见的多压凝汽器。现代大型汽轮机组多具有对称的两个低压汽缸共四个排汽口，因此可以方便地采用双压凝汽器。

典型的双压凝汽器结构如图 4-8 所示。低压缸排汽分别排入两个冷却面积基本相等的独立汽室，冷却水从一个汽室流出后再进入另一个汽室继续换热。图 4-9（a）所示为常规单压凝汽器的传热过程。进口温度为 t_{w1}、冷却水流过全长为 l_1 的冷却管进行换热后，温度升高至 t_{w2}，冷却水温升为 Δt。蒸汽在温度 t_c 下凝结成水，凝汽器压力 p_c 即温度 t_c 对应下的饱和压力，其中 δt 为传热端差。图 4-9（b）所示为双压凝汽器的传热过程，其中中部的垂直分界线相当于图 4-8 中的隔压板，它把整个凝汽器的传热过程分隔成独立的两部分，左部相当于图 4-8 中低压汽室，右部相当于图 4-8 中的高

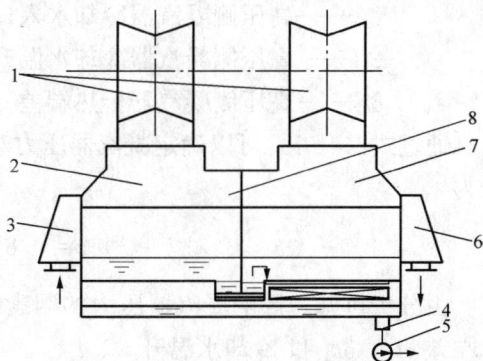

图 4-8　典型的双压凝汽器的结构

1—低压缸；2—低压汽室；3—循环水进口水室；

4—热井；5—凝结水泵；6—循环水出口水室；

7—高压汽室；8—隔压板

压汽室，冷却水流出凝汽器的温度为 t_{w2}。两个汽室内各自的传热过程与单压凝汽器相类似。从图 4-9（b）中不难看出，由于冷却水是先流经左汽室，温度升高至 t_{wm} 后才进入右汽室，因此左汽室内蒸汽温度和相应的蒸汽压力较低，故称低压汽室，而右汽室内蒸汽温度和相应的蒸汽压力较高，故称高压汽室。

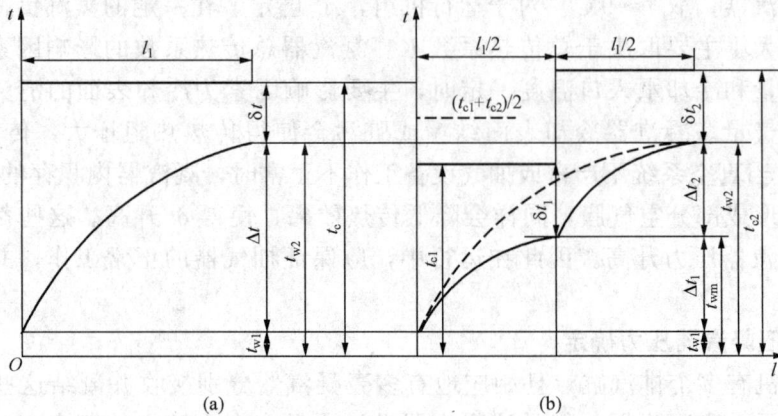

图 4-9　凝汽器的传热过程
(a) 单压凝汽器；(b) 双压凝汽器

图 4-9（b）所示与凝汽器压力对应的饱和温度 t_s 可表示为

$$t_{s1} = t_{w1} + \Delta t_1 + \delta t_1$$
$$t_{s2} = t_{w2} + \Delta t_2 + \delta t_2 \tag{4-7}$$
$$t_s = \frac{t_{s1} + t_{s2}}{2}$$

上几式中　t_s——凝汽器压力对应的平均饱和温度（℃）；

t_{w1}——低压侧凝汽器冷却水入口温度（℃）；

Δt_1——低压侧凝汽器冷却水温升（℃）；

δt_1——低压侧凝汽器传热端差（℃）；

t_{w2}——高压侧凝汽器冷却水入口温度（℃）；

Δt_2——高压侧凝汽器冷却水温升（℃）；

δt_2——高压侧凝汽器传热端差（℃）。

通过式（4-7）可以确定凝汽器压力对应的饱和温度。查水蒸气表可以确定凝汽器的压力为

$$p_c = 9.81 \times \left(\frac{t_s + 100}{57.66}\right)^{7.46} \tag{4-8}$$

由分析可知，影响凝汽器压力的因素主有五个参数，即冷却水入口水温 t_{w1}，凝汽器传热端差 δt_1、δt_2 和 冷却水温升 t_1、t_2。

多压凝汽器的主要优越性在于蒸汽在多压凝汽器内凝结的平均压力要低于单压凝汽器内的凝结压力。单压凝汽器的换热端差一般要比双压凝汽器高压汽室的换热端差稍低一些，因此，单压凝汽器的压力要稍低于双压凝汽器高压汽室的压力，但要高于双压凝汽器两个汽室的平均压力。当多压凝汽器的汽室有无穷多个时，蒸汽的凝结温度曲线和冷却水的温升曲线

均为直线，二者之差即为各个汽室的传热端差，蒸汽和冷却水的换热温差大大减小，蒸汽凝结的平均温度也大幅度降低。

从图 4 - 9（b）中单压凝汽器与双压凝汽器传热过程的对比可以看出，当二者的冷却水进出口温度均相同时，单压凝汽器冷却水进口段的热负荷较大，冷却水温升较快，出口段的热负荷较小，冷却水温升较慢；双压凝汽器两个汽室中的换热过程基本相同，热负荷沿冷却管长度方向的分布更加均匀，因此其换热面能得到充分的利用。同时，多压凝汽器高压侧的凝结水可以加热低压侧的凝结水，降低低压加热器的抽汽量，提高系统的热经济性。

第三节　表面式凝汽器传热系数计算

由第一节可知，在表面式凝汽器中，蒸汽与冷却水之间没有直接接触。蒸汽包围着安装在凝汽器外壳中的管道，冷却水通过管道循环。蒸汽通过传导和对流传热到冷却水中。

根据传热学圆管换热的相关理论，由蒸汽侧至冷却水侧的总传热系统可表示为

$$K = \frac{1}{R} = \frac{1}{R_s + R_m + R_w} = \frac{1}{\dfrac{1}{h_s} + \dfrac{d_o}{2\lambda}\ln\dfrac{d_o}{d_i} + \dfrac{1}{h_w}\dfrac{d_o}{d_i}} \tag{4 - 9}$$

式中　　R——凝汽器总热阻；

R_s——凝汽器汽侧对冷却水管外壁的传热热阻；

R_m——冷却水管的管壁热阻；

R_w——冷却水管内壁对凝汽器水侧的传热热阻；

h_s——凝汽器汽侧对冷却水管外壁的传热系数；

d_i、d_o——冷却水管的内径和外径；

λ——冷却水管的导热系数；

h_w——冷却水管内壁对凝汽器水侧的传热系数。

由图 4 - 10 可以看出，冷却水管壁的传热为典型的导热过程，冷却水管内的传热为典型的管内强制对流换热过程，对这两种传热过程的研究已十分充分，因此管壁导热热阻和水侧放热热阻均可以得到较准确的计算结果。

汽侧放热过程为凝结放热、对单管外纯净蒸汽凝结放热的计算有著名的努塞尔（Nusselt）公式。然而凝汽器的汽侧放热过程十分复杂，不凝结气体、管束排列方式、蒸汽流速、液膜过冷等因素均对换热过程有很大影响，理论公式得出的传热系数与实际偏差较大，因此工程设计中多采用经验公式来计算总传热系数。这些经验公式以大量的试验和运行数据为基础，考虑了多种因素的影响，精确度相对较高，且使用方便，因此获得了广泛的应用，其中比较有代表性的经验公式有美国传热学会（Heat

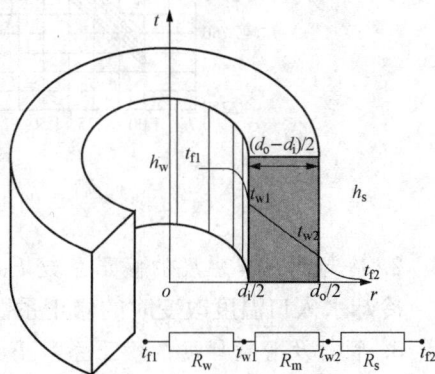

图 4 - 10　圆管换热

Exchange Institute，HEI）推荐的公式和苏联全苏热工研究所（ВТИ）推荐的别尔曼（Берман）公式等。下面主要介绍美国传热学会公式。

美国传热学会推荐的《表面式蒸汽凝汽器标准》1932 年颁布，是世界范围内应用最为广泛的凝汽器总传热系数计算公式，其形式为

$$U = U_{17} F_{W} F_{M} F_{C} \tag{4-10}$$

式中　U——凝汽器总传热系数；

　　　U_{17}——凝汽器总传热系数的基准值；

　　　F_{W}——冷却水入口温度改变时的修正系数；

　　　F_{M}——冷却水管管材及管壁厚度改变时的修正系数；

　　　F_{C}——冷却水管内壁清洁度改变时的修正系数。

总传热系数基准值是管材为海军铜的新管在冷却水入口温度为 21.1℃ 的条件下测得的总传热系数。不同的冷却水管直径和冷却水流速对应不同的数值，该系数随冷却水的流速增加而变大，也会随着管径的大小而变化。冷却水入口温度改变时的修正系数 F_{W} 随冷却水进口温度有先急后缓的趋势。系数 F_{M} 则与管材和管壁厚度密切相关。关于这些修正系数的具体数值，请查阅美国传热学会推荐的《表面式蒸汽凝汽器标准》第 12 版（12th Edition Of Standards For Steam Surface Condensers）。

1. 总传热系数的基准值 U_1

新管在冷却水入口温度为 21.1℃ 的条件下测得的总传热系数为基准总传热系数，不同的冷却水管直径和冷却水流速对应不同的数值，可通过图 4-11 查得。

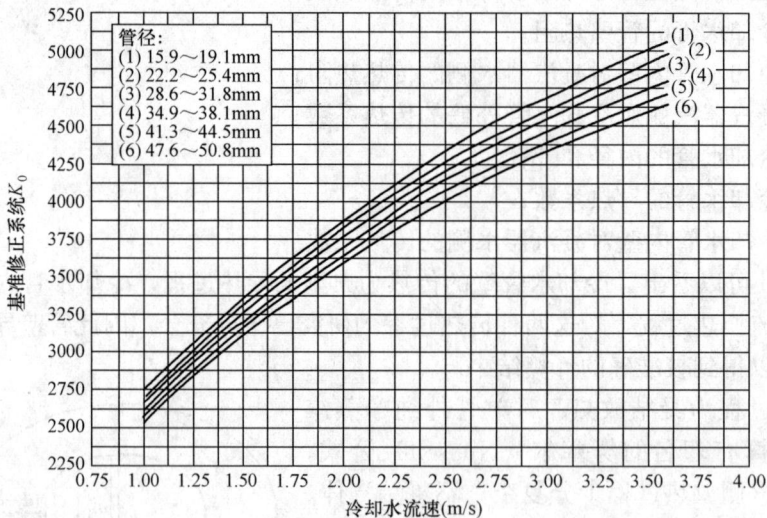

图 4-11　基准总传热系数

2. 冷却水入口温度的修正系数 F_{W}

冷却水入口温度改变时的修正系数可以通过图 4-12 查得。

3. 管材及管壁厚度的修正系数 F_{M}

对不同管材及管壁厚度的修正系数可由表 4-1 查得。

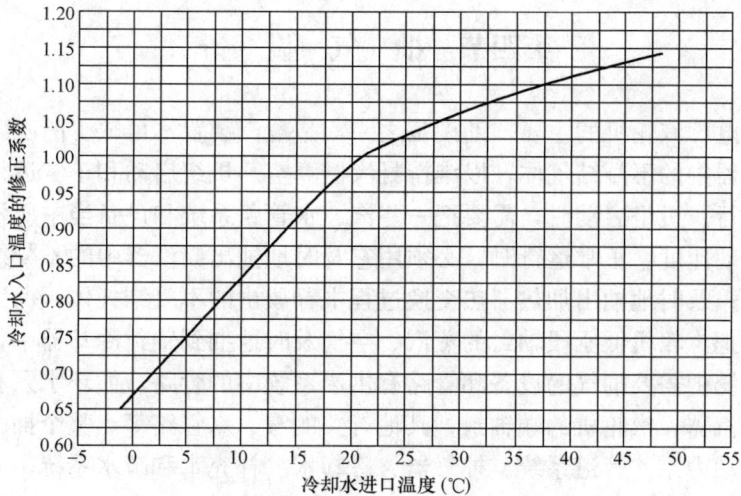

图 4 - 12　冷却水入口温度的修正系数

表 4 - 1　　　　　　　　　　　管材及厚度修正系数　　　　　　　　　　　mm

管　材	管　壁　厚								
	0.51	0.56	0.64	0.71	0.89	1.24	1.65	2.11	2.77
镀铜铁 194	1.042	1.041	1.039	1.038	1.034	1.028	1.020	1.010	0.997
砷铜	1.038	1.037	1.035	1.033	1.029	1.020	1.010	0.997	0.979
军黄海铜	1.029	1.027	1.024	1.021	1.013	0.998	0.981	0.961	0.932
铝黄铜	1.027	1.025	1.021	1.018	1.010	0.993	0.974	0.952	0.921
铝青铜	1.021	1.018	1.014	1.009	0.999	0.979	0.956	0.930	0.892
碳钢	1.002	0.998	0.990	0.983	0.967	0.936	0.901	0.863	0.810
铜镍合金 90-10	1.000	0.995	0.987	0.980	0.963	0.930	0.893	0.854	0.800
铜镍合金 70-30	0.974	0.967	0.957	0.946	0.922	0.876	0.828	0.777	0.710
不锈钢 UNS S43035	0.959	0.951	0.938	0.926	0.898	0.846	0.792	0.736	0.664
钛 1/2 级	0.951	0.942	0.928	0.915	0.885	0.830	0.772	0.714	0.640
不锈钢 UNS S44660	0.932	0.922	0.906	0.891	0.857	0.795	0.732	0.669	0.591
不锈钢 UNS S44735	0.928	0.917	0.901	0.886	0.851	0.787	0.723	0.659	0.581
不锈钢 TP304	0.910	0.897	0.879	0.862	0.823	0.754	0.685	0.619	0.539
不锈钢 TP316/317	0.904	0.891	0.872	0.854	0.815	0.744	0.674	0.607	0.527
不锈钢 UNS N08367	0.879	0.864	0.843	0.823	0.779	0.702	0.628	0.558	0.477

4. 管内壁清洁度的修正系数 F_C

在实际运行中，冷却水侧及蒸汽侧的管子表面均会产生污垢，使得传热效果下降。污垢的产生与两侧流体的特性密切相关，因此设计清洁系数应由用户根据凝汽器的工作条件适当选择。对利用自然水源（江、河、湖、海）的直流供水系统，F_C 可取 0.8～0.85；对利用冷却塔的循环水供水系统，F_C 可取 0.75～0.8。由于胶球清洗装置的广泛应用，冷却水管内壁可保持较高的清洁度，因此 F_C 可取 0.85～0.9。

第四节　抽　气　设　备

抽气设备是电厂汽轮机的主要辅助设备之一，是凝汽装置不可缺少的匹配设备。其任务是不断抽出凝汽器中的不凝结气体，以维持凝汽器真空。机组启动和正常运行过程中，抽气设备都要投入运行。机组启动时，需要把一些汽、水管路系统和设备当中所积集的空气抽出来，以便加快启动速度。正常运行时，必须用它及时地抽出凝汽器中的不凝结气体，维持凝汽器的额定真空；及时地抽出加热器热交换过程中释放出的不凝结气体，保证加热器具有较高的换热效率；把汽轮机低压段轴封的蒸汽、空气及时地抽到轴封冷却器中，以确保轴封的正常工作等。系统中需要抽气的设备和管路有供水系统中的管路、循环水泵和凝结水泵；主凝汽器和辅助凝汽器；汽轮机的端轴封；其他有关的汽、水管路等。整个抽气设备包括：工作介质的供应、动力泵、管道系统、抽气器、冷却水、补充水和疏水系统，调节阀、安全阀和水池等。

用于电厂系统的抽气器，其工作特点是抽吸真空不高，但抽气量和抽气速率大，且抽吸的介质为汽气混合物，总体上可分为两大类：①机械式抽气器。利用运动部件（回转件或往复件）在泵体内连续运动，使泵腔内工作室的容积变化而产生抽气作用，电厂常用的为水环式真空泵。②引射式抽气器。利用高速流体从喷嘴中喷射出来，在吸入室内形成真空，把压力较低的流体吸走，电厂常用的有射水抽气器和射汽抽气器等。

一、水环式真空泵

水环式真空泵功耗低，运行维护方便，且容易实现自动化，在欧美一些国家得到了广泛应用，我国大型机组也多采用水环式真空泵。其不足是结构复杂，加工工艺要求高，造价昂贵。

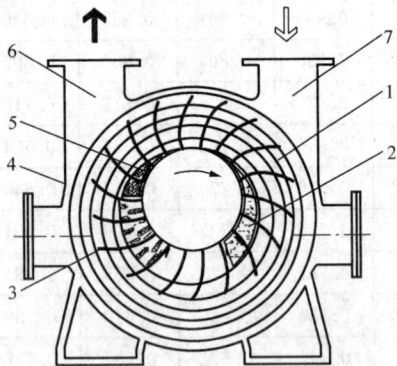

图 4-13　水环式真空泵的原理
1—水环；2—吸气口；3—叶轮；4—泵体；
5—排气口；6—排气管；7—吸气管

图 4-13 所示为水环式真空泵的原理。它的壳体内部形成一个圆柱体空间，叶轮偏心地装在这个空间内，同时在壳体两端面半径处的适当位置上分别开有吸气口和排气口。真空泵的壳体内充有适量工作水（或称密封水），带有若干前弯叶片的转子在泵体内旋转，由于受离心力的作用，水被甩向壳体圆柱表面而形成一个运动着的圆环，称为水环。由于叶轮与壳体是偏心的，转子每转一周，转子上两个相邻叶片与水环间所形成的空间均会由小到大，又由大到小周期性地变化。当空间处于由小到大的变化时，该空间产生真空，吸气口便吸入气体。当空间由大变小时，该空间内的气体被压缩而压力升高，经排气管排出。由于转子是由若干叶片组成的，每个相邻叶片与水环所构成的空间均处于不同的容积变化过程，所以当转子转动时，泵的吸气和排气均为一个连续、不间断的过程。

由于在吸气过程中，叶片间的空间内为真空状态，不可避免地有一部分水被蒸发，也随之排出，因此为了保持水环恒定的径向厚度，在运行过程中必须连续向泵内补水。水环泵所能达到的真空取决于水环的温度，水温越低，能达到的真空就越高。为了保持水温恒定，水环中的水是不断流动更新的。

二、射汽抽气器

射汽抽气器以蒸汽为工作介质，其优点是结构简单紧凑，维护方便，并能在短时间内（5～10min）建立起必要的真空，在小型机组中得到了广泛的应用。图 4-14 所示为射汽抽气器示意。

来自主蒸汽管道或其他供汽管道的工作蒸汽，经节流减压后进入喷嘴中进行膨胀加速，之后以很高的流速（约 1000m/s）射入吸入室。吸入室与凝汽器抽气口相连，高速流过的工作蒸汽在吸入室中形成高真空，将凝汽器中的汽气混合物源源不断地抽出。工作蒸汽携带汽气混合物进入混合室，工作蒸汽

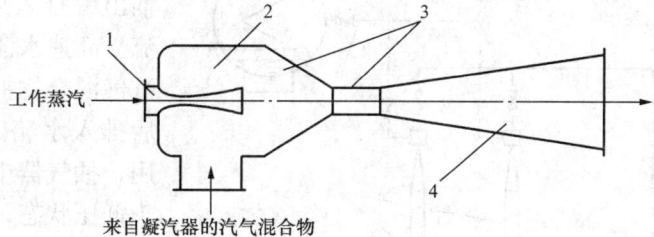

图 4-14　射汽抽气器示意
1—喷嘴；2—吸入室；3—混合室；4—扩压室

的动能一部分传递给汽气混合物，最终混合流体的速度逐渐均衡，这一过程通常也伴随着压力的升高。混合流体流出混合室后进入扩压室，压力继续升高。在扩压室出口处，混合流体压力稍高于大气压，使之得以顺利排入大气。

汽气混合物在扩压室中的升压过程可近似认为是绝热压缩过程，在升压过程中，混合物的温度不断升高，比体积也不断增大。为了提高抽气器的效率，常采用带有中间冷却器的两级或多级抽气器。以两级抽气器为例，凝汽器中的汽气混合物由第一级抽气器抽出并压缩到某一低于大气压力的中间压力后，进入中间冷却器。在中间冷却器中，混合物中的大部分蒸汽被冷凝，余下的不凝结气体和未被冷凝的蒸汽进入第二级抽气器。由于大部分蒸汽被冷凝，且余下的汽气混合物的比体积也因温度下降而降低，因此第二级抽气器的耗功大大减小。

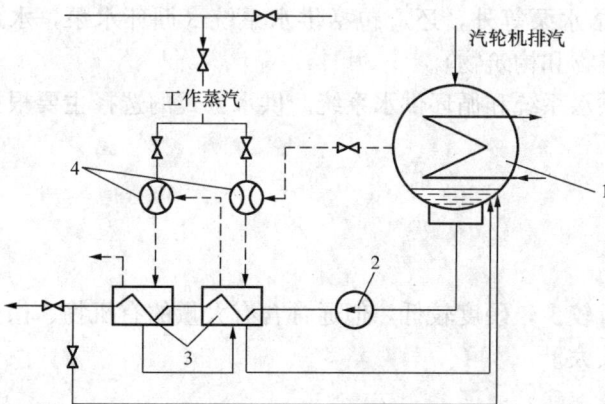

图 4-15　两级射汽抽气器与凝汽器连接示意
1—凝汽器；2—凝结水泵；3—中间冷却器；4—抽气器

图 4-15 所示为两级射汽抽气器与凝汽器连接示意。

一般工作蒸汽的汽源取自新汽，也可取自除氧器的汽平衡管。高压蒸汽经过节流减压装置到达所需的工作压力后进入射汽抽气器工作。凝汽器中凝结水通过凝结水泵加压后进入并联的两个中间冷却器，与抽气器中的汽气混合物进行换热。中间冷却器中被冷凝的蒸汽一部分来自工作蒸汽，另一部分来自从凝汽器中抽出的汽气混合物，冷凝下来的凝结水逐级流出，

最后汇入凝汽器，不凝结的空气则被排入大气。

三、射水抽气器

射水抽气器与射汽抽气器一样，均属于引射式抽气器，同样具有结构简单紧凑，维护方

便，能在短时间内建立起必要真空的特点。另外，射水抽气器不消耗蒸汽，运行费用低，过载承受能力强，因此比射汽抽气器更为可靠，且在大型机组滑参数启动时，不必像射汽抽气器那样必须设置启动抽气器。

图 4-16 所示为射水抽气器系统连接示意。

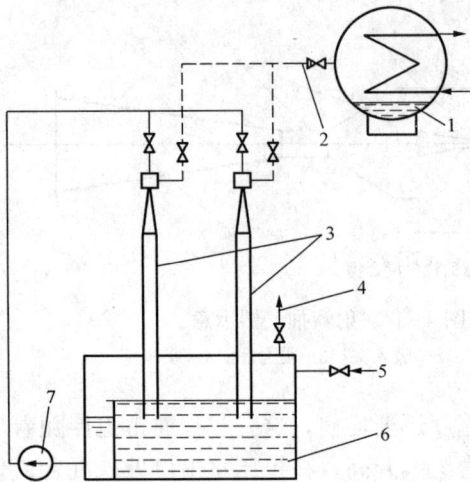

图 4-16　射水抽气器系统连接示意
1—凝汽器；2—止回阀；3—射水抽气器；
4—排气管道；5—补水管道；6—水箱；7—工作水泵

工作水泵（也称射水泵）将水箱中的工作水抽出后打入射水抽气器的喷嘴中，形成高速水流。高速水流周围形成的高度真空将凝汽器中的汽气混合物抽出，与工作水一同进入扩压段升压后排入水箱。运行过程中，若工作水泵突然停用，抽气器中的真空立即消失，此时凝汽器仍处于低压状态，而水箱压力约为大气压力，因此水箱中不洁净的工作水将从扩压管倒流入凝汽器中，污染凝结水。为了防止此类事故的发生，在抽气管道上设有止回阀，阻止工作水进入凝汽器。在射水抽气器中，工作水温要低于被抽除的汽气混合物的温度，因此混合物中的蒸汽凝结后将热量传给工作水，引起工作水温度上升。工作水温的升高将影响射水抽气器的工作性能，因此在闭式循环中需要设置补水管。工作水也可以采用开式供水方式，直接取自凝汽器的循环冷却水。

第五节　供　水　系　统

凝汽器是电厂热力系统冷端设备之一，而保证凝汽器执行冷端任务的是供水系统，因而电厂热力系统冷端除应包括凝汽器和凝结水泵等外，还应包括供水系统（循环水泵，水泵房，冷却设备，循环水管、沟、井等建筑物和构筑物）。

电厂所采用的供水方式可分为直流供水系统和循环供水系统。供水方式的选择主要根据厂址所在地的供水水源和气候来确定。

一、水源

电厂常用的冷却水水源主要有三种。

1. 江、河或湖泊水

江、河或湖泊水的特点是矿物质含量较少，硬度较低，但通常含有大量的有机物、微生物和悬浮物，且水量和水质随季节变化较大。

2. 海水

海水最主要的特点是矿物质含量高，存在大量的 Na^+、Mg^{2+}、Cl^-、SO_4^{2-} 等离子，会引起凝汽器及其他相关设备的腐蚀。但海水不存在水量问题，且水质稳定。

3. 地下水

地下水相对洁净、悬浮物很少。因为在地表水渗入地层的过程中，悬浮物已被土壤过滤掉，但在此过程中，土壤中的大量无机物也溶解于水中。

二、直流供水系统

直流供水系统又称开式供水系统。在该系统中，冷却水自水源上游引入，在凝汽器中与汽轮机排汽进行热交换，随后排至水源下游。

当水源岸边较陡、水深足够且水位随季节变化不大时，宜从岸边直接取水。对于江河等水源，当岸边较为平坦时，宜从河心（江心）取水，以免进入枯水期时，取水点水位下降，影响冷却水的正常供应；对于海水水源，当海滩较为平缓时，也应从深水区取水。

为了避免吸入凝汽器排出的冷却水，冷却水的排水点应与取水点相隔一定的距离。水源为江河时，取水口应位于排水口上游。排水口一般布置在水体上层，便于与大气进行热交换。

电厂冷却水经过凝汽器后温度升高 $8\sim12℃$，同时冷却水水量很大。如此大量的冷却水直接排入水体中，会给水体带来热污染问题。冷却水排入水体后，会使水温升高，水中的溶氧量减少。同时，温度上升后，水体中的有机污染物及水生物的新陈代谢加快，使得溶氧量进一步降低。溶解氧含量低于水体中鱼类生存所必需的最低值时，会造成鱼类的大面积死亡。因此水体的热污染可能会造成比废水污染更为严重的后果。为了减小对水体的热污染，一种方法是先将冷却水排入一条排水明沟中，与大气进行热交换，温度下降后再排入水体；另一种方法是先将冷却水引入湿式冷却塔进行冷却，再排入水体，这种方法可以有效地防治热污染问题，但会增加电厂投资。

三、循环供水系统

循环供水系统又称闭式供水系统。在该系统中，凝汽器排出的冷却水进入冷却装置后，与空气进行直接接触热交换，小部分冷却水蒸发后随空气排入大气，剩余大部分冷却水温度降低被循环水泵引入凝汽器进行再循环。采用循环供水方式，只需从水源补充损失的水量，因此耗水量较直流供水方式要大大降低。

循环供水的冷却装置主要可分为冷却池和冷却塔两类。冷却池方式是冷却水利用大面积水体的自然水面向大气中散质、散热进行冷却的一种方式。这种方式是在人工或天然水池（池塘、河床）上装设带有喷嘴的管道，循环水通过喷嘴在空气中喷散成雾状水滴，与空气进行直接接触换热。采用这种方式结构简单，造价较冷却塔低，可就地取材。不利因素是占地面积较大、风吹损失大、有水雾，冬季会在附近建筑物上结冰，影响厂区交通。

1. 冷却塔

冷却塔方式是在塔体内将循环水从上而下喷溅成水滴或水膜状，空气由下而上或水平方向在塔内流动，与水进行热、质交换从而降低冷却水温度。这种方式适用范围广，在大型机组中采用的较多。

冷却塔一般可以分为如下几类：①按通风方式可分为自然通风冷却塔和机械通风冷却塔；②按冷却表面的形式可分为点滴式冷却塔、薄膜式冷却塔、点滴薄膜混合式冷却塔、干式冷却塔，此外还有喷射式冷却塔；③按冷却水与空气的流向关系可分为逆流式冷却塔、横流式冷却塔、横逆流混合式冷却塔。

下面主要介绍自然通风冷却塔和机械通风冷却塔。

（1）自然通风冷却塔。自然通风冷却塔示意如图 4-17 所示。从凝汽器抽出的热水被泵抽到 $8\sim12m$ 的高度，进入塔内，然后进行喷洒。水以雾态塔底流入的空气相遇，塔底是向大气开放的。热水把热量释放到空气中，从而使之冷却。热空气和部分水蒸气一起离开塔

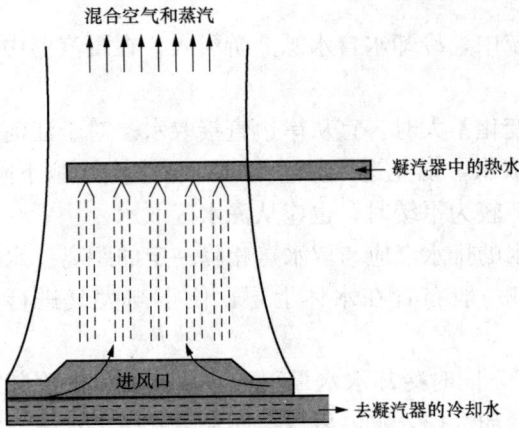

图 4-17 自然通风冷却塔示意

顶，冷却的水落下，汇集在塔底的池塘里，从池塘里流出的冷水再一次供应给凝汽器。自然通风冷却塔不使用风机，塔的底部是敞开的，空气从底部进入塔内。由于塔内热空气与外界大气空气的密度不同而造成压差，这使气流得以维持。然而仍然会有一部分水的损失，这些损失将使用淡水进行补偿。自然通风冷却塔的缺点是由于需要产生较大的自然通风，故塔会很高。

（2）机械通风冷却塔。在机械通风冷却塔中，空气在风扇或鼓风机等机械装置的帮助下循环。根据风机或鼓风机的位置，机械通风冷却塔分为强制通风冷却塔和诱导通风冷却塔。当风机安装在冷却塔的底部时，称为强制通风冷却塔，如图 4-18（a）所示；当风机安装在塔的顶部时，称为诱导通风冷却塔，如图 4-18（b）所示。

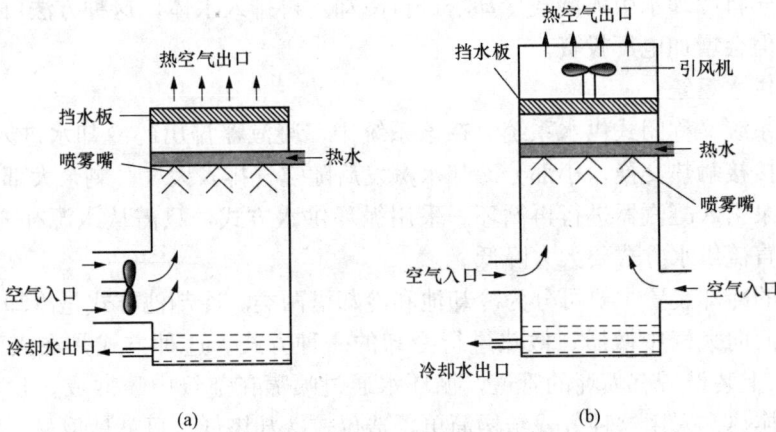

图 4-18 机械通风冷却塔示意
（a）强制通风冷却塔；（b）诱导通风冷却塔

两类冷却塔的原理是相似的。来自凝汽器的热水从塔顶进入塔内，并通过喷嘴喷射。喷射出的水与向上流动的空气相遇。空气裹挟着喷射出的水经过一层除水板，最后离开冷却塔。这类冷却塔对于风机的功率有一定的要求。

2. 冷却池

冷却池方法是从热水中去除热量的最简单的方法，该方法通过管道将热排放到暴露在空气中的大型露储水池中，水被吹过冷却池表面的空气冷却，并与池塘的冷水混合。热水的热量将通过蒸发和对流过程转移到空气中。通过蒸发和风吹过冷却池造成的水损失约为 2% 到 3%。为了减少冷却池的面积，需要设置一些喷嘴将水被喷到池塘表面的空气中，从而产生更高的效率。

冷却池可分为非定向流型和定向流型两类，如图 4-19 所示。

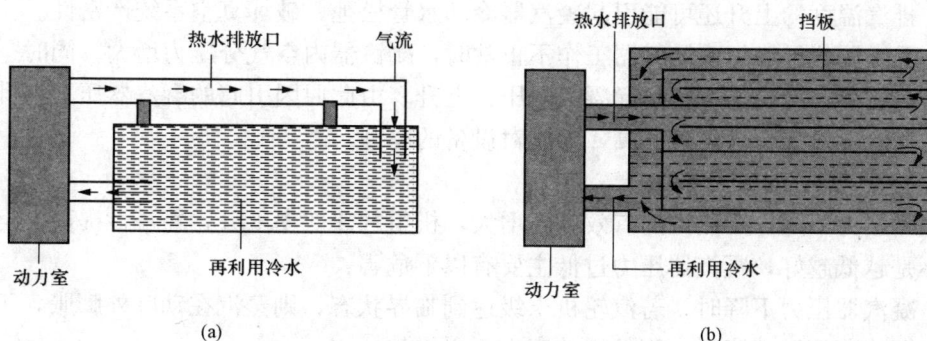

图 4 - 19 冷却池
（a）非定向流型冷却池；（b）定向流型冷却池

在非定向流动的池塘，热水被排放到开放并且不进行分割的冷却池中；在定向流式冷却池的情况下，冷却池被若干挡板分成流道。在后者中，由于热水和冷水进行了彻底混合，冷却效果会更好。

冷却池的缺点如下：

（1）需要面积较大，同样负荷下，冷却池所需的面积大约是冷却塔的 30 倍。

（2）由于大气中空气不断的冲击，水的损失是巨大的，并且受灰尘的影响较大。

（3）冷却水温度无法进行控制，冷却效率低。

四、供水方式的选择

供水方式应根据电厂所在地区的规划、机组容量和水源条件，通过技术经济比较后进行选择。当水源水量充足、与厂址的水平距离较近且垂直高度差不大时，可采用直流供水方式；若厂址高于水位 10~12m，或与水源的水平距离在 1~2km 的范围内，应通过技术经济性比较后确定是采用直流供水还是循环供水；若厂址更高或更远，直流供水方式的循环水泵耗功会大大增加，采用循环供水方式则更为经济。

第六节 凝汽器的常见问题及处理

一、凝汽器压力变化

凝汽器压力是表征凝汽器工作特性的重要指标，直接影响着机组的安全经济运行。凝汽器压力过高或过低均会对机组产生不利影响，因此在电厂中，最好使凝汽器在设计压力附近运行。

1. 凝汽器压力上升

凝汽器压力上升，主要有以下危害：

（1）汽轮机排汽压力升高，蒸汽做功焓降减小，汽轮机功率下降，机组热效率降低，发电煤耗率增加，经济性下降。

（2）负荷一定时，必须开大调节阀、增加进汽量来维持要求负荷。这样容易使调节级过负荷，且使得机组轴向推力增加。

（3）凝汽器压力上升，相应的排汽温度也会升高，排汽缸及轴承座受热膨胀，可能引起转子中心变化，产生振动。

（4）排汽温度的上升还可能引起凝汽器冷却水管松弛，破坏真空系统严密性。

（5）系统漏气量增加或抽气器工作不正常时，凝汽器内空气分压力增大，同时空气的存在使得传热效果下降，这都会引起凝汽器压力上升。由此原因引起的凝汽器压力上升会使得凝结水的过冷度增加、含氧量升高，加剧对设备的腐蚀。

2. 凝汽器压力下降

凝汽器压力下降，则蒸汽的有效焓降增大，机组的热效率上升，经济性提高。但凝汽器压力也不是越低越好，凝汽器压力过低主要有以下危害：

（1）凝汽器压力下降时，若汽轮机末级达到临界状态，则蒸汽在动叶外膨胀，不能产生有效功，即使背压继续降低，汽轮机功率也不再增加。

（2）凝汽器压力过低，相应排汽温度低，汽轮机末级蒸汽湿度增大，末级叶片水蚀加剧。

（3）凝汽器压力下降，相应的凝结水温度也降低，系统低压加热器的抽汽量增大，可做功的蒸汽量减小，机组功率下降。

（4）对于低压缸与轴承座一体设计的机组来说，凝汽器压力过低有可能使低压缸中心发生偏移，造成机组振动。

实际运行过程中，应密切监视凝汽器压力变化。尤其是凝汽器压力上升时，应尽快找出原因予以排除。

二、凝汽器的空气泄漏

凝汽器中存在着空气会对凝汽器的性能产生一定的影响，例如，它增加了汽轮机（或发动机）的凝汽器压力或背压，降低了工作输出，同时也对冷却水有更高的需求。由于空气的热导率较低，传热速度也较低，因此凝汽器管的表面积要增加，并且会降低蒸汽凝结的速度，造成凝汽器部件腐蚀老化等。下面主要讨论凝汽器中空气的来源。

（1）由于凝汽器内部的压力低于大气压力，所以空气往往会通过接头、通过大气安全阀的通风口和其他附件泄漏到凝汽器中。

（2）废气中溶解的空气在低压下被释放出来。

（3）溶解在水中的空气也与射流凝汽器中的冷却水一起携带，在低压下得到解放，冷却水中的带风量约为冷却水的 0.005%。

由于空气的存在对凝汽器的性能会产生一定的影响，应及时有效的进行检查，对凝汽器中空气泄漏进行检查的步骤如下：启动凝汽器，在压力和温度稳定后，关闭蒸汽供应，停止抽气和凝结水泵，将凝汽器与其他部分隔离。如果凝汽器有任何泄漏，那么真空计和温度计的读数就会下降。

三、凝汽器的结垢

研究数据显示，水垢沉积物对热传输的损失影响巨大，随着沉积物的增加会造成能源费用的加大。即使很薄的一层水垢就要增加设备中结垢部分 40% 以上的运行费用。保持冷却通道中不含矿物沉积物可以很好地提高功效、节约能源、延长设备的使用寿命，同时节约生产时间和费用。一项研究表明，凝汽器中的结垢主要来自真空加热器的热裂解产生的二烯烃；）二烯烃通过真空塔内的空气泄漏与氧气反应生成聚合物；悬浮物质黏附在凝汽器的表面。

通过实验发现，生成的黑色有机沉积物在甲醇中溶解性很好，但在较重的醇中溶解性差得多。而甲醇作为清洗剂的问题是它在正常工作条件下会汽化。因此，它只能作为离线清洗剂使用。

四、凝汽器的胶球清洁装置

鉴于上文提到结垢对凝汽器效率所带来的影响，胶球作为一部分凝汽器在长期运行过程中是必不可少的。

凝汽器汽侧为十分洁净的蒸汽，因此汽侧主要污垢是亚硫酸盐和碳酸盐在冷却水管外表面的附着，其处理方法相对简单，一般可用 $80\sim90℃$ 的热水冲洗掉。较为严重的是水侧污染，不论是开式供水还是闭式供水，冷却水带入的泥沙、污秽物质和加热过程中分解出的盐分等均会不同程度地沉积在冷却水管的内表面上。同时，冷却水中的有机物质附着在管子内表面形成微生物附着层。由于附着物的传热性能很差，将导致凝汽器真空降低，影响汽轮机的出力和运行经济性。此外，污垢附着层还会加速冷却水管的腐蚀，甚至造成穿孔，使冷却水漏入凝结水中，污染洁净的凝结水，影响机组安全运行，因此在火电厂中广泛采用凝汽器胶球自动清洗装置。

下面以国内某厂生产的胶球清洗装置为例介绍胶球自动清洗装置的一般组成和工作原理。整个清洗系统由二次滤网（净水器）、加球室、胶球泵、收球网、阀门管道及自动控制部分组成（见图 4-20）。

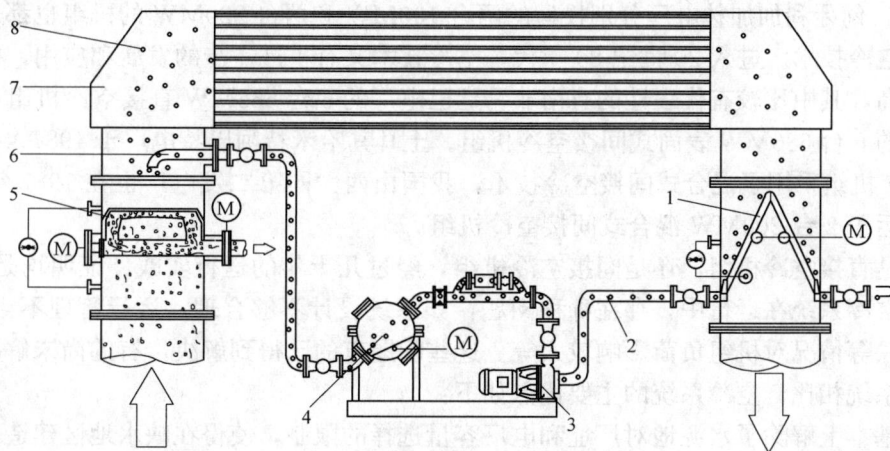

图 4-20　凝汽器胶球清洗装置原理
1—收球网；2—引出管；3—胶球泵；4—装球室；5—二次滤网凝汽器；
6—注球管；7—凝汽器；8—胶球

胶球清洗装置的过程如下：清洗时把密度（湿态）与循环水相近的海绵橡胶球装入装球室，其数量约等于每一个流程中冷却水管数的 20%，然后启动胶球泵，胶球就在比循环水进口压力略高的水流带动下，通过注球管进入凝汽器冷却水的进口管，与通过二次滤网来的主冷却水混合并进入凝汽器。胶球随水流经冷却水管流出，进入收球网的网底，通过引出管后进入胶球泵，再次进行循环。由于胶球是多孔柔软的弹性体，湿态时直径比冷却水管内径大 $1\sim2mm$，在循环水进出口压差的作用下进入冷却水管后呈卵形，与冷却水管内壁有整圈接触，这样在胶球经过冷却水管时，污垢便被胶球从水管内壁擦除并吸附，达到了清洗的目的。

第七节　空气冷却凝汽系统

随着经济的不断增长，水源和电能消耗急剧增加，出现了水源和电能供应紧张的局面，而火电厂的大型化和容量的增加加剧了水源的紧张局面。另外，出于环境保护方面的要求，对水源热污染的控制也更为严格。在这种情况下，电厂的空气冷却方式引起了人们的注意。发电厂直接或间接采用空气来冷凝汽轮机排汽的方式称为发电厂空气冷却，简称发电厂空冷，采用空气冷却系统的电厂称为空冷电厂。空冷系统无须大量冷却水，因此电厂厂址的选择可以不受水源的限制。我国煤炭产地大多在严重缺水地区，因此空气冷却技术有着广泛的应用前景。

一、空冷系统的分类和发展

电厂空气冷却可分为直接空气冷却方式和间接空气冷却方式两种，后者又可分为混合式间接空冷和表面式间接空冷。

电厂的空气冷却技术，早在 20 世纪 30 年代便已出现。1939 年，德国鲁尔煤矿建成了世界上第一个采用直接空冷技术的电厂。匈牙利的海勒教授于 1950 年提出了混合式间接空冷系统，也称海勒式空冷系统，并于 1954 年在匈牙利建成了第一座间接空冷电厂。20 世纪 70 年代初，匈牙利加加林电厂分别投运的两台 100MW 和两台 220MW 的机组也都采用了海勒式混合空冷技术。进入 20 世纪 80 年代，空冷技术又有了进一步的发展和应用，机组容量也不断提高，其中比较有代表性的有南非马廷巴电厂的 6 台 665MW 直接空冷机组和南非肯达尔电厂的 6 台 686MW 表面式间接空冷机组。土耳其哈米特阿巴特电厂于 1987 年建成的 1 台 200MW 机组采用了混合式间接空冷技术，我国山西大同第二发电厂也在 1987 年和 1988 年分别投运了 2 台 200MW 混合式间接空冷机组。

无论是直接空冷机组，还是间接空冷机组，经过几十年的运行实践，证明均是可靠的。但不排除空冷系统在运行中，存在种种问题，如系统设计不够合理，运行管理不当，严寒、酷暑、大风等情况对机组负荷影响较大等。这些问题有的已得到解决，有的尚未解决。与传统的湿冷系统相比，空冷系统的主要优点如下：

（1）基本上解除了水源地对厂址和电厂容量选择的限制，使得在缺水地区建造大容量发电机组成为可能。

（2）大幅度降低了水资源的消耗量。湿冷电厂的耗水量十分巨大，而采用空冷技术，冷却水或汽轮机排汽与空气通过金属管壁进行热交换，无蒸汽散入大气，因此节水效果十分显著。

（3）减轻了对环境造成的污染。采用开式循环的湿冷系统，吸收了汽轮机排汽潜热的冷却水直接排入江河等天然水体中，引起水域温度升高，造成热污染；而采用闭式循环的湿冷系统，不但冷却塔有大量的水雾逸出，还存在着淋水装置的噪声污染。

空冷系统的主要缺点如下：

（1）基建投资大，当水价不高时，年运行费用高于湿冷系统。

（2）机组背压高，需配备高、中背压空冷汽轮机。

（3）受环境影响大，环境温度及风速风向的改变对机组背压有很大影响，因此汽轮机设计背压相对较高，背压运行范围也大。

（4）采用直接空冷系统时，真空系统庞大。

（5）冬季需考虑散热器的防冻问题。

二、直接空冷系统

汽轮机排汽通过金属管壁直接与空气进行热交换的换热器称为直接空冷凝汽器。直接空冷凝汽器结构简图如图 4-21 所示。汽轮机排汽先进入顺流散热管 1，与轴流风机送来的冷却空气进行热交换，一部分蒸汽冷凝成水，与蒸汽同向流下。未凝结的蒸汽和不凝结气体随后逆流冷却管道，继续和空气进行换热，凝结水沿管壁流下，与蒸汽流向相反。不凝结气体和剩余未凝结蒸汽在抽气口处被抽出。

对于直接空冷凝汽器，汽轮机排汽直接由空气冷却，因此凝汽器压力受环境温度和风速、风向影响较大。由于空气的比热容较小，直接空冷凝汽器需要较大的换热面积，同时汽轮机的排汽要由大直径管道引出，这就使得直接空冷机组的真空系统庞大，漏入空气量较多。同时轴流风机不但耗功大，还会产生噪声污染。

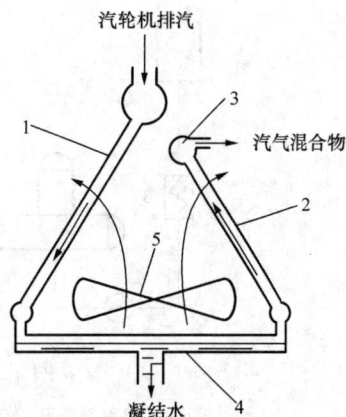

图 4-21 直接空冷凝汽器结构简图

1—顺流散热管；2—逆流散热管；3—抽气口；
4—凝结水箱；5—轴流风机

汽轮机排汽经管道送到空冷凝汽器的翅片管束中，空气在翅片管外流动将管内的排汽冷凝。得到的凝结水由凝结水泵送至回热系统，凝结水则经汽轮机抽汽加热后作为锅炉给水循环使用，其系统图如图 4-22 所示。

直接空气冷却方式的优点：①不需要冷却水等中间冷却介质，初始温差大；②设备简单，占地面积小，投资少。缺点：①空冷凝汽器体积比水冷凝汽器体积大得多，庞大的真空系统容易漏气；②大直径排气管道的加工比较困难；③直接空冷大多采用强制通风，因而增加了电厂的用电，同时也增加了噪声源。

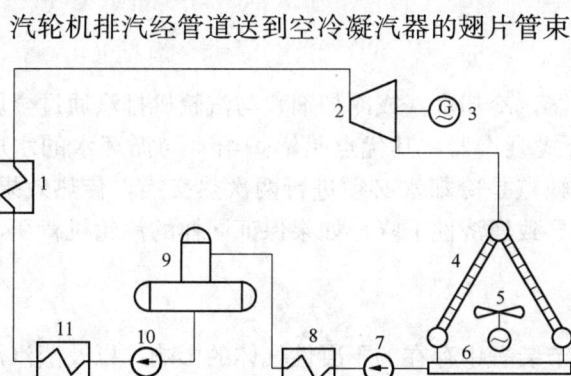

图 4-22 直接空冷系统热力循环

1—锅炉；2—汽轮机；3—发电机；4—直接空冷凝汽器；
5—冷却风机；6—凝结水箱；7—凝结水泵；8—低压加热器；
9—除氧器；10—给水泵；11—高压加热器

三、间接空冷系统

1. 混合式间接空冷系统

混合式间接空冷系统又称海勒式间接空冷系统，由匈牙利的海勒教授于 1950 年提出。混合式间接空冷系统的凝汽器较为特殊，与湿冷机组凝汽器和表面式间接空冷机组凝汽器不同，汽轮机排汽在混合式凝汽器中与喷射出来的冷却水直接接触进行凝结。蒸汽凝结水与冷却水一起，除用凝结水泵将其中约 2% 的水送到回热系统外，其余的水用循环水泵送到干式冷却塔，由空气进行冷却，然后又被送回混合式凝汽器中与汽轮机排汽进行热交换。为了回收冷却水的部分能量，此系统一般装有与循环水泵同轴的水轮机，其热力循环如图 4-23

所示。

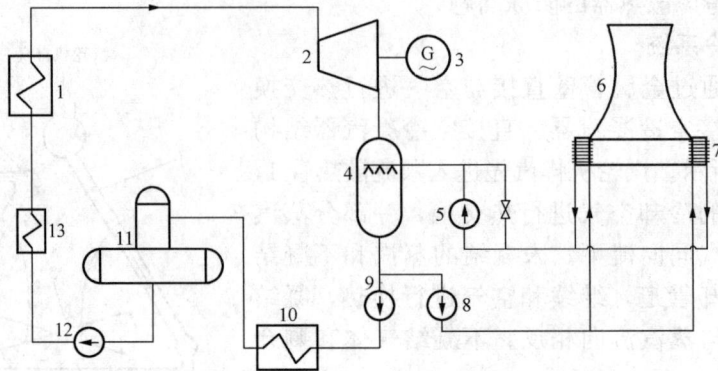

图 4-23　混合式间接空冷系统热力循环

1—锅炉；2—汽轮机；3—发电机；4—混合式凝汽器；5—水轮机；6—空冷塔；7—散热器；
8—循环水泵；9—凝结水泵；10—低压加热器；11—除氧器；12—给水泵；13—高压加热器

　　该冷却方式的优点是混合式凝汽器体积小，可以布置在汽轮机的下部；汽轮机排汽管道短，真空系统小，保持了水冷的特点。缺点是系统复杂、设备多、布置也比较困难；由于采用了混合式凝汽器，系统中的冷却水量相当于锅炉给水的 50 倍，这就需要大量与锅炉水质一样的水，从而增加了水处理费用。

　　2. 表面式间接空冷系统

　　表面式间接空冷系统采用表面式凝汽器，冷却水（或冷却剂）与汽轮机排汽通过金属管壁进行换热。采用表面式凝汽器代替混合式凝汽器，其优点是锅炉给水与循环水的水质不同，减少了水处理费用；系统比较简单。缺点是冷却水必须进行两次热交换，传热效果差；在同样的设计气温下，汽轮机背压较高，导致经济性下降，如果保证同样的汽轮机背压，则投资会相应增大。

　　四、空冷系统的传热计算

　　空气冷却系统设计时必须考虑空气调节装置中存在的不凝性气体的影响，以及蒸汽流经管道系统和空气调节装置两个阶段的管道时的压降。一个典型的商业空气冷却系统的传热系数比在实验室测试中得到的要小，故在其设计中应考虑与新的清洁传热表面积相比的传热系数。

　　根据美国传热学会（HEI）2016 年出版的空气冷却系统标准，空气冷却凝汽器（ACC）的传热量计算式为

$$Q = U_{\text{service}}\text{ALMTD} \quad Q = \sum m_{\text{in}}h_{\text{in}} - m_{\text{out}}h_{\text{out}} \tag{4-11}$$

　　整体换热系数 U_{service} 结合了管道内部的对流换热系数、通过管壁和肋片的传导以及肋片外部的对流换热系数。传热的调节阻力是空气侧阻力，它取决于管和翅片的几何形状。因此 U_{service} 是每个制造商的特性和需求的函数。

　　空冷系统与传统水冷凝汽系统最大的区别就在于冷却使用的介质。由于使用的是空气，因此空冷系统可以被使用在供水有限的发电厂，但是正是因为介质的区别，空冷系统在一些方面产生了和传统系统不一样的限制。空气传热流体效率较低，故需要较大的表面积进行冷却。例如，凝汽器管需要每英寸含有 10 或 11 个外翅片，在这个基础上每兆瓦发电机所对应

的管道长度为 7 英里以上。如何保证应有的冷却量的基础上尽量减少冷凝系统的占地面积是空冷系统面临的一个难题。

空冷系统目前衍生出两个发展方向。一是利用现有的技术降低成本，提高非设计性能；二是探索在空冷系统中使用混合工质的可行性。研究发现，各向同性工作流体混合物在相变过程中的非等温行为可以降低换热过程中的不可逆性，从而减少有效能的损失。

思 考 题

1. 汽轮机为什么要设置凝汽设备？凝汽设备主要由哪些部分组成？各自的作用是什么？
2. 凝汽系统如何分类？简述表面式凝汽器的工作原理。
3. 影响凝汽器压力的主要因素有哪些？
4. 什么是最佳真空？什么是凝汽器热力特性曲线？
5. 凝汽器的端差如何确定？影响端差的主要因素有哪些？
6. 多背压凝汽器与单背压凝汽器在传热上有什么区别？
7. 简要描述水环式真空泵的工作原理。
8. 射水抽气器与射汽抽气器相比，有什么优点？
9. 说明自然通风冷却塔的工作原理。
10. 与冷却塔相比，冷却池存在什么缺点？
11. 说明冷凝器内空气的来源及排除方法。
12. 对于凝汽器中不同来源的空气，如何进行检查？
13. 凝汽器压力上升会对系统造成什么危害？
14. 污垢附着层会对系统造成什么危害？大型汽轮机的凝汽器为什么要设置胶球清洗装置？
15. 空冷系统的主要缺点是什么？
16. 直接空冷与间接空冷的区别有哪些？

第五章 汽轮机零件强度与振动

第一节 概 述

汽轮机是火(核)电厂的主机之一,确保其安全经济运行,对于保障发电厂的安全生产有着极其重要的意义。汽轮机各零部件必须有足够的强度和振动特性,以满足在各种可能遇到的运行工况下都能安全可靠地运行。汽轮机零件的强度与振动和汽轮机的热力性能之间有着紧密的联系:汽轮机热力性能计算的结果为零部件强度与振动分析提供了边界条件;而汽轮机零部件强度与振动分析又决定了汽轮机组的安全运行范围,为热力性能的进一步提升及优化提供了依据。因此,需要学习一定的零件强度和振动知识。

汽轮机本体的结构复杂,零部件众多,且它们的工作条件和受力状况都不同。有的处于高温、高压状态,有的处于高转速、振动状态,还有的处于腐蚀等环境中,工作条件恶劣,并且运行环境还会随时间发生变化,因而汽轮机各零部件采用的强度校核方法也不同。例如,汽轮机转子工作时除了受蒸汽作用力和高速旋转的离心力外,还受到周期性激振力的作用,产生振动。汽轮机在稳定工况运行时,蒸汽弯曲应力和离心应力不随时间变化。我们把稳定工况下不随时间变化的应力统称为静应力,属于静强度问题;由周期性激振力引起的振动应力称为动应力,其大小和方向都随时间而变化,属于动强度问题。因此,静强度问题是指基于应力分析的安全校核问题;动强度问题是指基于动力学分析的振动特性和响应问题,有时也可以把它们统称为强度问题。汽轮机零件的强度分析,对于汽轮机静子零件,只需要进行静强度分析,包括零件静应力和挠度计算;对于汽轮机转子零件,则应从静强度和动强度两方面进行分析。

静强度和动强度分析都是为了确定汽轮机在各种工况和外界负载下,其零部件的工作应力及其引起的损伤是否处于安全范围及应该控制的极限值。通常,进行强度分析有以下两种方式:

(1) 正问题分析法,适合于设计和校核。通过对汽轮机零部件建立精确的数学物理模型,分析其受外负载的边界条件,采用实验和数值计算的方法来判断零部件的强度和振动安全性。

(2) 反问题分析法,适合于对已有的汽轮机设备进行安全监测和故障诊断。通过对汽轮机及其零部件的运行情况进行检测,对检测信号进行处理和识别,从而判断汽轮机的安全性。

对汽轮机零部件进行安全评价最可靠的方法显然是对全尺寸的汽轮机零部件在全工况下进行强度和振动的破坏性试验。然而,工程上几乎不可能实现这种对汽轮机进行全尺寸和完全模拟汽轮机运行工况的破坏性试验。因此,汽轮机强度分析中最常用的方法仍然是计算,并辅以部分的模拟试验。早些年,由于计算条件的限制,人们只能对汽轮机部分结构进行静应力分析。然而,随着科技进步,特别是计算技术的发展,技术人员可对复杂结构在复杂边界条件下的静应力和动应力都进行计算分析。一些大型应用软件以及高性能计算机为汽轮机零部件的强度、振动分析提供了计算工具。

　　实际计算过程中，确定计算边界条件非常重要，同时也存在一些可能，边界条件的不确定可能导致较大的计算误差。例如，确定叶片零部件振动的紧固和阻尼边界条件、旋转转子的温度边界条件等都具有难度。为此，可以采用振动分析和安全校核等方法来判断汽轮机运行的安全性。通过科学研究分析，制订出汽轮机及其相关零部件振动安全的振幅和频率标准，而振幅和频率参数则通过计算或试验得到。这样就将工作应力的计算转化成了对振动特性和响应的分析计算，由此把汽轮机的安全校核问题分成了应力分析部分和振动分析部分。

　　需要特别指出的是，汽轮机零部件的最危险工况并不一定就是额定负荷工况或者最大负荷工况。而强度分析必须针对危险工况和危险部位。因此，强度校核一般可采取以下步骤：①分析零部件中危险部位所受到的外载荷；②根据危险工况和必要的几何要素（如面积、惯性矩等）分析计算各种应力；③选择适当的安全系数与材料的许用应力，从而判断零部件的安全性。

　　随着技术的进步，汽轮机零部件强度和振动的计算方法和试验方法都在不断地创新和发展。其发展方向是朝着汽轮机热力计算和强度、振动计算的一体化，即全三维热力分析和全三维的强度分析一体化，最终将解决零部件结构气动优化和强度校核的耦合问题，解决安全评价的流体力学及热力学边界条件问题，解决长期运行性能和疲劳损伤的综合评价问题。并且伴随着检测和分析手段的不断进步，汽轮机零部件强度和振动试验以及在线故障诊断技术也将朝着高实时性和高准确度方向发展，这些都为汽轮机安全运行提供了更好的保障。

第二节　叶片的强度

　　汽轮机动叶片的作用是将喷嘴中出来的高速汽流的动能转换成轴旋转的机械能。叶片由叶型（叶片型线，或称叶身）、叶根和叶顶三部分组成。叶型部分由内弧（凹面）和背弧（凸面）组成，叶型部分必须满足气动特性的要求。由于叶片在高温、高转速和高速汽流绕流或者湿蒸汽区的条件下工作，为了确保叶片的安全，必须掌握叶片静强度计算和动强度校核方法。

一、叶片叶型部分的应力计算

（一）叶片截面的几何特性参数

　　为了计算叶片的应力，需要用到的重要几何特性参数有叶片截面积、形心（重心）坐标、惯性矩和惯性轴等。由于叶片截面的几何形状复杂，其型线很难用简单的数学表达式来描述，通常其几何特性参数用数值计算方法求得，传统的方法有矩形法、梯形法、高斯法等。

　　在进行计算时，需要已知叶片截面型线的坐标。对于叶片截面，可定义坐标系如图 5-1 所示。图中坐标 x 方向为叶宽方向，叶片宽度为 b。叶片截面上部型线定义为 $y_2(x)$，下部型线定义为 $y_1(x)$。若将叶片截面划分成 n 段，则第 i 段上边界 y 坐标平均值为 y_{2i}，下边界平均值为 y_{1i}，当分段数量足够多时，就可准确计算出截面的几何特性参数。

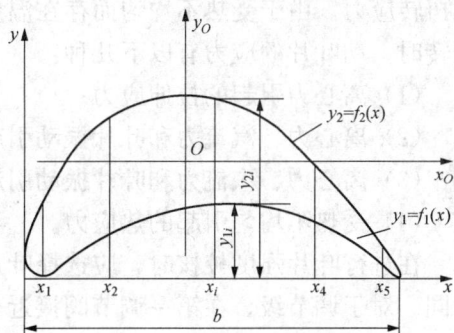

图 5-1　叶型几何截面参数计算

截面面积为

$$A = \int_0^b (y_2 - y_1)\,\mathrm{d}x = b/n \sum_{i=1}^n (y_{2i} - y_{1i}) \tag{5-1}$$

对 x、y 轴的静矩为

$$\left.\begin{aligned} S_x &= \int_A y\,\mathrm{d}A = \int_{y_1}^{y_2}\int_0^b y\,\mathrm{d}x\mathrm{d}y = \frac{1}{2}\int_0^b (y_2^2 - y_1^2)\,\mathrm{d}x = \frac{b}{2}\sum_{i=1}^n A_i(y_{2i} - y_{1i}) \\ S_y &= \int_A x\,\mathrm{d}A = \int_{x_1}^{x_2}\int_0^b x\,\mathrm{d}x\mathrm{d}y = \int_0^b (y_2 - y_1)x\,\mathrm{d}x = b^2\sum_{i=1}^n A_i X_i(y_{2i} - y_{1i}) \end{aligned}\right\} \tag{5-2}$$

截面形心（重心）坐标为

$$x_0 = \frac{s_y}{A}, \quad y_0 = \frac{s_x}{A} \tag{5-3}$$

对 x、y 轴的惯性矩为

$$\left.\begin{aligned} I_x &= \int_{y_1}^{y_2}\int_0^b y^2\,\mathrm{d}x\mathrm{d}y = \frac{b}{3}\sum_{i=1}^n A_i(y_{2i}^3 - y_{1i}^3) \\ I_y &= \int_{y_1}^{y_2}\int_0^b x^2\,\mathrm{d}x\mathrm{d}y = b\sum_{i=1}^n A_i x_i^2(y_{2i} - y_{1i}) \end{aligned}\right\} \tag{5-4}$$

而通过截面形心 O 且平行于 x 和 y 轴的惯性矩，可根据移轴定理求得

$$I_{x_O} = I_x - Ay_O^2, \quad I_{y_O} = I_y - Ax_O^2 \tag{5-5}$$

对应移轴后的惯性矩，可得到过形心坐标的惯性轴。绕形心旋转惯性轴，惯性矩随之变化。当惯性矩取最大值时，对应的惯性轴成为最大惯性轴。而垂直于最大惯性轴的是最小惯性轴，对应为最小惯性矩。

（二）叶片的静应力分析

汽轮机在工作时叶片受到的作用力主要有两种：①叶片本身和与其相连的围带、拉金质量所产生的离心力；②汽流的作用力。

固定安装在叶轮或转毂上的动叶片，高速旋转时要承受叶片自身以及围带、拉金所产生的离心力。叶片各截面形心构成的空间曲线并不与通过转子中心的径向直线重合，各段叶片离心力的方向不同，所以叶片离心力不仅会产生拉应力，还将产生弯曲应力。当蒸汽流过汽道时，汽流压力将使叶片产生弯曲应力，从喷嘴流出的不均匀性汽流形成的激振力引起叶片振动，也产生弯曲应力和扭转应力。此外，离心力和汽流力的作用点与弯曲中心不重合将引起扭转应力。由于受热不均匀而存在温差，叶片还会受到热应力的作用。归纳起来，汽轮机运转时，动叶片的应力有以下几种：

（1）离心力引起的拉伸应力；

（2）离心力、汽流力和叶片振动引起的弯曲应力；

（3）离心力、汽流力和叶片振动引起的扭转应力；

（4）受热不均匀引起的热应力。

在进行叶片强度校核时，应选择叶片的最危险工况。汽轮机各级段的危险工况通常并不相同。对于调节级，在第一调节阀接近全开而第二调节阀尚未开启时最危险；对于中间级，在最大蒸汽流量时最危险；对于低压级，在最大蒸汽流量及最高真空时最危险。同时，由于高压级处于高温下工作，还应考虑材料的热稳定及蠕变问题；低压最末几级处于湿蒸汽区工

作，还应考虑湿蒸汽的冲蚀问题。总之，在进行叶片强度校核时，需根据其危险工况及工作条件，选定适当的许用应力，以保证叶片安全。

在计算叶片拉伸应力、弯曲应力及自振频率时，需要综合考虑不同因素的影响。如叶片的离心力不通过截面质心时，会引起附加弯曲应力，并且提高叶片的自振频率。又如围带可以改善叶片的振动特性、减小叶片的弯曲应力，但同时也会增加离心拉应力等。

（三）叶片的离心拉应力

1. 叶片的离心应力

沿叶片型线高度方向上各截面所承受的离心力不同，离心力由叶顶向叶根方向逐渐增大。若在任意半径处，如图 5 - 2 所示，取一个叶片微段 dr，则该微段的离心力为

$$dF_c = A(r) dr \rho \omega^2 r$$

式中　$A(r)$——叶片截面积，随叶片截面所在半径 r 变化（m^2）；

　　　　ρ——叶片材料的密度，在材料均匀性假设下为常数（kg/m^3）；

　　　　ω——转子旋转角速度（rad/s）。

若取半径 R 处的叶片截面进行计算，作用在该截面上的离心力由截面以上叶片段的质量引起，从 R 到叶顶半径 R_2 积分可求得离心力 F_c。若已知该截面的面积 A，时，即可计算出离心应力 σ_c。

$$F_c = \int_R^{R_2} A(r) \rho \omega^2 r dr \qquad (5 - 6)$$

$$\sigma_c = \frac{F_c}{A} = \frac{1}{A} \int_R^{R_2} A(r) \rho \omega^2 r dr \qquad (5 - 7)$$

2. 等截面叶片的离心应力

对于等截面叶片的型线部分，截面积 A 沿半径 r 方向没有变化。最大离心力发生在型线

图 5 - 2　叶片离心力计算

部分的根部截面，该截面处的离心力 F_{c0} 和离心拉应力 σ_{c0} 的表达式为

$$F_{c0} = \int_{R_0}^{R_2} A_0 \rho \omega^2 r dr = A_0 \rho \omega^2 \frac{R_2^2 - R_0^2}{2} \qquad (5 - 8)$$

$$\sigma_{c0} = \frac{F_{c0}}{A_0} = \rho \omega^2 \frac{R_2^2 - R_0^2}{2} \qquad (5 - 9)$$

式中　A_0——叶片型线部分的根部截面积（m^2）；

　　　　R_0——叶片型线部分的根部半径（m）。

如果叶片的高度用 l 表示、叶片的平均半径用 R_m 表示、用 u_m 表示平均半径处的圆周速度，则式（5 - 9）可以改写为

$$\sigma_{c0} = \rho u_m^2 \frac{l}{R_m} \qquad (5 - 10)$$

由式（5 - 10）可知，等截面叶片根部的离心拉应力与 ρ、u_m、l、R_m 有关，而与叶片截面积 A 无关，即不能通过增加叶片截面积来降低叶片的根部应力，因为截面积增大的同时也增加了离心力。式中 R_m 由热力计算确定，u_m 由转子转速和 R_m 决定。因此，在 R_m 和 u_m 不改变的情况下，采用密度较小的材料可以降低等截面叶片根部应力。如合金钢的密度大约为 7.8×

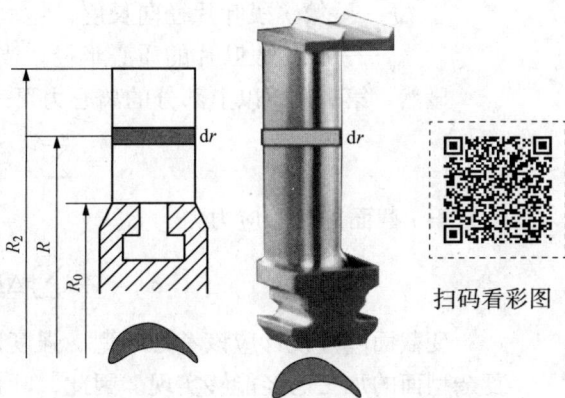

$10^3 \, \text{kg/m}^3$，钛基合金的密度为 $4.5 \times 10^3 \, \text{kg/m}^3$，超硬铝合金材料的密度小于 $3.0 \times 10^3 \, \text{kg/m}^3$。

3. 变截面叶片的离心应力

对于径高比 $d_m/l < 10$ 的汽轮机的级，叶片比较长，由式（5-10）可知，若采用等截面叶片，则应力会变得很大。由于叶片离心力由叶根向叶顶逐渐减小，为了合理利用材料强度，叶片截面积也应从根部向顶部方向逐渐减小，因此采用变截面叶片。变截面叶片在任意半径截面所承受的离心力可由式（5-6）计算。可见，离心力不仅与叶片安装的半径、转子旋转角速度、材料的密度有关，还与截面积沿叶高的变化规律相关。

一般情况下，叶片截面积的变化规律很难用严格的解析式描述，只能用截面积与半径的关系曲线表示。所以，根据截面积沿叶高的变化曲线，可以采取数值积分近似地算出各截面的拉伸应力。如图 5-2 所示，为了计算方便，可将叶片沿叶高等分为 $n-1$ 段，把每段视为等截面体，则从叶根到叶顶共有 n 个截面。第 j 段的离心力为

$$\Delta F_{cj} = A_{mj} \Delta r \rho \omega^2 r_{mj} \tag{5-11}$$

式中 A_{mj}——第 j 段叶片的平均截面积，近似等于上下两截面面积的平均值；

     Δr——第 j 段叶片径向长度；

     r_{mj}——第 j 段叶片的质心半径，当 Δr 足够小时，可以近似取该段平均半径。

显然，第 i 截面以上部分的离心力可表示为

$$F_{ci} = \sum_{j=i}^{n-1} \Delta F_{cj} = \Delta r \rho \omega^2 \sum_{j=i}^{n-1} A_{mj} r_{mj} \tag{5-12}$$

第 i 截面的离心应力为

$$\sigma_i = \frac{1}{A_i} \sum_{j=i}^{n-1} \Delta F_{cj} = \frac{\Delta r \rho \omega^2}{A_i} \sum_{j=i}^{n-1} A_{mj} r_{mj} \tag{5-13}$$

变截面叶片设计应该考虑叶型、强度以及工艺性。由于现代数控加工技术的不断提高，复杂型面的加工已经能够实现。因此，叶片设计对流道效率的考虑越来越精细，使叶片的型面越来越复杂，故离心应力的计算基本都采用式（5-13）的数值方法在计算机上实现。当沿叶高分段足够多且每一段尺寸足够小的时候，可以使计算结果很好地逼近精确解。

4. 围带和拉金的影响

上述讨论仅涉及了叶片型线部分所产生的离心力，若叶片有围带和拉金，还应计算围带、拉金的离心力。这些离心力一方面作用在叶片上，引起相应离心拉应力；另一方面也在围带和拉金与叶片连接处产生弯矩和弯应力。

围带和拉金的离心力计算可用类似式（5-11）的方法计算，在计算围带与拉金以下叶片截面上离心力时，应该叠加上围带和拉金的影响。

实际上，由于叶片结构的复杂性，计算围带和拉金引起的各种应力还要考虑局部应力集中。这种情况下通常采用有限元方法来进行计算。

（四）叶片的弯曲应力

1. 蒸汽作用力引起的弯曲应力

蒸汽流过叶栅流道时，对叶片施加作用力。作用力的大小与流过叶栅的蒸汽流量和蒸汽参数有关，可以分解为圆周分力 F_u 和轴向分力 F_z，如图 5-3 所示。

计算时将叶片简化为叶根固定的弹性梁，在叶片任意高度 r 上取微元 dr，如图 5-2 所示，单位时间内通过 dr 流进和流出叶片流道的蒸汽量为 dG_1 和 dG_2。在稳定工况下，若忽略

蒸汽的径向流动，有 $dG_1 = dG_2 = dG$，这部分流量对叶片 dr 段上沿轮周及轴向的作用力分别为

$$dF_u = \frac{dG}{z_b e}\Delta c_u = \frac{dG}{z_b e}(c_{1u}-c_{2u}) \qquad (5\text{-}14)$$

$$dF_z = \frac{dG}{z_b e}\Delta c_z + (p_1-p_2)t_b dr \qquad (5\text{-}15)$$

$$= \frac{dG}{z_b e}(c_{1z}-c_{2z}) + \Delta p t_b dr$$

式中　　z_b、t_b——级内动叶的数量与节距；

c_{1u} 和 c_{2u}、c_{1z} 和 c_{2z}——叶片进出口汽流在圆周方向和轴向的分速度（m/s）；

e——部分进汽度；

p_1、p_2——动叶前后的蒸汽压力（MPa）。

图 5-3　蒸汽作用力引起的弯曲应力计算

在距离转子中心 R 的叶片截面（简称 R 截面）上（见图 5-2）叶片所受到的轮周方向及轴向的弯矩分别为

$$M_{uR} = \int_R^{R_2} \frac{1}{z_b e}(c_{1u}-c_{2u})(r-R)dr \qquad (5\text{-}16)$$

$$M_{zR} = \int_R^{R_2} \frac{1}{z_b e}(c_{1z}-c_{2z})(r-R)dr + \int_R^{R_2}(p_1-p_2)(r-R)t_b dr \qquad (5\text{-}17)$$

如果已知汽流沿叶高的流动规律，即已知 c_u 及 c_z 与 r 的函数关系后，可由式（5-17）求出在 R 截面上的弯矩，然后根据截面系数，就可以计算出该截面的弯曲应力。与计算离心力的情况相同，可以利用分段数值积分的方法计算出轮周方向和轴向的弯矩和弯曲应力。

对于型线复杂的叶片，比如低压级长叶片，沿叶高方向分布的汽流速度和压力在叶片各横截面上形成的作用合力方向是变化的，需要将力沿轮周方向和轴向进行分解，最后形成合力和弯矩。

2. 离心力引起的叶片弯曲应力

叶片除受到蒸汽作用力引起的弯矩外，当离心力不通过被核算截面的形心时，在该截面上也会引起弯矩。离心力产生弯矩的原因有两个：一是叶片自身结构产生的弯矩，即复杂型面叶片或特意设计的偏装叶片导致的离心弯矩；二是叶片受汽流作用力而产生弯曲变形后导致的离心弯矩。

（1）复杂型面叶片。为了减小流动损失，现代叶片往往采用复杂的三维型面。对叶片上任何一个截面而言，要使叶片截面上端部分的离心力正好通过截面的形心几乎是不可能的。因此，截面上端部分的离心力产生弯矩也是必然的，而且这些弯矩的方向是随截面的不同而变化的。当该弯矩较大时，则必须计算由此引起的弯曲应力。

（2）叶片的偏装。由于离心力可以产生稳定的弯矩，在进行叶片强度设计时，为了抵消部分汽流弯曲应力，可有意识地使核算截面以上叶身的离心力 F_{cx} 不通过此截面的形心 O，而通过 E 点，即保留偏心距 e，如图 5-4 所示。则离心力在此截面上所产生的弯矩为 $F_{cx}e$，可以抵消部分汽流弯矩，从而降低叶片的弯曲应力。因此，在进行叶片的结构设计时，可合理选择偏心距 e，使叶片的总弯曲应力水平较低。若使校核截面的背部与进出汽边缘两处的最大拉、压应力数值都最小，设计的偏心距即为最佳偏心距，此时离心弯曲应力与汽流弯曲

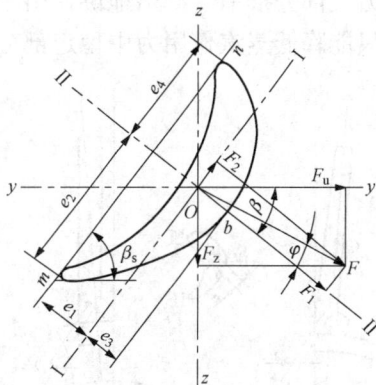

应力大部分抵消。严格地讲，由于离心弯曲应力与蒸汽弯曲应力两者性质不同，离心弯曲应力只能降低蒸汽作用力中稳定部分产生的弯曲应力，而交变应力部分不会降低。

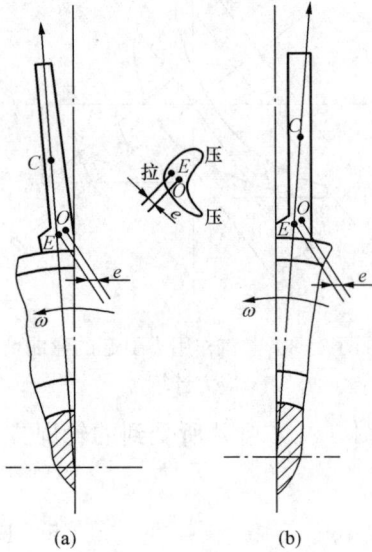

图 5-4　叶片的偏装
(a) 倾斜式；(b) 平移式

为使叶片的离心力按设计要求在叶片中产生弯矩，通常可以采用以下两种方法：第一种方法是使叶片在叶轮圆周方向（或者同时在轴向）顺转动方向倾斜一角度，如图 5-4（a）所示；第二种方法是使整个叶型按上述同一方向平移一定距离，如图 5-4（b）所示。目前，在我国汽轮机设计中，采用第二种方法的较多。另外，考虑到汽流作用力产生的弯矩沿叶高的变化，可以让叶型沿叶高的平移各不相同，即所谓将叶片"弯折"，但这对设计和加工提出了更高的要求。

在计算叶片偏装离心力时，要先求出校核截面的形心，再求出该截面以上部分的空间重心和总离心力。离心力方向在空间重心与转子旋转中心的径向连接线上，此线与该截面的交点 E 与截面型心 O 间的距离即为偏心距 e，如图 5-4 所示。虽然离心力并不垂直于该截面，但因夹角甚小，一般均近似地认为垂直于此截面。具体计算时，根据叶片型线数据分段计算。

（3）叶片弯曲变形后离心力产生的弯矩。当叶片受汽流作用力产生弯曲变形后，使离心力作用方向不再通过校核截面上原作用点时，如图 5-5 所示。一般会产生一个反向弯矩，可以抵消一部分汽流弯曲应力。当已知叶片弯曲挠曲线，并忽略叶片弯曲后各截面半径的改变、离心力与叶片截面形心连线间夹角的影响时，可分段计算该离心弯矩。

在对叶片进行强度校核时，若叶片的强度已满足要求，则不再进行弯曲变形离心弯矩的计算。一般情况下，考虑该离心弯矩后，真实应力值会比计算值小。因此，不考虑这种弯曲应力的计算是偏安全的。

3. 围带或拉金叶片组的弯曲应力

用围带或拉金连接成组的叶片，受到汽流作用力而发生弯曲变形时，围带或拉金也将随之弯曲而产生弯曲变形。这时围带或者拉金对叶片作用有反弯矩，部分抵消汽流弯矩，从而使叶片弯曲应力减小。

二、叶根与轮缘的应力分析

叶根的主要应力来自叶片离心力。

当叶根在轮缘中安装牢固，彼此紧密配合时，叶根在轮周方向上可当成一个整体，汽流作用力加在叶片上的弯矩对叶根的影响很微小，其弯曲应力可不加校核。但考虑到叶轮材料的热膨胀系数常比叶片材料大、轮缘受力后产生变形、加工及装配误差等因素，轮缘尺寸

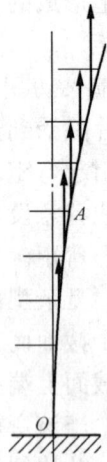

图 5-5　叶片弯曲变形后离心力产生的弯矩计算

在运行时会变大，叶根仍可能松动，受到汽流力作用会产生弯曲应力。特别是对于一些短叶片，例如调节级叶片，其工作型线段很短，因此型线部分弯曲应力不大，但对于叶根而言，汽流弯矩却很大。在此条件下，叶根受到汽流作用力而产生的弯曲应力需要加以考虑。

（一）T形叶根

1. 叶根

T形叶根及其轮缘的构造如图 5-6 所示，应对叶根所受到的离心拉应力，弯曲、挤压及剪应力等进行核算。

（1）AB 截面的（截面积为 A_1）离心拉应力为

$$\sigma_{c,A_1} = \frac{1}{A_1}(F_{c1} + F_{c2} + F_{c3}) \qquad (5-18)$$

式中　F_{c1}——叶片型线部分（包括围带与拉金）的离心力；

　F_{c2}、F_{c3}——叶根 h_0 及 h_1 部分的离心力。

（2）AD 及 BC 截面（截面积为 A_2）的剪切应力为

$$\tau_{A_2} = \frac{1}{2A_2}(F_{c1} + F_{c2} + F_{c3} + F_{c4}) \qquad (5-19)$$

式中　F_{c4}——高度为 h_2、截面为 $cbeh$ 部分的叶根离心力。

（3）$abcd$ 及 $efgh$ 面（单侧面积为 A_3）上所受的挤压应力为

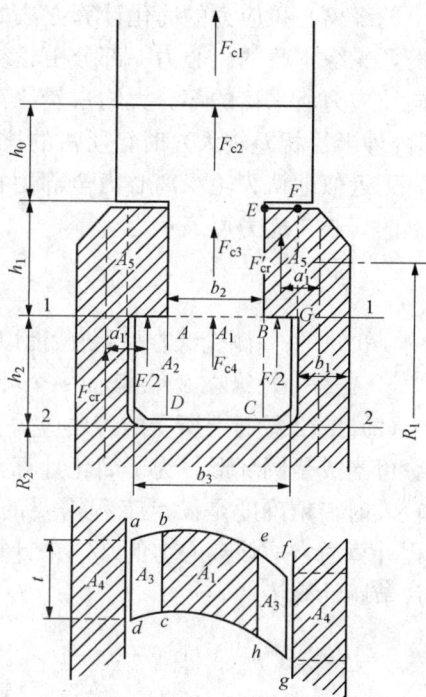

图 5-6　T形叶根及轮缘的构造

$$\sigma_{c,A_3} = \frac{1}{2A_3}(F_{c1} + F_{c2} + F_{c3} + F_{c4} + F_{c5}) = \frac{F}{2A_3} \qquad (5-20)$$

式中　F_{c5}——高度为 h_2、截面为 $abcd$ 和 $efgh$ 部分的叶根离心力；

　F——叶片总离心力，$F = F_{c1} + F_{c2} + F_{c3} + F_{c4} + F_{c5}$。

在计算受压面积 A_3 时应扣除轮缘及叶根上过渡圆角及倒角部分尺寸。

（4）AD 及 BC 截面离心弯曲应力。计算时将叶片总离心力作为一集中负载，即

$$\sigma_{b,A_2} = \frac{M}{W} = \frac{\frac{1}{2}F \times \frac{1}{2}(b_3 - b_2)}{\frac{1}{6}th_2^2} = \frac{3}{2} \times \frac{F(b_3 - b_2)}{th_2^2} \qquad (5-21)$$

式中　M——弯矩；

　W——抗弯截面系数。

（5）AB 截面的蒸汽弯曲应力为

$$\sigma_{b,A_1} = \frac{M_{1-1}}{W_{1-1}} = \frac{F_u\left(\frac{1}{2}l + h_0 + h_1\right)}{\frac{1}{6}b_2t^2} = F_u\left(\frac{1}{2}l + h_0 + h_1\right)\frac{6}{b_2t^2} \qquad (5-22)$$

2. 轮缘

（1）2-2 截面（截面积为 A_4）的离心拉应力。轮缘 2-2 截面上所受到的拉力由两部分组成，一部分为 2-2 截面以上轮缘部分的离心力，另一部分为叶片的离心力。轮缘是与轮体整体相连的薄圆环，其每侧的离心力 F_{cr} 应由轮缘内的切向拉应力与径向拉应力所平衡。现代设计采用数值计算的方法进行轮缘应力分析，可将整个叶轮一起计算。

　　轮缘离心拉应力的简化计算方法如下：假定叶片的离心力完全由轮缘内的径向拉应力所平衡，轮缘本身的离心力一部分由轮缘内的径向拉应力平衡，另一部分由切向拉应力平衡。径向拉应力所平衡的部分大约占轮缘离心力的 $50\%\sim70\%$。当轮缘内外半径之比相对较小（即内外半径相差较大）时，所占的比例较小；反之则较大，通常取 60%。若轮缘上有切口时，则近似地认为轮缘离心力全部由径向拉应力所承担。因此，在一般情况下轮缘 2-2 截面上的离心拉应力可表示为

$$\sigma_{t,A_4} = \frac{1}{A_4}\left(\frac{F}{2} + \frac{2}{3}F_{cr}\right) \tag{5-23}$$

式中　F_{cr}——一侧轮缘在 2-2 截面以外一个叶片节距部分的离心力；

　　　　A_4——轮缘在 2-2 截面一个叶片节距部分的面积。

　　（2）2-2 截面上所受的弯曲应力。在轮缘 2-2 截面上，受到偏心载荷 F 所产生的弯矩。轮缘可当成是圆环形，为了简化计算，忽略其曲率，近似认为是一直梁，这种简化在轮缘直径较大时，精确度是满足工程需要的。此外，轮缘本身偏出部分 $BEFG$ 也产生一离心力，工程计算通常取该离心力的 2/3 来计算弯矩。因此，由偏心离心力产生的弯曲应力按每一个叶片节距计算为

$$\sigma_{b,A_4} = \frac{M}{W_{2-2}} = \frac{\dfrac{F}{2}a_1 + \dfrac{2}{3}\times\dfrac{F'_{cr}}{z_b}a'_1}{\dfrac{1}{3}\times\dfrac{\pi R_2}{z_b}b_1^2} \tag{5-24}$$

式中　F'_{cr}——轮缘 $BEFG$ 部分总的离心力；

　　　a_1、a'_1——叶片总离心力及 F'_{cr} 力对截面 2-2 的力臂，实际上 $a_1\approx a'_1$，计算时 a'_1 用 a_1 代入，偏于安全；

　　　　R_2——2-2 截面处的半径；

　　　　b_1——轮缘部分的宽度。

　　（3）FG 截面（面积为 A_5）的剪切应力为

$$\tau_{A_5} = \frac{1}{A_5}\left(\frac{F}{2} + \frac{2}{3Z_b}F'_{cr}\right) = \frac{z_b}{4\pi R_1 h_1}\left(F + \frac{4}{3z_b}F'_{cr}\right) \tag{5-25}$$

式中　R_1——FG 截面的平均半径。

　　通过上面 T 形叶根在叶根及轮缘处的计算可知，T 形叶根在叶根处有很大的弯曲应力，叶根还受到挤压及剪切应力，因此叶根颈部（AB 截面）不能过窄，其他对应尺寸不能过小。T 形叶根轮缘也受到很大弯矩的作用，因而轮缘厚度不能过小。而叶根及轮缘尺寸加大会增大级的轴向尺寸及汽轮机长度。因此，T 形叶根多用于较短的叶片。

　　3. 外包凸肩 T 形叶根

　　当叶片加长，T 形叶根离心力增大时，轮缘上受到很大的拉弯合成应力。为此，将叶片设计成有外包凸肩的形状，如图 5-7 所示。当轮缘受力外张时，受到叶根上的外包凸肩的阻挡，抵消轮缘上的部分弯矩，可有效地减小轮缘的尺寸。轮缘受到的反力 F_Q 的大小与轮缘的变形有关，即与轮缘受力 F 的大小有关。轮缘可视为一静定梁，基于凸肩接触面挠度近似等于零的变形协调

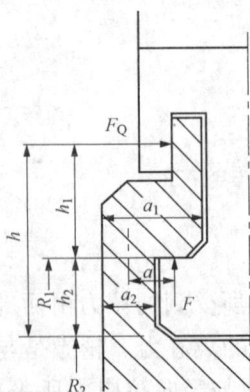

图 5-7　外包凸肩 T 形叶根

条件，用卡氏定理可求解反力 F_Q。

（二）枞树形叶根

若叶片较长时，为了避免过大地增加轮缘及叶根尺寸，可采用枞树形叶根。枞树形叶根有较多的齿，且齿高较小，可承担很大离心力。根据受力分析可知，叶根上部的齿承受较大的离心力载荷，从上至下齿承受的载荷逐渐减小，故叶根宽度设计为向下逐渐减小，从而使轮缘截面尺寸逐渐变大，强度增大。枞树形叶根加工复杂，精度要求较高。

若叶根及轮缘为绝对刚体，考虑到加工误差，在叶根两侧只能各有一个齿与轮缘接触。实际上，叶轮及叶片都是弹性材料，因而最初只会有两个齿接触，受力后将产生弹性变形，使其他齿也开始接触并承担负载。若加工误差偏大，使负载在各齿间分配不匀，个别齿受力过大，则该齿可能发生局部塑性变形，而其他齿逐渐接触并承担更大负载，各齿的受力趋于均匀。在高温区工作的汽轮机级，例如调节级，其叶根更易产生局部塑性变形。因此，可认为负载最终在各齿间均匀分配。从偏安全的角度出发，当齿数较多时，计算时可假设有两齿不受力。

枞树形叶根形状复杂，采用数值方法（如有限元方法）进行应力计算，能较好地分析应力集中的情况，从而优化叶根结构，提高强度裕量。

（三）叉形叶根

中长叶片级常采用叉形叶根，叶片的离心力通过销钉传给轮缘。此叶根的优点是轮缘不承受过大的弯曲应力，因而在较小的尺寸下可承受较大的离心力。但叶根和轮缘被销钉孔所削弱，成为薄弱环节。在受到叶片离心力的作用时，销钉受到剪切和挤压，叶根和轮缘在销钉孔的截面上受到挤压和拉伸。为此，销钉孔一般开在叶根的骑缝面上，这样销钉所在叶根截面强度被削弱部分较少。叶根叉数少则一两个，多则 5～7 个。为了提高叶根强度，可增加叶根的叉数。

叉形叶根强度的核算可采用上述计算原理进行。需要指出的是，由于在叶根骑缝面上开有销钉孔，使得叶片离心力 F_c 的方向线不再通过叶根 1—1 截面形心 O，而有一偏心距 e，如图 5-8 所示。故离心力也产生弯矩，应当加以核算。

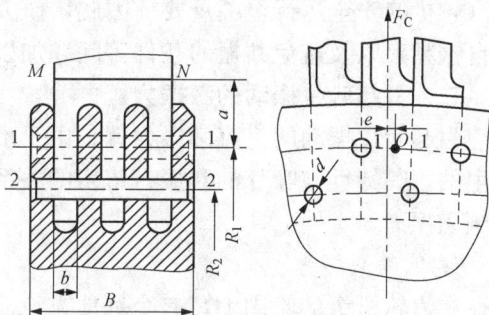

图 5-8　叉形叶根计算图

第三节　叶片的振动

长期运行实践证明：汽轮机叶片除了承受静应力外，还受到因气流不均匀产生的激振力作用而引起振动。汽轮机安全运行与振动的关系极大，零部件或整个机组的振动过大，会造成严重的后果。国内外统计资料表明，许多汽轮机的重大事故起因于振动。在汽轮机振动事故中，叶片振动事故占有一定的比例。例如，调节级叶片处在恶劣条件下工作，叶片除了承受静应力外，还必须承受蒸汽的冲击力及喷嘴隔板结构引起的激振力。低压部分的动叶片和叶轮往往是应力最大的零部件，在异常排汽压力、低负荷、空负荷及其他非正常运行方式下，汽流会产生强烈扰动，叶片的动应力比正常情况下要大很多。末几级长叶片通常是变截面弯扭叶片，振动特性复杂，由于弯曲振动与扭转振动的耦合，极易发生共振。除调节级和末级动叶片外，其他各级叶片也往往因振动强度不合格而造成断裂。频率异常等不良运行方式会影响零部件的振动特性，也容易造成叶片断裂。因此，必须研究叶片的振动特性和激振力特性，从设计和运行的角度保障叶片的安全。

一、叶片的动应力分析

汽轮机在工作时，叶片受到的静应力在前述已经分析，下面主要分析动应力情况。

汽流流过叶栅通道时，作用在叶片上的汽流力是随时间变化的，可将此力分解成一个不随时间变化的平均值分量和一个随时间变化的交变分量，平均值分量在叶片中引起汽流静弯应力，而变化的交变分量则迫使叶片振动并在叶片中引起交变的振动应力。

叶片是一个弹性体，当叶片受到一个外力作用时，会偏离平衡位置；当外力消除后，由于叶片自身的弹性力和质量的惯性力作用，它就在其平衡位置附近反复振动，这种振动称为自由振动，叶片作自由振动时的频率就是自振频率。当叶片受到周期性外力（又称激振力）作用时，它会按外力的频率进行振动，这就是强迫振动。在强迫振动中，当激振力的频率与叶片的自振频率相等或成整数倍时，叶片会发生共振。在共振状态下，叶片的振幅最大，动应力急剧增加。

汽轮机的叶片事故大多数是由于叶片共振而引起的。一旦叶片发生共振，可在较短时间内产生疲劳裂纹直至因截面积减小承受不了离心力和汽流力的载荷而被拉断。叶片断裂后，其碎片可能将相邻叶片打坏，这些碎片若被高速汽流带走，还可将后面级的叶片打坏。转子因此失去平衡，而发生强烈振动，从而引起更严重的事故。由此可知，叶片振动性能的好坏对汽轮机的安全运行至关重要。因此，研究叶片的振动就是对引起叶片共振的激振力、叶片的自振频率以及避免共振的条件等问题加以研究。

二、引起叶片振动的激振力

引起叶片振动的汽流激振力就是由于沿圆周方向的不均匀汽流对旋转叶片的脉冲作用而产生的，其特性与叶片的共振有密切的关系。汽流激振力按频率的高低可分为低频激振力和高频激振力。

1. 低频激振力

在汽轮机级的轮周上，有个别地方汽流的方向或大小可能异常，叶片每转到此处，其受力就变化一次，这样形成的激振力为低频激振力。产生低频激振力的主要原因如下：

（1）个别喷嘴损坏或制造、安装偏差；

（2）隔板中分面处结合不好导致汽流异常；

（3）级前或级后有加强筋，干扰汽流；

（4）级前或级后有抽汽口或排汽口；

（5）采用部分进汽。

若一级中只存在一个激振源，则对于同一级中的任一叶片来说，每转一周就受到一次激振，则激振力的频率为

$$f_1 = \frac{1}{T} = \frac{\omega}{2\pi} = \frac{2\pi n}{2\pi} = n \tag{5-26}$$

式中　n——转子转速（r/s）；

　　　T——激振力的周期（s）；

　　　ω——激振力的圆频率（rad/s）。

同理，若一级中有 i 个均匀分布的激振源，则激振力的频率为

$$f_1 = \frac{2\pi n}{2\pi/i} = in \tag{5-27}$$

对于非对称分布的激振源，只有在特殊情况下才考虑它的激振力频率。

由此可见，能够引起叶片共振的低频激振力的频率 f_1 为转子转速的 i 倍（$i=1$，2，3…）。

2. 高频激振力

由于喷嘴的出汽边有一定的厚度，故喷嘴叶栅出口的汽流速度分布不均匀，通道中间部分汽流速度高而出汽边尾迹处汽流速度低。当旋转叶片处在通道中间部分时，汽流作用力较大，当它进入喷嘴出汽边后面时，汽流力便突然减小，再转到下一个通道中间部分时，汽流力又突然增大。所以，叶片每经过一个喷嘴，所受的汽流力就变动一次，即受到一次激振，如图5-9所示。对于整圈喷嘴数目为 Z 的级，全周进汽时，叶片每秒钟所受的激振次数即激振力频率为

$$f_h = \frac{2\pi n}{2\pi/Z} = Zn \tag{5-28}$$

通常一级的喷嘴数为 $40\sim80$，$n=50\text{r/s}$，则激振力的频率范围为 $2000\sim4000\text{Hz}$，故称这类激振力为高频激振力。

对于部分进汽的级，激振力的频率为

$$f_h = \frac{Z}{e}n \tag{5-29}$$

图5-9　喷嘴尾迹产生的汽流力分布

式中　Z——进汽弧段中的喷嘴数；

　　　e——级的部分进汽度。

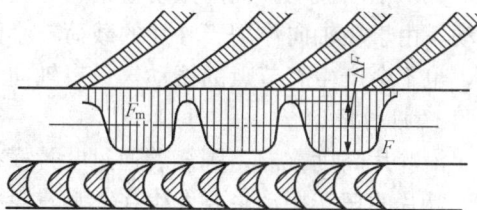

由此可见，高频激振力的频率 f_h 为汽轮机的转速 n 与该级喷嘴数 Z 的乘积 $Zn\left(\text{或}\frac{1}{e}Zn\right)$。

三、叶片振动的基本振型

在叶片振动分析中，我们将叶片当作悬臂梁来处理。叶片在周期性变化的汽流力激励下产生强迫振动，其基本振动型式有弯曲振动和扭转振动两类。弯曲振动又分为切向振动和轴向振动两种。

（一）自由叶片的振动

微课4-叶片的振动

1. 弯曲振动

弯曲振动是绕最小、最大主惯性轴的振动。一般叶片的最大主惯性轴与轮周方向的夹角较小。叶片振动时，绕叶片截面最小主惯性轴的振动，其振动方向接近叶轮圆周的切线方向，称为切向振动；而绕截面最大主惯性轴的振动其振动方向接近汽轮机的轴向，称为轴向振动。由叶片蒸汽弯曲应力计算可知，叶片绕截面最小主惯性轴的抗弯刚度低于最大主惯性轴，因此，切向振动的频率低于轴向振动。

（1）切向振动。由于汽流几乎是沿着切向作用在叶片上的，而且振动发生在叶片刚性最小的切向方向，所以切向振动是最容易发生且最危险的振动。

按振动时叶顶的状态，叶片切向振动可分为A型振动和B型振动。叶片振动时，叶根固定不动，叶顶摆动的振型称为A型振动。叶片振动时，叶根固定不动，叶顶固定或基本不动的振型称为B型振动。由于叶片是连续质量分布的弹性体，因此具有无限多个自振频

率，当激振力的频率改变时，便可能引起无限多阶共振，出现无限多种振型。通过实验可以观察这些振型，随着激振力频率的升高，自由叶片在切向振动时，开始出现的是振幅沿着叶高逐渐增大的振型，随后出现了有一个、两个或更多个节点的振型（振动时不动的点称为节点，严格地讲应是一条不动的线），如图 5-10 所示。从振型曲线上可以看出：节点上振幅为零，节点两侧的振动相位相反。这类切向振动，按节点数目的不同，其振型分别称为 A_0、A_1、A_2、…型振动或 B_0、B_1、B_2、…型振动。

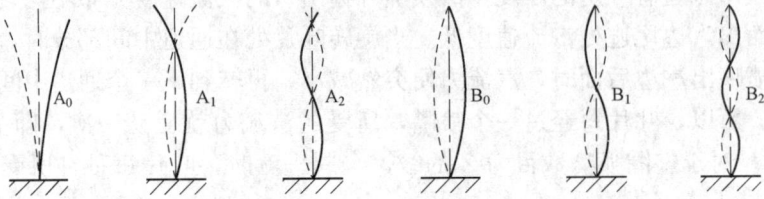

图 5-10　单叶片的切向振动振型

（2）轴向振动。轴向振动通常与叶轮振动同时发生，从而形成了叶轮-叶片系统的轴向振动。由于在轴向作用于叶片的载荷较小而叶片的刚度又较大，因此轴向振动应力一般比较小，也不会产生有节点的振动，只有轴向 A_0 型振动。

2. 扭转振动

沿叶片高度方向，围绕着通过叶片横截面形心的轴线往复扭转的振动称扭转振动。

叶片的扭转振动主要发生在大型汽轮机末几级的长叶片中。在扭转振动时，叶型部分可能会出现一条或多条节线（叶片振动时，叶身上固定不动的线），节线两侧的扭转方向相同（从角位移方向看），如图 5-11 所示。节线数越多，扭转振动的自振频率就越高。同样，按节线定义扭转振动的阶数分别称为 T_1、T_2、T_3…型振动。

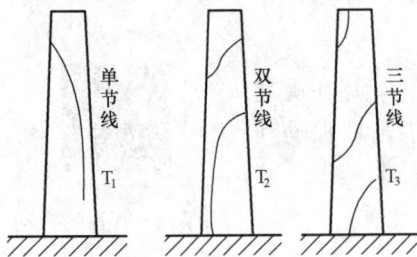

图 5-11　叶片扭转振动振型

扭叶片在工作时，通常会产生弯曲-扭转的复合振动。随着振动频率的增加，节线数目也要增加。由于这种振动的频率较宽，要使叶片复合振动的自振频率避开高频激振力的频率比较困难。随着测试水平的不断提高，目前越来越多的人致力于研究扭振问题。

（二）叶片组的振动

由围带或拉金连成叶片组后，同样存在弯曲和扭转两种振动型式。

1. 叶片组的弯曲振动

叶片组的弯曲振动同样有切向和轴向两种型式，并且同样根据叶顶是否参与振动划分为 A、B 两种振型。

（1）切向振动。

1）切向 A 型振动。叶片组也可能发生 A_0、A_1、A_2 等不同频率的 A 型振动，如图 5-12 所示。叶片组为 A 型振动时，组内各叶片的频率及相位均相同，振型曲线与单个叶片相似。但由于围带或拉金的影响，叶片组的振动频率与同阶次单个叶片的振动频率不同。同样，按振动时节点的数目，其振型也可用 A_0、A_1 等表示。

2）切向 B 型振动。装有围带的叶片组可能发生 B 型振动。由于围带不会增强叶片的轴向刚度，当叶片为轴向振动时，叶顶在轴向不会保持不动，因此一般不会产生轴向 B 型振动。通常提到的 B 型振动，总是指切向 B 型振动叶片组的 B 型振动，根据节点的数目，其振型分别用 B_0、B_1、B_2 等表示。

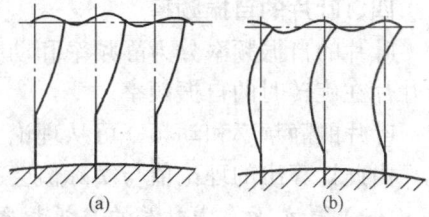

图 5-12　叶片组的切向 A 型振动
(a) A_0 型；(b) A_1 型

叶片组为 B 型振动时，组内叶片的相位大多数是对称的。图 5-13 所示为叶片组的 B_0 型振动，每个叶片的振幅都是由叶根向上逐渐增大，达到最大值后又逐渐减小，叶片上没有节点。图 5-13 (a) 中，对称于叶片组中心线的叶片振动相位相反。若组内叶片数为奇数，中间的叶片不振动，这样的振型称为第一类对称的 B_0 型振动，用 B_{01} 表示。图 5-13 (b) 中，对称于叶片组中心线的叶片振动相位相同，这样的振型称为第二类对称的 B_0 型振动，用 B_{02} 表示。

当激振力的频率逐渐升高时，叶片组会依次出现 A_0、B_0、A_1、B_1 等振型。振动频率越低，振幅就越大，叶片内的动应力也就越大，因此通常把 A_0、B_0、A_1 看作是最危险的振型。

(2) 轴向振动。图 5-14 所示为用拉金连接的叶片组轴向振动时的两个振型。拉金上有一个节点的为 X 形振型，拉筋上有两个节点的为 U 形振型，当然也可能出现拉金上节点更多的振型。最容易激起的是 X 形振型，此时它们的叶片在做没有节点的轴向振动。

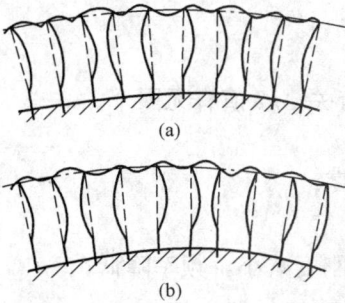

图 5-13　叶片组的切向 B_0 型振动
(a) 第一类对称的 B_0 型振动；(b) 第二类对称的 B_0 型振动

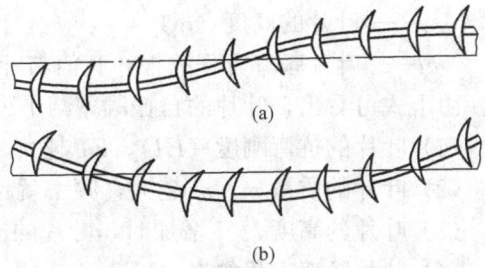

图 5-14　叶片组的轴向振动
(a) X 形振型；(b) U 形振型

叶片组的轴向振动往往与叶轮的轴向振动耦合在一起，必然伴随着叶片的扭转振动。

2. 叶片组的扭转振动

在叶片扭转振动发生时，围带与叶片保持边界连续，围带势必产生弯曲振动。所以，叶片组的扭转振动有两类，一类是组内各叶片的扭转振动，又称节线扭转振动，如图 5-15 所示；另一类是由叶片组轴向振动伴随产生的。

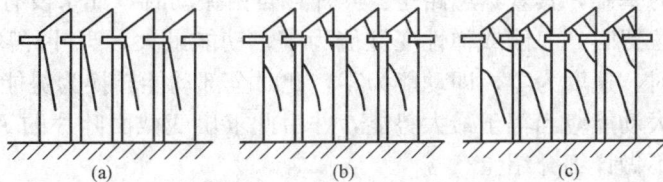

图 5-15　叶片组的扭转振动
(a) 单节线；(b) 双节线；(c) 三节线

四、叶片的自振频率

叶片的自振频率分为静频率和动频率。静频率是指叶片在静止时的自振频率；动频率是指叶片在旋转时的自振频率。

叶片的静频率和动频率可从理论上进行计算，但由于在计算过程中对一些条件进行了简化，由此计算出的理论值与实际值会有偏差。

（一）等截面自由叶片的自振频率

叶片振动时，其上任一点相对原平衡位置的位移 y 是时间 t 和距叶根距离 x 的函数，即 $y = f(x, t)$。

根据弹性体振动理论，经简化模型，得到叶片自由振动的偏微分方程为

$$\frac{\partial^2}{\partial x^2}\left(EI\frac{\partial^2 y}{\partial x^2}\right) + \rho A\frac{\partial^2 y}{\partial t^2} = 0 \tag{5-30}$$

通过分析推导，可导出单个等截面叶片的静频率为

$$f_s = \frac{(kl)^2}{2\pi}\sqrt{\frac{EI}{\rho A l^4}} = \frac{(kl)^2}{2\pi}\sqrt{\frac{EI}{ml^3}} \tag{5-31}$$

式中　E——叶片材料的弹性模量（Pa）；

I——叶片截面的最小形心主惯性矩（m^4）；

ρ——叶片材料密度（kg/m^3）；

A——叶片横截面积（m^2）；

m——叶片的质量（kg）；

l——叶片的高度（m）；

kl——叶片频率方程的根，其值与叶片的振型有关，kl 值有无限个。

由上式可看出，叶片的自振频率与下列因素有关：

（1）叶片的抗弯刚度（EI）。EI 越大，频率就越高；

（2）叶片的质量 m。m 越大，频率就越低；

（3）叶片的高度 l。l 增加时，叶片的质量增大，刚度减小，频率降低；

（4）叶片频率方程的根（kl）。

对于同一叶片，不同的振型，其自振频率不同，但如果知道了某一振型的频率值，则其他振型的频率值可用各振型的 kl 值换算得出，即 $f_{A0} : f_{A1} : f_{A2} = (k_0 l)^2 : (k_1 l)^2 : (k_2 l)^2 = 1 : 6.27 : 17.55$。

（二）变截面自由叶片的自振频率

对变截面叶片，截面积 A 与惯性矩 I 都沿叶高 x 变化，且与叶高的关系很难用一个简单的函数式表示。因此，对变截面叶片不能再用前述的解析法求解。

在工程中常用能量法（又称瑞利法）近似计算单个变截面叶片 A_0 型的自振频率。能量法以能量守恒定律为基础，其基本思路是：叶片在自由振动时，如果没有阻尼的话，则当叶片振动到中间平衡位置时，势能或弹性变性能为零，动能最大；当叶片离开中间平衡位置，到达最大振动位移时，速度为零，即动能为零，此时全部动能转换为势能，势能最大。根据能量守恒定律，最大动能应当等于最大势能，并由此求出变截面叶片的 A_0 型自振频率，其具体求解过程在此不做详细介绍。

（三）影响叶片自振频率的因素

由式（5-31）可知，叶片弯曲振动的自振频率取决于抗弯刚度和质量。此外，工程中

叶片材料的弹性模量随温度而变。叶片在旋转中离心力必然对其振动特性产生影响。叶片根部的安装紧力也会随安装、运行条件发生变化，围带和拉金的存在也会改变叶片的振动特性。因此，计算工作时叶片的自振频率还应对上述计算结果加以修正。

1. 工作温度

对于汽轮机，通常叶片材料的弹性模量 E 随温度升高而降低，因此随着工作环境温度的变化，叶片的自振频率也发生变化。温度升高时，叶片的自振频率将降低，反之则升高。如果叶片的自振频率计算选用室温下的弹性模量 E_0，或在室温环境下测得其自振频率，那么工作环境下的自振频率应对此加以修正。

叶片自振频率的温度修正系数为

$$K_t = \sqrt{E_t/E_{20}} \tag{5-32}$$

式中 E_t、E_{20}——在工作温度下和 $20℃$ 时叶片材料的弹性模量。

2. 叶根的连接刚度

在叶片自振频率计算中，假设叶片根部为刚性固定。但是，叶片安装于具有弹性的叶根槽中，并且叶根本身也为弹性体，同时叶根与轮缘以及相邻叶根间总会存在一定间隙，这样在离心力及蒸汽力弯矩的联合作用下，叶片根部出现松动，导致根部截面处的位移和转角不为零，相当于减小叶根处的约束、增加叶片的长度，使叶片的自振频率下降，所以应当加以修正。很明显，叶片越长，或叶片的抗弯刚度越小，叶根安装紧力不足对叶片自振频率所产生的影响就越小。叶片自振频率的叶根牢固修正系数 K 不仅与叶根型式有关，而且还与叶片的柔度系数 λ 有关。$\lambda=l/i$，l 为叶片高度，i 为叶型截面的惯性半径，即 $i=\sqrt{I/A}$，I 为叶型截面的最小惯性矩，A 为叶型截面的面积。对于变截面叶型，I 和 A 选用平均截面处的数据。图 5-16 给出了 A_0 型振动的 K 与 λ 的关系曲线。由此曲线可知，在 λ 增大时，K 接近于 1，也就是说，当叶片较长或抗弯刚度较小时，叶根的松动可以忽略不计；反之，如果叶片较短或抗弯刚度很大，那么，叶根的松动将对叶片的自振频率产生显著影响。

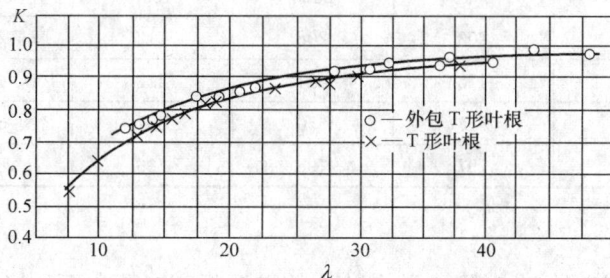

图 5-16 K 与 λ 的关系曲线

考虑以上两种因素的影响后，等截面自由叶片的自振频率为

$$f_s = KK_t \frac{(kl)^2}{2\pi} \sqrt{\frac{EI}{ml^3}} \tag{5-33}$$

3. 离心力

叶片工作时，叶型部分要因振动而离开平衡位置，这时叶片质量离心力的作用线将不通过根部截面的形心，从而形成了一个附加的弯矩作用在叶片上，阻止叶片振动时的弯曲，相当于增加了叶片的刚度，使此时叶片的动频率高于它的静频率。叶片动频率 f_d 与静频率 f_s

的关系为

$$f_d = \sqrt{f_s^2 + Bn^2} \qquad\qquad (5-34)$$

式中　f_s——经过 K 及 K_t 修正的静频率；

　　　n——叶片的工作转速；

　　　B——动频率系数。

B 与叶栅的结构和振型等许多因素有关，目前只能根据经验公式进行计算。对 A_0 型振动，常用的公式有

等截面叶片　　　　　　　　$B = 0.8 \dfrac{D_m}{l} - 0.85$

变截面叶片　　　　　　　　$B = 0.69 \dfrac{D_m}{l} - 0.3 + \sin^2\beta$

式中　l、D_m——叶片的高度及平均直径。

其中，　　　　　　　　　　$\beta = \dfrac{2}{3}\beta_r + \dfrac{1}{3}\beta_t$

式中　β_r、β_t——根、顶部叶型安装角的余角。

表 5-1 所示为某汽轮机叶片在不同转速下的前四阶动频率。从表中可以看出，随着转速的增加，叶片的动频率。也随之增大。这是因为叶片在转动条件下，由于离心力的作用，叶片刚度增大，各阶振动频率升高。当转速 $n = 1500 \text{r/min}$ 时，1 阶动频率较 1 阶静频率增大 3.3%，2 阶动频率较 2 阶静频率增大 0.7%，3 阶动频率较 3 阶静频率增大 0.2%，4 阶动频率较 4 阶静频率增大 0.1%，由此可知，转速对低阶频率的影响较大，对高阶频率的影响随阶次增加而降低。

表 5-1　　　　　　　　　　　不同转速下叶片的前四阶动频率

阶次	转速 $n/(\text{r/min})$					
	1500	2028	2525	2828	3214	3269
1	198	203	208	212	218	229
2	415	418	421	423	426	427
3	646	648	650	651	653	654
4	795	797	798	799	801	801

4. 叶片成组

叶片成组后，围带或拉金对组内单个叶片的自振频率有两方面的影响：一方面，它们的质量分配到每个叶片上，相当于叶片的质量增加了，使频率有所降低；另一方面，它们对叶片的反弯矩则使叶片抗变形的能力增强，相当于叶片的刚度增加，使频率升高。叶片成组后的自振频率到底是升高还是降低，要看这两种相反的影响因素中哪一个起的作用更大。一般情况下，由于刚度增加使频率升高的数值大于质量增加使频率降低的数值，所以叶片组的频率通常比单个叶片的同阶频率高。

拉金对叶片自振频率的影响，还与拉金的安装位置有关，一般拉金设置在 $0.6l$ 时，A_0 型振动的自振频率升高得最多；对于 A_1 型振动，因节点在 $0.8l$ 附近，故拉金装在 $0.8l$ 处其惯性力的影响可以忽视，只有反弯矩在起作用，刚度明显增加，频率明显升高。如果改用空心拉

金，叶片受的反弯矩变化不大，而拉金的质量明显减小，从而可使叶片组的自振频率升高。

（四）叶片振动坎贝尔图

叶片动频率与转速相关，且可能由于转速的倍频激励产生共振。工程中使用坎贝尔图（Campbell diagram）来研究转速对叶片振动频率的影响，并指出与转子阶次线（倍频）可能的共振条件。转子阶次激励是一种周期力，激励频率 f_{ex} 取决于转速，其计算式为

$$f_{ex} = kn/60$$

式中　　n——转速（r/min）；

　　　　k——转子阶次，1、2、3…。

取不同的转速，可以绘制出第 k 阶次的转子阶次线。转子阶次激励的条件是阶次频率与叶片的固有频率一致。图 5-17 所示为典型的坎贝尔图，横轴为转速，纵轴为动频率，取不同的阶次 k 值，绘制出不同阶次的转子阶次线（斜线）。叶片固有频率线（与横轴平行）与这些斜线的交点表示可能的共振条件。从图中可以发现，当转速为 2600、2750、3150r/min时，叶片可能发生共振。

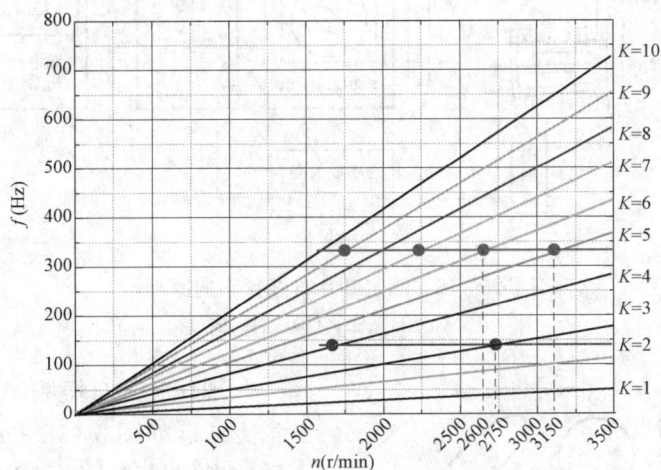

图 5-17　叶片振动坎贝尔图

五、叶片频率的测定

叶片的自振频率可以采用实验方法来测定，对于新安装或大修后的汽轮机，都要对其叶片的自振频率进行测定，以便掌握运行时各级叶片自振频率的变化情况。叶片频率的测定分为静频率和动频率测定两类。

（一）叶片静频率测定

叶片静频率的测定是指在汽轮机转子静止状态下测定叶片的自振频率值，常用自振法和共振法两种测定方法。

1. 自振法

自振法是一种简便、准确、迅速地测定叶片自振频率的方法，其测量原理如图 5-18（a）所示。用橡皮小锤轻击叶片，使被测叶片发生自由振动，用拾振器或传感器将叶片振动的机械量转换为与叶片振动频率相等的电信号，送至检测仪器以确定叶片的自振频率。

传统的方法是将叶片振动的电信号送至示波器 y 轴，或将电信号放大后输入 y 轴，同时

将频率信号发生器输出的信号输至示波器 x 轴，两个输入信号在示波器内合成。x 轴与 y 轴频率之比为整数倍时，在荧光屏上显示不同的图形。当 x 轴频率与 y 轴频率之比为整数倍时，在荧光屏上显示李沙茹图，如图 5-19 所示。由频率信号发生器的频率值及李沙茹图可得知频率比。实测时应调节频率信号发生器的频率，使荧光屏上出现稳定的椭圆或圆，这时频率信号发生器的频率就是被测叶片的自振频率。

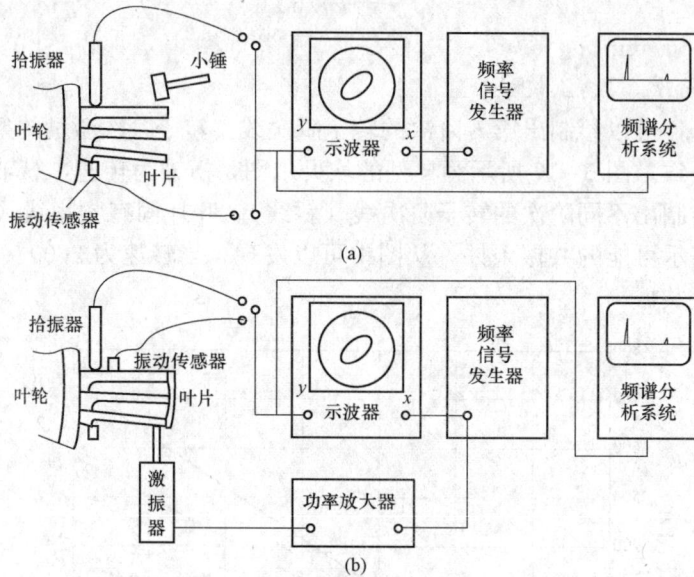

图 5-18　测定叶片自振频率的原理
(a) 自振法；(b) 共振法

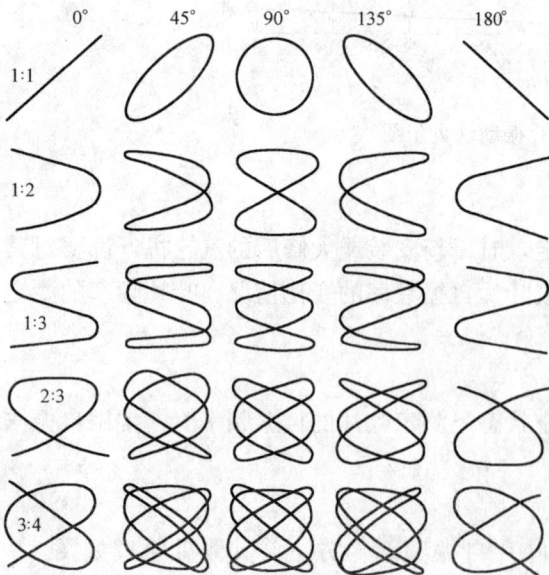

图 5-19　李沙茹图

现代叶片自振频率的测定更多采用频谱方法。如图 5-18（a）所示，将叶片振动的电信号送入频谱分析系统，直接根据频谱分析谱峰，确定叶片的自振频率。

自振法只能测量 A_0 型振动的频率，常用来测量中长叶片的频率；短叶片因其静频率较高，即使产生自由振动，振幅小且消失快，难以用自振法测定。

2. 共振法

共振法利用共振原理测得叶片各阶振动的静频率值，其测量原理如图 5-18（b）所示。由频率信号发生器产生的频率信号分别送至示波器和功率放大器，频率信号经功率放大后送至激振器，在激振器内频率信号转换为拉杆的机械振动。因拉杆与被测叶片固定在一起，所以被测叶片随之发生强迫振动。当频率信号发生器输出的电信号频率与叶片某阶自振频率相等时，叶片发生共振，被测叶片振幅达到最大值。拾振器或传感器将叶片振动的机械量信号转换为电信号，送至示波器 y 轴，根据李沙茹图便可确定叶片的自振频率值。连续调节频率信号发生器输出的频率信号，依次使被测叶片共振，就可确定叶片各阶的自振频率值。

同自振法类似，也可将叶片振动的电信号送入频谱分析系统，直接根据频谱分析谱峰，确定叶片的自振频率。

共振法也可用压电晶体片作为激振器。将其贴在被测叶片根部，频率信号发生器输出的电信号经功率放大，通过压电晶体片使被测叶片发生强迫振动。

叶片的振型可用下述方法确定：将拾振器沿叶片高度缓慢移动，测出叶片各处的振幅和相位的变化规律，即可判断对应叶片的振型。也可用撒沙子的方法确定振型，如果沙子积聚在叶片某处，该处便是不振动的节点。

应该指出，采用共振法时拉杆或压电晶体片的质量也参与了振动，对被测叶片的振动频率值有影响，使之略为偏低。

（二）叶片动频率的测定

用理论方法计算动频率时，由于动频率系数有误差，计算结果往往不够精确。因此，需要对新设计的叶片和发生事故的叶片进行动频率测试，确定其工作状态下的动频率。常用的方法是在叶片上贴应变片并采用无线电遥测方法测定动频率。对于没有围带的较长叶片，可以动态检测叶片顶部相对于转子某一标志（如键相标志）的圆周向位移，从而测定叶片动频率。

六、叶片动强度的安全准则和叶片调频

运行实践证明，叶片最危险的共振有三种：①切向 A_0 型振动的动频率与低频激振力频率 kn 合拍时的共振，称为第一种共振；②切向 B_0 型振动的动频率与高频激振力频率 zn 相等时的共振，称为第二种共振；③切向 A_0 型振动的动频率与高频激振力频率 zn 相等时的共振，称为第三种共振。上述几种振型又称为叶片振动的主振型。

事实上，有些叶片允许其某个主振型频率与某类激振力频率合拍而处于共振状态下长期运行，不会导致叶片疲劳破坏，这种叶片对这一主振型，称为不调频叶片；对有些叶片要求其某个主振型频率避开某类激振力频率才能安全运行，这种叶片对这一主振型，称为调频叶片。对一具体叶片而言，它具有不同振型，对某一主振型为不调频叶片，对另一主振型可能是调频叶片。

不调频叶片和调频叶片的安全评价有所不同。根据国内外运行经验，我国电力行业制定了有关叶片振动强度的安全准则，下面进行简单介绍。

（一）调频叶片的安全准则

调频叶片不允许在某一主振型共振下长期运行，因此要求叶片该主振型的动频率与激振力频率避开一个安全范围。从理论力学的有阻尼受迫振动幅频特性可知，当叶片动频率避开一安全范围时，叶片振动的振幅迅速减小，即意味着叶片的动应力大为减小，由此可取一个较小的许用安全倍率值。也就是说，要保证调频叶片长期安全运行，不仅要满足频率避开的要求，而且还要求安全倍率 A_b 大于许用安全倍率 $[A_b]$。

需要说明的是，对不同振型和转速的工作叶片，其频率避开值和许用安全倍率值是不相同的。下面介绍转速为 3000r/min 的电站汽轮机的几种主要振型的调频叶片安全准则。其中，低频激振力频率用 kn 表示，高频激振力频率用 zn 表示。

1.A_0 型频率与 kn 的避开要求和安全倍率

同一个叶轮上各叶片或叶片组的制造尺寸、安装质量不可能完全相同，因此各叶片或叶

片组的振动频率必然会有高有低，定义频率分散度 Δf_s 为

$$\Delta f_s = \frac{f_{s,\max} - f_{s,\min}}{(f_{s,\max} + f_{s,\min})/2} \times 100\% \tag{5-35}$$

式中　$f_{s,\max}$ 与 $f_{s,\min}$——级中测得的叶片 A_0 型振动的最大与最小静频率。

$\Delta f_s > 8\%$，表示叶片装配质量不合格，应消除缺陷使 $\Delta f_s \leqslant 8\%$，才算装配合格，然后才能校核振动安全性。

需要说明的是，调频叶片的频率只能避开振动倍率 $k=2\sim6$ 的低频激振力频率。因为动频率系数 $B>1$，所以，当 $n=50\text{r/s}$ 时，$f_d>50\text{Hz}$，故 $k\neq1$。$k\geqslant7$ 时，$f_d>350\text{Hz}$，考虑到允许 8% 的频率分散度，Δf_s 可达 28Hz 以上。因此，即使把叶片设计成 $f_d=375\text{Hz}$，制造、安装好后，如果向上或向下分散 28Hz，仍可能有个别叶片的 f_d 是 350Hz 或 400Hz 等，无法避开与 50r/s 的整数倍共振。但运行时不允许任一叶片损坏，因此 $k\geqslant7$ 时，对于低频激振力（频率为 kn）发生振动的叶片，只能制成不调频叶片。

图 5-20 所示为叶片的频率特性（坎贝尔图），图中横坐标表示转速，纵坐标表示频率。汽轮发电机组的发电频率直接取决于汽轮机的转速。在我国，发电频率（Hz）＝汽轮机转速（r/min）/60，因此在图中横坐标的转速单位用 r/s，以方便与频率对应。汽轮发电机组虽然是定转速运行，但当负荷变化时，转速允许有一个变化范围，如图中所示，暂定转速变化为 $49\sim50.5\text{r/s}$（即对应的频率变化为 $49\sim50.5\text{Hz}$）。叶片的动频率随转速的升高而升高，而且在一级中，每个叶片或每组叶片的动频率不可能完全一致，因此反映一级叶片动频率的是随转速 n 增加而向上升高的一条带状曲线，如图中所示，其最大和最小动频率曲线分别为 $f_{d,\max}$ 和 $f_{d,\min}$，两条线与纵坐标（$n=0$）的交点所对应的频率即是最大和最小静频率。图中有倍率线 5 根（$k=2\sim6$），倍率线上每点的频率数均是转速 n 的倍数。设工作转速下叶片动频率 f_d 介于 kn 与 $(k-1)n$ 之间，图中所示例子是 $k=3$，$k-1=2$，则动频率与激振力频率之间的避开要求应满足以下两式：

$$\left.\begin{array}{l} f_{d1} - (k-1)n_1 \geqslant 7.5\text{Hz} \\ kn_2 - f_{d2} \geqslant 7.5\text{Hz} \end{array}\right\} \tag{5-36}$$

式中　n_1、n_2——汽轮机转速变化的上下限值，$n_1=50.5\text{r/s}$，$n_2=49\text{r/s}$；

　　　f_{d1}——$n_1=50.5\text{r/s}$ 时 A 点对应的最低动频率（Hz）；

　　　f_{d2}——$n_2=49\text{r/s}$ 时 C 点对应的最高动频率（Hz）。

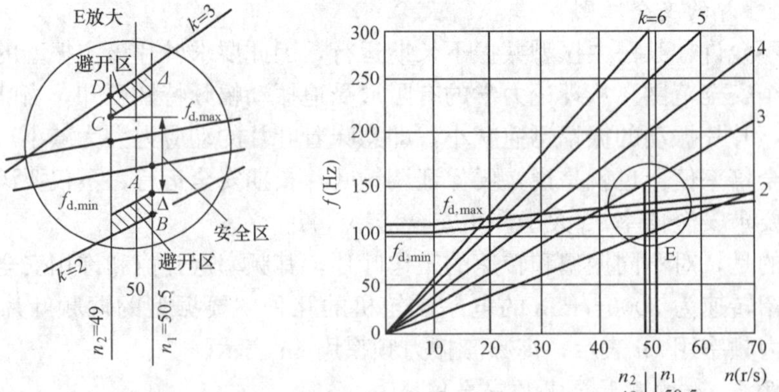

图 5-20　叶片频率特性（坎贝尔图）

式（5-36）说明在 n_1 与 n_2 转速下，叶片动频率与激振力频率的频率差，即点 A 与点 B 之间和点 C 与点 D 之间的频率差必须大于或等于 7.5Hz，才满足避开要求。由前述可知，当自振频率与激振力频率避开一定范围后，振幅放大倍数迅速减小，即振幅和振动应力都迅速减小，故安全倍率也可减小许多。

同时，该调频叶片的安全倍率还应大于表 5-2 推荐的许用安全倍率值，只有这样才能保证调频叶片的安全。

表 5-2　　　　　调频叶片 A_0 型振动的许用安全倍率 $[A_b]$ 值

k		2~3	3~4	4~5	5~6
$[A_b]$	自由叶片	4.5	3.7	3.5	3.5
	成组叶片	3.0			

当叶片组 A_0 型振动调开 kn 共振时，因切向 A_0 型振动频率较低，故一般其 B_0 型振动频率远低于 zn 共振频率，这时调频叶片 A_0 型振动满足上述要求后，不必考核 B_0 型振动与 zn 共振时的动强度问题。

2. B_0 型振动频率与 zn 的避开要求和安全倍率

当要求某叶片的动频率避开高频激振力频率时，该叶片的静频率已经很高，动频率与其静频率已很接近。所以准则中用静频率代替动频率。B_0 型频率避开率的要求如下：

$$\left.\begin{aligned}\Delta f_{s1} = \frac{f_{s1} - zn}{zn} \times 100\% > 15\% \\ \Delta f_{s2} = \frac{zn - f_{s2}}{zn} \times 100\% > 12\%\end{aligned}\right\} \quad (5-37)$$

叶片组 B_0 型振动的静频率中，最低的 f_{s1} 值高于 zn，考虑到运行一段时间后，大多数叶片频率会下降，故要求 $\Delta f_{s1} > 15\%$；最高的 f_{s2} 值高于 zn，同理，则只要求 $\Delta f_{s2} > 12\%$。B_0 型振动满足上述调频要求后，安全倍率按该叶片的 A_0 型与 kn 的不调频叶片确定，因为这种叶片组的 A_0 振型，对低频激振力而言，仍属共振的不调频叶片，其安全倍率不应低于表 5-2 的许用值 $[A_b]$。

若叶片组 B_0 型振的 A_b 值低于 10 且较大，如 $A_b = 4 \sim 9$，则对 B_0 型振动的调频叶片频率避开率，推荐用下述经验公式计算：

$$\left.\begin{aligned}\Delta f_{s1} = 18 - A_b \\ \Delta f_{s2} = 15 - A_b\end{aligned}\right\} \quad (5-38)$$

由式（5-38）可知，A_b 较大，说明动强度裕量较大，频率避开率可取得小些，这是根据振动理论综合考核的必然结果。

对于其他振型，其安全准则尚无通用标准。应该指出，个别叶片也会出现安全倍率虽大于其许用值但仍发生疲劳损坏的现象。不调频叶片的安全准则与调频叶片有所不同，由于篇幅所限，在此略去。

（二）叶片的调频

当叶片的自振频率不符合频率避开率的要求，而强度又不能满足不调频叶片的要求时，则应对叶片进行调频。通过改变叶片的固有频率或激振力的频率来避开叶片共振的方法，称为叶片的调频。实际应用时，因激振力的情况比较难以估计，通常是调整叶片的自振频率。一般来说，凡是能影响叶片频率的因素，都可作为调频手段。调整叶片自振频率的措施主要是改变叶片的质量和刚度。

现场调频常用的几种方法如下：

（1）在叶片与围带、拉金的连接处加焊，以增加连接的牢固程度，增大围带和拉金的反弯矩，增加叶片的刚度，提高自振频率。

（2）当叶片较厚时，可在叶顶钻径向孔，即减小叶片的质量，这对叶片的刚度影响不大，但可以提高叶片的自振频率。在不影响级的热力特性的情况下，适当改变叶片的高度，也可达到改变叶片自振频率的目的。

（3）增设拉金，增加拉金数目。对于单个叶片，为提高其频率，可增设拉金。若用一根拉金连成组的频率不合格，可再设一根拉金。

（4）加大拉金直径或改用空心拉金。加大拉金直径并在连接处加焊。增加拉金对叶片的反弯矩，或采用空心拉金使振动体质量减小，提高频率。

（5）改变围带或拉金的尺寸。这种方法对叶片自振频率将产生两个相反的影响，如增加围带厚度或拉金直径，一方面可使叶栅刚度增大，频率升高；另一方面使叶栅的质量增大，频率降低。因此最终的结果需根据具体条件进行分析计算或者经过试验才能确定。

（6）改变成组叶片的叶片数。一般来说，增加组内的叶片数，可增加围带或拉金对叶片的反弯矩，使自振频率增加。但当组内叶片数已较多时，再采用此方法，效果不明显。

（7）重新安装叶片、改善安装质量。叶片经过一段时间运行后，常出现叶根松动，频率下降或频率分散度 $\Delta f_s > 8\%$ 的现象，这时要考虑研磨叶根间接合面，以增加接触面积及叶根与轮缘的紧力，改善安装质量。

（8）采用松拉金。在运行中，松拉金由于自身的离心力而紧贴在叶片上，可以有效地抑制叶片的 A_0 型和 B_0 型振动，限制叶片的振幅，减小叶片中的动应力。

（9）改变激励力的频率。改变部分进汽级的喷嘴分布、改变抽汽口及排汽的数量和圆周向分布，从而改变汽流激励力的频率。

（10）减小激励力。减小喷嘴出口汽流的不均匀性，如减薄喷嘴出口边缘的厚度，提高隔板或叶片持环水平中分面的制造、装配质量，适当加大动、静叶片的轴向间隙，尽可能少用喷嘴部分进汽等。

第四节　转子的强度

转子是一个弹性体，从理论上说，转子的外形是呈轴对称的旋转体。转子在工作时，所受到的载荷主要有叶片、叶轮和转子本身质量在旋转时所产生的离心力、温度分布梯度引起的热应力，汽流力、重力、传递的扭矩等。对于套装转子，转子和叶轮之间还有过盈接触应力。重力、传递力矩以及汽流力所引起的应力，相较于离心应力、热应力以及过盈应力而言很小，通常在强度计算时忽略不计。转子在运行中允许沿轴向自由膨胀，如果不考虑热应力及局部几何结构的应力分布，可认为轴向应力被完全释放掉。若不考虑汽流的作用，叶轮中央部分两侧表面是不受载荷的自由表面。因此，无论是哪种结构形式的转子，主要考虑的应力是切向（轮周向）应力 σ_t 和径向应力 σ_r。

本节介绍转子应力的传统计算方法，通过学习可掌握转子强度计算的基本原理。这也是现代全三维计算全尺寸转子应力分布方法的基础。

一、转子应力计算的基本公式

1. 力的平衡方程

叶轮以及转子基本上是空间轴对称的结构，适合在圆柱坐标系中进行分析。实际的转子及叶轮上虽然存在空间不对称的结构，比如键、平衡孔、叶片安装的不对称等，但这些结构相对于转子来说影响较小。因此，将转子作为几何轴对称的部件，并不影响其主要力学特征的分析。按照这种方法建立的模型，在转子任何一条圆周方向环线上的应力和应变被认为是相同的。

如图 5-21 所示，在叶轮半径为 R 及 $R+dR$ 间取一辐角为 $d\varphi$ 的单元体，其相应的厚度为 y 和 $y+dy$。此单元体的受力情况如下：

单元体的离心力：$dF_c = R\omega^2 dm = R\omega^2 \rho R d\varphi y dR = \rho\omega R^2 y d\varphi dR$

在单元体半径为 R 和 $(R+dR)$ 的内外侧面上径向力 dP 及 dP' 分别为

$$dP = yR d\varphi \sigma_r$$

$$dP' = (y+dy)(R+dR)d\varphi(\sigma_r + d\sigma_r)$$

展开上式，并忽略高次微量后得

$$dP' = d\varphi(yR\sigma_r + Ry d\sigma_r + R\sigma_r dy + y\sigma_r dR)$$

$$= Ry\sigma_r d\varphi + d(Ry\sigma_r)d\varphi$$

在单元体两侧面上所受的切向力 dT 为

$$dT = \sigma_t y dR$$

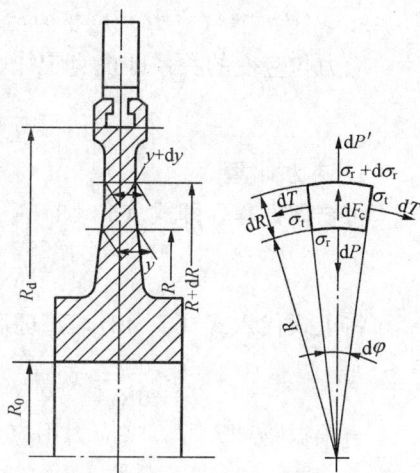

图 5-21　转子内微单元体受力图

由径向力的平衡

$$dF_c + dP' - dP - 2dT\sin\frac{d\varphi}{2} = dF_c + dP' - dP - 2dT\frac{d\varphi}{2} = 0$$

把前面的 dF_c、dP、dP' 及 dT 值代入，并经整理后得到力的平衡方程，即

$$\frac{d(Ry\sigma_r)}{dR} + \rho\omega^2 R^2 y - y\sigma_t = 0 \tag{5-39}$$

2. 几何方程

当转子运行时，半径 R 处径向总变形 ξ 是由两部分组成的：

(1) 由于温度升高 Δt 所产生的变形 ξ_1，这里假定同一半径的微元圆环上的温度相同，其他半径处并不一定相同，则有 $\xi_1 = \alpha R\Delta t$。

(2) 由于应力所引起的变形 ξ_2，包括由于各处温度不同所引起的热应力。

应变和变形之间的协调关系用几何方程描述。半径 R 处切线方向上因应力所产生的应变 ε_t 与径向总变形 ξ 的关系为

$$\varepsilon_t = \frac{2\pi(R+\xi_2) - 2\pi R}{2\pi R} = \frac{\xi_2}{R} = \frac{\xi - \xi_1}{R} = \frac{\xi}{R} - \alpha\Delta t \tag{5-40}$$

可得

$$\xi = \varepsilon_t R + \alpha R\Delta t$$

$$\frac{d\xi}{dR} = \varepsilon_t + R\frac{d\varepsilon_t}{dR} + \alpha\Delta t + \alpha R\frac{d(\Delta t)}{dR}$$

式中　Δt——半径 R 处的温度由初始温度的升高值。

为方便起见，以后用 t 代表各处温度的改变值。

半径 R 处，因应力而产生的径向应变 ε_r 为

$$\varepsilon_r = \frac{1}{\mathrm{d}R}\left[\left(\mathrm{d}R + \frac{\mathrm{d}\xi_2}{\mathrm{d}R}\mathrm{d}R\right) - \mathrm{d}R\right] = \frac{\mathrm{d}\xi_2}{\mathrm{d}R} = \frac{\mathrm{d}(\xi - \xi_1)}{\mathrm{d}R} = \frac{\mathrm{d}\xi}{\mathrm{d}R} - \alpha t \tag{5-41}$$

把前面求得的 $\mathrm{d}\xi/\mathrm{d}R$ 代入，整理后得

$$\frac{\mathrm{d}\varepsilon_t}{\mathrm{d}R} = \frac{1}{R}(\varepsilon_r - \varepsilon_t) - \alpha\frac{\mathrm{d}t}{\mathrm{d}R} \tag{5-42}$$

3. 物理方程（应力与应变的关系）

应力与应变的关系即虎克定律，对汽轮机转子可写为

$$\varepsilon_t = \frac{1}{E}(\sigma_t - \mu\sigma_r),\ \varepsilon_r = \frac{1}{E}(\sigma_r - \mu\sigma_t) \tag{5-43}$$

4. 应力计算

将物理方程，即式（5-43）中的第一式微分可得

$$\frac{\mathrm{d}\varepsilon_t}{\mathrm{d}R} = \frac{1}{E}\left(\frac{\mathrm{d}\sigma_t}{\mathrm{d}R} - \mu\frac{\mathrm{d}\sigma_r}{\mathrm{d}R}\right)$$

将上式代入式（5-42），整理后得到用应力表示的应变协调关系式，即

$$\frac{\mathrm{d}\sigma_t}{\mathrm{d}R} + (1+\mu)\frac{\sigma_t}{R} = \mu\frac{\mathrm{d}\sigma_r}{\mathrm{d}R} + (1+\mu)\frac{\sigma_r}{R} - E\alpha\frac{\mathrm{d}t}{\mathrm{d}R} \tag{5-44}$$

再根据物理方程，将应力用应变表示，并将 ε_r 及 ε_t 与 ξ 的几何关系式代入得

$$\left.\begin{aligned}\sigma_r &= \frac{E}{1-\mu^2}(\varepsilon_r + \mu\varepsilon_t) = \frac{E}{1-\mu^2}\left[\left(\frac{\mathrm{d}\xi}{\mathrm{d}R} - \alpha t\right) + \mu\left(\frac{\xi}{R} - \alpha t\right)\right]\\ \sigma_t &= \frac{E}{1-\mu^2}(\varepsilon_t + \mu\varepsilon_r) = \frac{E}{1-\mu^2}\left[\left(\frac{\xi}{R} - \alpha t\right) + \mu\left(\frac{\mathrm{d}\xi}{\mathrm{d}R} - \alpha t\right)\right]\end{aligned}\right\} \tag{5-45}$$

5. 温度计算

当转子内的温度变化缓慢时，工程上通常采用单向耦合的方法来确定转子内的温度分布，即温度场仅由传热过程决定，应力场不影响温度的分布。

转子内的温度场由轴对称体内的二维导热方程来决定，边界条件和初始条件则需要结合汽轮机实际运行条件来确定，通常在通流部分转子和蒸汽间的对流传热是影响温度分布的主要因素。

如果已知温度沿径向的变化规律 $t = f(R)$，并假设在相同半径 R 处，径向应力和切向应力都仅为 R 的函数，则可联立上述方程计算应力和应变。

在计算叶轮应力时，需要已知叶轮厚度 y 与半径 R 的关系。由此可计算出应力沿径向的分布。如果要求所有半径上的应力都相等，则可以反算出 y 沿半径变化的规律，即等强度叶轮的型线。

为了计算方便，先求出 $\mathrm{d}\sigma_r/\mathrm{d}R$、$\mathrm{d}\sigma_t/\mathrm{d}R$，消去 σ_r 及 σ_t，求得 ξ 与 R、y 的关系式，即

$$\left.\begin{aligned}&\frac{\mathrm{d}^2\xi}{\mathrm{d}R^2} + \left[\frac{\mathrm{d}(\ln y)}{\mathrm{d}R} + \frac{1}{R}\right]\frac{\mathrm{d}\xi}{\mathrm{d}R} + \left[\frac{\mu\alpha\,\mathrm{d}(\ln y)}{R\mathrm{d}R} - \frac{1}{R^2}\right]\xi - \\ &(1+\mu)\alpha\frac{\mathrm{d}t}{\mathrm{d}R} - (1+\mu)\alpha t\frac{\mathrm{d}(\ln y)}{\mathrm{d}R} + AR = 0\\ &A = \frac{1-\mu^2}{E}\rho\omega^2\\ &\frac{\mathrm{d}(\ln y)}{\mathrm{d}R} = \frac{1}{y}\times\frac{\mathrm{d}y}{\mathrm{d}R}\end{aligned}\right\} \tag{5-46}$$

如果已知 y 与 R 的函数关系，即可求解 ξ，再代入式（5-45）就可以计算应变和应力。

对于参与调峰的汽轮机来说，通常温度变化引起的热应力和低周疲劳严重地威胁着其运行时的安全性，影响使用寿命。机组启停过程中，汽轮机内蒸汽温度逐渐升高或降低，其零部件被加热或冷却，由于温度变化而产生热变形。当热变形受到约束时在零件内部产生应力，这种应力称为温度应力或热应力。热应力的大小与温差成正比，且最大值一般出现在转子的表面。当转子表面和内部温度趋于均匀后，此应力也就随之消失。

启动和升负荷时，汽轮机转子受蒸汽加热，转子外表面的温度上升很快并随蒸汽温度升高而升高，热量由转子表面向中心孔传递，转子中心部位的温度变化滞后于转子表面的温度变化。转子表面温度较高，产生的热应力为压应力；转子中心孔温度较低，产生的热应力为拉应力。停机和降负荷时则相反，转子表面产生拉应力，转子中心孔产生压应力。故机组产生的热应力是一种交变应力，交变的热应力将引起零件金属材料的疲劳损伤，降低设备的使用寿命。机组每启停一次就在转子上施加了一次交变应力的循环，在转子经历了若干次应力循环之后，最终将产生裂纹。

热应力的大小与零件内的温差有关，零件内的温差越大，热应力也越大。降低机组负荷和蒸汽温度的变化速度，可以减小热应力，因此在启动、停机和变负荷过程中，应严格控制蒸汽温度和负荷的变化速度，使它们的变化速度在最佳值附近，使热应力造成的寿命损耗和能量损耗在合理的范围内。

二、叶轮的应力计算

由式（5-45）可知，热应力可单独求出后再叠加到总应力上去，故在计算时，可先不考虑热应力的影响，计算离心应力，然后再与热应力合成。

（一）等厚度叶轮

对等厚度叶轮，y 为常数，故 $\dfrac{\mathrm{d}(\ln y)}{\mathrm{d}R}=0$，代入式（5-46），可得

$$\frac{\mathrm{d}^2\xi}{\mathrm{d}R^2}+\frac{1}{R}\frac{\mathrm{d}\xi}{\mathrm{d}R}-\frac{1}{R^2}\xi+AR=0$$

求解该方程可得 ξ 及 $\mathrm{d}\xi/\mathrm{d}R$，将其代入式（5-45），整理后得叶轮应力计算方程式

$$\left.\begin{aligned}\sigma_r &= \alpha_r\sigma_{r1}+\alpha_t\sigma_{t1}+\alpha_c F_c\\\sigma_t &= \beta_r\sigma_{r1}+\beta_t\sigma_{t1}+\beta_c F_c\end{aligned}\right\} \tag{5-47}$$

其中

$$\left.\begin{aligned}\alpha_r &= \beta_t = \frac{1}{2}(1+m^2)\\\alpha_t &= \beta_r = \frac{1}{2}(1-m^2) = 1-\alpha_r\\\alpha_c &= 2.69\times[2(1+\mu)m^2+(1-\mu)m^4-(3+\mu)]\\\beta_c &= 2.69\times[2(1+\mu)m^2-(1-\mu)m^4-(1+3\mu)]\\F_c &= \left(\frac{2R}{100}\times\frac{n}{1000}\right)^2\\m &= \frac{R_1}{R}\end{aligned}\right\} \tag{5-48}$$

式中　n——叶轮转速（r/min）；

R——半径（m）；

μ——泊松比，对于一般钢材，$\mu = 0.3$。

式（5-48）中应力的单位为 $10^5\mathrm{Pa}$。

从式（5-47）可以看出，在半径 R 处的 σ_r 及 σ_t 分别由内孔表面处的 σ_{r1}、σ_{t1} 及离心力 F_c 所引起的应力叠加而成，且与 σ_{r1}、σ_{t1} 及 F_c 呈线性关系。

（二）实际叶轮的应力计算

1. 计算模型

由于实际叶轮有轮毂及轮缘，形状比较复杂，也不是等厚度。通常采用的应力计算方法是将叶轮沿径向近似地分成若干等厚度段，每一段皆按等厚度叶轮计算，如图 5-22（a）所示。在分段时，每个等厚度叶轮段的边缘线与原叶轮型线的交点，最好在此段叶轮的平均直径处。当叶轮分段数足够多时，便可得到满足工程精确确要求的平均应力分析结果。在每段等厚度叶轮中，假定应力沿厚度方向（即沿汽轮机轴向）的分布是均匀的，同时，在不同厚度的叶轮段相互连接处，也是如此。在分段时需要注意，相邻的叶轮段厚度不应相差太多。如果厚度相差较大，计算误差也会相应增加。根据分段处径向力的平衡，可求得在 R_n 处、第 n 和 $n-1$ 叶轮段的径向应力关系为

$$\sigma_{r,n}^n = \sigma_{r,n}^{n-1}\frac{y^{n-1}2\pi R_n}{y^n 2\pi R_n} = \sigma_{r,n}^{n-1}\frac{y^{n-1}}{y^n} \tag{5-49}$$

式中，符号的上角标为段号，下角标为分段面号。

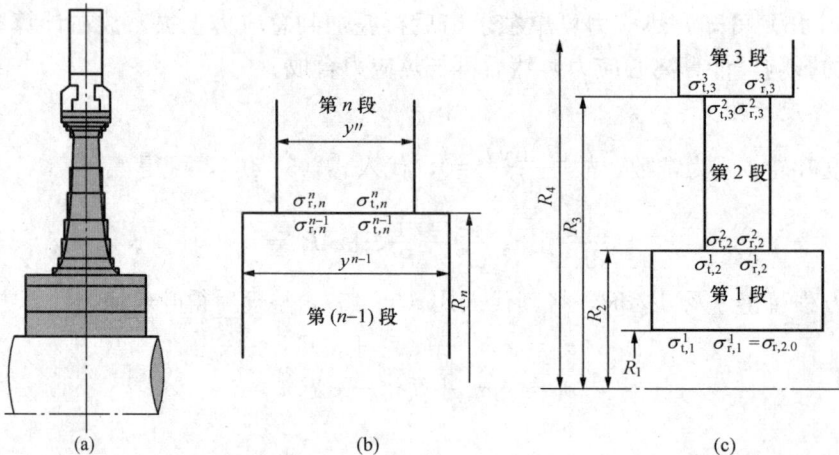

图 5-22　叶轮应力分段计算图

（a）实际叶轮分段；（b）等厚度叶轮段连接处应力符号；（c）叶轮分段编号

根据变形相等条件，在 R_n 半径处，可得

$$\varepsilon_t = \frac{\sigma_{t,n}^{n-1} - \mu\sigma_{r,n}^{n-1}}{E} = \frac{\sigma_{t,n}^n - \mu\sigma_{r,n}^n}{E}$$

有

$$\sigma_{t,n}^n = \sigma_{t,n}^{n-1} - \mu(\sigma_{r,n}^{n-1} - \sigma_{r,n}^n) = \sigma_{t,n}^{n-1} - \mu\sigma_{r,n}^{n-1}\left(1 - \frac{\sigma_{r,n}^n}{\sigma_{r,n}^{n-1}}\right)$$

$$\tag{5-50}$$

$$= \sigma_{t,n}^{n-1} - \mu\sigma_{r,n}^{n-1}\times\left(1 - \frac{y^{n-1}}{y^n}\right)$$

由此可以写出每一个等厚度叶轮段外缘处、内缘处和上下连接处的应力关系式，再加上已知的轮缘及轮孔处的应力，构成线性方程组，可联立求解，得出各分段面处的应力值。

2. 二次计算法

由于叶轮内各种外载荷引起的应力之间的关系是线性关系，故可根据应力的叠加原理进行应力计算，通常采用的是二次计算法。

假设已知转速 n 和内外表面径向应力 σ_{r1} 和 σ_{r2}。

首先进行第一次计算，根据已知的转速 n 和内孔径向应力 $\sigma_{r,1}^{I}=\sigma_{r1}$，并任意假定内孔处的一个切向应力 $\sigma_{t,1}^{I}$，开始由内向外计算（上角标 I、II 表示第一、二次计算），逐段计算各等厚度叶轮段的应力，一直到求出最外轮缘处的应力 $\sigma_{r,n+1}^{I}$ 为止。由于在第一次计算时 $\sigma_{t,1}^{I}$ 是任意假定的，故求出的各分段截面处的应力并不是其真实值。但是 σ_{r1} 及 n 采用的都是真实值，故计算结果与真实结果产生差异的原因完全是由于最初假定的切向应力 $\sigma_{t,1}^{I}$ 不正确所致。

然后进行第二次试算时，令 $\sigma_{r,1}^{II}$ 和 n 均为零，并再假定内孔处的一个切向应力为 $\sigma_{t,1}^{II}$。用相同的方法由内向外计算，一直计算到最外缘处的应力 $\sigma_{r,n+1}^{II}$ 及 $\sigma_{t,n+1}^{II}$ 为止。由于在计算时设 σ_{r1} 及 n 均为零，因此计算出的应力是由 $\sigma_{t,1}^{II}$ 单独引起的。此时把轮缘径向应力的两次计算结果 $\sigma_{r,n+1}^{I}$ 与 $\sigma_{r,n+1}^{II}$ 相加，并不会等于轮缘径向真实应力 σ_{r2}。为了使计算出的轮缘径向应力与真实值相符，需要对单独由 $\sigma_{t,1}^{II}$ 所引起的应力进行修正，即应使

$$\sigma_{r,n+1}^{I} + K\sigma_{r,n+1}^{II} = \sigma_{r2}, \quad K = (\sigma_{r2} - \sigma_{r,n+1}^{I})/\sigma_{r,n+1}^{II} \tag{5-51}$$

当满足式（5-51）时，则 $\sigma_{t,1}^{I}+K\sigma_{t,1}^{II}$ 必将等于内孔处真实的切向应力。这样，在任意半径 R 处真实的径向应力和切向应力都可同样修正为

$$\sigma_{r,R} = \sigma_{r,R}^{I} + K\sigma_{r,R}^{II}, \quad \sigma_{t,R} = \sigma_{t,R}^{I} + K\sigma_{t,R}^{II} \tag{5-52}$$

上述计算也可以从轮缘向轮孔计算，只要已知转速和任意两个边界应力，都可以进行计算。

在叶轮上，为了平衡叶轮前后压差以减小转子的轴向推力以及沿圆周上叶轮两侧压差不均匀引起的叶轮振动，通常在反动度不大的级的叶轮上开有平衡孔。平衡孔数为奇数，以避免有两个平衡孔在同一直径上，使此截面的强度和刚度削弱较多。在叶轮的平衡孔处，将会产生应力集中现象，使应力增大。平衡孔边缘处的最大应力可根据没有平衡孔时孔心处的切向及径向应力按式（5-53）求得，即

$$\sigma_{r,max} = 3\sigma_r - \sigma_t, \quad \sigma_{t,max} = 3\sigma_t - \sigma_r \tag{5-53}$$

当应力集中过大时，会引起局部塑性变形，使叶轮内应力重新分配，使应力集中现象得到缓和，因而在总体应力水平不高的前提下，一般不会导致叶轮直接破坏。

（三）叶轮的应力分布

相对于叶轮直径，叶轮厚度较小。因此，可假设叶轮应力沿厚度方向不变化，只是沿叶轮半径方向变化，故本节研究的叶轮应力分布实际上只是应力沿叶轮高度方向（径向）的近似分布。当叶轮厚度尺寸很大时，应考虑应力分布沿叶轮厚度的变化情况，此时需要采用空间轴对称或三维的计算模型。

由等厚度叶轮应力公式可以看出，叶轮中的应力 σ_t 和 σ_r 可认为是由轮孔及轮缘处的径向应力 σ_{r1}、σ_{r2} 及旋转时的离心力 F_c 所引起的应力叠加而成的。沿叶轮径向应力的变化规律如图 5-23 所示。

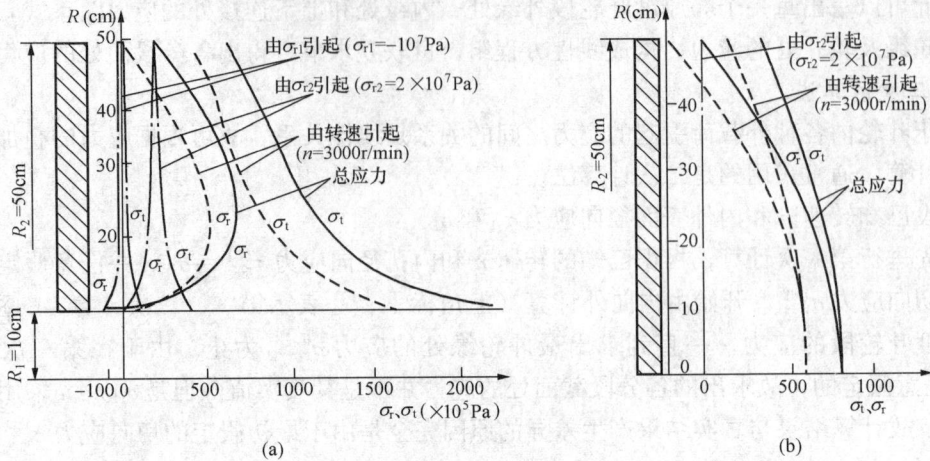

图 5-23　等厚度叶轮内应力分布情况
(a) 有中心孔叶轮；(b) 无中心孔叶轮

由图 5-23 可以看出：

(1) 对有中心孔叶轮，仅由中心孔压应力 σ_{r1} 所引起的 σ_r 为负值（压应力），σ_t 为正值，但两者的数值都不大，在外缘处均减小到零。

(2) 对有中心孔的叶轮，仅由轮缘处的径向拉应力 σ_{r2} 引起的 σ_r 随半径的减小而减小，到中心孔处为零；σ_t 随半径减小而增大，在中心孔处大于 $2\sigma_{r2}$。

(3) 对于高速旋转的有中心孔叶轮，由旋转离心力所引起的应力是主要的。在叶轮半径较小的部位，外侧材料引起的离心力较大，所以 σ_r 及 σ_t 均随着半径减小而增大。但由于在中心孔表面 σ_{r1} 为零，故在半径继续变小时，σ_r 又逐渐从最大减小到零，这时的离心力主要由切向拉应力 σ_t 来平衡，到中心孔表面处离心力全部由 σ_{t1} 来平衡，σ_{t1} 达到最大。

(4) 对于无中心孔的叶轮，在旋转中心点处 $R=0$，切向与径向不再有区别，$\sigma_t=\sigma_r$，由于离心力与较大的径向应力平衡，故 σ_t 最大值大大减小。随着冶金技术的提高，近十几年来，大型汽轮机逐渐采用无中心孔整锻转子，大幅降低转子和叶轮的应力水平，有效提高了转子的强度。

正常运行时，叶轮除承受机械应力外，还要承受热应力。叶轮外缘温度高，中心部分温度低，故叶轮外缘膨胀受到内圈金属材料限制，所受切向应力为压应力，而叶轮中心的切向应力则为拉应力。从叶轮外缘到中心，切向应力由最大压应力逐渐变为最大拉应力。由温度引起的叶轮径向应力，在叶轮中间某处达到最大，在轮缘自由表面上为零。在有中心孔叶轮的内孔处，由于机械应力和热应力均为拉应力，两者叠加使叶轮内孔总的切向应力增加。同样，无中心孔叶轮中心处的热应力比有中心孔叶轮内孔处热应力小得多，所以总应力也比有中心孔叶轮的总应力小得多。因此，无中心孔的叶轮适宜用作较大温差的叶轮，但由于无中心孔的叶轮轮缘处有很大的周向热应力，故其总的最大应力不一定在叶轮内部，可能转移到轮缘处。

三、转子与叶轮强度的数值计算

前述计算转子和叶轮应力的方法是建立在弹性力学基本方程之上的，为了便于求解，方程多处假设了平均应力，将三维问题降为二维问题，进而降低为一维问题。等厚度叶轮应力分布就是按照一维分析，对应力沿叶轮半径方向变化的描述。二次计算法实际上也是一种简化到一维的数值计算方法。从二次计算的过程中可以发现，数值计算的本质是通过离散模型和数值计算求解复杂微分方程。

　　汽轮机转子的结构非常复杂，还有应力集中和应变翘曲发生，将其简化为一维模型，误差会比较大。要得到准确的解，应该按三维模型，进行数值计算。但正如前面所述，大多数情况下，用空间轴对称模型可以在圆柱坐标系下将转子简化成比较精确的二维模型。图 5-24（a）所示为国产 660MW 超超临界汽轮机高中压转子的整体三维模型。由于转子是上下对称结构，且力学边界条件也是对称的，故实际计算时可只计算一半，可大幅度减少计算工作量，［见图 5-24（b）］。该模型将叶片及轮缘部分的离心力作为转子各级叶轮的力学边界条件，除此之外，转子结构基本没有做简化。

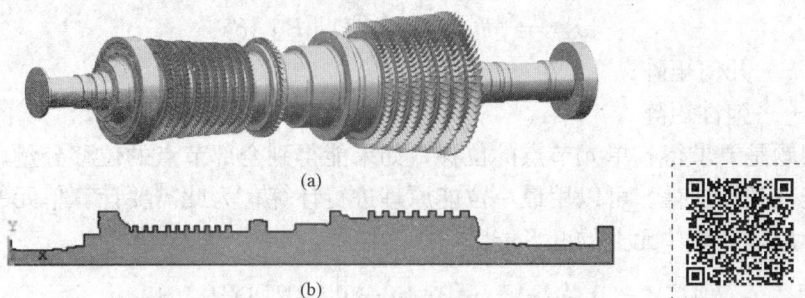

图 5-24　660MW 超超临界临界汽轮机高中压转子模型　　　扫码看彩图
(a) 高压转子整体三维模型；(b) 二维轴对称模型

　　当前比较流行的数值计算方法有边界单元法、有限单元法、有限差分法等。通常来说，只要计算模型和边界条件正确，计算结果就能反映实际情况，甚至可以精确反映实际情况。数值计算方法的发展与计算机技术的进步相辅相成，相互促进，因为这些计算方法需要将计算对象离散成足够小的单元，计算量巨大，只能利用计算机进行计算。

　　下面介绍有限元强度计算的基本原理。

　　对图 5-24 中的转子，可以将计算区域离散为足够多的子域单元。假设每一个单元中的位移满足某一种分布，比如等于常数或线性分布或二次分布等，就可以在每一个单元中求解方程式（5-51）而得到应力分布。再综合所有单元的解，就可以得到整个转子的应力分布。数学上把这些假设的位移分布函数称为形函数。当单元数量趋于无穷大、单元尺度趋于无穷小的时候，由离散单元计算得到的应力分布就越逼近精确的应力分布。有限单元法中单元的形状可以是三边形、四边形等，单元的边可以是直线也可以是曲线。

　　一个最简单的三角形单元如图 5-25 所示，由三个节点和三条直边构成。三个节点上有 6 个位移分量，表示为

$$\{\delta\}^e = [\xi_I \quad \eta_I \quad \xi_{II} \quad \eta_{II} \quad \xi_{III} \quad \eta_{III}]^T \quad (5-54)$$

式中，上标 e 表示单元。

　　若假设单元内任意点的位移分量都等于三个节点位移分量的线性插值，则单元中间任一个点 (R, z) 上的位移分量

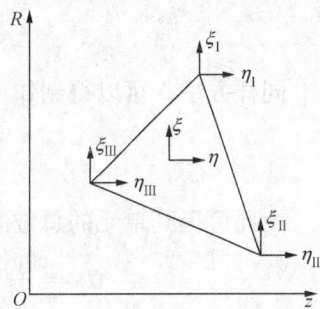

图 5-25　三角形单元

就可以由三个节点处的位移分量来确定，即

$$\begin{Bmatrix} \xi \\ \eta \end{Bmatrix}^e = \begin{bmatrix} N_{\mathrm{I}}^e & 0 & N_{\mathrm{II}}^e & 0 & N_{\mathrm{III}}^e & 0 \\ 0 & N_{\mathrm{I}}^e & 0 & N_{\mathrm{II}}^e & 0 & N_{\mathrm{III}}^e \end{bmatrix} \{\delta\}^e = [N]^e \{\delta\}^e \tag{5-55}$$

可以看出，如果已知三个节点的位移，单元中任何一点上的位移都可求出。N_{I}^e、N_{II}^e、N_{III}^e是对应三个节点的线性插值函数，即形函数。根据前面所述基本方程中的几何方程式（5-40）、式（5-41）和物理方程式（5-45），可以求出单元中任一点（R，z）上的应变和应力，即

$$\{\varepsilon\}^e = \begin{Bmatrix} \varepsilon_r \\ \varepsilon_t \\ \varepsilon_z \end{Bmatrix}^e = [B]^e \{\delta\}^e \tag{5-56}$$

$$\{\sigma\}^e = [D]\{\varepsilon\}^e = [D][B]^e\{\delta\}^e \tag{5-57}$$

式中　　$[B]$——几何矩阵；

　　　　$[D]$——弹性矩阵。

关键的问题是要求得各单元节点的位移，如果能得到全部节点的位移分量，则转子任何点的应力和应变都能求得。可以用最小位能原理进行计算，为此需要计算单元的总位能。首先，根据力学原理计算单元上的变形能

$$\{U\}^e = \iint_e \frac{1}{2}\{\sigma\}^{eT}\{\varepsilon\}\mathrm{d}x\mathrm{d}y = \iint_e \{\varepsilon\}^{eT}[D]\{\varepsilon\}^e\mathrm{d}x\mathrm{d}y$$
$$= \frac{1}{2}\{\delta\}^{eT}\left[\iint_e [B]^{eT}[D][B]^e\mathrm{d}x\mathrm{d}y\right]\{\delta\}^e \tag{5-58}$$
$$= \frac{1}{2}\{\delta\}^{eT}[K]^e\{\delta\}^e$$
$$[K]^e = \iint_e [B]^{eT}[D][B]^e\mathrm{d}x\mathrm{d}y$$

式中　　$[K]^e$——单元的刚度矩阵。

在单元上作用的体积力有重力和离心力，因离心力的影响远大于重力，故可仅考虑离心力的影响。当转子转动时，离心力会使单元产生弹性变形，离心力$\{p\} = \{p_r \quad p_z\}^T$在位移方向上的做功相当于单元位能的减少，即

$$W_p^e = -\iint_e \{\xi \quad \eta\}\{p\}\mathrm{d}x\mathrm{d}y = -\iint_e [[N]^e\{\delta\}^e]^T\{p\}\mathrm{d}x\mathrm{d}y = -\{\delta\}^{eT}\iint_e [N]^{eT}\{p\}\mathrm{d}x\mathrm{d}y$$
$$W_p^e = -\{\delta\}^{eT}\{P\}^e \tag{5-59}$$

同样方法，可以得到作用在单元上表面力和集中力的位能分别为

$$W_q^e = -\{\delta\}^{eT}\{Q\}^e \tag{5-60}$$
$$W_r^e = -\{\delta\}^{eT}\{R\}^e \tag{5-61}$$

由此可得到单元的总位能

$$\Pi^e = \frac{1}{2}\{\delta\}^{eT}[K]^e\{\delta\}^e - \{\delta\}^{eT}(\{P\}^e + \{Q\}^e + \{R\}^e) \tag{5-62}$$

整个转子的总位能等于所有单元位能的总和。可以将转子划分为 E 个单元，共有 L 个节点。每个单元是不重复的区域，但是节点可以同时是几个单元的公共节点，所有节点的位

移可表示为

$$\{\delta\} = \{\delta_1 \quad \delta_2 \quad \delta_3 \quad \delta_4 \quad \cdots \quad \delta_L\}^{\mathrm{T}}$$

把所有单元的位能叠加起来，得到转子总位能，即

$$\varPi = \sum_{1}^{E} \varPi^{\mathrm{e}} = \frac{1}{2}\{\delta\}^{\mathrm{T}}[K]\{\delta\} - \{\delta\}^{\mathrm{T}}(\{P\} + \{Q\} + \{R\}) \tag{5-63}$$

根据最小位能原理，当转子处于平衡状态时，有

$$\frac{\partial \varPi}{\partial \{\delta\}} = 0$$

再由式（5-63）得

$$[K]\{\delta\} - (\{P\} + \{Q\} + \{R\}) = 0 \tag{5-64}$$

式（5-64）是反映转子力平衡的方程，是一个典型的线性方程组，式中 $[K]$ 是由各单元刚度矩阵合成的总刚度矩阵；$\{\delta\}$ 是所有节点的位移向量，是未知量；$\{P\} + \{Q\} + \{R\}$ 是反映载荷边界条件的已知向量。对式（5-64）求解，即可得到所有节点的位移值，进而可由式（5-56）、式（5-57）求得任何单元中的任何点上的应力和应变，从而得到整个转子的应力分布，包括应力集中部位的应力分布。

值得注意的是，在整个推导和计算过程中，除了定义形函数外，并未对计算对象做任何假设。可见，有限单元法是可以广泛应用到各种强度计算中去的，目前有许多商用有限元软件，不仅能求解转子内合成应力，还可单独求解转子内的离心应力及热应力，是相关问题工程分析的有力工具。

图 5-26 所示为 660MW 超超临界汽轮机转子稳定运行后的温度场，图 5-27 所示为该转子稳定运行后的热应力场。从图 5-27 中可以清楚地看到应力集中的情况，为正确分析转子的强度提供依据。

70　　　　187.956　　　　305.911　　　　423.867　　　　541.822　　600
　　128.978　　246.933　　364.889　　482.844

图 5-26　660MW 超超临界汽轮机转子稳定运行后的温度场（单位：℃）　　扫码看彩图

21236　　　　0.193E+08　　　　0.386E+08　　　0.579E+08　　　　0.772E+08
　　0.967E+07　　0.290E+08　　0.483E+08　　0.675E+08　　　0.868E+08

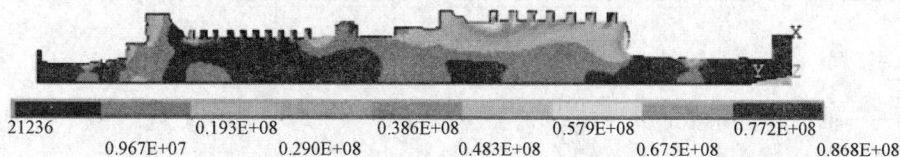

图 5-27　660MW 超超临界汽轮机转子稳定运行后的热应力场（单位：Pa）

第五节　转子的振动

一、转子的临界转速

一般汽轮发电机组在启动升速过程中，可以观察到这样一个现象：当机组转速升到某一数值时，机组发生强烈振动，越过这一转速时，振动迅速减弱；当转速升到另一更高的转速

时，机组又可能发生较强烈的振动，继续提高转速，振动又迅速减弱。通常把这些机组发生强烈振动时的转速称为转子的临界转速。

从理论上讲，转子的外形为轴对称的旋转体。但实际上，由于制造和装配的误差，以及材质的不均匀，转子的质心和几何中心总是不能重合，即产生质量偏差。在旋转状态下，偏心的质量就使转子产生离心力，离心力在任何一个通过旋转中心线的静止平面上的投影，是一个周期性的简谐外力，这一简谐力就是迫使转子振动的激振力。而转子是一个弹性体，同其他弹性体一样，它有着固定的横向振动自振频率，当激振力频率与转子横向振动的自振频率相等时，会发生共振现象，与此时激振力频率相对应的转速，就是转子的临界转速。

如果转子在临界转速下运行，危害性会非常大，轻则使转子振动加剧，重则产生动、静摩擦碰撞事故，使汽轮机损坏，特别是当转子动平衡没有校好时，振动将更大。因此在设计、制造转子时，为了保证转子正常工作，转子的临界转速要离开工作转速有一定的距离。在运行操作时，运行人员必须十分熟悉本机组的临界转速值，在启动或停机过程中，应当设法使机组快速通过临界转速，不让机组在临界转速下或者在临界转速附近长期停留。

严格地说，转子的临界转速与轴横向共振问题不完全相同，但临界转速现象与轴横向振动的自振频率有着密切的关联，在数值上是相同的，然而共振现象并不能说明临界转速的全部问题，转子存在着旋转轴的特殊问题，即回转轴甩转问题，主轴在转动时，除绕其轴线旋转外，还绕轴的静挠弧线转动，其转动属于转动的复合运行。

由于转子平衡技术不断提高，特别是挠性转子平衡技术的普遍采用，使机组启、停通过临界转速时，不再产生较强烈的振动，使机组启动不必采取冲过或快速通过临界转速的办法，因为冲过或快速通过临界转速，对机组都是不利的。但转子在临界转速下也不宜长时间运行。

为说明转子的临界转速，下面进一步介绍等直径均布质量转轴的临界转速。

设一等直径均布质量的转轴，其跨度为 l，轴的横截面积为 A，截面积的惯性矩为 I，材料密度为 ρ，转轴两端为铰支。

为推导转轴的临界转速表达式，可把它看成梁，用求梁的横向自振圆频率的方法来求。除了边界条件（即支承情况）外，在推导等截面自由叶片的自振频率表达式时，对叶片所进行的假设完全可用于这里所谈的转轴上。转轴弯曲振动的微分方程为

$$\frac{\mathrm{d}^4 y}{\mathrm{d}x^4} - K^4 y = 0 \tag{5-65}$$

式中　K——轴的弹性系数，$K^4 = \frac{\rho A}{EI}\omega^2$。

根据转轴的边界条件，达到临界转速时 $\sin(Kl)=0$，则 $Kl=n\pi$，其中 $n=1,2,3,\cdots$。

得到等直径转轴的临界角速度 ω_c 为

$$\omega_c = K^2\sqrt{\frac{EI}{\rho A}} = \frac{(Kl)^2}{l^2}\sqrt{\frac{EI}{\rho A}} = \frac{(n\pi)^2}{l^2}\sqrt{\frac{EI}{\rho A}} \tag{5-66}$$

临界转速 n_c 为

$$n_c = \frac{60\omega_c}{2\pi} = \frac{30n^2\pi}{l^2}\sqrt{\frac{EI}{\rho A}} \tag{5-67}$$

由式（5-67）可见，均布质量的转轴有无穷多个临界转速。当 $n=1$ 时为一阶临界转速，用 n_{c1} 表示；当 $n=2$ 时为第二阶临界转速，用 n_{c2} 表示，以此类推。当达到第一阶临界转速时，轴的弹性曲线是一个半波正弦曲线；当达到第二阶临界转速时，轴的弹性曲线是一个全波正弦曲线，其中有一个节点，以此类推，如图 5-28 所示。转轴的各阶临界转速之比为

$$n_{c1} : n_{c2} : n_{c3} : \cdots = 1^2 : 2^2 : 3^2 : \cdots$$

由此可知，转轴的临界转速与其抗弯刚度 EI 的平方根成正比，与其跨度的平方及单位长度质量 ρA 的平方根成反比。总的概念是刚性大、跨度小、质量小的转轴，其临界转速较高。

对于汽轮机转子来说，转子临界转速的大小与转子的直径、质量、几何形状、两端轴承的跨度、轴承支承的刚度等有关。一般来说，转子直径越大，重量越小，跨度越小，轴承支承刚度越大，转子的临界转速就越高，反之则越低。

一般轴瓦和轴承座是具有一定弹性的物体，所以转子的临界转速接近于弹性支承时的临界转速，改变轴承刚度会影响临界转速。临界转速的理论计算值最终将由实测验证。对已投产运行的汽轮发电机组转子，影响临界转速的因素是转子的温度和轴承支承的刚度。

对于特定结构、质量、刚度的转子，其临界转速便具有一定的值，理论上，临界转速有无穷多个，数值最小的称为一阶临界转速，随着转速升高依次称为二阶、三阶、……临界转速。

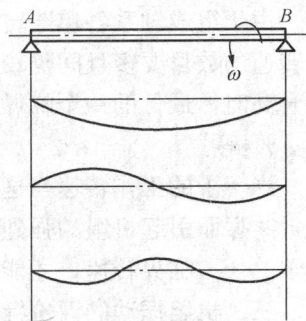

图 5-28　等直径均布质量转轴的振型

汽轮机转子可分为刚性转子和挠性转子。当转子的工作转速 $n_0 < n_{c1}$ 时，该转子称为刚性转子，设计要求 $n_{c1}=(1.25\sim1.8)n_0$；当 $n_0 > n_{c1}$ 时的转子称为挠性转子，设计要求 $1.4n_{cn} < n_0 \leq 0.7n_{c(n+1)}$。现代大型汽轮机，随着容量的增大，长度明显增加，但转子直径增加不多，故多采用挠性转子。

为了保证机组的安全运行，机组的工作转速应当避开其邻近的临界转速，并有一定的富余度（或称安全距离）。对于刚性转子，其第一阶临界转速应当比工作转速 n_0 高出 25% 以上，即 $n_{c1} > 1.25n_0$，但不允许在 $2n_0$ 附近。对于挠性转子，其工作转速 n_0 在两阶临界转速之间，应较其中低的一个临界转速 n_{cn} 高出 40% 左右，比另一较高的临界转速 $n_{c(n+1)}$ 低 30% 左右。近年来，由于采用了高速动平衡，提高了平衡的精确度，故要求转子的临界转速与工作转速避开的富余量可以减少很多，国外有些制造厂只采取 5%n_0 的富余度。

二、汽轮机轴系的临界转速

汽轮机的主轴通常呈阶梯形，中间较粗、两端轴颈部分较细，上面还有若干个叶轮和其他零件，所以汽轮机转子的结构比较复杂。

在汽轮机中，每一根转子两端都有轴承支承，所以单根转子又称单跨转子。在汽轮发电机组中，汽轮机各单跨转子与发电机转子之间用联轴器连接起来，就构成一个多支点的转子系统，通常简称轴系。

机组的几个转子连接成轴系以后，刚度有所变化，所以轴系的各阶临界转速与相应的各单个转子的临界转速也有些差别。联轴器的连接作用使各转子的刚度增加，使轴系的临界转

速比单跨转子相应临界转速有所增高；联轴器的质量有使转子临界转速降低的作用。一般前一种作用是占有主导地位的，故轴系的临界转速通常比单跨转子相应的临界转速要高。

已成形转子及轴系的临界转速要受工作温度及支承刚度等的影响。当工作温度升高时，由于材料弹性模量 E 的降低，而使其临界转速降低。转子由油膜、轴承座、台板和基础等组成的支承系统支承。实践证明，支承系统的刚度越低，转子临界转速降低就越多。轴系工作时的临界转速才是实际的临界转速。

由于组成轴系各单跨转子的临界转速各不相同，所以轴系临界转速的数目比单跨转子临界转速的数目要多且间隔较小，但彼此之间不再呈有一定规律的比例关系。当轴系的转速逐渐升高时，最低的一个临界转速为一阶临界转速 n_{c1}，随后的分别称为二阶、三阶临界转速 n_{c2}、n_{c3} 等。

当转子的工作转速与这些临界转速中的任一个临界转速相等（或在附近）时，轴系都会发生共振而引起机组的强烈振动。所以，工作转速要注意避开轴系的临界转速以及轴系中各转子的任一临界转速，才能保证安全而正常地工作。

三、机组振动的评价标准

旋转机械在运行时总会存在振动，但是超过允许范围的振动往往是导致设备损坏的信号。机组的振动值一般用轴承的振幅或轴的振幅大小来衡量。振动的允许值随着机组的不同而不同，目前我国汽轮机振动评价标准见表 5-3。

表 5-3　　　　　　　　　我国汽轮机振动评价标准　　　　　　　　　mm

汽轮机转速/	轴承振动的双峰振幅			转轴振动的双峰振幅		
(r/min)	优等	良好	合格	优良	合格（报警）	建议停机
3000	<0.02	<0.03	<0.05	0.750	0.125	0.250

表 5-3 中的轴承振幅是指在轴承位置测得的双峰振幅（也称双向全振幅或振动峰峰值）。测量时应分别测量轴承截面的水平方向、径向垂直方向以及轴承的轴向振动，并取其中的最大振幅来进行安全评价。目前，汽轮机现场测量中，检测转轴振动通常采用的是电涡流传感器，一般安装在轴承上半部左、右两侧，与垂直中心线夹角 45° 的位置上，故而每个轴承处安装的两个传感器夹角为 90°；测量轴承振动多采用速度传感器或者加速度传感器，直接安装在轴承上部的壳体上。

国内直接引进和引进技术制造的大型汽轮机主要采用的是表 5-3 中的转轴振动标准。该标准没有区分转轴的相对振动和绝对振动，同时也没有对转轴振动的测量方向作出规定。

四、汽轮机转子振动的原因

转子的振动是影响汽轮发电机组安全、稳定运行的重要因素。振动产生的机理和表现的形式都较复杂，除转子永久性或临时性质量不平衡产生的不平衡振动外，转子还要受滑动轴承的油膜力和转子周围蒸汽介质蒸汽力的作用，产生更为复杂的振动。

汽轮发电机组产生异常振动是运行中最常见的故障之一。引起汽轮发电机组振动的原因很多，这些原因不仅与制造、安装、检修和运行管理的水平有关，而且它们之间又互相影响。因此，要找出产生振动的主要原因并非易事，必须经仔细调查研究、适当的实验分析后才能确定。机组振动包括强迫振动、自激振动和轴系扭转。下面将能引起机组振动的常见原因简述如下。

（一）引起强迫振动方面的原因

1. 转子质量不平衡

（1）当转子因加工偏差等原因引起质量偏心时，转子要产生静力的和动力矩的不平衡。如果动平衡精确度不高，或者只进行低速动平衡，则转子转速升高时，不平衡质量离心力将以转速的平方关系增加。当转子转速上升到工作转速时，转子的这一离心力会引起机组振动。因此，转子和轴系大部分要进行额定转速下的动平衡工作。特别是对于临界转速低于额定转速较多的挠性转子和挠性转子组成的轴系，动平衡工作应该在额定转速下进行。动平衡的结果应使通过临界转速和额定转速时的振动达到最小值。

（2）转子上有个别元件（如叶片、围带等）断裂、有个别元件（如螺钉、发电机转子上的线圈）松动、转子不均匀磨损、无机盐在叶片上的不均匀沉积以及转动部分的变形等。

（3）机组大修时拆卸过或更换过部件，或者车削过轴颈，使转子产生新的质量偏心。

2. 转子中心不正

转子在连接处不同心；联轴节的结合面与主轴中心线不垂直（或称瓢偏），转子对接后，中心线是连续的，但不是光滑的。这两种连接都使该联轴节不能均匀地传递负荷，引起机组的振动，这种振动还随电负荷的变化而变化。

3. 转子弯曲

（1）转子的材质不均匀或有缺陷，受热后出现弹性热弯曲或因此而留下的永久变形。

（2）启动过程中，因盘车或暖机不充分以及上、下缸温差大等原因使转子的横截面内温度场不均匀，从而引起转子的弹性热弯曲或因此而留下的永久变形。

（3）动静之间的碰磨使转子产生弹性弯曲或永久变形。

4. 转子碰摩

机组动静之间的相对膨胀超过限度，使动静之间的间隙消失；汽缸膨胀受阻，自身变形过大；通流间隙内掉入杂物等，均可能使转子受到摩擦。转子因摩擦而产生局部过热，因局部过热而形成的变形又导致摩擦程度的扩大，如此恶性循环，会使机组的振动迅速加剧。大多数轴弯曲事故就是在这种情况下通过临界转速时产生的。

5. 转子支承系统变化

当机组基础框架发生不均匀下沉或当安装着轴承的汽缸变形时，都会改变轴承的标高，使轴系的受力发生变化，引起机组振动；当轴承供油不足或油温过低使油膜遭到破坏或当轴瓦或轴承座产生松动或当因滑销系统卡涩或汽缸受到管道推力过大而轴承座被拱起时，也会使轴系的受力发生变化，从而引起机组的振动。

6. 电磁力不平衡

当发电机转子线圈匝间短路或转子与定子间间隙不均匀时，发电机转子和定子间磁场力会分布不均，从而产生不均匀的磁拉力，引起转子和定子的振动。

（二）引起自激振动方面的原因

自激振动是一种共振现象。如果振动系统通过本身的运动不断向自身馈送能量，自己激励自己，与外界的激振力无关，这样的振动称为自激振动。引起机组自激振动的主要原因有油膜振荡和间隙振荡。

1. 轴承油膜振荡

随着汽轮机组容量的不断增加，导致轴颈直径的增大和轴系临界转速的下降，这两者都直接影响轴承的正常工作。

  轴颈直径增大后，轴颈旋转线速度随之增大，摩擦损耗将相应增加。当线速度达到一定数值后，轴承的润滑油流就从层流变为紊流，使摩擦功耗显著增加，机组效率降低，并使轴瓦乌金温度和回油温度升高。

  轴系临界转速的下降，在相同的间隙下，会使油膜压力升高，直接影响轴承工作的稳定性，可能发生油膜振荡。发生油膜振荡时，轴颈载荷和油膜反力失去平衡，转子以其自振频率振动，油膜紊乱，此时甚至会引起机组所有轴承产生很大的低频振动。

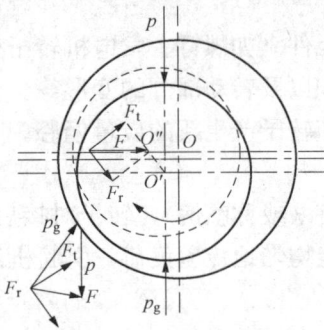

图 5-29　油膜振荡的成因

  转子轴颈在轴瓦中稳定运行时，轴颈中心在平衡位置 O' 处，轴颈只绕其旋转，如图 5-29 所示。此时轴颈上的载荷 p 与油膜对轴颈的作用力 p_g 平衡。但是，当转子受到某种外力的扰动，例如周围的振动源、进油黏度、油压瞬时变动等，使轴颈偏离了平衡位置，其中心由 O' 移到 O''，此时新的油膜作用力 p_g' 与轴颈载荷 p 不再共线，而是偏转了一个角度，设其合力为 F。将合力 F 分解成两个分力，一个是和 $O'O''$ 平行的分力 F_r，这一分力将推动轴颈返回平衡点 O'；另一个是和 $O'O''$ 相垂直的分力 F_t，这一分力将推动轴颈绕 O' 点转动，所以它又称为失稳分力。在这种情况下，轴颈除了以原有的角速度旋转以外，还要在失稳分力的作用下，围绕动态平衡点 O' 作周期性运动，这种运动称为涡动。

  当涡动振幅小时，轨迹常近似于一个椭圆；当涡动振幅大时，轨迹就偏离椭圆变成较复杂的形状。这种现象有时会在汽轮机的启动、升速或超速试验中遇到，当转速升高到某一数值时，转子突然发生涡动，某一个或相邻几个轴承的振动突然增大，振动波形中突然出现低频谐波。一旦超过这个转速，转子就失去了稳定性，故称这个转速为失稳转速。失稳转速的大小取决于转子和支承轴承的特性和工作条件，只要这些因素不变，失稳转速就是一个固定数值。因此，每当启动过程中升速至此转速时，就会出现转子的涡动，而在此转速以前转子是稳定的。

  这种涡动通常具有以下两个特点，可与其他振动区别：轴颈中心的涡动频率等于或略低于转子转速的一半，故称为半速涡动；振动一旦发生，就将在很广的转速范围内继续存在，是不能用提高转速的办法来消除的。当轴颈转速继续增加时，半速涡动的振动频率也增加；当振动频率增加到等于转子的第一阶临界转速的两倍时，涡动被共振放大，振幅增大，转轴产生剧烈振动，这就是油膜振荡。油膜振荡一旦发生后，涡动速度就将始终保持等于第一阶临界转速，而不再随转速的升高而升高。由此可见，只有当转子的工作转速高于转子的第一阶临界转速的两倍时，才有可能发生油膜振荡。最典型的油膜振荡现象常发生在汽轮发电机组的启动升速过程中，因为现代大型汽轮发电机组的第一阶临界转速较低，工作转速远远高于它的两倍。

  油膜振荡振幅很大时，会使零件疲劳、松动，甚至会使轴承和轴系损坏，造成事故。因此，要尽可能地抑制半速涡动，尤其是要防止大振幅的油膜振荡。

  防止和消除油膜振荡的方法：改进转子设计，尽量提高转子的第一阶临界转速，但对于发电厂已投运机组来说，临界转速一般是难以改变的；改进轴承型式、轴瓦与轴颈配合的径向间隙、比压、长径比和润滑油黏度等因素，使失稳转速尽量提高。

常用的一些提高失稳转速的方法：

（1）增大比压 $\bar{p}$。$\bar{p}=\dfrac{P}{\lambda D}$（$\bar{p}$ 为轴承比压，P 为轴承载荷，λ 为轴承长度，D 为轴承直径）。具体做法一种是调整联轴器中心，改变各轴瓦的负荷分配，增大失稳转速低的轴承的载荷；另一做法是缩短轴瓦长度，减小长径比，可车去轴瓦两端的部分乌金或在下瓦承压部分开一中央沟。

（2）增大轴瓦工作弧段的椭圆度也就是增大轴瓦两侧的间隙和减小轴瓦与轴颈的接触角。这样能提高轴承工作稳定性的原因在于增大了轴承的相对偏心率，如图 5-30 所示，轴承相对偏心率 k 为绝对偏心距 OO_1 与它们的半径差（$R-r$）之比，$k=\dfrac{OO_1}{R-r}$。通常认为，在 $k\geqslant0.8$ 时，轴颈在任何情况下都不会发生油膜振荡。

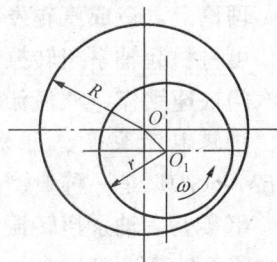

图 5-30　轴承相对偏心率示意

（3）在下瓦块适当位置开泄油槽，降低油楔压力。这一措施可以减小轴颈浮起的高度，增大相对偏心率。

（4）提高油温，降低油的黏度。

（5）减小轴瓦顶部间隙，增大上瓦乌金宽度，相当于增大了上瓦向下施加的油压力，增大了轴承比压。

（6）采用稳定性好的轴瓦，如椭圆瓦、多油楔瓦和可倾瓦等。

迄今为止，防止油膜振荡效果最好的轴承是可倾瓦轴承。可倾瓦轴承通常由 3～6 块能在支点上自由倾斜的弧形瓦块组成，其原理如图 5-31 所示。

图 5-31　可倾瓦轴承原理
1—下瓦块；2—侧瓦块；3—上瓦块；
4—支点；5—盘形弹簧

图中是由 3 块瓦组成的可倾瓦轴承，瓦块在工作时可以随着载荷、转速及轴承温度的不同而自由摆动，在轴颈四周形成多个油楔，并自动调整油楔间隙，使其达到最佳位置。如果忽略瓦块的惯性、支点的摩擦力等影响，每个瓦块作用到轴颈上的油膜作用力总是通过轴颈中心的，因而不易产生轴颈涡动的失稳分力，具有较高的稳定性。理论上可以消除发生油膜振荡的可能性。此外，可倾瓦轴承还具有承载能力大、功耗小、减振性能好以及能承受各个方向上的径向载荷等优点。其不足之处是结构复杂，安装检修较为困难、成本较高等。

2. 间隙振荡

间隙振荡又称汽隙振荡或汽流自激振荡，其产生的过程简述如下：当转子因某种原因与汽缸不同心时，级内径向间隙小的一侧，其漏汽量较少，蒸汽在叶片上产生的圆周力就较大。相反，在同一叶轮的另一侧，由于径向间隙变大，漏汽量也增大，蒸汽在叶片上产生的圆周力较小。这样在叶轮上出现了一个不平衡的切向力，该切向力与转子弯曲的方向垂直。当切向力大于阻尼力时，就有可能使转子产生低频率的涡动；涡动产生后，涡动离心力使切向力增加，从而加剧了涡动，这就是间隙振荡。

间隙振荡的出现与机组负荷有显著的关系。当机组带到一定负荷时突然发生强烈的振动，当负荷减少时，振动又突然消失，振动频率与转子第一临界转速相近，这就是因间隙振荡而形成的。

机组的异常振动是最常见的事故之一。异常振动的出现，一般比较突然，其发展也很迅猛，后果也严重。另外，与转动部分有关联的其他故障，一般最终要从机组的振动上表现出来，因此，汽轮发电机组运行的可靠性，在很大程度上是由机组的振动状态来决定的。

五、轴系扭转振动

随着电网逐步向大区域大容量方向发展，汽轮发电机组的容量也相应增大，同时电力负荷形式日趋多样化，大功率汽轮发电机组轴系扭转振动（简称扭振）的问题越来越突出。

理论上，造成汽轮发电机组轴系上力矩不平衡的因素均有可能引起轴系扭转振动。通常，可将引起轴系扭转振动的主要原因归纳为两大类：第一类是汽轮机方面的原因，包括调节汽门快速动作、汽流激振、机组甩负荷等；第二类是电气方面的原因，包括线路短路故障、励磁电流突变、三相功率不匹配等，其中，次同步振荡（sub‐synchronous oscilla-tions，SSO）是一种典型的电气故障。

事实上，轴系扭转振动失稳的隐蔽性很强。因此，一旦扭振被诱发，轴系受到的扭矩和应力将突然大幅度增加，进而可能引起联轴器螺栓断裂、末级动叶断裂等严重事故。因此，大型汽轮机组设计时需要计算其扭振频率，以便避开工频和倍频的范围，并校核各危险截面上承受的剪应力。

与此同时，研究成果表明：对于每个特定机组的轴系，都有相应的扭振特性（与弯曲振动一样）。扭振特性与轴系的机械参数（转动惯量、刚度、内部阻尼和外部阻尼等）密切相关。同时，通过改变轴系局部结构（如改变联轴器或连接小轴的结构），可以使某阶扭振固有频率避开特定的值。故这种方法对轴系调频十分有效。

计算转子扭转振动的方法主要包括：矩阵表示法、传递矩阵法以及有限元法。由于篇幅限制，这里不详述。

图 5‐32 所示为核电机组轴系的前 2 阶扭振振型。

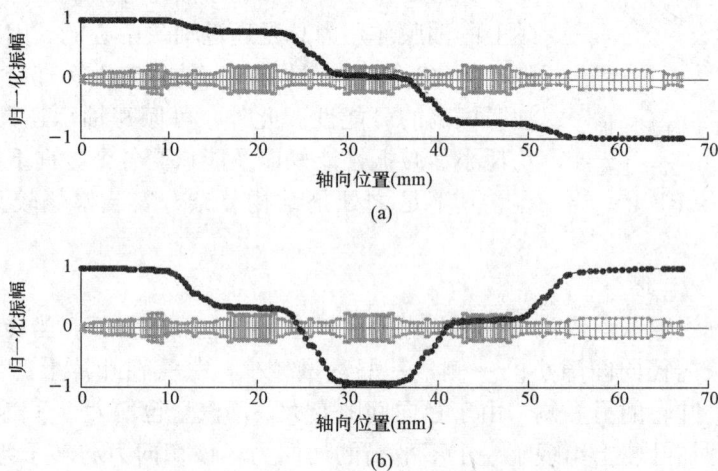

图 5‐32 核电机组轴系的前 2 阶扭振振型
(a) 一阶扭振振型（频率为 6.5Hz）；(b) 二阶扭振振型（频率为 11.5Hz）

第六节　汽轮机转子的平衡

转动机械在运行中有一项重要的技术指标就是振动，要求振动越小越好。转动机械产生振动的原因很复杂，其中以转动机械的转动部分（转子）质量不平衡而引起的振动最为普遍。尤其是高速运行的转子，即使转子存在数值很小的质量偏心，也会产生较大的不平衡离心力。这个力通过支承部件，以振动的形式表现出来。实际上，转子的不平衡是转动机械的主要激振源，也是多种自激振荡的诱发因素。

长时期的超常振动，会导致机组金属材料的疲劳而损坏，转子上的紧固件发生松动，间隙小的动静部件因振动会造成相互摩擦，产生热变形，甚至引起轴的弯曲。振动过大，即使是时间很短也不允许，尤其是高转速大容量的机组，其后果更为严重。

现代技术尚不可能消除转动机械的振动，因此对各类机组规定了振动的允许范围，以此来衡量机组运行状态的优劣。

为改善机组的工作状态，转子在制造、安装、检修和调试中要经常进行平衡试验，降低由不平衡产生的振动。

转子是弹性体，当其惯性主轴偏离旋转轴线时，运转中转子上的不平衡离心力将或多或少地使转子产生挠曲变形。但当转子的工作转速远低于一阶临界转速时，转子的刚性很强，而不平衡力相对较小，因而不平衡力所产生的挠曲变形可以略去不计，这样的转子即前述的刚性转子。相反地，将不平衡力产生的挠曲变形不可忽略的转子就是挠性转子。

目前，国际标准化组织对刚性转子的定义是，当一个转子可以在任意选择的两个平面上平衡加重时，如平衡后的剩余不平衡在最高工作转速范围内均不超过允许的平衡公差，即转子的不平衡大小与转速无关时，这样的转子就称为刚性转子，除此之外的转子为挠性转子。

平衡是通过检测和调整转子的质量分布，即在转子的适当地方加上（或减去）一定大小的（称为校正质量或配重）质量，来减少转子的惯性主轴与旋转轴线的偏离，使机组的振动降到允许范围内。平衡的作用是减少转子的挠曲、降低机组的振动并减少轴承及基础的动反力，保证机组安全、平稳、可靠地运行。

在找转子平衡工作中，若把转子假定为刚体，则可使转子复杂的不平衡状态简化为一般的力系平衡关系，从而大大简化找平衡的方法。对于工作转速高于一阶临界转速，但远离第二临界转速的转子，也可作为刚性转子来处理。

一、转子的不平衡

在工程实际中，由于材料的不均匀和设计、制造及安装的偏差，转子的惯性主轴与旋转轴线会有些偏离。在转子转动中，偏心质量产生的离心力是个不平衡力系，传递到转子的支持轴承和基础上将产生振动。当转速一定时，离心力的大小正比于质量与偏心距的乘积，在平衡技术中将其称为不平衡量，简称不平衡。

为使转子不平衡形式的讨论简单、明了，这里将一等直径对称转子等分成两部分，如图5-33所示，两部分的质心分别位于垂直于轴线的各自中央平面内。这样，它可能产生如下三种形式的不平衡。

（1）静不平衡。两部分的质心位于通过轴线同一平面的同一侧，而且具有相同的偏心距 $e_1 = e_2$，如图5-33（a）所示。在这种情况下，转子的质心 S 也处在通过轴线的平面内。如

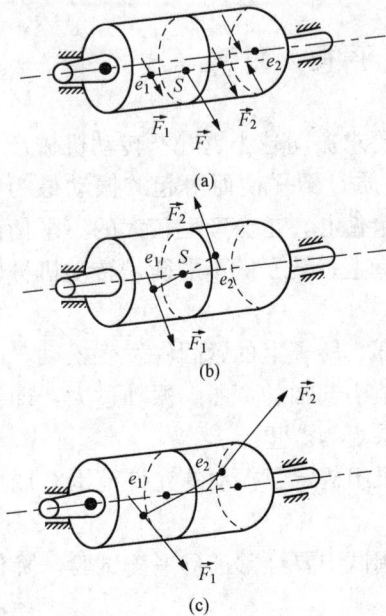

(a)

(b)

(c)

图 5-33　转子三种典型的不平衡

果轴承的摩擦系数很小，那么，转子在不平衡力的作用下，最终将静止在偏心位于正下方的位置上。我们称这种不平衡为单纯的静不平衡。

对于静不平衡的转子，运转中转子上两部分不平衡产生的离心力 F_1 和 F_2 大小相等、方向相同，它们的合力位于轴对称中间平面内，并作用在质心 S 上，称此力为静不平衡力。静不平衡力使转子产生平行移动，分解到两侧轴承上，将产生大小相等、方向相同的作用力，将此力称为对称作用力。

（2）动不平衡。两部分的质心位于通过轴线的同一平面内，但分置于轴线的对称两侧，$e_1=e_2$，如图 5-33（b）。此时，转子的质心仍在轴线上，故转子静止状态下在任何位置均能停留，处于静力平衡状态。但在转子转动时，离心力 F_1 和 F_2 大小相等、方向相反，组成以 S 为中心的力偶，使转子产生绕质心的摆动（或转动）。这种不平衡仅当转子转动时才表现出来，故称为动不平衡。动不平衡在两侧轴承上产生大小相等、方向相反的作用力，将此力称为反对称作用力。

（3）混合不平衡。转子上的不平衡通常是随机的，不但两部分的质心可能不在通过轴线的同一平面内，而且偏心距也可能不相等，转子的质心也可能不在轴线上，如图 5-33（c）所示。转子转动时，离心力 F_1 和 F_2 可以合成为一个合力和一个力偶，即构成一个静不平衡力和一个动不平衡力偶。一个特殊的情况是合力位于与力偶垂直的平面内，即相当于在一个平衡良好的转子非质心平面上加一个不平衡，称这种不平衡为准静不平衡或混合不平衡。混合不平衡时，既存在静不平衡，又存在动不平衡。实际上转子的不平衡现象都是以混合不平衡的状态出现的。

为了使不平衡的转子达到平衡的目的，在实际工作中应根据转子的不平衡现象及其结构来确定找平衡的方法。

转子找平衡方法可分为两类，静态找平衡（静平衡）和动态找平衡（动平衡）。对于质量分布较集中的低速转子，仅做静平衡。对于由多个单体组合的转子，应分别先对每个单体做静平衡，组装成整体后，再做动平衡。

二、刚性转子的平衡精确度

理论上，一个完全平衡的转子，其偏心距应为零。但在实际平衡中，转子不可能达到理想的平衡状态，往往还存在轻微的不平衡，这种轻微不平衡称为剩余不平衡，只要剩余不平衡在允许的范围内即可。从经济上看，也没有必要平衡到比允许范围更小的水平。为此，必须对各类转子的允许剩余不平衡做出规定。

对于刚性转子，当存在不平衡时，其偏心距 $e\neq0$，并且工作转速越高，所引起的振动就越大。实际统计发现：对于同类型的转子，允许剩余不平衡反比于旋转速度 ω，即

$$\omega e = 常数 \tag{5-68}$$

因此，可用转子的偏心距与最大运行角速度的乘积 ωe 来表示刚性转子的平衡精确度。ωe 是质心的线速度，有时也称为转子质心的振动速度。

GB/T 9239.1—2006《机械振动　恒态（刚性）转子平衡品质要求　第 1 部分：规范与平衡允差的校验》中，将各类刚性转子的平衡精确度按质心速度的大小分为 11 个等级，每级相差 2.5 倍，从 G0.4 到 G4000。根据转子的类型，先确定出应达到的平衡精确度等级，然后由最大运行转速求出单位质量转子允许的剩余不平衡质量距。

对于转速为 3000r/min 的汽轮机，按标准平衡精确度应归属 G2.5 级，由 $\omega e = G2.5$ 求得允许最大质量偏心距为

$$e = \frac{G}{\omega} = \frac{60G}{2\pi n} = 7.958(\mu m)$$

所求出的质量偏心距即是单位质量转子所允许的不平衡，转子的质量越大，允许的剩余不平衡就越大。

转子经平衡后应通过试验来验证实际达到的平衡精确度，以确定各校正平面上剩余不平衡是否符合标准。

验证试验可采用试加质量周移法，即将校正平面等分为 12 点，取一试验质量（为各校正面剩余不平衡量的 5～10 倍）依次加到该平面的等分点上，在原先同一平衡转速下测取轴承的振动。把测量所得的振动绘成如图 5-34 所示的曲线，曲线的幅值即为该平衡面上实际的剩余不平衡量。

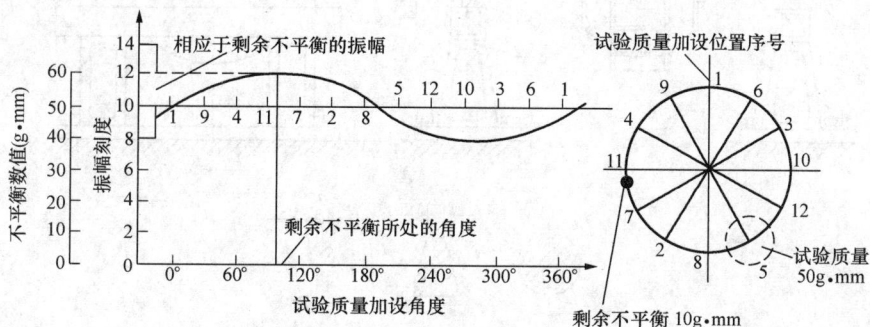

图 5-34　确定单平面上剩余不平衡的试验曲线

应用 GB/T 9239.1—2006 对汽轮发电机组来说一般已能达到预期的效果，但对于高速运转（如大于 3000r/min）的机组，按照这一标准平衡，运行中仍有较大的振动力。为此，有些行业组织提出了适用于行业特点的平衡标准，如美国石油工业研究所按剩余不平衡量所产生的离心力大小提出了 API612 标准（2014），指出：汽轮机转子的平衡标准，应为在最大运行转速下每个轴承所受的不平衡离心力不大于该轴承所受静载荷的 10%。对于轴对称的汽轮机转子，如果工作转速为 3000r/min，那么按此标准，应达到的平衡精确度相当于 GB/T 9239.1—2006 的 G1.56 级，由此表明：API612 的要求比 GB/T 9239.1—2006 来得高。

三、刚性转子静平衡

1. 转子的静不平衡

先将转子放置在静平衡台上，然后用手轻轻地转动转子并让它自由停下来，可能出现下列情况：

（1）当转子的重心在旋转轴心线上时。转子转到任一角度都可以停下来，这时转子处于静平衡状态，这种平衡为随意平衡。

（2）当转子的重心不在旋转轴心线上时。若转子的不平衡力矩大于轴和导轨之间的滚动摩擦力矩，则转子就要转动，使转子重心位于下方，这种静不平衡称为显著不平衡；若转子的不平衡力矩小于轴和导轨之间的滚动摩擦力矩，则转子虽有转动趋势，但却不能使其重心方位转向下方，这种静不平衡称为不显著不平衡。

当转子存在静不平衡时需要进行静平衡，顾名思义，静平衡时转子不转动。静平衡的精确度取决于转子或滚轮之间的滚动摩擦。转子静平衡一般在转子（轴）检修完毕进行。静平衡需要在静平衡台上进行。图 5 - 35 和图 5 - 36 所示分别为静平衡试验示意和静平衡台

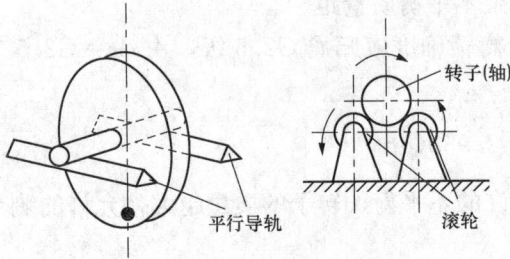

图 5 - 35　静平衡试验示意

及轨道截面形状。

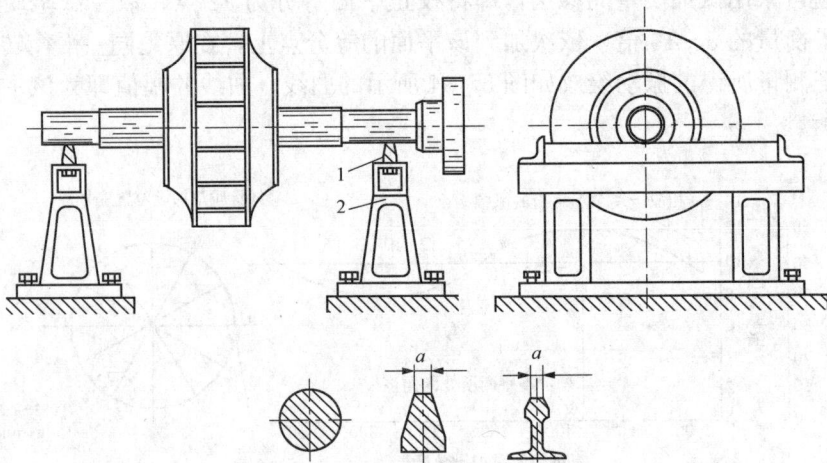

图 5 - 36　静平衡台及轨道截面形状
1—轨道；2—台架

2. 转子静平衡的方法

转子静平衡的方法有两次加重法找转子显著不平衡、试加质量周移法找转子不显著不平衡、秒表法找转子显著不平衡、秒表法找转子不显著不平衡。具体方法查阅有关资料。

找剩余不平衡的方法与用试加重法找转子不显著不平衡的方法完全一样。通过测试得出转子各等分点中的一对差值最大的数值，用大值减去小值之差除以 2，其得数就是剩余不平衡质量。

剩余不平衡质量越小，静平衡质量越高。实践证明，转子的剩余不平衡质量，在额定转速下产生的离心力不超过该转子重力的 5％时，就可保证机组平稳地运行，即静平衡已经合格。

四、刚性转子低速动平衡

动平衡是指转子在转动状态下进行的平衡。静平衡因受导轨或滚轮的摩擦影响，平衡精确度受到一定限制，在转动状态下有时不平衡离心力仍然较大；对于任意不平衡分布的转子，既有静不平衡，又有动不平衡。只有在转动状态下，选用两个校正平面才能消除刚性转

子的不平衡。

对任意分布的不平衡，按刚性力学原理可知，刚性转子的任意不平衡，均可用任选的两个校正平面的校正质量加以平衡。转子达到一定精确度的平衡后，其离心惯性力是一个平衡力系，虽然离心力对转子仍有弯曲力矩，但弯曲力矩引起的挠曲变形可以略去不计。由此可得：刚性转子一旦在某一转速平衡后，只要在刚性转子的定义范围内，在任何转速下总保持平衡状态。

（一）刚性转子动平衡原理

刚性转子动平衡的原理，是根据振动的振幅大小与引起振动的力成正比的关系，通过测试，求得转子的不平衡重的相位，然后在不平衡重相位的相反位置加一平衡重，使其产生的离心力与转子不平衡重产生的离心力相平衡，从而达到消除转子振动的目的。

转子动平衡的方法可分为两类：第一类是在动平衡台上，在低转速时动平衡；第二类是在机体内，在额定转速时动平衡。转子动平衡若能在额定转速下进行最为理想。但是经过大修的转子，其平衡情况不明，应先在低速下动平衡，使转子基本上达到平衡要求，然后在高速下动平衡，这样不致引起过大的振动。

在低速平衡台上进行平衡试验时，转子在降速惰走过程中，将遇到两个共振峰，如图 5-37 所示，转速高的共振峰对应于动不平衡，转速低的共振峰对应于静不平衡。在找平衡中，根据两端轴承处的振动相位来判别是哪一类不平衡，两端振动相位相同时是静不平衡引起的，可由两个平衡面上加相对于质心成对称的校正质量来平衡；相位相反时则是由动不平衡引起的，应加反对称校正质量来平衡。

（二）低速平衡台

刚性转子平衡是以转子不发生显著挠曲变形为前提的，因此，平衡转速应低于一阶临界转速的 $0.4\sim 0.5$ 倍。对于汽轮发电机组的转子来说，一阶临界转速一般为 $900\sim 2000$ r/min。这样在作刚性转子平衡时，平衡转速必须低于 $400\sim 1000$ r/min。若在转子自身支承轴承上做低速动平衡，由于轴承座的支承刚度较大，在这样低的平衡转速下，转子的不平衡力不能激起明显的轴承座振动。故必须借助于低速平衡台对不平衡做共振放大。在共振转速附近振动的幅值明显地增大，可以增强平衡中不平衡量的检测灵敏度。这就是刚性转子平衡利用软支撑低速平衡台的原因。为此，要求动平衡台具有相当的灵敏性及在预期转速下发生共振。

发电厂使用的低速平衡台有摆动式和弹性体式两种，如图 5-38 所示。摆动式平衡台主要由轴瓦及轴瓦座、弧形承力座、承力板等组成，转子的两端搁置在平衡台两侧的轴瓦上。弧形承力座绕其回转中心 O 摆动，摆动惯性是转子和轴瓦对回转中心 O 的质量矩，摆动中转子的重力产生相对于 O 的恢复力矩。所以，弧形承力座的半径越大，承力板到轴中心的距离越小，系统的惯性质量就越大，自振频率就越小。因此，对不同大小的转子，要求采用不同大小的 R 和 H。通常，这种平衡台的共振转速设计在 150 r/min 附近。

弹性体式平衡台是在轴瓦座下放置橡胶块作弹性支承，一般每端轴承下均匀、对称地放

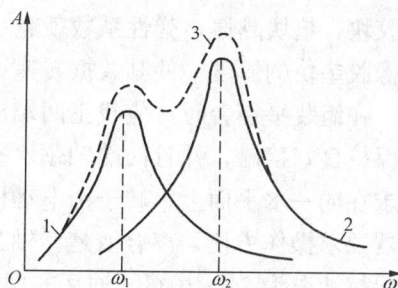

图 5-37 低速平衡台上轴承振幅与转速的关系

1—静不平衡引起的振幅；
2—动不平衡引起的振幅；3—合成后的振幅

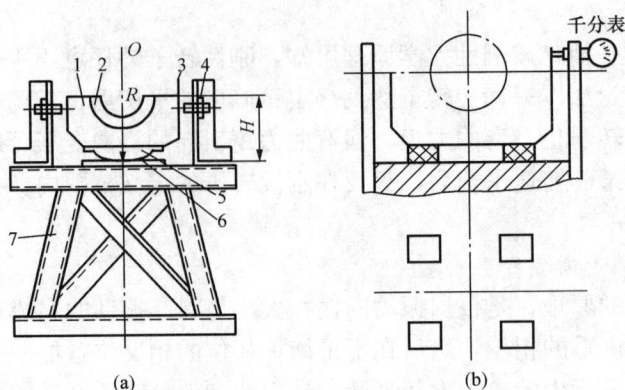

图 5-38　低速平衡台示意

(a) 摆动式平衡台；(b) 弹性体式平衡台

1—轴瓦座；2—轴瓦；3—千分表挡板；4—紧固螺栓；5—弧形承力座；6—承力板；7—台架

置 4～8 块橡胶块。系统的自振频率取决于转子的质量和橡胶块的弹性，对弹性系数一定的橡胶块，垫块越厚，弹性系数就越小，系统的自振频率也就越低。对不同大小的转子，应调整橡胶垫块的厚度，使其共振转速调整为 200～320r/min。

在组装平衡台时，应找正两端支承轴瓦的中心。转子放置在平衡台上后，要求转子与轴瓦保持良好接触，并且两端轴颈水平扬度的大小相等、方向相反。两动平衡台的横向和纵向要求在同一水平面上。转子由电动机经皮带或可移动式离合器带动，电动机与转子之间的离合器要求操作方便，离合清楚。轴瓦用中等黏度的透平油作润滑。润滑油必须清洁、充足，并保持油温为 30～40℃。轴瓦的振动用普通百分表或大量程非接触式电涡流式传感器检测。

平衡试验中启动升速时应将支承轴瓦两侧的制动螺栓上紧，以免在升速过程中轴瓦产生过大振动和移动；待转速升至第二共振转速以上一定转速时，脱开离合器或传动皮带，松开轴瓦两侧的制动螺栓，记录转子降速惰走过程中越过两个共振转速时两端轴瓦摆动的幅值。平衡试验中，如出现两端轴瓦的摆动幅度过大，可以只松开一端轴瓦的制动螺栓，避免过大摆动产生危险。

弹性体式平衡台结构简单，在发电厂现场容易实施，虽然灵敏度稍逊于摆动式，但一般能满足平衡要求，故在发电厂中用得较多。

（三）刚性转子低速动平衡的方法

用动平衡台找转子动平衡，通常在一端轴承固定，另一端轴承松开的情况下进行。这种方法按试加重的次数分为试加重周移法、二次加重平衡法（两点法）、三次加重平衡法（三点法）。周移法操作复杂，花费时间长，但平衡准确度较高；两点法和三点法操作简便，但准确度较差。

在动平衡台做动平衡时，其振幅降至 0.05mm 以内时，即认为合格。对于较重、较长的转子，其合格值允许有所增加。

比较准确的评定，应以转子剩余不平衡重在工作转速下所产生的离心力大小来衡量。根据经验，当剩余不平衡重所产生的离心力相当于转子重力的 5% 时（在工作转速下引起轴承振动的振幅约为 0.01mm），即认定合格。

五、刚性转子高速动平衡

高速平衡是指在工作转速或某一选定的平衡转速下进行的平衡，对于发电厂现场，就是转子在自身支承轴承上的平衡。测振幅平衡法虽然也可以用于高速平衡，但由于平衡中缺少振动的相位信息，至少要三次试加、四次启动，才能唯一地确定原始不平衡的大小及相位，不仅延长了平衡试验的时间，而且增加了平衡试验的费用。因此，在平衡中必须充分利用振动的另一重要信息——相位，有效地减少平衡的启动次数。这是与低速动平衡方法明显的区别。

在振动工程领域内，振动的相位可以看作是振动信号上某点（例如高点、正向过零点等）与同频率基准信号或转子上某个参考点之间的时间关系或位置关系，这个关系在振动相位测量中用它们与基准信号超前或滞后的角度来表示。根据上述定义，振动相位有基频振动相位、倍频振动相位等。由于转子的不平衡振动与转子的旋转频率相同，故这里讨论的振动相位均指基频振动相位。

目前，振动测量传感器只能测到振动信号的波形，还无法直接测到振动响应滞后于激振力的相位。但是，如果在轴上任意点处设一个固定标记，通常是在轴端面上画一条径向白线只要这个标记一经确定，转子上原始不平衡与白线之间的相对相位（即相位角）就固定下来。平衡时，只要能测定试加平衡质量前后振动相对于固定标记的相对相位角，并由振幅和相对相位的变化，即可求出转子上原始不平衡质量的大小及位置。这种利用相对相位变化来平衡的方法称为相对相位法。根据相对相位的测量原理和振动理论，通过估算振动响应与激励力的机械滞后角，由相对相位可以估算出原始不平衡的大致位置，避免平衡中试加质量的盲目性。

振动相位测量有多种方法，在发电厂现场振动平衡试验中常用的是闪光法和脉冲法。其中闪光法较为经典，在基于计算机或微处理器的测振仪器中则使用脉冲法。

六、挠性转子的平衡

随着汽轮发电机组容量的增大，转子轴向长度及其质量也随着增加，而转子径向尺寸因受到材料强度限制增加不大。这样就迫使采用工作转速大于一阶临界转速和二阶临界转速的挠性转子。

对于挠性转子，如果采用不计变形影响的刚性转子平衡方法来进行平衡，将不能得到预期的效果。

挠性转子的振动特点与刚性转子不同，这是由于挠性转子在不平衡质量作用下将产生变形，且其变形程度随着转速变化而变化。

假定转子上有一不平衡质量 m_u 位于 r_u 处，并设不包括不平衡质量 m_u 的转子质心 S 位于转动轴线上，m_u 所处位置距离转子质心 S 不远，如图 5-39（a）所示。

首先将这一转子在低速下进行平衡（在低速平衡台上进行）。这时，由于平衡转速低，转子的变形可以不计，只需在转子两端面Ⅰ-Ⅰ和Ⅱ-Ⅱ上 m_u 的对侧加上两个平衡质量，如果满足 $m_1r_1+m_2r_2=m_ur_u$，$m_1r_1l_1=m_2r_2l_2$，就可以达到平衡，两侧轴承上将不产生动反力，这就是前面所介绍的刚性转子动平衡的情况，如图 5-39（b）所示。

转子经过低速平衡后，在低速平衡转速下两侧轴承上不再存在动反力，但平衡质量离心力与不平衡质量离心力将使得转子沿轴向长度产生弯矩，见图 5-39（c）。此弯矩在低速时使转子产生的变形较小，可以忽略不计。但是在工作转速时，由于 ω 高，弯矩也大，此弯矩将使转子产生很大的变形，见图 5-39（d），使转子质心点产生较大的挠度 y_s。由于质心挠

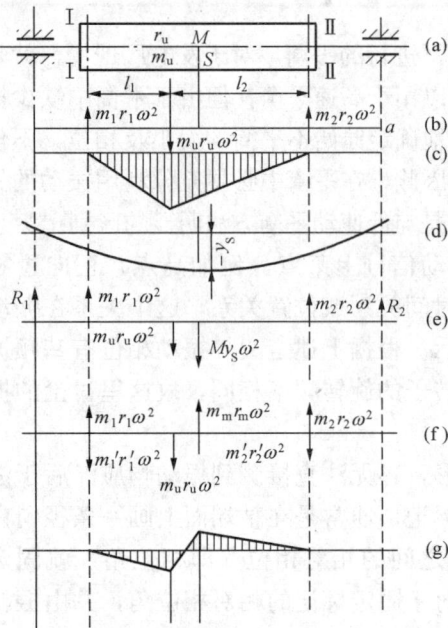

个相邻轴承振动较大等）或者是各个轴承振动同时都较大。对于前者，根据不平衡振动的响应特性可知：振源就在两个相邻轴承所在的一跨转子，此时可以应用所有单转子平衡法，如振型分离法、谐分量法、联合使用振型法、影响系数法、最小二乘影响系数法，以及振型圆法等进行平衡。而对于后者即对于数个相邻转子都存在明显不平衡的情形，此时平衡的方法有两种。一种仍是分别应用单转子的平衡方法来找各个转子平衡，即不考虑相邻转子间的影响，这时一次平衡后一般可望降低 70%～80% 的不平衡振动。为了进一步改善振动，可以进行第二次的各单转子的平衡，因为此时各相邻转子的振动已下降很多，所以相互间的影响已经减弱。另一种是使用最小二乘影响系数法对多转子的多测点系统进行平衡。经验表明：由于施加质量对较远测点的影响系数不易测准，误差较大，所以在应用最小二乘影响系数平衡法时转子跨数不宜太多，一般不超过三个，这要视影响系数的大小而定。

综上所述，轴系动平衡法实质上是根据不平衡振动响应特性，将之化为轴系中各个单转子的平衡或者分段地应用最小二乘影响系数法进行平衡。

第七节 汽缸、隔板的强度

一、汽缸强度计算

汽缸是汽轮机中形状最复杂的部件。而且，汽缸厚重、支承多样，各部分位移约束、受力情况和温度分布很不相同，还需要有好的制造和安装工艺性。若用理论分析方法计算其强度是很困难的。事实上，到目前为止，还不能把汽缸在所有工况下的全部真实应力分布的细节了解清楚，汽缸结构还有进一步优化的空间。汽缸强度设计建立在现代计算、经验计算以及试验和运行数据统计基础之上。

从强度计算的角度分析汽缸的应力分布，目前普遍采用的计算方法是数值计算方法。由于汽缸在三维空间上并不对称，故采用三维计算是合理的。无论采用现有的商业分析软件，还是专门的汽缸应力分析软件，由于汽缸尺寸大、结构复杂，离散的网格数量大，计算量巨大，对计算机等计算资源要求很高。在软件和硬件条件满足的情况下，应尽量直接对全尺寸汽缸进行模化和应力分析，或采用简化的全尺寸模型复合局部精细模型进行分析。

强度计算要考虑的另一个关键问题是计算的边界条件。汽缸强度计算的边界条件是随实际运行工况而变化的，由于汽缸自身运行工况复杂，且连接的设备都可能处于不同的工况，故汽缸的工况组合是很多的。因此，在计算时，应本着安全的原则，对最危险工况进行计算。事实上，危险工况在不同的条件下会互相转换，并使汽缸危险部位也相应转移。因此，尽管在指定的边界条件下能很好地计算汽缸应力分布，考虑到上述原因，结构设计时还是要取合适的安全系数。

因为汽缸的厚度远小于汽缸的直径，从粗略强度评价的角度，可将汽缸视为轴对称的薄壳，利用薄壳理论进行计算。一般情况下，当汽缸内壁曲率半径与该处汽缸平均厚度之比大于 20 的时候，计算结果具有参考价值。对汽轮机高压汽缸而言，这个比值一般不能达到 20，不宜采用这种方法。

当壁厚变化只影响其中的应力分布而不影响变形的时，可以用薄壁圆筒计算公式计算汽缸的壁厚。显然，当汽缸厚度一定时，缸壁的工作应力为

$$\delta = \frac{\Delta p D_n}{2[\sigma]}$$

(5-69)

式中　　Δp——汽缸内外压差（MN/m²）；

　　　　$[\sigma]$——许用弯曲应力（MN/m²）；

　　　　D_n——汽缸的内径（m）。

　　当汽缸内外压差较小时，上式算出的缸壁厚度往往太薄，这时需要从刚度和工艺（对铸件最小厚度的要求等）等方面考虑，适当加大汽缸厚度。

　　汽缸在工作状态不仅受到内外压差造成的压应力，而且会受到温度的作用。汽缸材料在高温蒸汽的作用下会发生热膨胀，当汽缸上的热膨胀不均匀时会形成热应力。对于汽缸热膨胀的预测，可采用质面比或汽缸及法兰刚度系数等方法进行初步的估算。

　　刚度系数法将汽缸分为筒体和法兰两部分，其中筒体看作轴对称结构，法兰看作平面结构，根据汽缸材料的热膨胀系数分别计算它们的自由热膨胀量。设筒体的自由热膨胀量为 ΔL_c，法兰的自由热膨胀量为 ΔL_f，由于筒体和法兰厚度不同，计算得到的 ΔL_c 不等于 ΔL_f。但是实际筒体和法兰是一体的，要求热膨胀量相等。因此在筒体和法兰的接合面会产生相互作用的内力即热应力，使筒体的自由热膨胀量改变 $\Delta L'_c$，使法兰的自由热膨胀量改变 $\Delta L'_f$。根据变形协调条件有

$$\Delta L_c + \Delta L'_c = \Delta L_f + \Delta L'_f \tag{5-70}$$

　　已知筒体和法兰的刚性系数分别为 Kc 和 K_f，则根据筒体和法兰的相互作用力相等可得

$$\Delta L'_c Kc - \Delta L'_f K_f = 0 \tag{5-71}$$

　　联立求解式（5-70）和式（5-71），可以求得约束变形 $\Delta L'_c$ 和 $\Delta L'_f$，进而可以得到汽缸的实际热膨胀量 $\Delta L = \Delta L_c + \Delta L'_c$。

　　图5-40所示为1000MW核电汽轮机低压缸的三维模型剖面。从图中可以看出，汽缸结构复杂，内径大幅变化，无法简化成轴对称或其他二维模型，这给现代大型汽轮机的强度分析和校核提出更高的要求。为此需要对汽缸结构进行精确建模，采用三维有限元等方法进行强度分析和校核。

扫码看彩图

图5-40　1000MW核电汽轮机低压缸的三维模型剖面

　　另外，现代大型电厂对机组的效率要求也日益提高，这就要求更小的动静部件间隙，动静部件碰摩的概率因此而增大，这同样要求更精确的汽缸强度分析和校核方法。动静碰摩分为轴向和径向碰摩，往往很难绝对区分，但仍有所区别。沿通流方向各级汽缸与转子的温差并非一致，因而轴向热膨胀也不同。在启动、停机和变工况运行时，转子与汽缸膨胀差超过极限，导致轴向间隙消失，便造成轴向碰摩。当汽缸的变形达到一定程度时将使径向间隙消失，由此产生汽封与转子摩擦，即径向碰摩。同时又不可避免地使转子弯曲，从而产生恶性循环。为了减小温度梯度而造成的碰摩，现代大型汽轮机机组的启动和停机过程往往是一个缓慢的过程。由热膨胀引起的汽轮机组动静部件间的动静碰摩，已经成为制约机组快速启动和响应的瓶颈之一。

　　发生碰摩时，轻者会使机组产生振动，重者会因强烈振动导致整个轴系损坏，对整个汽

轮机组的安全性、经济性、稳定性造成严重威胁。为此，需要更精确地计算动静部件在不同工况下的变形量，要考虑的因素包括汽缸的重力、内外壁压差和温差等。其中，重力作用产生的变形会在汽缸装配过程中发生变化，压差作用产生的变形会在汽缸抽真空、启停机过程中发生变化，温差作用产生的变形会随着汽缸的入口蒸汽参数以及工况的变化而发生变化。为了准确地预测汽缸在不同工况下的变形，通常会分别计算得到不同因素下汽缸的变形量，然后叠加这些变形量得到总的变形量。

为了防止轴端漏汽（气），汽轮机轴封处的动静间隙往往很小。如图 5-41 所示，轴封齿与轴颈表面非常接近，仅有毫米级，动静碰摩的故障通常最先发生在轴封处，为此轴封齿通常采用易磨损材料，降低碰摩对轴的破坏。此外，由于低压缸尺寸大、排汽锥体结构刚性相对较弱、基础下降、缸体弹性变形较大等因素，大型汽轮机的低压缸更易发生动静碰摩。

碰摩的原因涉及多方面，其中汽缸内部蒸汽流动和换热的耦合非常复杂，使得难以通过试验方法对汽缸在实际工况下的变形进行测试分析。随着计算机技术的不断发展，以有限元为核心的热固耦合求解方法成为研究和分析汽轮机汽缸结构强度问题的有力工具，数值方法得到的预测结果可满足工程预测和科学研究的精确度。

在影响汽缸变形量的各种因素中，重力和压差的作用相对较容易确定。重力作用的数值模拟要求对汽缸进行精确的建模，准确地确定汽缸的约束条件。压差作用的数值模拟要求分区给出汽缸内壁受到的压力。但温度作用下的变形相对更复杂，分析时首先需

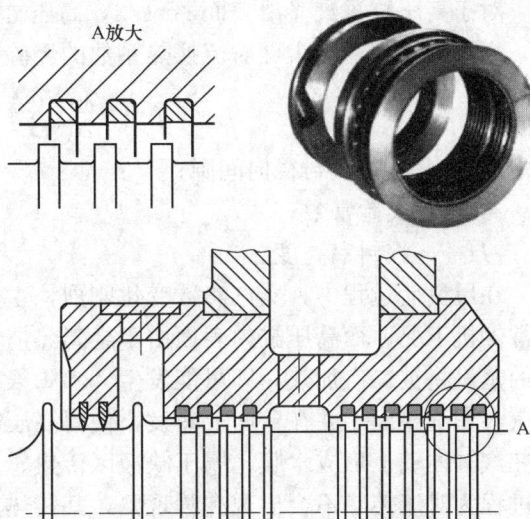

图 5-41 大型汽轮机的轴封结构

要利用三维有限元方法对汽缸建立数值模型，利用数值传热学方法计算出汽缸瞬态温度场后，然后计算其热变形量或热膨胀量。为了获得精确的温度场分布，需要获得准确的温度边界条件。对于单层汽缸，其外壁面与空气接触，进行自然对流换热，内壁与工质接触，进行对流换热。变工况时汽缸内壁还有可能发生凝结换热或沸腾换热。汽缸内部流动复杂，难以通过全三维瞬态流固耦合方法获得对流传热系数。实际中，通常采用表面传热系数经验公式确定汽缸内壁的传热系数。

汽轮机制造商均有自己的汽轮机转子传热系数计算公式，部分已经公开，并被广泛应用于火电、核电汽轮机设计。但关于汽缸的传热系数目前尚无统一计算公式。本节介绍部分经验公式，仅供参考。对于高压缸进汽管道，单相流体传热系数计算的经验公式为

$$Nu = 0.023Re^{0.8}Pr^{0.333} \tag{5-72}$$

式中 Pr——流体普朗特数。

高压缸进、排汽光滑表面对流传热系数的经验公式为

$$h_{\rm f} = \frac{\lambda}{d_2 - d_1}(A_1 + A_2)Re^{0.8}Pr^i \tag{5-73}$$

其中，$A_1 = \dfrac{0.02}{(1 + A^2 Re_\theta^2/Re_z^2)^{0.4}}$，$A_2 = \dfrac{0.038[(d_2 - d_1)/d_1]^{0.4}}{[4(A^2 + Re_\theta^2/Re_z^2)]^{0.4}}$，$A = 0.65\left[\dfrac{d_2 - d_1}{d_1}\right]^{-0.3}$

$$Re_z = \frac{C_z(d_2 - d_1)}{\nu}, \ Re_\theta = \frac{C_u(d_2 - d_1)}{\nu}, \ Re = Re_z[(1 + A^2 Re_\theta^2 / Re_z^2)^{0.5}]$$

式中　λ——流体导热系数；

$\quad\quad d_2$——汽缸内直径；

$\quad\quad d_1$——转子外直径；

$\quad\quad Re_z$——轴向雷诺数；

$\quad\quad Re_\theta$——切向雷诺数；

$\quad\quad C_z$——轴向流速；

$\quad\quad C_u$——切向流速；

$\quad\quad \nu$——运动黏性系数。

对于高压缸进汽光滑表面 $i = 1/3$，高压缸排汽光滑表面 $i = 0.4$。

高压缸内部通流表面对流换热系数的经验公式为

$$h_f = \frac{\lambda c}{2\delta}\left(\frac{\delta}{H}\right)^{0.56} Re^{0.7} Pr^{0.43} \tag{5-74}$$

式中　δ——叶顶汽封径向间隙；

$\quad\quad c$——实验常数；

$\quad\quad H$——汽封室高度。

在甩负荷过程中，蒸汽参数变化剧烈，主蒸汽被快速节流，压力、温度下降速率远高于正常停机工况，而高压缸内表面由于金属热惯性，仍然保持较高的温度，造成节流后温度较低的蒸汽将被二次加热，即可能发生"沸腾换热"，如果节流后湿蒸汽液体撞击壁面时，湿蒸汽会润湿壁面，并在壁面上蒸发，使得高压缸内壁面温度急剧下降，这种情况湿蒸汽并不会在汽缸内壁上形成水膜，属于缺液区传热。如果蒸汽节流后以过热蒸汽存在，则蒸汽被加热过程为对流传热不会出现沸腾现象，其传热系数要远低于液态沸腾换热。沸腾换热计算可采用 Groen－eveld 经验关系式，该关系式适用于圆管、环形流道，即

$$Nu_g = a\left\{Re_g\left[x + \frac{\rho_g}{\rho_f}(1-x)\right]\right\}^b (Pr_g)_w^c Y^d \tag{5-75}$$

其中

$$Y = 1 - 0.1\left(\frac{\rho_f}{\rho_g} - 1\right)^{0.4}(1-x)^{0.4}$$

式中　$(Pr_g)_w^c$——以壁面为定性温度计算的普朗特数。

在高压缸启动至额定负荷过程中，涉及膜状凝结换热向着强迫对流换热的转换过程，其真实物理过程比较复杂，并且可能存在相变传热与强迫对流共存的状态。

大型汽轮机汽缸的绝对热膨胀可以达到厘米级，为了保证汽缸能够自由膨胀和收缩，汽缸往往不是直接固定在基座上，否则汽缸无法释放应力会造成设备损坏。为了使汽缸在轴向、横向和纵向几个方向上自由膨胀，同时保证汽轮机中心线不变，汽轮机必须设置一套滑销系统。图 2-13 所示为国产 600MW 汽轮机的滑销系统，汽轮机汽缸结构的数值模拟要结合滑销系统设置边界条件。

二、螺栓强度计算

图 5-42 所示为某核电汽轮机汽缸在合缸后、紧螺栓前中分面间隙的分布。其最大间隙达到毫米级，此时的间隙是上下缸在重力以及猫抓、销钉等约束作用下变形不一致导致的，通常下缸的重力更大、变形也更大。显然，间隙的存在将会导致汽缸漏汽，故需要采用螺栓

法兰结构消除间隙、封严汽缸。螺栓法兰结构是由法兰盘和螺栓螺母两部分连接组成的一类紧固件，具有连接性好、结构简单、整体刚度好和可靠性高的特点，被广泛用于汽轮机汽缸的连接。为了达到最好的汽密性，汽轮机汽缸上布置了众多螺栓，并要严格控制螺栓的预紧力。图 5-43 所示为汽轮机高压缸法兰上的螺栓孔。

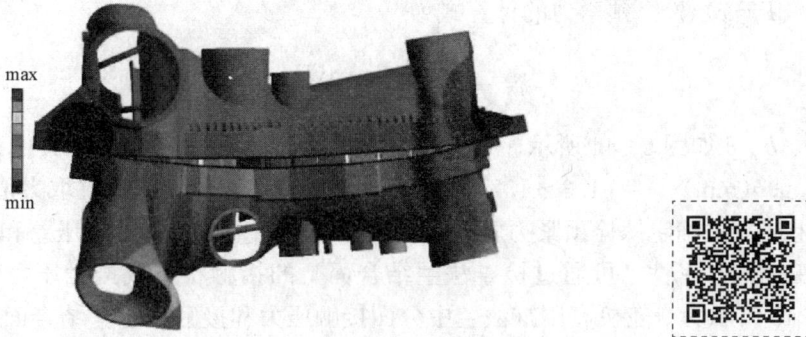

图 5-42　某核电汽轮机汽缸合缸后、紧螺栓前中分面
间隙的分布（变形等比例方法）

扫码看彩图

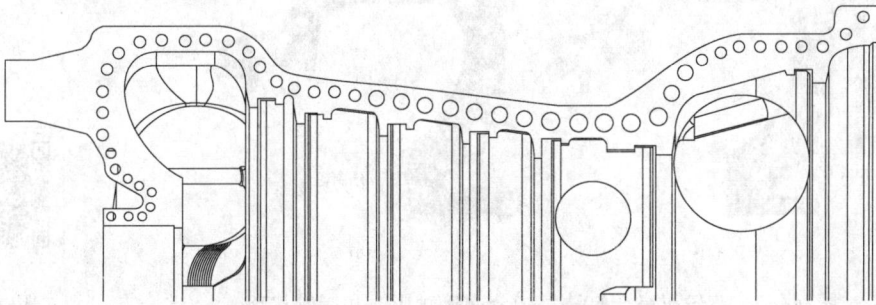

图 5-43　汽轮机高压缸法兰上的螺栓孔

图 5-44 所示为汽轮机法兰的局部视图及其受力。螺栓安装之后不仅需要消除汽缸变形造成的间隙，还要保证高压蒸汽通入汽缸后，上下汽缸法兰结合面不会被撑开。汽轮机处于冷态时，对任一法兰而言，螺栓拧紧时产生的压力 N 以及相连法兰产生的反作用力 R 处于平衡。当蒸汽通入汽缸后，产生的蒸汽作用力 F 将打破原有的平衡状态，力 F 对法兰产生一逆时针的力矩，造成法兰外侧的反作用力增大而内侧力减小。

在设计时，要选定恰当的螺栓安装预紧力 N，以保证当 F 值最大时，在汽缸内壁 D 点处的反作用力为零。与汽缸应力计算一样，法兰和螺栓的计算也应采用三维数值计算方法，但是，若将螺栓内力简化为一维受力，也可以采用以下简便方法进行估算。在法兰螺栓的一个间距 t 之间，使上下汽缸撑开的蒸汽作用力 F 为

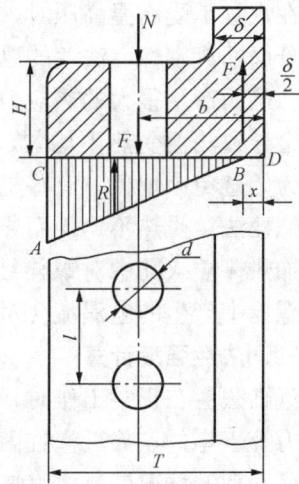

图 5-44　汽轮机法兰的局部视图
及其受力

$$F = \frac{\Delta p D_{\mathrm{n}}}{2} t \tag{5-76}$$

假设一个螺栓作用的预紧力为 N，在蒸汽力 F 和预紧力 N 的作用下引起的法兰接触面反作用力为 R，R 按直线 AB 分布，在 B 处的反作用力为零，此反作用力的合力 R 作用在距离 C 点 $\frac{1}{3}(T-x)$ 处。预紧力的计算式为

$$N = \frac{4T + 2x - 3\delta}{4T + 2x - 6b} F = \eta F \tag{5-77}$$

T、x、b、δ 如图 5-44 所示。一般取 $b = 0.5d + (30\sim60)(\mathrm{mm})$，其中，$d$ 为螺孔直径；$T = (2\sim3.5)b(\mathrm{mm})$；$t = (1.3\sim1.7)d(\mathrm{mm})$，高压缸取小值，低压缸取大值。

通过上述方法确定螺栓预紧力之后，还要综合考虑重力、内外缸压差和温度作用下，汽缸在不同工况的汽密性，可通过检查法兰结合面上的接触状态或接触压力确定汽缸的汽密性。图 5-45 所示为汽轮机高压缸法兰中分面接触压力和接触状态。结合面上最小接触压力越大，汽密性就越好。如果结合面上的接触压力较小，可能出现接触分离现象；如果接触压力过大，可能会使接触应力超过法兰的许用应力。

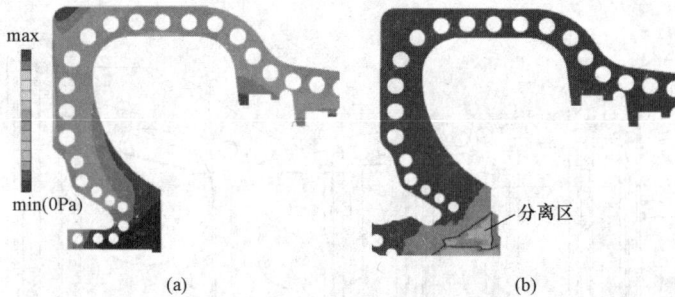

图 5-45　汽轮机高压缸法兰中分面接触压力和接触状态
(a) 汽缸中分面接触压力（局部区域）；(b) 汽缸中分面接触状态（局部区域）

扫码看彩图

在汽缸承受高温高压时，螺栓法兰连接还可能会出现应力松弛的现象。另外，由于要保证中分面的汽密性，法兰的厚度要比汽缸壁的厚度大很多，所以会在法兰内外壁引起明显的温差，从而产生很大的热应力，可能导致汽缸损坏。尤其在启动过程中，由于法兰内外壁的温差会导致法兰受热不均匀，在中分面产生热翘曲，导致汽缸各截面的变形。在实际工程中，为了避免该现象，有些机组设计了螺栓法兰加热装置，给与空气接触的低温法兰加热，消除螺栓法兰受热不均匀而导致的热应力。传统螺栓加热方式中通常在螺杆上加工加热孔，将电加热棒插入孔中对螺栓结构进行加热。新型的电磁感应涡流加热技术对螺栓施加电磁场，螺栓中产生的电涡流会对螺栓进行更加均匀和精准地加热。

三、法兰强度计算

汽缸法兰在正常工作时，由于螺栓的预紧力使法兰间的反作用力较大，理想的情况是反作用力等于零的点靠近汽缸内侧。在法兰强度校核时，需考虑法兰在最不利情况下的应力。法兰最不利的情况就是由汽缸内壁到螺孔轴线的部分法兰上没有接触压力，即零反作用力点外移至螺孔轴线处，此时 $x = b$。在蒸汽力 F 作用下的弯矩 $F(b - \delta/2)$ 为最大值，螺孔削弱截面即法兰内的弯曲应力为

$$\sigma_{\mathrm{w}} = \frac{F\left(b-\frac{\delta}{2}\right)}{(t-d)H^2/6} \tag{5-78}$$

式中　H——法兰高度（m）。

四、隔板强度计算

对于冲动式汽轮机，其隔板可以分成隔板外缘、静叶和隔板体三部分，隔板外缘可视为半圆形曲杆，隔板体也为半圆形曲杆或板，静叶可视为任意截面形状的杆。隔板支承在汽缸槽道内，由于它的非对称性，沿圆周方向的支持力分布不均匀。上下两半隔板之间有固定键。静叶承受的汽流力方向既非轴向又非周向。隔板外缘和隔板体还要承受两侧工质压差的作用。由此可见，隔板是一个形状和受力都较复杂的构件。即使采用数值方法进行应力计算，建立隔板的网格模型和确定隔板的边界条件均具有一定难度。

有代表性的隔板强度计算方法有两种，均为经验公式。第一种方法是 Wahl 法，将隔板视为半圆形的有孔薄板，不考虑实际隔板上存在着静叶。对于高压级隔板，由于静叶高度相对较小，它对隔板强度削弱有限，用这种方法计算，工作量不大，计算值与试验结果较一致。因此，对于高压部分的焊接隔板普遍采用这种方法。第二种计算方法是分别将隔板外缘和隔板体作为非弯曲平面内弯曲的曲杆，将静叶作为径向杆，连接隔板外缘和隔板体，并考虑静叶的轴向变形和周向变形以及静叶与隔板体、隔板外缘的连接刚度。因此，第二种方法是较为精确的隔板强度计算方法，它不但可以用于计算焊接隔板，还可以用于计算铸造隔板，但计算工作量较大。下面仅介绍 Wahl 法的计算公式，如图 5-46 所示。

1. 隔板的最大应力

隔板的最大应力由式（5-79）确定，即

$$\sigma_{\max} = K_\Delta \frac{(0.1D)^3 h}{I} p \tag{5-79}$$

式中　K_Δ——系数，由图 5-47 曲线查得，图中 d 为隔板内径，隔板最大应力在垂直于中分面的径向切面的内径处；

　　　　D——隔板的外径（m）；

　　　　h——隔板的厚度（m）；

　　　　I——隔板径向切面的惯性矩（m⁴）；

　　　　p——隔板前后的压差（MN/m²）。

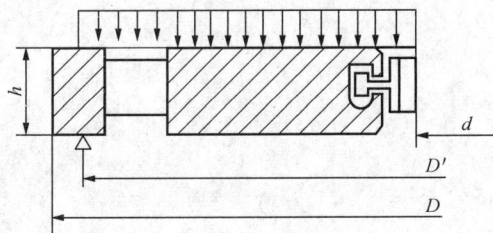

图 5-46　隔板计算示意

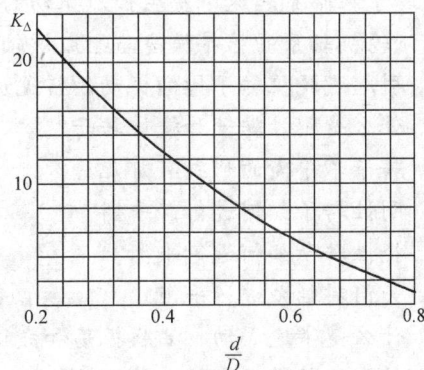

图 5-47　隔板应力系数 K_Δ 曲线

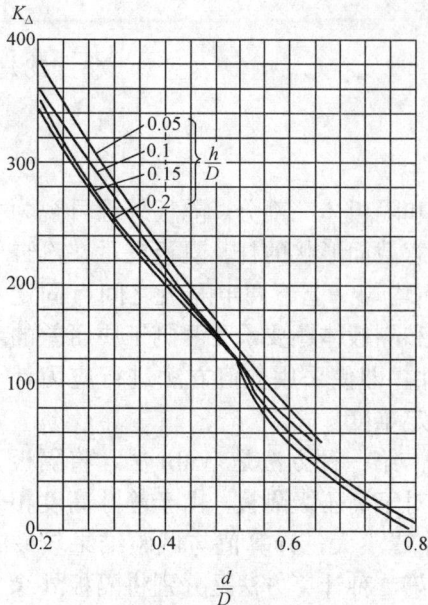

K_Δ

0.05
0.1
0.15
0.2
$\frac{h}{D}$

$\frac{d}{D}$

图 5-48　隔板挠度系数曲线

2. 隔板的最大挠度

隔板的最大挠度计算式为

$$W_{max} = K_\Delta \frac{(0.1D)^5}{EI} p \qquad (5-80)$$

式中　K_Δ——系数，由图 5-48 曲线查得，K_Δ 与 d/D 及 h/D 有关；

E——材料弹性模量（MN/m²）。

隔板最大挠度发生在中分面内径处，设计的最大挠度以不超过该处间隙的 1/3 为宜。这种计算方法忽略了一些隔板的结构特点。举例来说，隔板的支承直径 D' 略小于隔板外径 D，如图 5-46 所示，而在公式中以外径 D 作为支承直径，计算结果表明，在某些场合下这将引起 20%～30% 的误差。另外，隔板内径处装有隔板汽封，这增加了隔板的负荷，但并不增加隔板的刚性，若不考虑这一因素，将造成 10% 的误差。在公式中，将隔板作为半圆形有孔薄板，没有考虑实际隔板上存在静叶，在计算隔板的径向切向惯性矩时，视隔板外缘、静叶和隔板体三者为实心的整体，这将引起 30% 以上误差。在实践中往往对其进行上述三项修正后再进行焊接隔板的计算。

思 考 题

1. 什么是激振力？汽轮机在工作时，引起叶片振动的激振力是如何产生的？
2. 叶片振动有哪些基本振型？最容易发生又最危险的是哪种？
3. 影响叶片自振频率的因素有哪些？同一叶片各种振型的自振频率由小到大如何排序？
4. 什么是静频率和动频率？如何来测定？
5. 什么是调频叶片和不调频叶片？调频叶片的振动强度安全准则是什么？
6. 常用的调频方法有哪些？
7. 什么是临界转速？其大小主要与哪些因素有关？了解转子的临界转速有什么意义？
8. 转子在临界转速下发生强烈振动的主要原因是什么？
9. 汽轮机轴系的临界转速与组成该轴系各转子的临界转速之间有什么关系？
10. 引起汽轮机转子横向振动的常见原因有哪些？
11. 什么是刚性转子和挠性转子？
12. 转子不平衡的形式有哪几种？
13. 刚性转子如何进行静平衡？
14. 挠性转子如何进行平衡？
15. 如何对轴系进行平衡？
16. 什么是半速涡动、油膜振荡和失稳转速？
17. 轴系扭转振动有什么特点？
18. 汽缸强度校核需要考虑哪些主要因素？

第六章 汽轮机调节及保护系统

第一节 汽轮机调节系统的基本原理

一、汽轮机调节系统的任务

汽轮发电机组的任务是根据用户的用电要求，提供质量合格的电能，而电能不能大量储存，因此，汽轮机必须进行调节，以适应外部负荷变化的要求。

电力生产除了要保证供电的数量外，还应保证供电的质量。供电质量的指标主要有两个：一是频率；二是电压。这两者都与汽轮发电机组的转速有一定的关系。发电频率直接取决于汽轮发电机组的转速：转速越高，发电频率就越高；反之则越低。而发电电压除了与汽轮发电机组的转速有关外，还可以通过对励磁机的调整来进行调节。

总之，汽轮机调节系统的任务如下：

(1) 保证汽轮发电机组能根据电力用户的需要，及时地提供足够的电力。

(2) 使汽轮机的转速始终保持在规定的范围内，从而把发电频率维持在规定的范围内。

二、汽轮发电机组的自调节特性

1. 转子力矩自平衡特性

汽轮发电机组在运行中，作用在转子上的力矩包括：蒸汽作用在汽轮机转子上的驱动力矩 M_d；转子旋转时，叶轮和轴颈等产生的摩擦阻力矩 M_f；发电机转子磁场受到静子磁场的电磁阻力矩 M_{em}。根据刚体转动定律，转子的运动方程式为

$$M_d - M_f - M_{em} = I\frac{d\omega}{d\tau} \qquad (6-1)$$

$$M_d = \frac{P_d}{\omega} = \frac{G\Delta H_t\eta}{\omega}$$

$$M_f + M_{em} \approx A + B\omega + C\omega^2$$

式中　　　I、ω——汽轮发电机组转子的转动惯量和旋转角速度；

τ——时间；

P_d、G、ΔH_t、η——汽轮机的输出功率、进汽量、理想比焓降和内效率；

A、B、C——与转速无关、与转速成正比和与转速平方成正比的负载比例系数。

在机组结构已定时，驱动力矩 M_d 与汽轮机的输出功率成正比，与转速成反比；摩擦阻力矩 M_f 是转速的二次函数；在其他条件不变的情况下，电磁阻力矩 M_{em} 与发电机输出电流成正比，是转速的函数（转速升高，磁场密度增大，电磁阻力矩增大）。

当功率平衡时，即 $M_d = M_f + M_{em}$（图 6-1 所示 a、c 曲线的交点 1），则 $I\frac{d\omega}{d\tau}=0$；由于 $I\neq0$，故 $\frac{d\omega}{d\tau}=0$，即转子的角加速度等于 0，转子转速为常数（n_1）。当用户用电量增加时，电力系统的阻抗减小，发电机输出电流增大，电磁阻力矩 M_{em} 相应增大（图 6-1 中 c 曲线变为 d 曲线）。如果不进行调节，驱动力矩 M_d 不变，则 $M_d < M_f + M_{em}$，$\frac{d\omega}{d\tau}<0$，转子角速度

降低，使电磁阻力矩 M_{em} 和摩擦阻力矩 M_f 减小，而驱动力矩 M_d 增大，在较低的转速（n_2）下力矩达到新的平衡（图 6-1 中交点 2）；反之，当用户用电量减小时，转子角速度 ω 增加，在较高的转速下力矩达到新的平衡。

同理，若驱动力矩 M_d 增大（图中 a 曲线变为 b 曲线），则 $M_d > M_f + M_{em}$，$\dfrac{d\omega}{d\tau} > 0$，转子转速升高，$M_f + M_{em}$ 增大，M_d 减小，在较高的转速下力矩达到新的平衡；反之，若驱动力矩 M_d 减小，转子转速降低，在较低的转速下力矩达到新的平衡。

这种自平衡转速变化很大，使供电频率变化很大，不能满足用户要求，但能够提供一个外负荷变化的信息，即转速降低，表明外负荷增加；转速升高，表明外负荷减小。

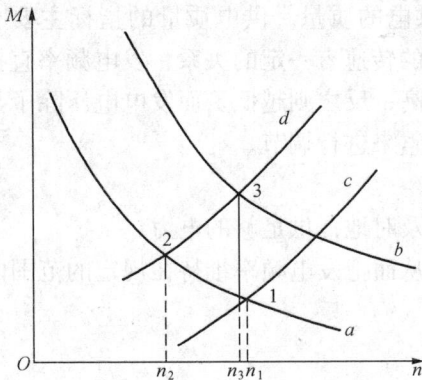

图 6-1　汽轮发电机组力矩与转速的关系
a、b—GH_t=定值时，$M_d = f_d(n)$ 的关系曲线，
　　　　且 $M_{db}(n) > M_{da}(n)$；
c、d—P=定值时，$M_f + M_{em} = f_e(n)$ 的关系曲线，
　　　　且 $P_{od}(n) > P_{oc}(n)$

2. 汽轮机的转速调节

根据转子力矩自平衡特性，机组转速升高，表明汽轮机的输出功率大于外负荷的需求；机组转速降低，表明汽轮机的输出功率小于外负荷的需求。可利用这种特性，以转速变化为调节信号，当外负荷增大、机组转速降低时，通过调节系统开大调节阀，增加汽轮机的进汽量（图 6-1 中 a 曲线变为 b 曲线），使驱动力矩 M_d 增大，在转速 n_3 下达到新的平衡（图 6-1 中点 3），可使转速变化幅度大大减小。这种调节过程称为转速调节。

由于利用转速变化作为调节信号，为保证调节系统的稳定性，要求转速与调节阀的开度一一对应（在进汽参数不变时，转速与机组功率一一对应），故新的平衡转速 n_3 不可能等于 n_1。这种调节称为有差调节，即外界负荷改变，调节系统动作达到新的平衡后，转速与原转速存在一个差值。

根据转速变化进行调节的系统又称调速系统。现代汽轮机不仅根据转速进行调节，还能根据功率、加速度等信号进行调节。对于供热式机组，由于既供电又供热，调节系统中除速度调节部分外，还有压力调节部分。

三、汽轮机的调节方式

汽轮机的调节方式有喷嘴调节、节流调节、滑压调节和复合调节等。

1. 喷嘴调节

对于采用喷嘴调节的汽轮机，其第一级的喷嘴叶栅分成进汽互不相通的若干段，分别用调节阀控制各段喷嘴叶栅的进汽量，如图 6-2 所示。在调节过程中，随着各调节阀依次开启，第一级喷嘴叶栅的通流面积逐渐增大，汽轮机的进汽量也逐渐增加；反之，当逐个关闭调节阀时，进汽量则逐渐减少。通常一个调节阀控制一个喷嘴组，喷嘴组一般为 3～6 组。可见，汽轮机第一级的喷嘴叶栅是参与调节的主要部件，此时汽轮机的第一级称为调节级。

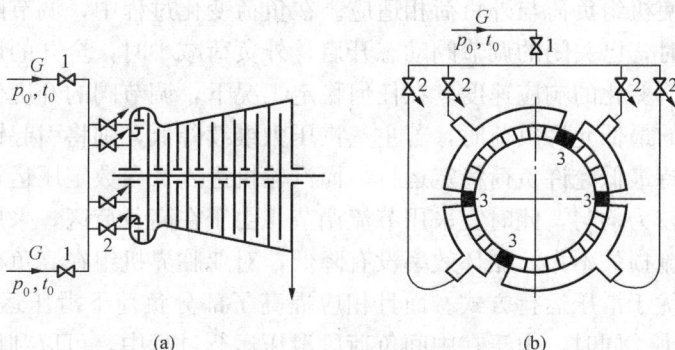

图 6 - 2　喷嘴调节汽轮机示意

(a) 全机示意图；(b) 调节级示意图

1—主汽门；2—调节汽门；3—喷嘴组间壁

2. 节流调节

对于采用节流调节的汽轮机，其负荷调节时改变一个（只有一个调节阀）或同时改变几个调节阀的开度（开大或关小），改变调节阀的节流作用（不改变第一级的通流面积），以控制进汽量，如图 6 - 3 所示。在调节过程中，调节阀关小，节流作用增大，汽轮机第一级前的进汽压力降低，进汽量随之成正比地减少，反之亦然。采用这种调节方式时，进汽调节阀的节流损失与其开度有关，当调节阀全开时，其节流损失最小。在部分负荷下，采用节流调节的汽轮机，进汽全部流经未全开的调节阀；而采用喷嘴调节的汽轮机，几个调节阀中只有一个或两个调节阀未全开。因此在相同的部分负荷下，采用喷嘴调节时，汽轮机的进汽节流损失较小，内效率的变化也较小，从经济性的角度，当机组负荷经常变动时，这种调节方式较为合理。对于大型机组，上述两种调节方式可相互切换。

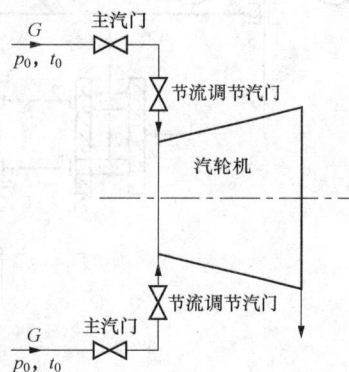

图 6 - 3　节流调节示意

3. 滑压调节（滑压运行）

滑压调节的特点是在任何稳定工况下保持调节阀处于全开状态，通过改变锅炉出口的蒸汽压力（尽可能保持蒸汽温度不变），使汽轮机的进汽量和蒸汽的理想焓降相应变化，控制机组的功率与外负荷相适应。因此，滑压运行在部分负荷下节流损失最小，但进汽压力降低，使循环效率相应降低，是否经济要具体分析。另外，由于锅炉调节延时较大，在外负荷变化时，响应速度较慢，需要汽轮机进汽调节阀快速动作，瞬间参与调节，利用锅炉和热力系统的蓄能，使机组的功率迅速与外负荷的变化相适应。待锅炉压力变化达到要求值时，调节阀再恢复正常开度。因此，滑压调节不能取代汽轮机的调节阀，它实质上是锅炉和汽轮机联合进行调节。

4. 复合调节

复合调节方式是定压运行和滑压运行的组合。在高负荷区采用定压运行（进汽参数为额定值）喷嘴调节，随着外负荷减小，逐渐关小调节阀的开度，使机组功率与外负荷相适应。当负荷降至某一数值时（1～2 个调节阀关闭，其余调节阀全开），机组进入滑压区段，通过改变主蒸汽压力，使机组负荷与外负荷相适应。在负荷变化过程中，调节阀的开度发生动态变化（外负荷增加时，已关闭的调节阀动态开启，外负荷减小时，全开的调节阀动态关小），以提高机组对外负荷变化的响应速度。在任何稳定工况下，调节阀的开度保持不变。当负荷降至锅炉稳定运行的最低允许负荷时，若主蒸汽压力继续降低，则将引起锅炉熄火或水循环破坏。此时锅炉维持最低允许负荷稳定运行，而汽轮机进入低参数定压运行阶段。为保证汽轮机金属周向温度较为均匀，此时宜采用节流调节。由于在高负荷区，采用额定参数定压运行，喷嘴调节的节流损失不大，循环效率没有降低，对亚临界机组在高负荷区采用额定参数定压运行的经济性优于滑压运行方式。而且相应提高了部分负荷下滑压运行的主蒸汽压力，使循环效率降低较小。同时，由于在中间负荷段滑压运行过程中，可以利用高压调节阀参与动态调节，提高机组对外界负荷变化的适应能力。因此，对于单元机组（尤其是亚临界机组），采用滑压运行时，毫无例外地采用"定-滑-定"的运行方式，以克服纯滑压运行所存在的缺点。由于滑压调节是通过改变主蒸汽压力改变机组功率的，因此只有采用一台锅炉对应向一台汽轮机供汽的单元制机组才有条件采用。

四、调节系统的基本工作原理

图6-4所示为具有一次放大机构的调节系统。该调节系统主要由离心式调速器、油动机、错油门和传动杠杆等组成。

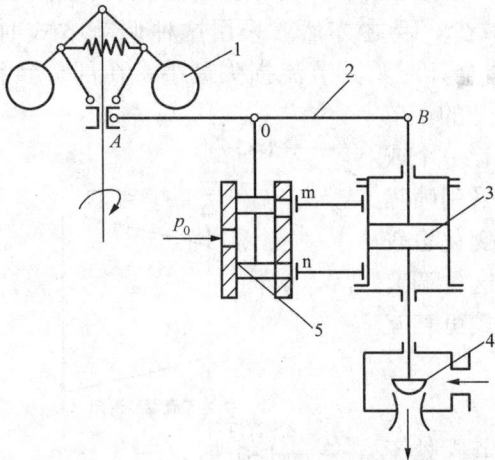

图6-4　具有一次放大机构的调节系统
1—离心式调速器；2—传动杠杆；3—油动机；
4—调节阀；5—错油门

当外负荷增加时，汽轮发电机组转子上的力矩平衡被打破，转速降低，调速器滑环下移，通过传动杠杆带动错油门滑阀下移，打开控制油口，压力油从错油门的下油口进入油动机的下腔室，而油动机上腔室内的油通过错油门的上油口经排油管排出；油动机活塞在油压差的作用下向上移动，开大调节阀，同时通过传动杠杆带动错油门滑阀上移，直至回到中间位置，关闭控制油口。此时，油动机的活塞和调节阀处于新的平衡位置，使机组的功率和外负荷的变化相适应。当外负荷减少时，汽轮机转子转速升高，调节系统的动作过程与上述相反，油动机活塞下移，关小调节阀，使机组的功率和外负荷的变化相适应。

汽轮机的调节系统可分成下列四个组成部分：

（1）转速感受机构：也称为调速器，用来感受转速的变化，并将转速变化转变为其他物理量变化的调节机构。

（2）阀位控制机构：也称液压伺服机构，其作用是传递和放大由转速感受机构传来的信号。

（3）配汽机构：也称为执行机构，用于执行经传动放大机构传来的信号，从而改变汽轮机的进汽量。

（4）调节对象：对汽轮机调节来说，调节对象就是汽轮发电机组。

图6-5所示为传统汽轮机调节系统框图，从图中可以明确看出调节系统各组成环节及

其之间的相互关系。

五、调节系统的静态特性和动态特性

在有差调节中，稳定工况下汽轮机功率与转速是一一对应的，较高的转速对应较低的汽轮机功率，较低的转速对应较高的汽轮机功率。这种汽轮机的功率与转速之间的对应关系称为调节系统的静态特性。将这种关系绘制成曲线即为静态特性曲线，如图 6 - 6 所示。速度变动率和迟缓率是衡量静态特性的两个重要指标。

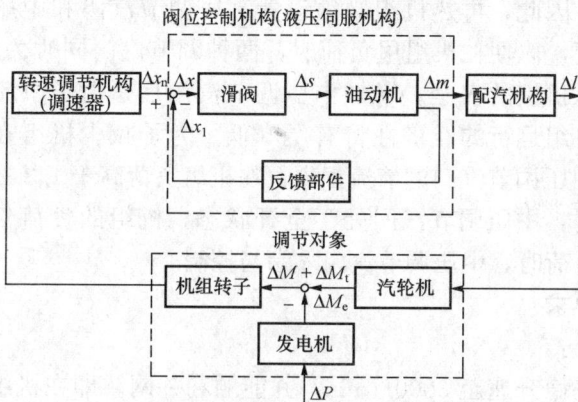

图 6 - 5　传统汽轮机调节系统框图

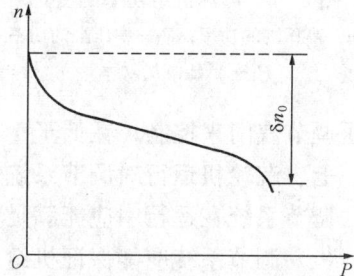

图 6 - 6　静态特性曲线

在额定参数下单机运行时，空负荷所对应的转速 n_{max} 和额定负荷所对应的转速 n_{min} 之差，与机组额定转速 n_0 之比，称为调节系统的速度变动率，用 δ 表示，即

$$\delta = \frac{n_{max} - n_{min}}{n_0} \times 100\% \qquad (6 - 2)$$

对于大型机组，速度变动率 $\delta = 3.0\% \sim 6.0\%$。

由于调节信号传递过程的延时及各调节部件的阻力和空行程，当外负荷变化使转速变化时，机组的功率未及时变化，而是当转速变化到某一数值时，功率才开始变化。例如，机组在 n_a 转速运行，当转速升高至 n_{a1} 时，功率才开始减小；或转速降低至 n_{a2} 时，功率才开始增加。这种不灵敏现象称为调节的迟缓现象，用迟缓率 ε 来度量，即

$$\varepsilon = \frac{n_{a1} - n_{a2}}{n_0} \times 100\% \qquad (6 - 3)$$

调节的迟缓现象，造成供电功率和频率的波动，因此调节系统的迟缓率越小越好。

汽轮机调节系统的动态特性是指当外负荷变化时（包括甩负荷），机组由原稳定工况过渡到新的稳定工况的特性，通常可以用稳定性、动态超调量和过渡时间来描述。稳定性是指机组在受内、外扰动时，调节系统可以使机组从原稳定工况过渡到新的稳定工况；动态超调量是指动态过程中被调量偏离新稳定工况下稳定值的最大差值 Δn_{max}；过渡时间是指动态过渡过程的时间，一般要求尽可能短，同时转速的波动次数不超过 3 次。

六、再热器对调节特性的影响

再热机组的再热器是串接在高、中压缸间的中间容积。由于此巨大的中间容积存在，当外负荷增加、机组转速降低，要求增加机组的负荷时，调节系统开大高压缸调节阀，此时，高压缸的进汽量增加，其功率也随之增加。而中低压缸的功率，则是随着再热器内蒸汽压力的逐渐升高而增加的。同时，由于再热蒸汽压力的升高，高压缸前后的压差将逐渐减小，其

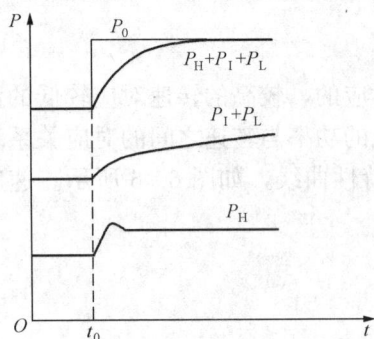

图 6-7 再热机组功率的变化
P_H—高压缸的功率；P_I—中压缸的功率；
P_L—低压缸的功率

功率略有下降。因此，汽轮机的总功率不是随调节阀的开大立即增加到外负荷所要求的数值，而是缓慢增加到外界负荷要求的数值，如图 6-7 所示，导致机组调节时，功率变化"滞后"。

在机组甩负荷或跳闸时，即使高压调节汽门快速关闭，再热器内储存的蒸汽量，也能使汽轮机超速 40%～50%。因此，再热机组必须设置高压调节汽门和中压调节汽门，以便在机组甩负荷时，两种调节汽门同时关闭，以确保机组的安全。增加中压调节汽门后，由于节流损失，机组运行的经济性将有所降低。为了减少机组在运行时中压调节汽门的节流损失，在机组负荷高于 1/3 额定负荷时，中压调节汽门处于全开状态，机组的负荷仅由高压调节汽门来控制；在低于 1/3 额定负荷时，中压调节汽门才参与控制。

七、汽轮机运行对调节系统性能的要求

调节系统在运行中应能满足下列要求：

（1）调节系统应能保证机组启动时平稳升速至 3000r/min，并能顺利并网。即在机组启动升速过程中，能手动向调节系统输入信号，控制进汽阀门开度，平稳改变转速。

（2）机组并网后，蒸汽参数在允许范围内，调节系统应能使机组在零负荷至满负荷之间任意工况稳定运行。即机组在并网运行时，能手动向调节系统输入信号，任意改变机组功率，维持电网供电频率在允许范围内。

（3）在电网频率变化时，调节系统能自动改变机组功率，与外负荷的变化相适应。在电网频率不变时，能维持机组功率不变，具有抗内扰性能。

（4）当负荷变化时，调节系统应能保证机组从一个稳定工况过渡到另一个稳定工况，而不发生较大的和长时间的负荷摆动。对于大型机组，由于输出功率很大，而其转子的转动惯量相对较小，在力矩不平衡时，加速度相对较大。在调节系统迟缓率和中间蒸汽容积的影响下，机组功率变化滞后。若不采取相应措施，会造成调节阀过调和功率波动。抑制功率波动的有效方法是采用电液调节系统，尽可能减小系统的迟缓率，并对调节信号进行动态校正并实现机炉协调控制。

（5）当机组甩全负荷时，调节系统应使机组能维持空转（遮断保护不动作）。超速遮断保护的动作转速为 3300r/min，故机组甩全负荷时，应控制最高动态转速 $n_{max} <$ （1.07～1.08）n_0。为此，大型机组在甩负荷时，同步器自动回零，并设置防超速保护和快关卸荷阀。在机组甩负荷转速达 3090r/min 时，防超速保护和快关卸荷阀动作，使高、中压调节阀加速关闭。

（6）调节系统中的保护装置，应能在被监控的参数超过规定的极限值时，迅速地自动控制机组减负荷或停机，以保证机组的安全。高、中压主汽门也设置有快速卸荷阀，在机组停机时，快速卸荷阀自动打开，使主汽门加速关闭，以防止转速超过 3300r/min。

第二节　典型国产机械液压调节系统

现代大型汽轮机中基本不采用机械液压调节系统，但其控制原理是理解汽轮机调节的基

础，本节介绍一种典型的机械液压调节系统，即基于高速弹性调速器的机械液压调节系统。

高速弹性调速器机械液压调节系统是采用高灵敏度的高速弹性调速器作转速感受机构、随动滑阀和调速滑阀为中间传动放大器、液压型反馈的错油门-油动机为液压伺服执行机构的机械液压调节系统。高速弹性调速器将转速信号转变为调速块的轴向位移，经随动滑阀非接触地转变为跟随调速块的位移，通过杠杆带动调速滑阀改变控制油路的泄油器开度；反馈错油门根据油动机行程改变控制油路进油口的开度，与调速滑阀泄油口开度保持协调变化，在稳定工况下维持控制油路的压力不变。调节系统组成如图6-8所示。

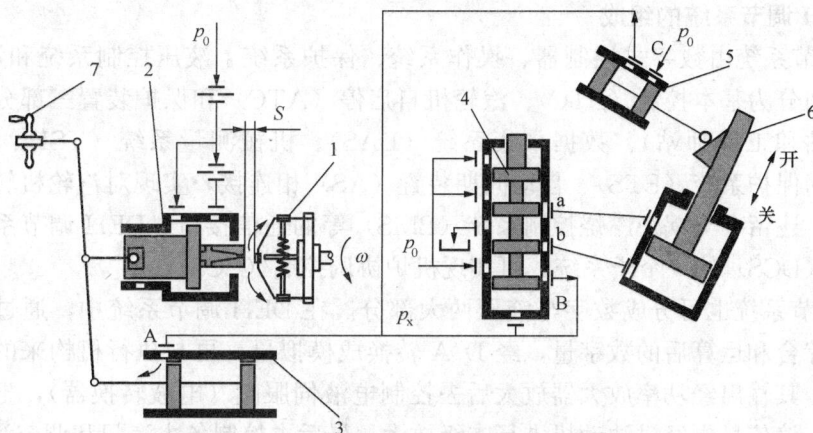

图6-8 高速弹性调速器调节系统组成

1—高速弹性调速器；2—随动滑阀（差动滑阀）；3—调速滑阀（分配滑阀）；
4—错油门滑阀；5—反馈滑阀；6—油动机；7—同步器

当机组负荷降低使转速升高时，调速器1的重锤由于离心力增加向外伸张，使挡油板右移，随动滑阀2的喷油嘴排油间隙增大。压力油经节流孔进入随动滑阀左、右侧油室，右侧油室中的油经间隙 S 排向回油。喷油嘴排油间隙增大使得排油面积增加，排油量增大，从而使随动滑阀右侧油室中的油压减小，在压力差作用下，随动滑阀向右移动，通过杠杆作用，使调速滑阀3的排油口A的面积增大。压力油经过错油门滑阀4上的油口B和反馈滑阀5上的油口C进入控制油路，并经油口A排出。由于排油口A的面积增大，控制油压 p_x降低。p_x降低，使错油门滑阀4的上、下油压平衡破坏，在压力差作用下，滑阀4下移，使油动机上油室与压力油相通，下油室与排油室相通，油动机活塞向下移动，通过传动机构关小调节汽阀，减小汽轮机的功率。在油动机活塞下移的同时，反馈滑阀5右移，使油口C的面积增大，即增加了控制油的进油量，控制油压 p_x 上升，滑阀居中后，切断了油动机的进、排油路，调节结束，系统稳定在一个新的平衡状态。滑阀上的油口B为一动反馈油口，当滑阀下移时，油口B开大使 p_x 上升，从而限制滑阀的移动速度，使调节过程比较稳定。当调节过程结束之后，B油口保持原大小不变，反馈作用消失。由于这种反馈只在调节系统动作时起作用，故称为动反馈。

当汽轮机功率增加而转速降低时，其调节过程相同而动作相反。

高速弹性调速器调节系统的优点是调速器无动、静接触部件，输出信号大、灵敏度高、迟缓率小。缺点是随动滑阀与调速滑阀间采用杠杆连接，存在着受旷动间隙影响，要求部件的加工精度较高及滑阀式结构易受液压油污染的影响。

第三节　DEH 调 节 系 统

现代大型汽轮机普遍采用数字电液（digital electro-hydraulic，DEH）调节系统，它将固体电子器件（数字计算机系统）与液压执行机构的优点结合起来，使汽轮机调节系统执行机构（油动机）的尺寸大大缩小，能够解决日趋复杂的汽轮机控制问题，并且具有迟缓率小、可靠性高、便于组态和维护等特点。

一、DEH 调节系统的组成

DEH 调节系统由数字式控制器、操作系统、保护系统、液压控制系统和油系统组成。从功能上可划分为基本控制（BTC）、汽轮机自启停（ATC）和保护装置三部分。它与工作站（操作员站和工程师站）、数据采集系统（DAS）、机械测量系统（TSI）、防超速保护（OPC）、跳闸保护系统（ETS）、自动同期装置（AS）相连接，实现对汽轮机转速和负荷的控制及保护，还留有与锅炉燃烧控制系统（BMS）等的通信接口。DEH 调节系统又是分布式控制系统（DCS）的一个子系统，可实现机炉协调控制（CCS）。

DEH 调节系统也可分成数字与液压两大部分。在 DEH 调节系统中，通过计算机来处理、比较、综合和运算后的数字量，经 D/A 转换成模拟量，再与执行机构来的位移反馈信号进行比较，其输出经功率放大器放大后去控制电液伺服阀（电液转换器），把电信号转换成液压信号。该信号再经过油动机进行末级放大，最后去控制各主汽门和调节汽阀。为便于区分，习惯上把功率放大器以前的部分称为数字部分，把电液转换器及其以后的部分称为液压部分，即 EH 系统。

图 6 - 9 所示为 DEH 调节系统的原理示意。

1. 数字式控制器

数字式控制器是 DEH 调节系统的核心设备，安装在计算机房的控制柜内。它由三台主计算机和若干个微处理器、单片机组成，通过总线进行连接，完成数据处理、通信、运算、监测和控制任务。数字式控制器吸收分散控制系统的优点，将不同的功能分散到各处理单元，并采用冗余配置，以提高系统的可靠性，且便于调试、维修和扩展。其中两台主计算机的结构和功能相同，互为备用，完成基本控制的数据采集、处理和运算，发出流量请求指令，再经阀门管理器转换为阀门开度指令；另一台主计算机完成运行参数检测、图像生成、转子应力计算和机组自动启动程序控制等任务。

2. 操作系统

操作系统主要设备包括工作员站、图像站和调试终端等。工作员站是 DEH 调节系统的外围设备，也称操作台。图像站包括终端设备、显示器和打印机。它们是操作员运行监视和操作的平台。通过显示界面，运行人员可以了解各系统的组成、运行状态和参数，以及重要参数的变化趋势，进行控制方式的选择和控制参数的设置。调试终端以工控计算机为主体，配置显示器和打印机，供运行工程师对系统组态和控制程序进行离线或在线的调试和修改，监测数据的储存、复制和表格打印。

3. 液压控制系统

液压控制系统也称液压伺服系统，是控制进汽阀开度的机构，每一个进汽阀都配置一套液压控制系统。根据各进汽阀的作用不同，该系统分为控制（伺服）型和开关型两种。控制

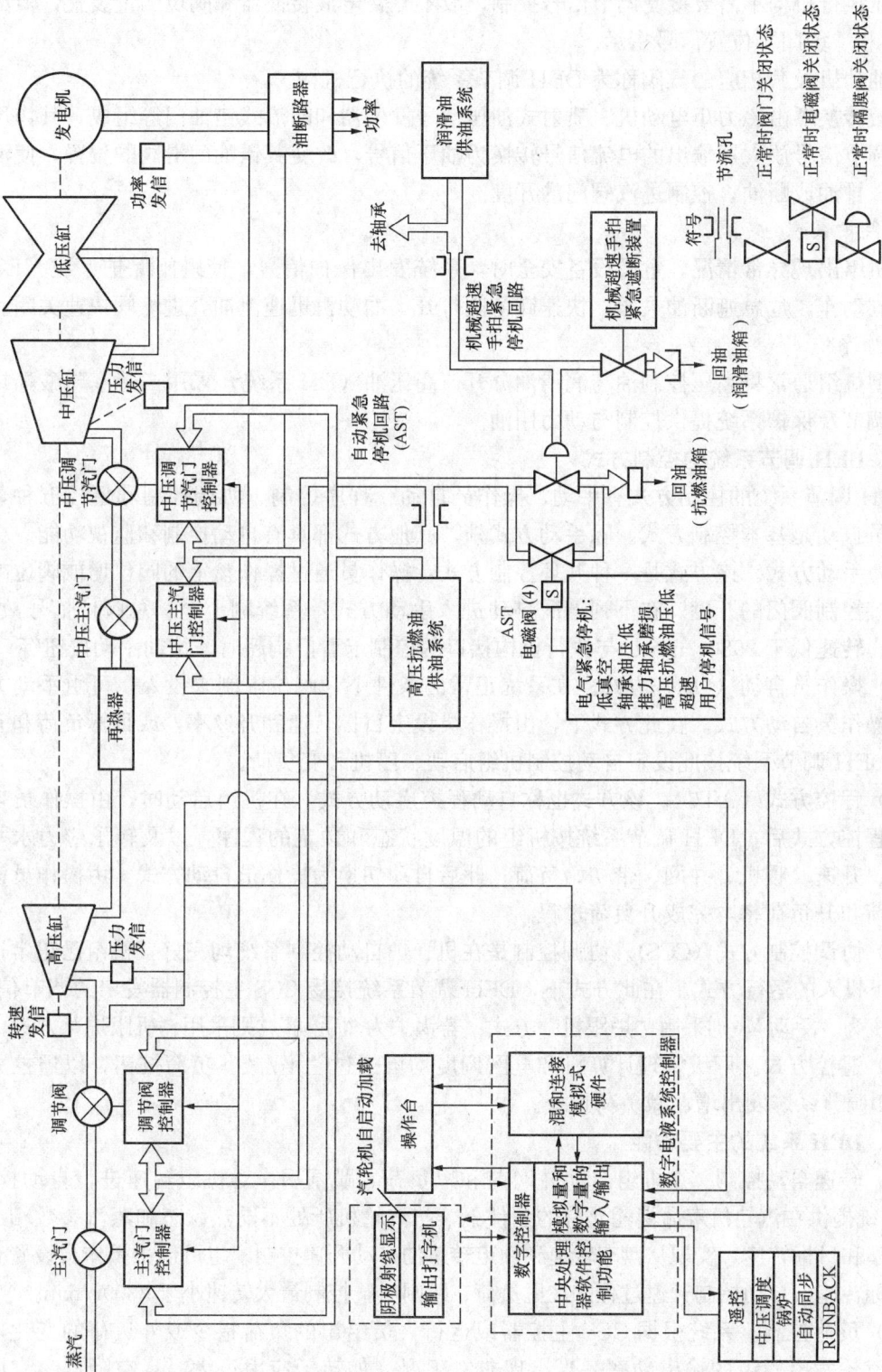

图 6 - 9　DEH 调节系统的原理示意

型液压执行机构由电液转换器、单侧进油的油动机、阀位测量和快速卸荷阀等部件组成。开关型液压执行机构不需要接受调节信号控制，故不配置电液转换器和阀位测量装置，但配置"全开"和"关闭"位置信号指示。

各油动机及其相应的汽阀称为 DEH 调节系统的执行机构。

电液转换器由磁力矩电动机、喷射式油压信号发生器和断流式错油门等组成，其作用是将阀位调节信号放大器输出的电流信号转换为油压信号，改变其错油门滑阀的位置，使油动机进油、排油或断油，控制进汽阀门的开度。

4. 保护系统

当机组出现异常情况，危及设备安全时，系统发出保护信号，使跳闸保护系统（ETS）的电磁阀动作，危急遮断油失压，快速卸荷阀打开，油动机迅速泄油，进汽阀快速关闭。

5. 油系统

大型机组通常将高压控制油与润滑油分开。高压油（EH 系统）采用三芳基磷酸酯抗燃油，为调节及保护系统提供控制与动力用油。

二、DEH 调节系统的控制方式

DEH 调节系统的控制方式有手动、操作员自动、程序控制、协调控制和遥控五种，其中操作员自动是基本控制方式。除手动方式外，其他方式都具有自动控制和监视功能。

（1）手动方式。该方式是一种开环控制方式，操作员通过操作盘上的阀位增或阀位减按钮，直接控制阀门的开度。在下列情况自动进入手动方式：系统刚上电、总阀位信号故障、刚并网、转速低于 2980r/min、与执行机构接口的控制卡看门狗超时、按动手动按钮等。

（2）操作员自动（OA）方式。在系统正常的条件下，阀位限制未投入，可由手动方式切换为操作员自动方式。在此方式下，由操作员设定目标转速和升速率，或目标负荷和升负荷率，DEH 调节系统按此设定自动控制机组启动、停机和变负荷。

（3）程控方式（ATC）。该方式也称自动程控启动方式。在机组启动时，由操作员自动切换为程控方式后，DEH 调节系统按机组的温度状态和预定的程序，以及转子应力水平进行冲转、升速、暖机、并网、带初始负荷。此后自动切换为操作员自动方式，由操作员设定目标负荷和升负荷率，完成升负荷过程。

（4）协调控制方式（CCS）。协调控制是在机、炉自动控制系统均完好，机组已正常运行的条件下投入的运行方式。在此方式下，DEH 调节系统接受 CCS 主控制器发出的调节信号。若汽轮机为"手动"，则采用"炉跟机"方式；若锅炉为"手动"，则采用"机跟炉"方式。

（5）遥控方式。厂级管理计算机和电网调度均可通过"增/减"负荷按钮，以遥控方式对 DEH 调节系统发出增、减负荷指令。

三、DEH 系统的主要功能

（1）转速自动控制。在机组启动并网前和甩负荷、跳闸后，对机组转速进行自动控制。DEH 系统提供在汽轮机寿命消耗允许的条件下，与汽轮机所处不同热状态和蒸汽参数相适应的升速率和目标转速，实现从盘车转速到额定转速的自动升速控制。也可以由操作员设置升速率和目标转速，自动控制升速过程。在甩负荷、跳闸后，控制最大转速小于 3300r/min。

（2）负荷控制。系统根据 CCS 主控器或运行人员给出的负荷指令或外负荷的变化，自动调节汽轮发电机组的输出功率。当出现非常工况（如转子应力过大、真空降低、汽压降低、辅机故障等）时，系统可将负荷指令限制到一个适当值，并发出负荷限制报警信号。

（3）阀门试验及阀门管理。运行人员可对进汽阀门逐个进行在线活动试验和选择汽轮机的进汽方式（单阀或顺序阀、高压或中压进汽阀，或高压和中压进汽阀控制进汽）。在活动试验时，汽轮机能正常运行；在阀门切换时，扰动值小于额定值的1.5%。

（4）热应力计算和控制功能。系统可计算高、中压转子的热应力，并将实时热应力值与极限值比较，自动设定升速率或变负荷率的允许值。当任一热应力超过极限值时，发出保持转速或保持负荷的信号。在机组运行过程中，系统还可根据汽轮机转子热应力对其寿命消耗进行计算并累计，计算结果将在CRT显示及打印。

（5）程控启动。DEH调节系统编制有启动自动控制程序，当机组启动冲转条件具备，选择程控启动方式时，启动程序按机组的温度状态和应力允许值，设定各阶段的目标转速和升速率，将机组转速由盘车转速提升到额定转速。通过自同期装置进行并网带初始负荷，有些机组的启动程序可以自动将负荷带到额定值。在程控启动过程中，显示启动进程，操作员可随时切换为操作员自动或手动。

（6）保护功能。DEH调节系统具有OPC防超速和ETS跳闸保护功能，以及阀门快关功能。并可通过DEH操作员站完成汽轮机超速试验，以保证保护系统性能可靠。

（7）储存、显示和打印。可储存运行参数和操作信息，通过CRT向运行人员实时提供汽轮机运行中的全部信息（如参数曲线等）及每一步骤的操作指导。

（8）自动检测。系统具有检查输入信号的功能，一旦出现异常，则发出报警信号，提醒运行人员干预，但仍能维持机组安全运行。该装置具有内部自诊断和偏差检测装置，当该系统发生故障时，能切换到手动控制，并发出报警。

（9）容错和切换。DEH调节系统具有冗余设置和容错功能，手动、自动无扰切换功能，功率反馈回路和转速反馈回路的投入与切除功能。

（10）人机对话。系统设置操作员选择、操作按钮和数据输入窗口，供操作员对控制过程进行必要的干预。

四、汽轮机启停和运行中的监视

DEH系统能连续采集和监视所有与汽轮机组控制和保护系统有关的测量信号及设备状态信号。其具体功能如下：

（1）系统操作员站的彩色显示器（CRT）能综合显示字符和图像信息，提供对机组运行工况的开窗显示、画面滚动显示和图像缩放显示。画面能显示各汽、水系统的过程变量实时数据和设备的运行状态，数据和状态更新时间不大于1s。运行人员可通过彩色显示器和键盘实现对机组运行过程的全面监视和操作。

（2）以曲线或棒状图显示各种过程变量的变化。一幅显示画面中，用不同的颜色，同时显示多个模拟量数值的趋势，并用数字显示出变量的实时数值。棒状图形用其长短来反映各种过程变量的动态变化，当测量值越过报警限值时，越限部分变为红色并闪光。

（3）报警点显示按时间顺序排列，并按不同的优先级别，用不同的颜色加以区分。而且采用闪光、颜色变化等手段，区分未经确认的报警和已经确认的报警。报警确认通过一次击键完成。在设备停运及启动过程中，能对某些模拟量和数字信号实施"报警闭锁"，避免发生不必要的报警。

（4）制表记录和打印功能，由程序指令或操作人员指令控制。系统数据库中所有的过程点均可制表记录、定期打印。制表功能提供不少于50个变量的班报、日报和月报。运行中出现的报警及报警恢复，均可由打印机打印制表。系统还具有运行人员请求打印记录及提供设备运行记录等功能。

（5）系统能在彩色显示器上用图像和文字显示出机组正常启动、停运及事故跳闸工况下的操作指导，包括提供当前的过程变量值和设备状态、目标值、不能超越的限值、异常情况、运行人员进行的操作步骤、对故障情况的分析和应采取的对策等。

五、汽轮机自启动及负荷自动控制（ATC）

DEH 调节系统的 ATC 系统与汽轮机盘车控制系统、疏水控制系统、发电机励磁控制系统、发电机自动同期系统等协同工作，提供必要的接口和指令，实现对汽轮发电机组从盘车状态到带初始负荷，甚至到满负荷的全过程进行自动控制。

当选择 ATC 方式时，DEH 调节系统根据机组当前的状态，特别是转子应力的计算结果，按启动程序自动设定目标转速和升速率，完成进汽阀门切换，将转速升至额定值；同期并网后，自动设定目标负荷和变负荷率，直至带满负荷。在汽轮机启动或负荷控制的任一阶段，若出现异常工况，ATC 系统能自动地按相反的顺序退回到异常状况消失的阶段或将汽轮机退回到所要求的运行方式。

ATC 启动程序在将汽轮机从盘车转速升速到同步转速的过程中，完成下列工作：

（1）在汽轮机冲转之前，核对有关参数，直至所有参数均在要求范围之内，按机组温度状态选择升速过程，发出冲转指令。

（2）在升速过程中，如遇有关参数超过报警限值，将立即进入转速保持。如该转速落在叶片共振或转子临界转速范围内，则在转速保持之前，将转速降到共振范围以下。

（3）按程序规定升速，升速率由转子实际应力和允许应力的裕度控制，如需要暖机，则自动进行，暖机时间根据缸温变化和胀差等进行逻辑计算自动给出。

（4）使汽轮机加速到接近同步转速，然后向自动同期装置发出信号，ATC 的升速程序结束，汽轮发电机的并网由自动同期装置发出指令来完成。并网后 DEH 调节系统控制汽轮发电机组带初始负荷。

ATC 系统的负荷控制完成从机组带初始负荷直到目标负荷。目标负荷由运行人员或用其他方式事先设定。ATC 系统能用最短的时间实现所需的负荷变动，负荷变化率取下列三种变化率的最小值：①由转子应力变化和锅炉所允许的负荷变化率；②由运行人员根据各种原因，包括电厂其他设备的运行状况而给出的负荷变化率；③由 DCS 给出的负荷变化率。

在 ATC 负荷控制期间，ATC 系统连续地监视汽轮机动态参数如压力、温度、热应力、振动、膨胀等的变化，超限时报警打印。若负荷变化率的调整纠正不了系统变量不正常的变化时，ATC 程序将使汽轮机从 ATC 控制方式下退出，必要时通过紧急跳闸系统（ETS）跳闸停机。

在"操作员自动"和 CCS 方式下，ATC 系统的监视功能仍起作用。

第四节　液 压 控 制 系 统

液压系统是 DEH 调节系统的一个组成部分，以抗燃油作为工作介质，如图 6-10（见文末插页）所示。该系统按其功能可分为液压控制系统、保护系统、供油系统。液压控制系统中有伺服型和开关型

动画 1-控制型液压执行机构的工作原理

两类控制机构：伺服型控制机构，根据 DEH 调节系统数字控制器发出的指令控制相应阀门（高压主汽门、高压调节汽门、中压调节汽门）的开度；开关型控制机构，控制阀门（高压主汽门和中压主汽门）全开或关闭。保护系统在监视参数超限，危及安全运行时，自动或手动使机组跳闸停机；供油系统向液压系统提供参数合格的抗燃油。图 6 - 11 所示为某汽轮机调节保安系统。

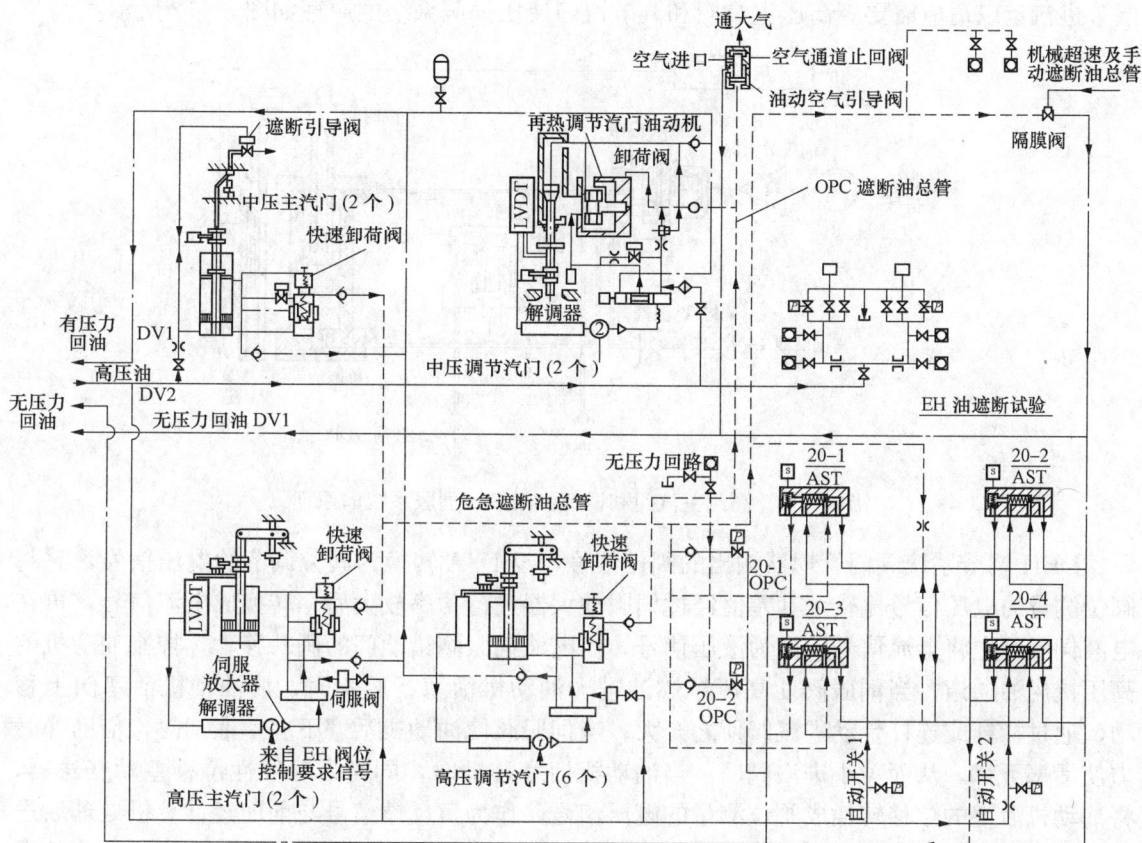

图 6 - 11 某汽轮机调节保安系统

一、概述

在 DEH 调节系统中，数字式控制器输出的阀位信号，经 D/A 转换器转变成模拟量，送入液压控制系统。该系统由伺服放大器、电液伺服阀（电液转换器）、油动机（或称油缸）、快速卸荷阀、线性位移差动变送器（LVDT）等组成，是 DEH 调节系统的末级放大与执行机构。

由于中压主汽门是开关型的双位阀门，其控制系统没有伺服放大器、电液伺服阀，仅配置油动机和快速卸荷阀。危急遮断油压建立，该阀打开；汽轮机跳闸，该阀关闭。

伺服型和开关型液压控制系统具有以下相同的特点：

（1）所有的进汽阀都配置一个单侧进油的油动机，其开启依靠高压动力油，关闭靠弹簧力。这是一种安全型的机构，在系统漏油时，油动机向关闭方向动作。

（2）在油动机的油缸上有一个控制块的接口，在控制块内装有隔绝阀、滤网、快速卸荷阀、止回阀、电液伺服阀（开关型不装），并加上相应的附加组件构成一个整体，成为具有控制和快关功能的组合执行机构。

二、液压控制系统的工作原理

1. 控制型（也称伺服型）执行机构

通常机组液压系统的执行机构中属控制型的有高压主汽门、高压调节汽门和中压（再热）调节汽门的执行机构。控制型执行机构可以将阀门控制在任意的开度位置上，成比例地调节进汽量以适应需要。高压主汽门和调节汽门液压伺服系统的原理如图 6-12 所示。

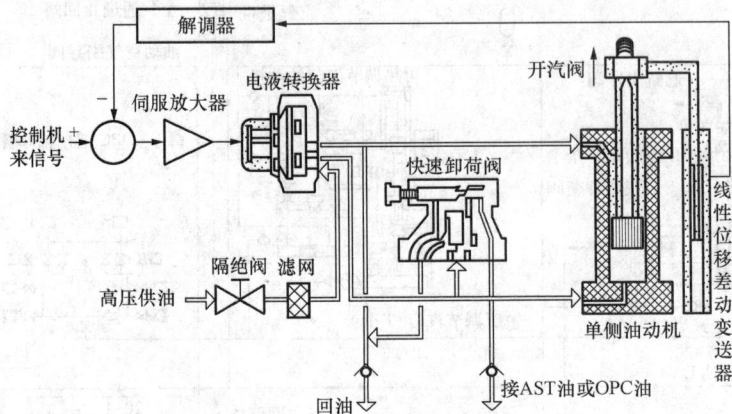

图 6-12　高压主汽门和调节汽门液压伺服系统的原理

DEH 调节系统阀门管理器输出的阀位信号，经 D/A 转换为阀位调节的电压信号，它与阀位测量的电压信号比较，其差值经过伺服放大器进行功率放大后，转换成电流信号，再在电液伺服阀中将电流信号转换为液压信号，使电液伺服阀错油门的阀芯移动，控制油动机的高压抗燃油通道。当伺服阀使高压抗燃油进入油动机活塞下腔室时，使油动机活塞向上移动，通过杠杆或连杆带动进汽阀使之开大；当伺服阀使油动机活塞下腔室泄油时，借助弹簧力使活塞下移，从而关小进汽阀门。当油动机活塞移动时，同时带动线性位移差动变送器，将油动机活塞的位移转换成阀位测量的电压信号，作为负反馈信号与前面经计算机处理后送来的阀位调节信号比较（由于两者极性相反，实际上是相减）。只有在原输入阀位调节信号与阀位反馈信号相等，使输入伺服放大器的信号为零时，伺服阀错油门的阀芯回到中间位置，油动机活塞下腔室不再有高压油进入或泄出，此时蒸汽阀门便停止移动，停留在一个新的工作位置。

油动机下腔室连接一个快速卸荷阀。当发生故障需紧急停机时，危急遮断装置动作，危急遮断母管油压降低，止回阀打开，使快速卸荷阀快速打开，迅速泄去油动机活塞下腔的压力油，在弹簧力的作用下迅速关闭各高、中压主汽门和各高、中压调节汽门，以实现对机组的保护。在快速卸荷阀动作的同时，工作油还可以排入油动机的上腔室，从而避免回油旁路的过载。当机组转速超过 103% 额定转速时，OPC 电磁阀动作，防超速保护母管的油压降低，高、中压调节汽门的快速卸荷阀快速打开，迅速泄去其油动机活塞下腔室的压力油，在弹簧力的作用下迅速动态关闭高、中压调节汽门。

中压调节汽门液压伺服系统的原理如图 6-13 所示。

由于中压调节汽门在 30% 的负荷下已全开，且再热器的容积很大，在危急状态时，需要以更快的速度关闭，以减小动态超速值。因此，这种控制系统采用碟阀型的快速卸荷阀，

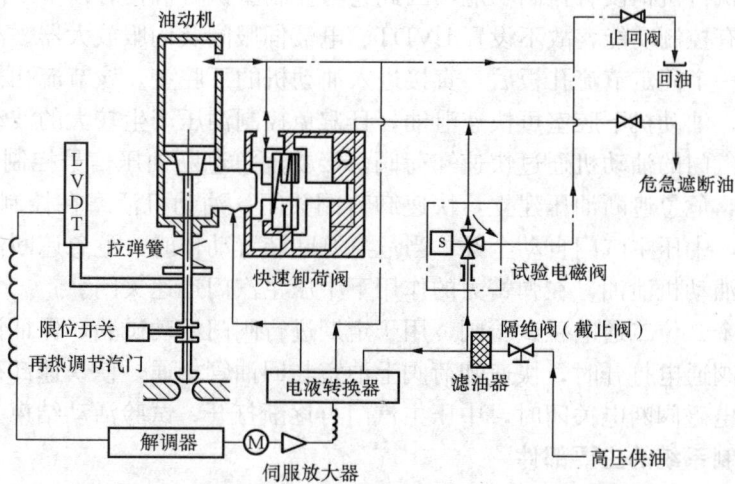

图 6-13　中压调节汽门液压伺服系统的原理

使泄油口增大。另外，由于快速卸荷阀的结构不同，在控制块内需单独设置试验电磁阀，由控制室的开关控制其通/断电。试验电磁阀是个三通阀，在机组运行时处在断电状态，上、下油路接通，高压油经节流孔直接通往快速卸荷阀的上部腔室，快速卸荷阀关闭，电液转换器可控制油动机下腔室建立油压；在进行阀门活动试验时，通过供电开关使电磁阀通电，上油路与右侧回油油路接通，快速卸荷阀的上部腔室与回油相通，快速卸荷阀打开，其油动机泄油，中压调节阀关闭；试验电磁阀再次断电时复位，中压调节汽门又开启，活动试验结束。

2. 开关型执行机构

在液压系统的执行机构中属开关型的有高压主汽门（不同生产厂家有所不同）、中压主汽门（也称再热主汽门）的执行机构。图 6-14 所示为中压主汽门液压执行机构的工作原理。

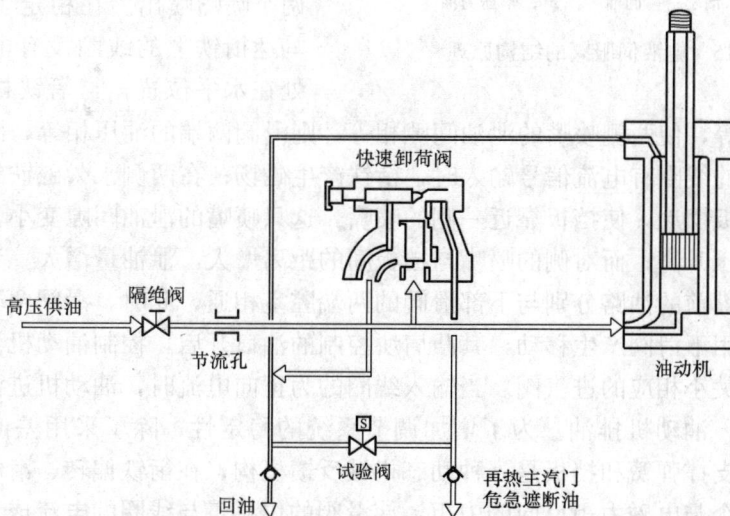

图 6-14　中压主汽门液压执行机构的工作原理

由于开关型执行机构没有控制功能，因此它与控制型执行机构有以下不同之处：

（1）由于没有控制功能，故不设置 LVDT、电液伺服阀及伺服放大器。高压抗燃油自隔绝阀引入，经过一个固定节流孔板后，直接进入油动机的下腔室。该节流孔板的作用是在快速卸荷阀打开时，油动机下腔室可快速泄油，且避免控制油压产生较大的波动。

（2）中压主汽门的油动机通过快速卸荷阀，接受危急遮断油压信号控制。当 DEH 调节系统挂闸复位时，危急遮断油压建立，快速卸荷阀关闭，油动机活塞在控制油压的作用下，克服弹簧力移动，中压主汽门自动全开；当危急遮断装置动作时，危急遮断油压降低，快速卸荷阀打开，其油动机泄油，在弹簧力的作用下中压主汽门迅速关闭。

（3）增设 1 个二位二通电磁试验阀，用于定期进行阀门活动试验，保证该汽阀处于良好的状态。当电磁阀通电打开时，快速卸荷阀上油室与回油管相通，使快速卸荷阀打开，关闭中压主汽门；当电磁阀断电关闭时，中压主汽门再逐渐打开，试验活动结束。

三、液压控制系统的主要部件

1. 电液伺服阀

电液伺服阀也称电液转换器，是汽轮机调节系统中将电信号控制指令转换为液压信号并进行放大的装置。图 6-15 所示为电液伺服阀的结构原理。它由一个磁力矩马达、喷射式油压信号发生器、机械反馈系统，以及错油门组成。它是一个通用部件，可用于控制双侧进油或单侧进油的油动机。当控制单侧进油的油动机时，只利用右侧去油动机活塞腔室的油口，左侧的油口被堵塞。

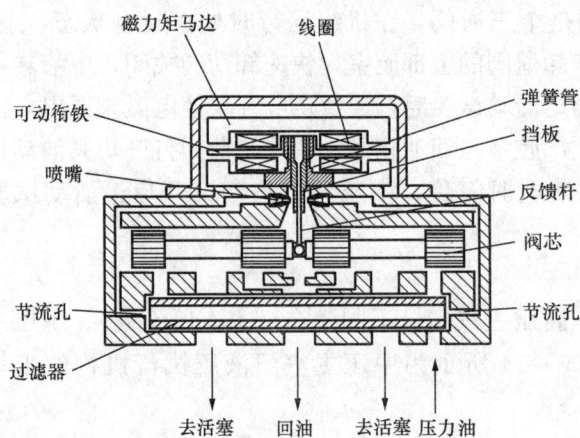

图 6-15 电液伺服阀的结构原理

由伺服放大器来的电流信号，引入磁力矩马达衔铁上的线圈。压力油进入电液转换器后流经过滤器和其两端的节流孔，分别经错油门滑阀两端的腔室由两个喷嘴喷出。在稳定工况时，磁力矩马达衔铁上的线圈没有电流通过，衔铁处在水平位置；与衔铁相连的挡板与两侧喷嘴的距离相等，使两侧喷嘴的泄油间隙相等，则滑阀两端的油压相等，滑阀处在中间位置时。当衔铁上的线圈有电流信号输入时，衔铁产生磁场；在两侧永久磁铁的作用下摆动一个角度，带动挡板摆动，使挡板靠近一侧的喷嘴，这只喷嘴的泄油间隙变小，流量减小，该侧节流孔后的油压升高；而对侧的喷嘴与挡板间的距离增大，泄油量增大，其节流孔后的压力降低。两侧喷嘴前的油路分别与下部滑阀的两端腔室相通，此时，滑阀两端的油压也不相等，在压差的作用下滑阀产生移动，其凸肩所控制的油口开启，控制油动机活塞下腔室进油或排油，开大或关小相应的进汽阀。当输入线圈的为正向电流时，油动机进油；当输入线圈的为负向电流时，油动机排油。为了增加调节系统的稳定性，除了采用差值信号进行调节外，伺服阀中的支撑弹簧和挡板是一种动态机械反馈机构，在衔铁偏转、滑阀移动时，机械反馈机构产生一个与电磁力矩反向的力矩，使滑阀的位移量与线圈的电流成正比。在线圈的电流为零时，保证的滑阀回到中间位置，切断油动机的油路。另外，有一种电液转换器，在其滑阀两端配置反馈弹簧，且滑阀处在中间位置时，两侧的反馈弹簧不相等。在伺服阀调整时，当线圈电流为零、滑阀处在中间位置时，挡板两侧喷嘴的间隙不相等，有一定的机械零偏，使滑阀两端的油压差与反馈弹簧力平衡。这样，可保证在 DEH 系统投入前或控制油失压后，滑阀两侧的弹簧力的差值，使回油口与油动机活塞下腔室相通，阀门处于关闭状态。

2. 线性位移差动变送器

LVDT 的作用是把油动机活塞的位移（代表汽阀的开度）转换成电压信号，反馈到伺服放大器前。

LVDT 由芯杆、绕组、外壳等组成，具有体积小、性能稳定、可靠性强的特点。在外壳中有三个绕组，一个是一次侧绕组，缠绕在芯杆上，供给交流电源；在外壳中心点的两侧各绕有一个相同的二次侧绕组，这两个绕组反向连接。因此，二次侧绕组的净输出，是两绕组感应电动势之差值，如图 6-16 所示。当铁芯上的绕组处于中间位置时，两个二次侧绕组的感应电动势相等，变送器输出的电压信号为零。当铁芯与绕组有相对位移时，二次侧绕组的感应电动势经整形滤波后，转变为铁芯与绕组间相对位移的电压信号输

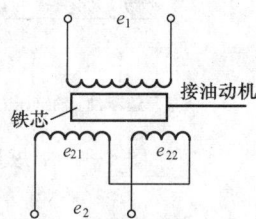

图 6-16　LVDT 工作原理简图

出。在实际装置中，外壳是固定不动的，铁芯通过杠杆与油动机活塞连杆相连，这样，其输出的电压信号便可模拟油动机的位移，也就代表了进汽阀的当前开度。为了提高控制系统的可靠性，每个执行机构中安装两个位移传感器。

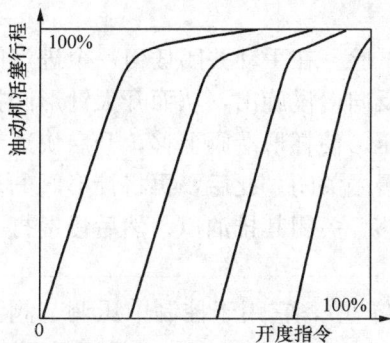

图 6-17　"凸轮效应"阀门开度

为了适应"顺序阀"调节的需要，在进行 LVDT 设计时，应使其输出信号具有"凸轮效应"，也就是当油动机活塞移动到阀门接近全开的位置后，加大其反馈电压的比例，如图 6-17 所示。当阀位调节信号增大时，油动机的位移和汽阀的开度增加较小，如凸轮旋转到靠近圆弧段一样。在结构上，只需在差动变送器二次绕组两端单位长度中增加线圈的匝数就可以实现。但是，这样设计成的线性差动变送器，所产生的位移信号不再是线性的，在进入"凸轮效应"的影响范围后，其反馈信号的斜率将增大（凸轮效应的开始影响点可调）。如果不考虑"凸轮效应"，当选用"顺序阀"方式时，已全开的进汽阀，阀位测量的反馈信号不变，使得计算机来的阀位调节信号与反馈信号不能再相等。伺服放大器一直有电压信号输入，电液转换器的阀芯移到极限位置，甩负荷时空行程太大，影响阀门的关闭速度。

3. 快速卸荷阀

快速卸荷阀安装在执行机构的控制块上，它有两种常用结构形式，如图 6-18 和图 6-19（中压调节阀用）所示。当危急遮断（AST）油路泄油时，所有油动机的快速卸荷阀打开；当 OPC 油路泄油时，控制高、中压调节阀油动机的快速卸荷阀打开。快速卸荷阀打开时，油动机活塞下腔室的油经快速卸荷阀迅速排出。这时不论伺服放大器输出的信号大小，油动机活塞在弹簧作用下迅速下移，相应的进汽阀快速关闭。

在图 6-18 所示快速卸荷阀的上部装有一杯状滑阀，滑阀下部的腔室与进入油动机活塞

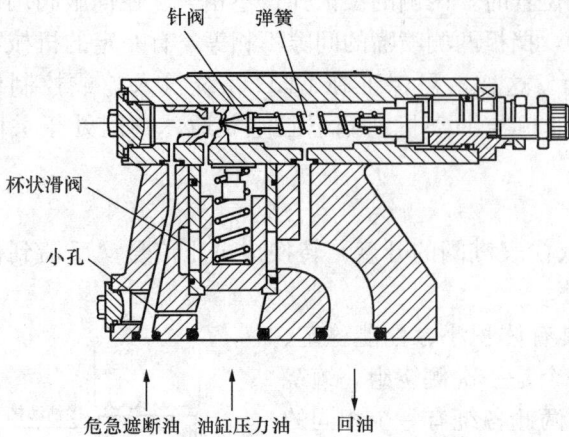

图 6-18 快速卸荷阀的结构原理

下腔室的高压油管路相通，承受高压油的作用力；在滑阀底部附近有一个小孔，使少量的压力油通过小孔经节流孔和针形阀排入回油管。此油路在针形阀前与滑阀上部的油室相通，在此油压和弹簧力的作用下，滑阀关闭排油口；调节针形阀的开度，可以调整滑阀上部油室的油压。在小孔出口另一侧的油口，经过止回阀与危急遮断油路（高、中压主汽门）或 OPC 油路（高压调节汽门）相通。正常运行时，由于小孔的节流作用，小孔出口油压低于危急遮断油或 OPC 总管的油压，该止回阀关闭。

由于 OPC 油管经过止回阀与危急遮断油路相通，当汽轮机故障、AST 电磁阀动作，危急遮断油总管失压时，止回阀打开，OPC 油路的油压也降低，使各阀门油动机快速卸荷阀的杯形滑阀上部油压急剧下降，其下部的高压油推动滑阀上移，滑阀套筒上的泄油孔被打开，从而使各油动机内的高压油失压，在弹簧力的作用下油动机的活塞迅速下降，关闭所有进汽阀，紧急停机。当 OPC 油路失压时，其通往危急遮断油路的止回阀关闭，仅控制高、中压调节阀的快速卸荷阀打开，使高、中压调节阀迅速关闭。在一定时间后 OPC 油路油压恢复，高、中压调节阀由 DEH 系统控制再开启。

这种快速卸荷阀也可手动关闭进汽阀，进行阀门活动试验。在手动关闭任何一个进汽阀时，首先要关断其油动机的进油隔绝阀，然后将针形阀杆反向慢慢旋出，从而开大针形阀控制的泄油口，缓慢地降低快速卸荷阀中杯形滑阀上部的油压，使杯形滑阀上移，开启快速卸荷阀的排油口，油动机活塞下腔室的油压降低，使进汽阀慢慢关闭。此后，再将针形阀的调整杆顺时针拧动，滑阀上腔室油压逐渐生高，推动滑阀下移，关闭其排油口，然后慢慢打开该油动机的进油隔绝阀，该进汽阀重新打开。

图 6-19 所示为碟阀式快速卸荷阀的结构原理（关闭位置），它用于控制中压调节阀油动机快速泄油。当机组挂闸、安全油压建立后，高压油通过节流孔和试验电磁阀（见图 6-13），从快速卸荷阀左侧的油口进入，经内部流道引入腔室 Z，克服弹簧 16 的作用力，推动阀定位器 7 和盖板 15 下移（此时 Y 腔室与回油相通，止回阀 8 关闭），关闭快速卸荷阀的阀碟。此时 Y 腔室通过节流孔 11 与 Z 腔室相通，Y 腔室的油压迅速与 Z 腔室相等。由于试验电磁阀前节流孔的节流作用，Y 腔室内的压力低于电液转换器供给油动机的高压油的压力，但因为腔室 Y 内盖板 15 的承压面积较大，作用在阀定位器 7 和盖板 15 上的油压能克服弹簧力使泄油阀碟关闭。

当 OPC 油路泄油、压力降低时，通往总管的止回阀（见图 6-13）被打开，阀定位器 7 顶端的油压降低。快速卸荷阀内的止回阀 8 被打开，Z 腔室和 Y 腔室泄油，油压降低，在弹簧 16 的作用下，快速卸荷阀的阀碟被打开，油动机活塞下腔室泄油，快速关闭中压调节阀。此时，试验电磁阀虽与压力油路相通，但由于其进口节流孔的节流作用，Y 腔室油压仍可以降低，而且对压力油的油压影响很小。

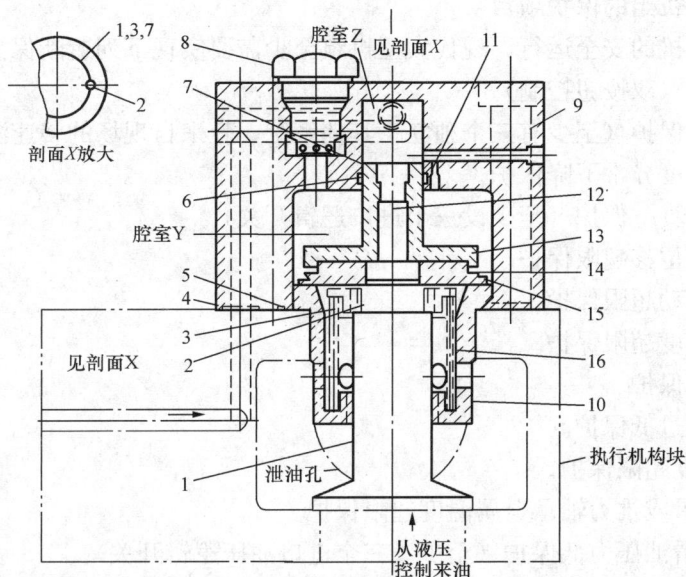

图 6 - 19　碟阀式快速卸荷阀的结构原理

1—快速卸荷阀碟；2—弹簧座固定销；3—弹簧座；4、5、14—O形圈；6、13—支持圈；

7—阀定位器；8—止回阀；9—阀体；10—套筒；11—节流孔；12—芯杆；15—盖板；16—弹簧

在进行阀门活动试验时，试验电磁阀通电，使 Z 腔室与回油管相通，止回阀 8 打开，Z、Y 腔室泄油，快速卸荷阀被打开，中压调节阀关闭。在试验电磁阀通电的时候，系统提供一偏置电压信号，使电液转换器产生关闭中压调节阀的动作。当试验电磁阀断电时，该偏置电压信号消失，Z、Y 腔室又与压力油路相通，快速卸荷阀被关闭，中压调节阀重新打开。

由于 OPC 油管经过止回阀与危急遮断油路相通，当汽轮机故障、AST 电磁阀动作，危急遮断油总管失压时，该止回阀被打开，OPC 油路的油压也降低，使各阀门油动机快速卸荷阀的泄油孔被打开，从而使各油动机内的高压油失压。在弹簧力的作用下油动机的活塞迅速下降，关闭所有的进汽阀，实行事故停机。当甩负荷时，若 OPC 电磁阀失电打开，OPC 油路泄油失压，其通往危急遮断油路的止回阀仍关闭，故仅高、中压调节阀油动机的快速卸荷阀打开，使高、中压调节阀迅速关闭。延时一定时间后，OPC 油压恢复，高、中压调节阀油动机的快速卸荷阀关闭，高、中压调节阀由 DEH 系统控制再开启。

第五节　汽轮机的保护系统

为了防止汽轮机在运行中发生重大损伤事故，机组必须配置完善的自动保护系统，分为预防性保护和危急遮断保护两大类。危急遮断系统，在异常情况下能自动或手动紧急停机，以保护设备和人身安全。预防性保护包括监视参数越限报警、备用辅机切换、运行工况改变等功能。当影响安全运行的参数超限时，预防性保护装置发出报警信号或操作指令；严重超限时，危急遮断系统会关闭全部进汽阀门，实行紧急停机。

动画 2 - AST - OPC
电磁阀组件动作原理

一、现代大型机组的保护项目

为了保证汽轮机的安全运行，现代大型机组至少需要实现下列遮断保护：

（1）手动停机（双按钮控制）。

（2）机组超速保护（至少有三个独立于其他系统，且来自现场的转速测量信号）。

（3）主蒸汽温度异常下降保护。

（4）凝汽器低真空保护（至少设三个进口逻辑开关）。

（5）机组轴向位移超限保护。

（6）汽轮机振动超限保护。

（7）转子偏心度超限保护。

（8）胀差超限保护。

（9）油箱油位过低保护。

（10）排汽温度超限保护。

（11）支持轴承或推力轴承金属温度超限保护。

（12）轴承润滑油压力低保护（至少设三个进口油压逻辑开关）。

（13）汽轮机抗燃油压低保护（至少设三个进口油压逻辑开关）。

（14）发电机故障保护。

（15）DEH 断电保护。

（16）MFT（总燃料跳闸）。

（17）汽轮机、发电机制造厂要求的其他保护项目。

除第（1）、（2）、（15）、（16）项外，其他各项在遮断保护值之前均设越限报警值。另外，回热加热器、除氧水箱、凝汽器水位高也设置越限报警（但无遮断保护）；润滑油和抗燃油压力低保护在遮断前备用泵会自动投入。

二、汽轮机危急遮断系统的要求

汽轮机危急遮断系统应满足下列要求：

（1）设计适当的冗余回路，至少有两个独立的通道，以保证遮断动作无误，提高保护的可靠性。

（2）在每个遮断通道上都提供两个输出，分别用于 DAS 监视系统和硬报警接线系统。

（3）能在线试验遮断功能，在功能测试或检修期间，保护功能依然存在。

（4）当引发遮断保护动作的原因消失后，遮断保护系统需经人工复位，才允许汽轮机再次启动。

（5）遮断保护动作前后，有关的指示信号按时间先后储存，用于鉴别引起遮断的主要原因。

（6）汽轮机危急遮断系统的保护信号均采用硬接线。

三、AST 和 OPC 电磁阀组件

AST 电磁阀是将遮断保护装置发出的电气跳闸信号转换为液压信号的元件，4 只 AST 电磁阀（20/AST-1、2、3、4）两两并联（1、3 和 2、4），再串联组合在一起。OPC 电磁阀是防严重超速的保护装置，也称超速保护电磁阀。2 只超速保护电磁阀（20/OPC-1、2）并联布置，通过 2 个止回阀和危急遮断油路相连接。4 只 AST 电磁阀、2 只 OPC 电磁阀和 2 个止回阀布置在一个控制块内，构成超速保护 - 危急遮断保护电磁阀组件，这个组件布置

在高压抗燃油系统中，如图 6-20 所示。它们是由 DEH 控制器的 OPC 部分和 AST 部分控制的。

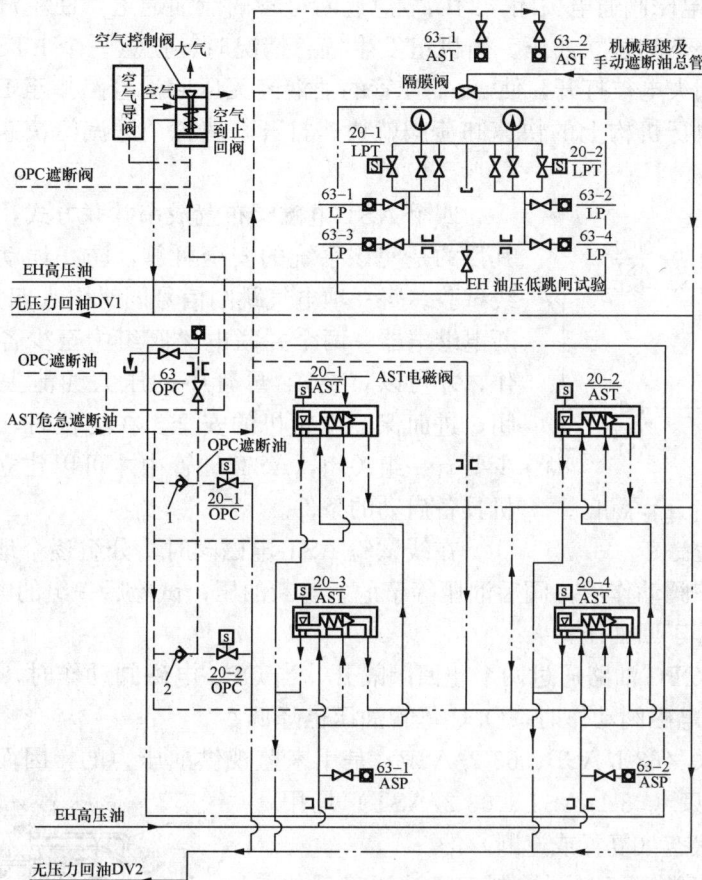

图 6-20　电磁阀及控制块系统

OPC 电磁阀与 AST 电磁阀在控制油路中的区别为：前者是由内部供油控制的，后者由来自高压抗燃油路的外部供油控制。

正常运行时两个 OPC 电磁阀断电常闭，封闭 OPC 母管的泄油通道，使高、中压调节阀油动机活塞的下腔建立油压。当出现下列情况时，OPC 电磁阀通电打开并报警：

（1）转速超过额定转速（3090r/min）的 103％时。

（2）甩负荷时，中压缸排汽压力仍大于额定负荷的 15％对应的压力时。

（3）转速加速度大于某一值时。

（4）发电机负荷突降，发电机功率小于汽轮机功率一定值时。

此时使两个 OPC 电磁阀通电被打开，OPC 母管油液经无压回油管路排至油箱。此时各调节阀执行机构上的快速卸荷阀快速开启，使各高、中压调节阀关闭，同时使空气控制阀打开，各回热抽汽的气动止回阀迅速关闭。延时 2s，OPC 电磁阀断电，OPC 母管油压恢复，高、中压调节阀重新开启。

冗余设置的两个 OPC 电磁阀并联布置，即使一路拒动，另一路仍可动作，以提高超速保护控制的可靠性。另外，还可以进行在线试验，即对一个回路进行在线试验时，另一路仍有保护功能，以避免保护系统失控。

四个串并联布置的 AST 电磁阀是由危急跳闸装置（ETS）的电气信号控制的，正常运行时这四个 AST 电磁阀通电关闭，封闭危急遮断母管的泄油通道，使主汽门和调节阀执行机构油动机的活塞下腔建立油压。当机组发生危急情况时，任意一个 ETS（跳闸）信号输出，这四个电磁阀失电被打开，使 AST 母管的油液经无压回油管路排至 EH 油箱。这样主汽门和调节汽门执行机构上的快速卸荷阀就快速打开，使各个进汽门快速关闭，机组事故停机。

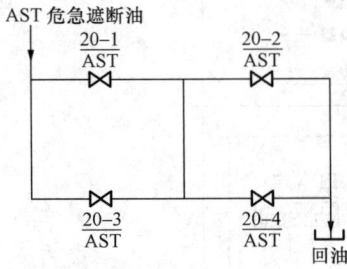

图 6-21　AST 电磁阀串并联布置简图

四个 AST 电磁阀布置成串并联方式，如图 6-21 所示，其目的是使该系统的安全可靠，防止误动作，并可进行在线试验。每一项电气跳闸信号同时引入四只 AST 电磁阀的断电继电器，两个并联电磁阀组中至少各有一个电磁阀动作，才可以将 AST 母管中的压力油泄去，使各进汽阀关闭，进而保证汽轮机的安全。在复位时，两组电磁阀中至少要有一组关闭，AST 母管中才可以建立起油压，使汽轮机具备启动的条件。

在线试验 AST 电磁阀时，分组逐个地进行。试验前一组的电磁阀时，该阀动作后，阀后油压等于危急遮断油压；试验后一组的电磁阀时，该阀动作后，阀后油压等于回油压力。

AST 油路和 OPC 油路通过两个止回阀隔开，当 OPC 电磁阀动作时，AST 母管油压不受影响；当 AST 电磁阀动作时，OPC 母管油压也降低。

两只压力开关（63-1/ASP、63-2/ASP）是用来监视供油压力的，因而可监视每一通道的状态，而另两只（63-1/AST、63-2/AST）是用来监视汽轮机的状态（复置或遮断）的。

汽轮发电机正常运行时，控制 EH 油压过低的两组压力开关 63-1/LP、63-3/LP 和 63-2/LP、63-4/LP 的触点是闭合的，中间继电器正常工作。假如任意一组中有一只压力开关打开，表明 EH 油压过低，那么中间继电器就释放，引起自动停机遮断通道泄压，使汽轮机遮断。

四、薄膜阀

薄膜阀也称为隔膜阀，用于连接低压保安油系统和高压危急遮断油系统，并由隔膜阀将两种油路隔开，其结构如图 6-22 所示。当机组正常运行时，低压保安油通入薄膜阀的上腔，克服弹簧力，使隔膜阀保持在关闭位置，堵住 AST 母管的另一排油通道，使高、中压主汽门和高、中压调节阀执行机构的油动机下腔室建立油压正常工作。当汽轮机发生转速飞升使机械式危急遮断器动作或手动前轴承箱侧危急遮断阀时，低压危急遮断油母管泄油，薄膜

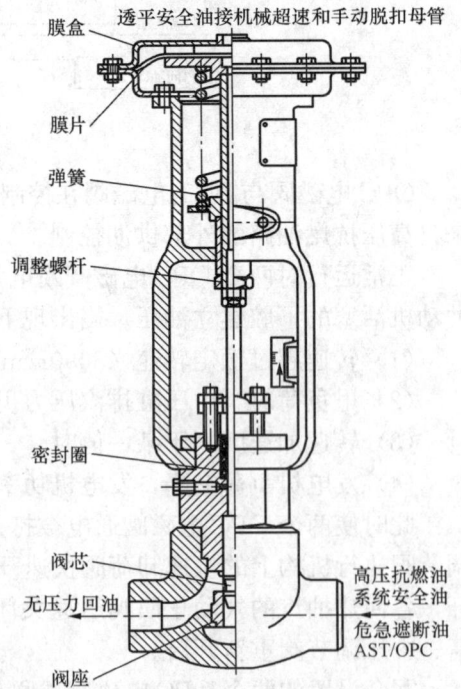

图 6-22　薄膜阀结构

阀在弹簧力的作用下打开，使 AST 油母管泄油，可通过快速卸荷阀使高、中压主汽门和高、中压调节阀关闭，强迫汽轮机停机。

五、机械超速遮断系统

机械超速遮断系统包括危急遮断器、危急遮断滑阀及保安操纵装置，如图 6-23 所示。其作用是在下列情况下迅速切断汽轮机的进汽，停止汽轮机的运行并发出报警信号：①汽轮机工作转速达到额定转速的 110%～112% 时，机械式危急遮断器动作，关闭高、中压主汽门和高、中压调节阀；②手动跳闸手柄时，关闭高、中压主汽门和高、中压调节阀。

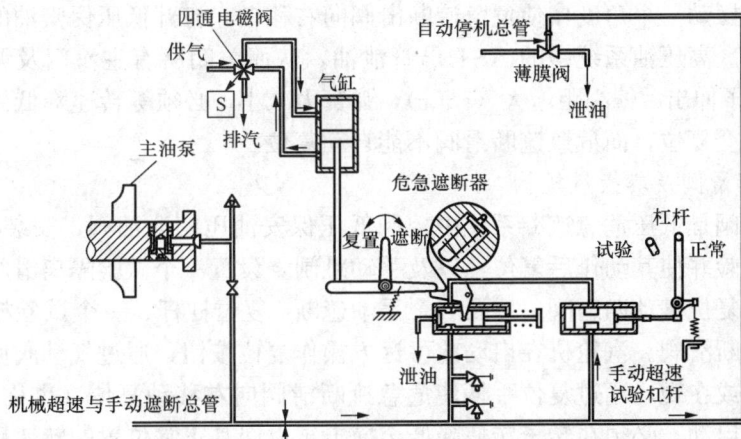

图 6-23　机械超速遮断系统的工作原理

1. 危急遮断器

飞锤式机械危急遮断器如图 6-24 所示。主要部件有撞击子和弹簧等，安装在汽轮机转子延长轴的径向通孔内。一端用螺塞定位，为防止螺塞松动，再用定位螺钉锁定；另一端用可调螺纹套环压紧套在撞击子上的弹簧。撞击子被弹簧力压向定位螺塞，其重心与转子回转中心偏离。在正常转速下，撞击子的不平衡离心力小于弹簧的约束力，撞击子保持与定位螺塞接触。此时，危急遮断器控制的危急遮断滑阀关闭低压保安油的泄油口，低压保安油压正常。

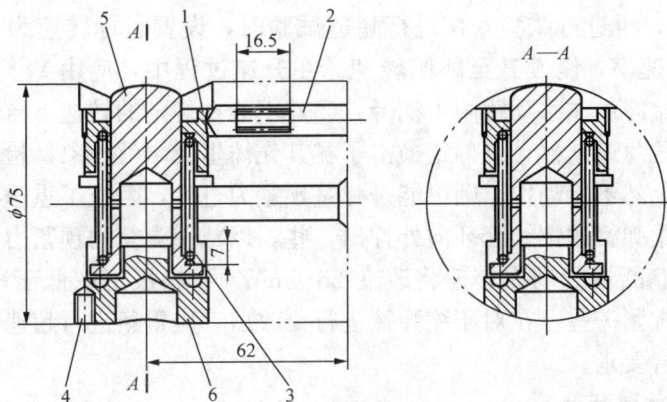

图 6-24　飞锤式机械危急遮断器（单位：mm）
1—螺纹套环；2—超速挡圈销；3—弹簧；4—螺钉；5—撞击子；6—平衡块

撞击子的不平衡离心力为

$$F_C = me\omega^2 \qquad (6-4)$$

式中　m——撞击子的质量；

　　　e——撞击子重心的偏心距；

　　　ω——转子的角速度。

当汽轮机的工作转速达到额定转速的 110%～112% 时，撞击子的不平衡离心力克服弹簧的约束力，从孔中伸出，其不平衡离心力进一步增大，直至极限位置（位移量 x），打击碰钩，使其绕轴摆动一个角度，使危急遮断滑阀向右移动，打开低压保安油的排油口，致使薄膜阀迅速打开。高压油系统中的 AST 母管泄油，从而关闭所有主汽门及调节阀，使机组停机。由于撞击子伸出后偏心距增大（$e+x$），弹簧力减小，必须等转速降低到 3050r/min 左右时，撞击子才会复位，而危急遮断滑阀不能自动复位。

2. 危急遮断滑阀及其操纵机构

危急遮断滑阀是低压危急遮断系统中控制低压保安油压的泄油阀，安装在前轴承箱内。为了在线进行试验并使其动作后复位，以及手动跳闸，设置一个试验隔离滑阀、一个喷油截止阀、一个远方复位气动四通阀，以及一个手动遮断‐复位杠杆、一个试验杠杆。有的机组单独设置手动遮断滑阀。汽轮机在启动前可远方操作复位按钮，通过气动阀使危急遮断滑阀向左移动复位，或在现场通过复位手柄使危急遮断滑阀向左移动复位（也称挂闸）。机组跳闸后，若要立即启动，必须在转子转速降低至撞击子返回其正常位置的转速后（约为正常转速的 2%），才能进行复位操作。

系统设置远方复位（挂闸）四通电磁阀和挂闸气缸，当它接收到 DEH 的挂闸信号时，电磁阀带电，使气缸上端进气，下端排大气，气缸活塞下行推动危急遮断滑阀的连杆使危急遮断滑阀复位。此时限位开关动作，切断电磁阀电源，空气进入气缸的下端，使活塞返回，复位杠杆也返回到"正常"位置。

转动位于前轴承箱前的手动跳闸‐复位手柄至遮断位置，可手动跳闸停机。

3. 危急遮断器的超速试验

危急遮断器超速试验的目的是确定其动作转速，在新机试运行和大修后启动都要进行超速试验。超速试验在并网前空负荷工况进行，有的机组要求先并网带 20%～40% 负荷运行 4h 后，降负荷解列，再进行试验。在进行超速试验时，设置目标转速为 3360r/min 和低于 100r/min/min 的升速率，慢慢升至跳闸转速。在升速过程中，应由专人密切注意转速表，并有一个运行人员始终站在手动跳闸手柄旁，当其不能在规定的转速下自动跳闸时应手动进行跳闸停机并检查危急遮断器，以确定撞击子在其壳体里无卡涩现象。检查后重新进行超速试验，如果撞击子仍然不能动作，则可能是弹簧预紧力过大，阻止了重锤在规定的转速内击出。此时，应将压紧弹簧的螺纹套环向外拧出一些，以减小弹簧的预紧力。将螺纹套环拧紧或放松一扣，危急遮断器的动作转速将改变 25r/min。如果机组在低于所要求的转速跳闸时，应将螺纹套环拧紧一些。在对压缩弹簧进行更改后，应重新进行超速试验，直至危急遮断器的动作转速符合要求。

4. 危急遮断器的喷油试验

危急遮断器的喷油试验是在正常运行时，活动机械超速跳闸机构，应防止其卡涩。在进行喷油试验时，将图 6‐23 中的试验手柄（位于轴承箱前端）保持在试验位置，使试验隔离滑阀将危急遮断滑阀与低压保安油母管隔离。手动打开喷油试验阀，压力油从喷嘴喷出，经轴端的小孔进入危急遮断器撞击子的下腔室，在撞击子的下部建立起油压，推动撞击子克服其弹簧的预紧力向外移动，直至撞击挂钩，模拟超速试验，达到活动撞击子的目的。关闭喷油试验阀停止喷油后，危急遮断器撞击子下腔内的油靠离心力从定位螺塞的小孔逐渐甩出，撞击子复位。通过手动遮断－复位手柄使危急遮断滑阀复位，确认超速跳闸装置油压为正常值后，松开试验杠杆，试验隔离滑阀复位。

在试验过程中，始终用手保持试验杠杆在试验位置十分重要，可防止不必要的停机。

第六节　供 油 系 统

汽轮机油系统的主要任务有两个：一是向机组各轴承提供足够的、合格的润滑油；二是向调节保护系统提供压力油，保证调节系统正常工作。此外，在机组停机或启动时还向盘车装置和顶轴油系统供油，对密封油系统提供备用油。

微课5－供油系统

油系统的正常工作对于保证汽轮机的安全运行具有重要作用。如果润滑系统突然中断油流，即使时间很短，也将引起轴承烧瓦，从而诱发严重事故。此外，油流的中断还会使调节系统失去压力油而无法正常动作，结果汽轮机会失去控制，出现更为严重的后果，因此必须保证连续不断地向轴承和调节系统提供压力和温度符合要求、质量合格的油。

由于汽轮机的蒸汽参数提高、功率增大，蒸汽作用在主汽门和调节阀上的力相应增大，开启阀门所需的提升力也越来越大，因此必须提高压力油的油压以增加油动机的提升力，减小油动机尺寸，改善调节动态特性。但压力油油压提高，泄漏的可能性增大，容易引起火灾。所以，多数大型机组的调节系统采用抗燃油。高压抗燃油是三芳基磷酸酯型的合成油，具有良好的抗燃性能和稳定性，因而在事故情况下若有高压动力油泄漏到高温部件上，发生火灾的可能性会大大降低。但由于高压抗燃油润滑性能差，且有一定的毒性和腐蚀性，不宜在润滑系统内使用，因而需要分别设置控制油和润滑油的供油系统。

一、润滑油系统

润滑油系统的任务是可靠地向汽轮发电机组的支持轴承、推力轴承和盘车装置提供合格的润滑／冷却油，并为发电机氢密封系统提供密封油，以及为机械超速脱扣装置提供压力油。

某600MW超临界汽轮机的润滑油系统如图6-25所示。系统主要由汽轮机主轴驱动的主油泵、冷油器、注油器、顶轴油系统、排烟系统、集装油箱（主油箱）、交流润滑油泵（BOP）、直流事故油泵（EOP）、密封油备用泵（SOB）、滤网、电加热器、阀门、止回阀和各种监测仪表等构成。

润滑油系统使用的是高质量、均质的精炼矿物油，并且必须添加防腐蚀和防氧化的添加剂，但不得含有任何影响润滑性能的其他杂质。

为了保持润滑油的品质，使润滑油系统部件和被润滑的部件不被磨损，对润滑油有一些特殊要求，其中最基本的是油的清洁度、物理和化学特性，采用恰当的储存和管理，以及相应的加油方法。润滑油的物理和化学特性与其温度有关，如果油箱中油温低于10℃，油不能在系统中循环，不得启动系统的油泵；如果轴承排出的油温高于82℃，则机组应停机。汽轮机投运前油系统的冲洗和油取样分析，以及清洁等级的评定均按国家标准执行。

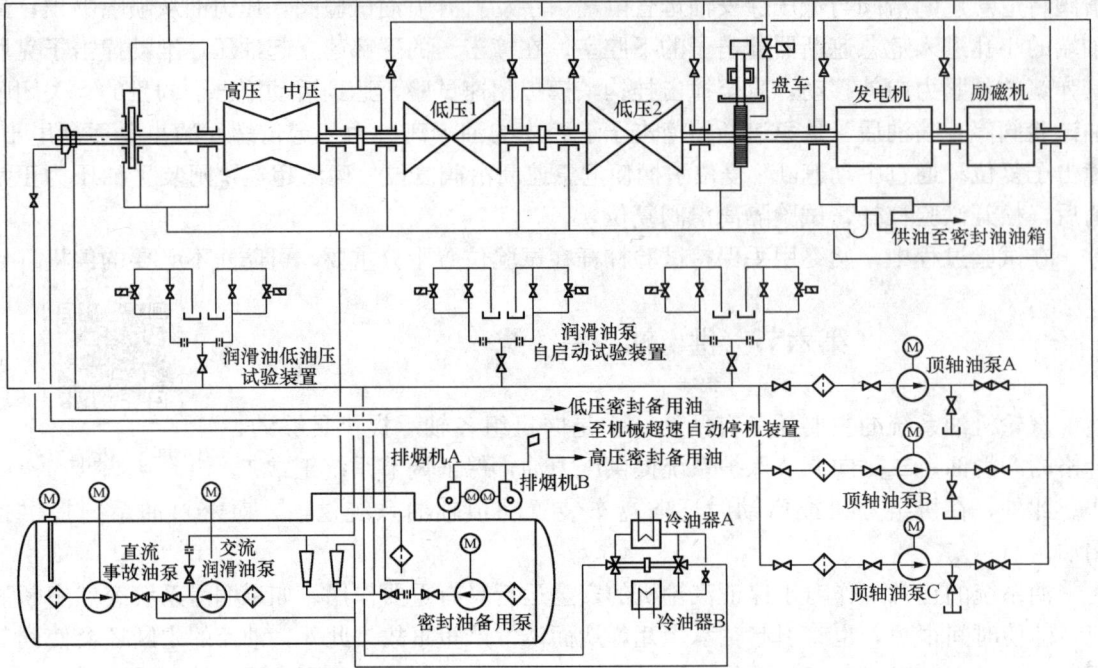

图 6-25　某 600MW 超临界汽轮机的润滑油系统

1. 润滑油箱

随着机组容量的增加，油系统的耗油量也随之增加，因此油箱的容积也越来越大。为了便于设备的安装、运行和维护，并使设备的布置更加紧凑，大型机组普遍采用集装（组合）式油箱。润滑油箱通常布置在汽轮发电机组前端的厂房零米地面或运行层下面。油箱顶部焊有顶板，交流润滑油泵与直流事故油泵的电动机、密封油备用泵、排烟装置、油位指示器、油位开关等都装在顶板上。油箱内装有滤油器、交流润滑油泵、直流事故油泵、注油器、电加热器及连接管道、止回阀等。油箱顶部开有人孔，装有垫圈和人孔盖，安全杆横穿过人孔盖，固定在壳体上的固定块上。

2. 主油泵

主油泵是蜗壳型离心泵，安装在前轴承箱中的汽轮机外伸轴上，与汽轮机主轴采用刚性连接，由汽轮机主轴直接驱动，以保证运行期间供油的可靠性。离心式主油泵自吸能力较差，必须不断地向其入口供给充足的低压油：在启动升速和停机期间，由交流润滑油泵向其供油；在额定转速或接近额定转速时由注油器向其供油。主油泵出口有管道与油箱内的注油器进口相连，并通过一止回阀与机械超速遮断和手动遮断油总管，以及发电机氢密封油总管相通。

3. 注油器

注油器安装在润滑油箱内的液面以下。注油器主要由喷嘴、混合室、喉部和扩散段组成。注油器喷嘴进口和主油泵出口动力油相连，油通过喷嘴加速后到达混合室，通过摩擦和碰撞，将混合室内的存油加速，然后进入注油器喉部和扩散段进行扩压，将油流的动能转换为压力能。混合室内的存油被带走后，在混合室中产生一个低压区，将油箱中的油不断吸入混合室，然后被高速油带入注油器喉部和扩散段，在扩散段油的速度能转换成压力能。对于设有两个注油器的系统，在正常工作时，一台注油器出口油送往主油泵进油口；另一台注油器出口通过冷油器，由管道送入轴承润滑油母管。对于设一个注油器的系统，这两路油合在一起。注油器扩散段后面各装有一个翻板式止回阀，以防止主油泵在中、低转速时，油从注油器出口倒流回油箱。

有些机组采用油涡轮取代注油器。

4. 辅助油泵

润滑油系统的辅助油泵设计成能满足自动启动、遥控及手动启停的要求，并且有独立的压力开关，停止 - 自动 - 运行按钮控制开关，以及具有能用电磁阀操作油泵自启动的试验阀门的功能。辅助油泵包括交流润滑油泵、直流事故油泵（事故危急油泵）和氢密封备用油泵（或高压启动油泵）。

5. 润滑油冷油器

润滑油的温度由冷油器调节。冷油器通常有两台，在正常运行时，一台投入运行，另一台备用。在某些特殊工况下，两台冷油器可以同时运行。冷油器与润滑油泵和注油器出口连接，不管从哪里来的润滑油，在进入轴承前都经过冷油器。润滑油在冷油器壳体内绕管束外绕流，冷却水在管内流动。流向冷油器的润滑油由手动操作的换向阀控制，它可使油流向任何一台冷油器，且在切换冷油器时不影响进入轴承的润滑油流量。两台冷油器的进油口通过一根连通管和一个切换阀相连，该阀能使备用冷油器先充满油，以保证备用冷油器能迅速投入运行，再切断原工作冷油器。冷油器的冷却水流量由供水管上的手动操作阀调节，因而冷油器出口油温也是可调节的。正常情况下调整到进油 60～65℃时，冷油器出口温度为 43～49℃。

6. 顶轴油系统

顶轴油系统的作用是在汽轮机盘车、启动或停机过程中，将高压油送入相应的支持轴承内，将转子顶起，避免在低转速时汽轮机轴颈与轴瓦之间产生干摩擦，同时还可以减少盘车的启动力矩，使盘车电动机的功率减小。

7. 油再生系统（也称油净化装置）

在运行过程中，轴封漏汽可能进入轴承箱，冷油器的冷却水可能漏入其油侧，使润滑油含水。另外，管道和设备的磨损和锈蚀，使润滑油受固体污染。因此，润滑油会出现水解、氧化和酸化，而且这种变化是恶性循环。为了保持润滑油的清洁度和理化性能，润滑油系统并联一个油再生系统，用于除去润滑油中的水、固体粒子和其他杂质，从而使过滤后的油质满足机组运行要求，确保机组安全运行，并延长油的使用寿命。

二、高压控制油（EH 油）系统

高压控制油系统的主要任务是为各阀门的油动机提供符合标准的高压驱动油（压力为14.0MPa 左右）。

高压控制油系统示意如图 6 - 26 所示。由于供油压力高，通常采用电动柱塞油泵，它是一种流量可变的液压泵。泵组根据系统所需流量自行调整，以保证系统的压力不变。采用变量式液压能节省能源，减轻蓄能器的负担，也会减轻间歇式供油特有的液压冲击。正常运行时，通过油泵经过滤网从 EH 油箱中吸入抗燃油，其出口的压力油经过滤油器和止回阀，向调节保护系统供油。泵的出口管上连接有卸荷阀，高压供油母管（HP）上连接有高压蓄能器和溢流安全阀。

高压控制油系统主要由油箱、电动柱塞油泵、卸荷阀、滤油器、蓄能器、循环冷却系统、抗燃油再生过滤系统和一些对油压、油温、油位进行指示、控制、报警的标准设备等

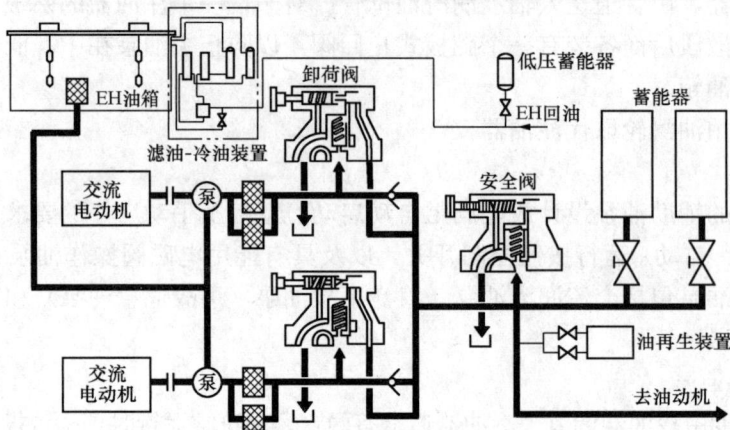

图 6-26　高压控制油（EH 油）系统示意

组成。

与润滑油系统相比，高压控制油系统的不同之处在于设置了抗燃油再生装置和蓄能器。

1. 抗燃油再生装置

油再生装置是保证液压控制系统油质合格必不可少的部分，当油的清洁度、含水量和酸值不符合要求时，应启用再生装置，改善油质。

抗燃油再生装置有两个滤芯，其中一个为硅藻土滤芯（或活性氧化铝），用于调节三芳基磷酸酯抗燃油的理化特性，并去除水分及降低抗燃液的酸值；另一个纤维滤芯用于对抗燃液中的颗粒物进行过滤。在每个滤芯的外壳上均有一个压差指示器，当滤芯污染程度达到设计值时，压差指示器的发出报警信号，表明该滤芯需要更换。

硅藻土滤芯和波纹纤维滤芯均为可调换式滤芯，关闭相应的阀门，打开过滤器壳体的上盖即可调换滤芯。

2. 蓄能器

高压供油母管上接有高压充氮蓄能器，高压蓄能器的功能如下：

（1）积蓄能量。蓄能器在液压执行机构不动作时，将油泵输出的液压油储存起来，在执行机构开启进汽阀门时，向执行机构输送压力油，以降低系统油泵的功率。另外，蓄能器还可以补充系统内的漏油消耗。

（2）吸收高压柱塞油泵出口的高频脉动分量，稳定系统油压。

（3）减少因油泵切换产生的冲击力。

油动机回油管上连接低压蓄能器，每个蓄能器通过截止阀与回油管相接，并通过截止阀与无压回油管相连。其作用是缓解油动机快关时产生的压力冲击，加快排油速度，保护回油滤网。

思考题

1. 汽轮机调节系统的任务是什么？

2. 汽轮机的调节方式有几种？各有什么优点？

3. 汽轮机调节系统一般由哪些机构组成？各自的作用是什么？

4. 什么是调节系统静态特性曲线？

5. 调节系统速度变动率的取值范围为什么是 3%～6%？什么是一次调频？

6. 什么是调节系统的迟缓率？迟缓率对机组运行有什么影响？

7. 中间再热式汽轮机的调节特点是什么？

8. 汽轮机运行对其调节系统的基本要求有哪些？

9. DEH 调节系统由哪几部分组成？系统的主要功能有哪些？

10. DEH 调节系统控制中，OA 方式和 ATC 方式有何不同？

11. DEH 液压控制系统有几种类型？各自的特点是什么？

12. 电液转换器的作用是什么？

13. 为了保证汽轮机组的安全运行，对保护系统有什么要求？

14. 危急遮断器的作用是什么？

15. 喷油试验的目的是什么？

16. 汽轮机的供油系统有何作用？

17. 简述汽轮机的润滑油系统的主要组成设备和工作过程。

18. 简述汽轮机高压控制油系统的组成和特点。

第七章 特种汽轮机

第一节 核电厂汽轮机

不同类型的反应堆所产生的蒸汽参数也不同。产生过热蒸汽的反应堆和热交换装置一般采用气体冷却和双回路循环，热交换器产生的水蒸气过热度可以很高，故蒸汽参数可与燃煤电厂参数相当，因采用过热蒸汽，这种堆型的核电汽轮机与燃煤电厂汽轮机完全相同。

产生饱和蒸汽或低参数的反应堆主要有两种类型：①加压水型带热交换器的（双回路循环）；②沸腾水型直接冷却式的（无单独的热交换器，单回路循环）。饱和蒸汽汽轮机进口压力一般为 5.9～8.0MPa，进口温度为 260～290℃，进汽参数与一般常规火电厂汽轮机进汽参数有很大不同，故高压缸要特殊设计；经过汽水分离和再热后，进入低压缸的蒸汽参数则与常规火电厂汽轮机相近。

一、过热蒸汽核电厂汽轮机

对于高温气冷堆和改进型石墨气冷堆的核电厂汽轮机，其蒸汽初参数已达到常规火电厂的水平，同样采用中间再热。此外，这种反应堆的功率也已达到甚至超过了大容量锅炉的水平，现代大功率中间再热汽轮机可以直接应用在这种电厂中。因此，其汽轮机可直接采用常规火电厂设计，不需要附加新的条件，反而可以在某些方面降低一些要求，结构相对简化。

由于核反应堆（包括热交换器）的效率高于火电厂的锅炉（主要是因为没有烟气损失），所以在汽轮机的进排汽参数相同的条件下，核电厂的热效率一般都超过火电厂的效率。甚至在核电厂汽轮机进汽温度稍低一些的情况下，热效率仍高于火电厂。以一台 660MW 的机组为例，用于火电厂时进汽温度和再热温度都是 565℃，用于核电厂时则均为 535℃，但两种情况下的电厂热效率分别为 40%（火电厂）和 42%（核电厂）。

二、饱和蒸汽核电厂汽轮机

饱和蒸汽汽轮机（包括微过热蒸汽汽轮机）又称湿蒸汽汽轮机，约占核电厂总装机容量的 90%，其中绝大部分机组的反应堆为轻水堆（包括压水堆和沸水堆）。由于受反应堆冷却剂温度的限制（压水堆平均出口温度低

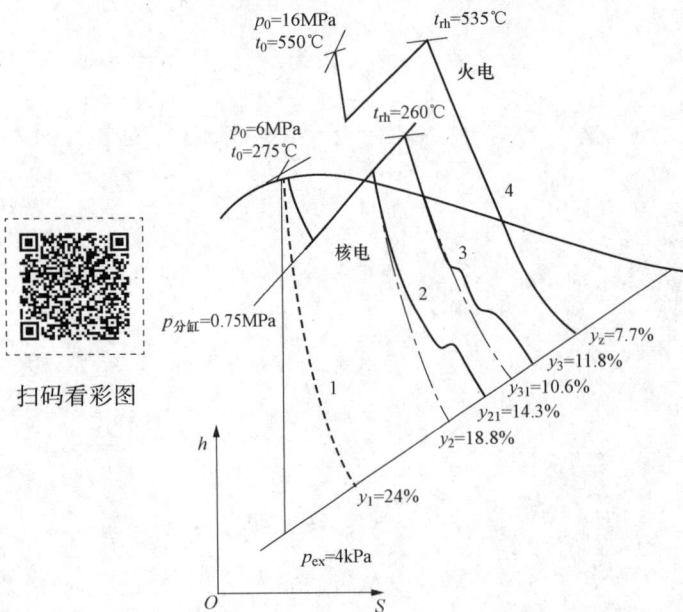

图 7-1 常规火电厂汽轮机与核电汽轮机的膨胀过程线

1—无任何措施（核电）；2—采取内部除湿手段（核电）；3—采用分离再热器（核电）；4—常规火电厂汽轮机组热力过程线

扫码看彩图

于310℃），其汽轮机的主蒸汽为饱和蒸汽（或微过热蒸汽）。图7-1所示为常规火电汽轮机与核电汽轮机的膨胀过程线。

与常规火力发电厂的汽轮机相比较，这种汽轮机的系统布置和设备结构没有本质区别，但具有以下特点。

1. 新蒸汽参数低

核电厂汽轮机的进汽一般采用主蒸汽压力 $p \leqslant 6.0 \sim 8.0$MPa 的饱和蒸汽（$x \approx 99.8\%$），必须设置中间汽水分离器。核电厂一台 1300MW 汽轮发电机组的总长度通常可达 56m。由于采用的主蒸汽参数低，从电厂热效率看，采用饱和蒸汽的核电机组的热能利用率（通常为33%）明显低于采用过热蒸汽的火电机组（40%以上）。表7-1所示为同容量核电机组与火电机组的主要参数对比。

2. 理想比焓降小而容积流量大

饱和蒸汽汽轮机的理想比焓降约为高参数火电厂汽轮机理想比焓降的一半，这样就导致了在同等功率下核电厂汽轮机的容积流量要比高参数火电厂汽轮机大 60%~90%（见表7-1）。

表7-1　　　　　　　核电机组与火电机组的主要参数对比

项目	参数	总焓降	新汽量	排汽量	排汽量/新汽量	通流效率	循环效率
单位	MPa-℃/℃	kJ/kg	t/h	t/h		%	%
核电 600MW	6.45-280/265	1130	3310	1785	0.54	84	35
火电 600MW	16.7-537/537	1710	1800	1080	0.60	89	46
比 值		0.660	1.84	1.65	0.90	94	76

因此，核电厂汽轮机在结构上有以下特点：

(1) 进汽机构的尺寸增大（包括管路）。

(2) 功率为 500~800MW 的汽轮机高压缸采用双分流。

(3) 叶片高度大，前面的几级叶片也采用变截面叶片。

(4) 机组带基本负荷，加上调节级的叶片高度大，弯曲应力大，故采用全周进汽（节流配汽）。

(5) 低压缸通流量大，分流数目多，所以核电厂汽轮机多采用低转速（$n \approx 1500$r/min）。

3. 汽水分离再热器系统

压水堆核电厂的新蒸汽是饱和蒸汽，随着蒸汽在高压缸内的膨胀做功，其压力和温度逐级降低，而湿度相应增加。以大亚湾核电厂为例，其汽轮机在额定工况下高压缸的排汽湿度高达 14% 以上。在这种情况下，如果高压缸排汽直接排入低压缸使其继续做功，低压缸动叶片将受到严重的冲蚀威胁，而且叶片的湿汽损失将增加，降低汽轮机的内效率。为了保证汽轮机安全经济运行，在高压缸和（中）低压缸之间设置汽水分离再热器（MSR）。图7-2所示为核电站常规岛热力循环示意。

MSR 的功能主要包括：①除去高压缸排汽中的大部分水分（约98%）；②加热高压缸排汽，提高进入（中）低压缸蒸汽的温度（265℃），使其具有一定的过热度（过热97℃）。降低低压缸内的湿度，改善汽轮机的工作条件，防止和减少湿蒸汽对汽轮机零部件的腐蚀、浸蚀（冲蚀）。

为进一步提高经济性，核电汽轮机的汽水分离再热器一般采用两级再热。其中，第一级再热的加热蒸汽来自高压缸的第一段抽汽，而第二级再热的加热蒸汽来自新蒸汽。虽然采用新蒸汽来加热压力较低的蒸汽会在一定程度上降低机组的循环效率，但由于低压缸采用较高温度的过热蒸汽，减少了相应级的湿汽损失，使低压缸内效率得以提高，所以最终的效果是改善整机的经济性。资料显示，与非再热相比，单级再热可使经济性提高 1.5%～2%，两级再热时可提高经济性 1.8%～2.5%。

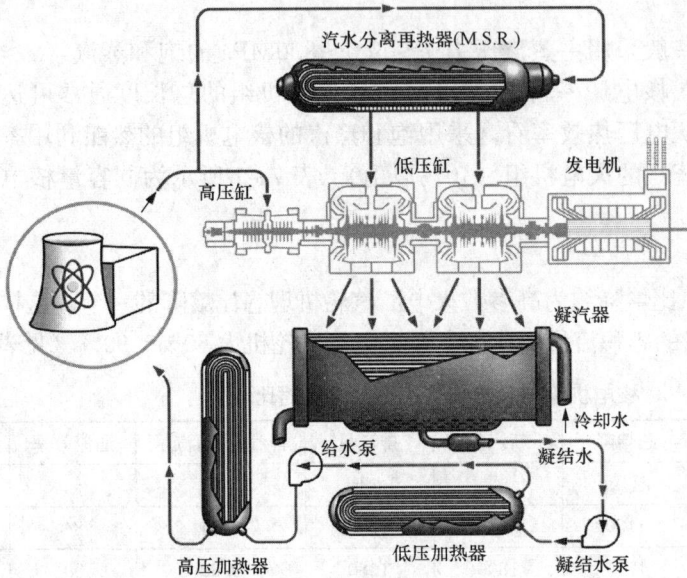

图 7-2　核电站常规岛热力循环示意　　　　扫码看彩图

实际运行中，机组经济性的提高程度取决于再热压力、压损和端差等诸多因素。

从布置方式上看，汽水分离再热器有卧式和立式两种结构形式。美国、法国、日本等国家多采用前者，德国、俄罗斯等国家多采用后者。

图 7-3 所示为大亚湾核电厂的卧式汽水分离再热器结构，每台机组设置两台汽水分离再热器，分别布置在低压缸的两侧。

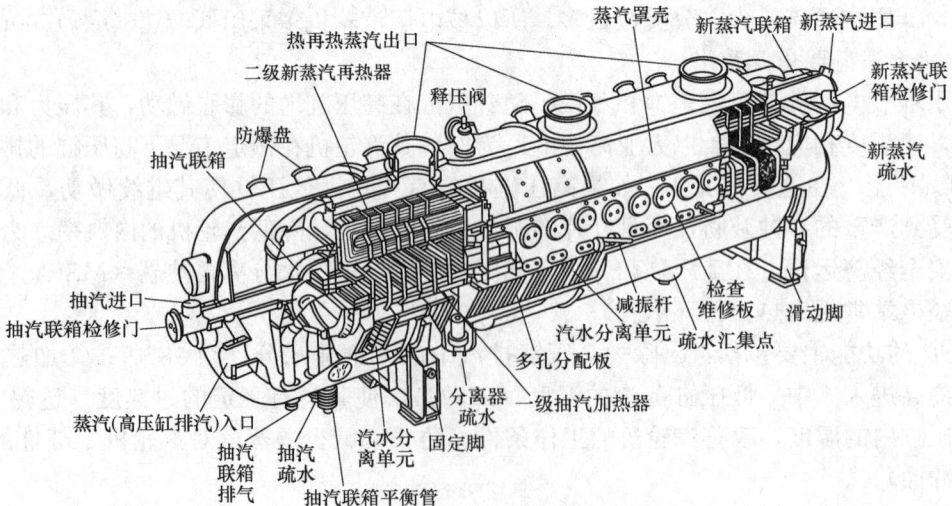

图 7-3　卧式汽水分离再热器结构

汽水分离再热器的核心部件是汽水分离组件和再热管束。汽水分离器组件由一系列波纹板组成。这些波纹板固定于两块端板之间。为了保证在分离器入口处流量均匀分配，在栅板的前面设有流量分配板。分离出的水沿着波纹板向下流入排水槽，经下降管排入分离器底部的疏水槽，再经疏水管送到汽水分离再热器的分离器疏水箱。

汽水分离再热器二级再热器的管束结构与卧式加热器相似，由一组带肋片的不锈钢 U 形换热管组成。换热管支承在支承板中，在弯管区各层传热管之间保持适当间隙，以应对低负荷下两相邻 U 形管之间，尤其是未堵的与已堵的传热管之间的极端温差。在抽汽和新蒸汽再热器的半球形联箱上焊有供汽接管、放汽接管、平衡接管和疏水接管等。

4. 汽轮机湿度增加、机组易超速

如同火电厂中的中间再热式汽轮机，核电厂汽轮机各缸之间也有大容量的蒸汽管道，庞大的中间容积将在机组甩负荷时使转子升速。

另外，在湿蒸汽汽轮机中，在转子表面、汽轮机静止部件、汽水分离器及其他部件上，已凝结的水分存在再沸腾和汽化作用，进而使转子做功能力增强，转子升速（计算和经验证明，在甩负荷时，水膜汽化可使机组转速增长 15%～25%）。

为此，核电机组采取如下措施防止机组超速：

（1）在低压缸进口设置截止阀，切断进入低压缸做功的蒸汽汽源。

（2）在再热器出口设置旁路，必要时使蒸汽直接排放至凝汽器。

（3）破坏凝汽器的真空。

研究表明，机组甩负荷时，若采取破坏凝汽器真空的方法将凝汽器压力调整至 0.02MPa（a）时，因转子送风耗功增加，转子转速可下降 2%～3%。与此同时，若将再热器出口的蒸汽旁通至凝汽器，机组的超速程度将随旁通汽量的不同而有不同的减小。计算结果显示，某核电汽轮机组采取上述防超速的综合措施后，当机组从满负荷甩负荷至厂用电负荷时，只产生 8% 的超速。

三、核电厂汽轮机的内部除湿与叶片防蚀

如前所述，对于工作在湿蒸汽区的汽轮机叶片，伴随着蒸汽在汽轮机通流部分的进一步膨胀做功，一方面湿蒸汽中的凝结核不断长大，另一方面部分水滴碰撞并沉积在固壁上形成水膜。水膜在蒸汽切应力的作用下撕裂，形成尺寸较大的水滴，由此产生湿汽损失，使汽轮机的级内效率降低。与此同时，由于水滴密度大，在高速汽流的带动下，水滴进入动叶片时将产生很大的冲量和侵蚀，降低叶片的强度和安全性。

目前，虽然尚无公认的关于湿蒸汽侵蚀的理论成果，但几十年来国内外许多专家和学者为此不懈努力，并得到了一些计算水蚀指数的经验公式。其中，日立公司提出了以下经验公式：

$$E = 4.3 \times (0.01u_t - 2.44)^2 y_1^{0.8} \tag{7-1}$$

式中　u_t——叶顶的轮周速度（m/s）；

　　　y_1——喷嘴和动叶之间的蒸汽湿度（%）。

若 $E<2$，说明叶片的寿命可以保证；若 $2 \leqslant E \leqslant 4$，则叶片处于不严重的侵蚀工况；若 $E>4$，则叶片处于不允许的侵蚀工况。大型汽轮机末级叶片叶顶的轮周速度高达 530～650m/s，湿蒸汽对叶片的侵蚀非常严重，叶片处于危险工况。可见，除湿对汽轮机叶片的安全运行至关重要。

汽轮机除湿装置可分为内部除湿与外部除湿两大类。外部除湿装置最为有效，常用于核电汽轮机高压缸与中压缸中间，但不适用于火电汽轮机。目前火电汽轮机和核电汽轮机的低压缸广泛采用内部去湿装置，其工作原理是利用水分的离心力或通流部分的压差，将水分收集并引入压力较低的区域，进而达到排除水分的目的。目前主要有以下几种结构形式。

1. 静叶除湿

汽轮机静叶除湿的主要方法有两个：①把静叶做成空心叶片，在空心叶片内弧和背弧合适部位开设除湿沟槽（如图 7-4 所示）或钻出若干疏水孔，利用除湿槽内外压差去除静叶表面上的水膜，减少在静叶出口边由于撕裂作用形成二次水滴的数目。这种方法为内槽式除湿，可以排除 35%～40% 的水分。②在静叶后设置去湿槽和捕水腔室，捕集由于离心力而飞向外缘的水分，如图 7-5 所示。

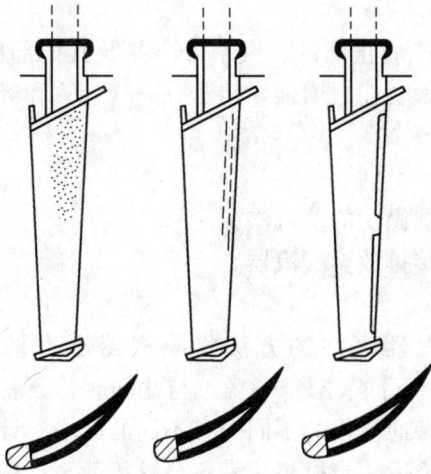

图 7-4　空心静叶

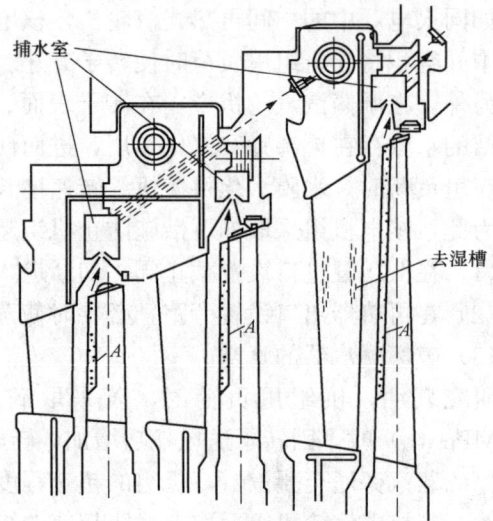

图 7-5　去湿槽和捕水腔室

2. 动叶除湿

在动叶片的背弧上开齿形沟槽（如图 7-6 所示），这样在离心力的作用下，水沿这些槽沟流至外缘，然后被排出。动叶具有很好的分离效果，因为高速旋转的叶栅会将附在上面的水分靠离心力作用甩向外缘。目前通用、原阿尔斯通、日立等公司生产的汽轮机均采用该方法除湿。但该方法由于改变了叶片的表面粗糙度、叶型难以达到空气动力学中的最佳叶型，故对级的内效率有不利影响。

3. 降低叶顶的轮周速度

由式（7-1）可知，叶顶的轮周速度对 E 的影响很大。因此，采用半速汽轮机、低压缸采用多缸布置、减小末级叶片的方法往往是从这一观点出发的。

4. 增大轴向间隙

在静叶与动叶之间设置足够大的轴向间隙，以利于大水滴的加速雾化，减小水滴尺度。

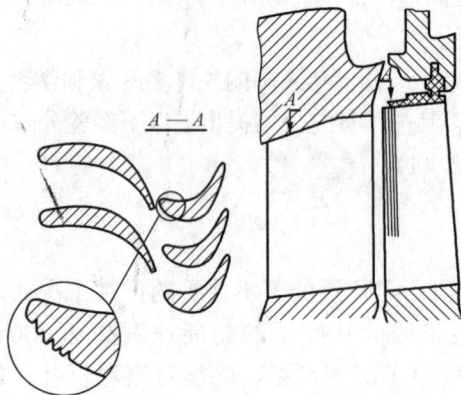

图 7-6　带齿形沟槽的动叶片

5. 动叶的防侵蚀处理

对于工作在湿蒸汽区的汽轮机叶片，除了如上所述的主动从设计上改进叶片的型线以减少水滴的形成或尽量减少水滴的几何尺寸、降低进入动叶的蒸汽湿度等方法外，还有一个很重要的方法，就是减缓动叶片的侵蚀速度。

目前世界上普遍采用以下方法防止动叶被侵蚀：

（1）镶嵌司太立合金。司太立合金具有硬度高、耐磨损、抗氧化、组织稳定性好、有较好的抗水蚀性能等特点，在大型汽轮机上得到广泛应用（见图 7-7）。司太立合金在水滴撞击时仅产生少量变形，而且韧性好，不易形成裂纹。资料显示，司太立合金片在水滴冲击速度为 400m/s 时，耐水蚀性能比 1Cr13 钢强 7 倍左右；在水滴冲击速度为 200m/s 时，耐水蚀性能比 1Cr13 钢要高出 20 倍。尽管超过一定范围也会出现水蚀，但抵制断裂能力强，即使出现严重的水蚀，也不易产生裂纹。运行实践证明，应用司太立合金作防护层后，动叶的使用寿命大大提高。此外，根据运行情况可选择不同形状的合金，当水蚀严重时，可以更换新的合金片，非常适合叶片的工作条件。司太立合金可以通过钎焊、堆焊等工艺，涂敷在末级叶片上，起到抗水滴冲蚀的作用。

（2）动叶表面淬硬。动叶表面淬硬处理的传统方法包括火焰淬火和高频淬火等。火焰淬火强化是在叶片进汽边用乙炔-氧或煤气-氧的

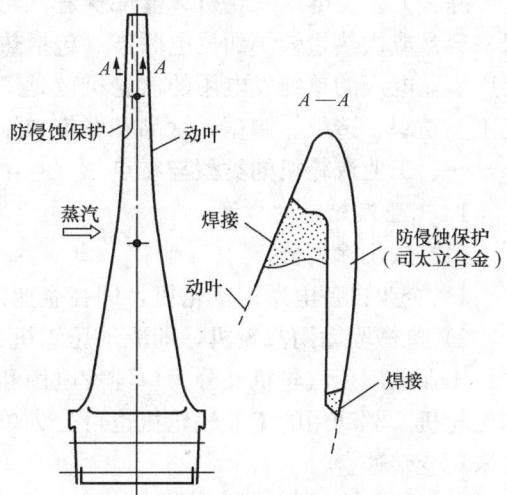

图 7-7 焊有司太立合金的动叶

混合气体燃烧的高温火焰加热淬火，以获得高硬度马氏体组织和淬硬层。高频淬火是利用电磁感应方法在工件表面产生高频率的感应电流（即涡流），依靠这种电流和工件本身的电阻，使工件表面迅速加热到淬火温度，而心部温度仍接近室温，然后立即喷水冷却，使工件表面淬硬。此方法便于机械化和自动化，适用于大批量生产。目前国内几大汽轮机制造厂生产的不同类型机组都有采用高频淬火的末级叶片。

此外，动叶的防侵蚀处理还包括激光处理、电火花强化、热喷涂和电子束强化等方法。

四、全速与半速核电汽轮机

目前，世界上核电厂汽轮机有全速（3000r/min，对应 50Hz 电网频率；3600r/min，对应 60Hz 电网频率）和半速（1500r/min，对应 50Hz 电网频率；1800r/min，对应 60Hz 电网频率）之分。统计资料显示，全速机组约占 25%，其单机容量多为 400MW 以下，而 900MW 以上机组多为半速机组。

根据流体力学和力学中的理论，若汽轮机转速减半，且汽轮机流通通道的线性尺寸扩大为原来的 2 倍，则在同样蒸汽参数下，功率可达到原来的 4 倍。在这种条件下，各部件的应力及其固有频率与运行频率的比值均保持不变。若按照同样结构原理制造的部件，一旦所有尺寸均扩大为原来的 2 倍，质量就会变为原来的 8 倍。因而在相同功率时，半速机组的外形尺寸和质量都增加，加工制造受机械设备限制，并增加了起重设备及大型设备运输的难度，也增加了汽轮机的制造费用。

因此，对汽轮机转速选择的考虑因素有汽轮机的可靠性、经济性、质量、尺寸、造价，以及汽轮机制造厂商的设计制造条件。

虽然目前世界上对核电厂汽轮机组转速选择尚有争论，电网为 50Hz 的国家大多认为全速机组较为经济，而电网为 60Hz 的国家则认为半速机组可靠性更高、更加安全，但根据目前制造水平，1300MW 以上大容量机组主要发展半速机组。

第二节　工业汽轮机

除去大型发电厂汽轮机、船舶推进汽轮机以外，其余各类汽轮机一般都可称为工业汽轮机。容量或供热量较小的热电联产（包括热电冷联产）用汽轮机也归属在工业汽轮机内，而公用事业电厂的单纯发电用的汽轮机也是工业汽轮机。工业汽轮机广泛应用于炼油、冶金、化工、纺织、造纸、制糖、食品和城市加压煤气等行业。

一、工业汽轮机的类型与特点

1. 工业汽轮机的类型

（1）按用途划分。

1）企业自备电厂用汽轮机，即在企业内部驱动发电机的工业汽轮机。

2）机械驱动用汽轮机，即驱动压缩机、泵和风机等工作机械用的工业汽轮机。

工业电厂用汽轮机又分为单纯发电用和热电联产汽轮机两种类型，这些汽轮机都是等转速汽轮机。驱动用的工业汽轮机也可分为单纯驱动和驱动供热用的两种类型，这类汽轮机大多采用变转速。

（2）按热力过程特性分。

1）凝汽式。与电厂用凝汽式汽轮机相比，这种凝汽式工业用汽轮机的蒸汽参数一般较低，功率较小，且机组的热经济性远不如中心电厂的大型汽轮机组。

2）背压式。相当于凝汽式汽轮机的高、中压部分。由于排汽直接供热，所以这种汽轮机理论上没有凝汽式汽轮机凝汽器中的冷源损失，循环热效率高。

3）抽汽式。蒸汽在汽轮机内部做功过程中，从汽轮机中抽出一股或几股蒸汽进入压力较低的管路，其余蒸汽继续在汽轮机中膨胀做功。同时，抽汽式工业汽轮机又可以细分为抽汽背压式及抽汽凝汽式两种类型。

4）多压式。利用生产流程中不同压力的余汽，将其送入汽轮机的相应压力级，随汽轮机内的蒸汽一起膨胀做功。

2. 工业汽轮机的特点

（1）转速高。现代工业汽轮机的转速随汽轮机类型及用途的不同，变动范围也很广，低至1000r/min 左右，多级工业汽轮机的转速可达 20 000r/min，而单级机组甚至可达到 30 000r/min。

（2）功率及转速变化范围大。为满足不同用户的要求，工业汽轮机的蒸汽初终参数、功率及流量会因用户的不同需要而有很大变动。以电厂驱动给水泵汽轮机为例，由于其要适应负荷变化的要求，其转速变化范围为 2600~5750r/min。同时，单机功率可达 100MW 以上，这是内燃机、电动机等其他动力机械所不能比拟的。汽轮机可与被驱动机械直接连接，不需要采用齿轮增速机构，可以平稳、灵敏地与被驱动机械相互协调变速运行，适应生产流程工况条件变化的需要。

（3）经济性好。如前所述，由于工业汽轮机提供了热电联产及废热综合利用的条件，所以其热经济性较好，可达到充分节能的目的。

此外，工业汽轮机具有与其他汽轮机相同的固有特性，如启动扭矩大，启动升速平稳，磨损量小，连续运行时间长，有完善的自动调节和保护系统等。与此同时，工业汽轮机更易达到防爆、防火的要求，在电源发生事故时，因为有一定的蒸汽储备，不会像电动机那样突然停运，系统运行的安全性有保障，因此在各工业领域得到广泛的应用。需要特别说明的是，随着设计和制造技术的提升，我国工业汽轮机也开始采用超临界技术甚至二次再热技术，以适应节能减排和越来越严格的环保要求。

二、给水泵驱动汽轮机

通常，火电厂锅炉或核电厂蒸汽发生器的主给水泵采用小型汽轮机来驱动，备用水泵采用电动机来驱动。驱动汽轮机也称给水泵汽轮机或小汽轮机。与电动给水泵相比，汽轮机驱动给水泵具有如下优点：

（1）汽动给水泵转速高、轴短、刚度大、安全性好。当系统故障或全厂停电时，仍可保证锅炉用水。

（2）采用大型电动机驱动给水泵时启动电流大，启动困难；而汽动给水泵不但便于启动，而且可配合主机的滑压运行进行滑压调节。

（3）大型机组若采用电动给水泵，其耗电量约为全厂厂用电量的50%；采用汽动给水泵则可降低厂用电量，增加供电量3%～4%。

（4）可以变速运行来调节给水泵的流量，因而可省去电动给水泵的变速器及液压联轴器。

下面以某火电厂660MW超临界机组为例，简单说明给水泵汽轮机的结构和主要特点。图7-8所示为某型号给水泵汽轮机纵剖面。该汽轮机为单缸、单轴、变转速、变功率、多汽源、纯凝汽、反动式汽轮机。该汽轮机有两个汽源，一个为工作汽源，来自主机的四段抽汽，蒸汽压力较低；另一个备用汽源为厂用辅助蒸汽和主机再热冷段蒸汽，蒸汽压力较高。无论工作汽源或备用汽源均由调节器控制，汽源的切换也由调节器自动控制完成。

该驱动汽轮机的主要性能数据如下：

型号：	N12.5-1.089
型式：	单缸、单流程、单轴、冲动式、纯凝汽、高压蒸汽内切换
运行方式：	变参数、变功率、变转速
额定功率：	12.5MW
最大连续功率：	14.13MW
额定进汽压力/温度：	1.089MPa/367.9℃
额定排汽压力：	6.28kPa
额定转速：	5680r/min
超速保护、动作转速：	6250r/min（机械）/6200r/min（电气）
旋转方向：	顺时针旋转（从给水泵汽轮机向给水泵看）
叶片级数：	6级
与给水泵连接方式：	叠片挠性联轴器
最大噪声值：	85dB（A）（距给水泵汽轮机壳外罩1m处）
安装方式：	整体安装

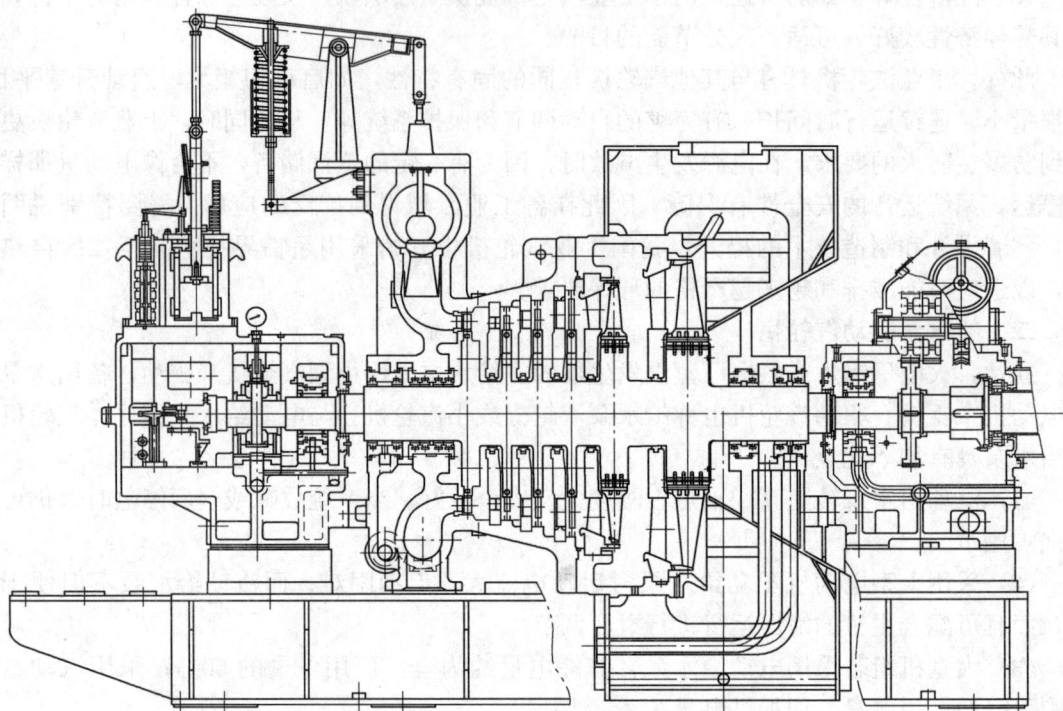

图 7-8　给水泵汽轮机纵剖面

汽轮机进汽汽源分为低压蒸汽、高压蒸汽和辅助蒸汽三类，其中辅助蒸汽为调试用，各汽源主要参数范围如下：

（1）低压蒸汽进口参数（主汽轮机四段抽汽）。压力为 1.089MPa，温度为 367.9℃。

（2）高压蒸汽参数（二段抽汽）。压力为 1.376（30％ VWO，VWO 指阀门全开）～4.913（VWO）MPa，温度为 290.8～324.1℃。

（3）辅助蒸汽参数。压力为 1.6MPa，温度为 350℃。

与主汽轮机一样，每台驱动汽轮机都设有调节保护系统。同时，为了适应主汽轮机的负荷变化要求，驱动汽轮机特别设置有管道调节阀（即备用蒸汽调节阀）。当驱动汽轮机的调节阀全开、进汽量仍满足不了功率要求时，管道调节阀打开，高参数蒸汽经管道调节阀进入驱动汽轮机前。通过控制管道调节阀的开度，使蒸汽流量与所需的功率相适应。

三、背压式汽轮机

如前所述，背压式汽轮机的排汽压力高于大气压。因汽轮机的排汽全部供给热用户，没有凝汽器，故没有冷源损失。同时这种机组的热力系统简单，投资成本低。

在背压式汽轮机中，背压与初压的比值较大，焓降较小（为凝汽式机组的 1/8～1/3）。若采用节流调节，则在低负荷下，汽轮机的进汽节流损失较大，因此，背压式汽轮机一般采用喷嘴调节。为了满足热用户的要求，汽轮机的蒸汽流量变化也较大，因此，其调节级一般采用焓降较大的双列速度级，以保证机组在工况变动时汽轮机效率改变不大。若热负荷比较稳定，为了提高机组效率，调节级也可采用单列级。

背压式汽轮机的整机理想比焓降虽然较小，但总流量较大（为凝汽式机组的 3～8 倍），所以与功率和平均直径同样的凝汽式汽轮机相比,其叶片长度与部分进汽度均较大,效率较高。同时,由于各级的蒸汽密度变化不大,所以通流部分的平均直径及叶高的变化不大,因此,结构上通常采用等根径设计(叶轮轮缘外径相等),非调节级各级也可以选择相同的叶型。这些情况基本上与凝汽式汽轮机高压部分相似。

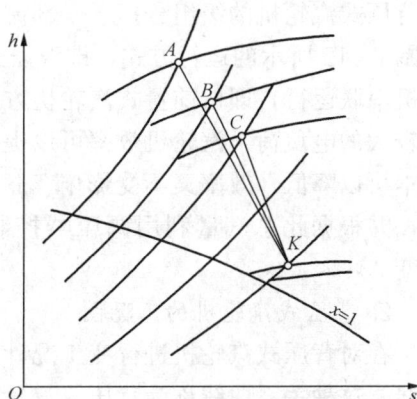

图 7-9　背压式汽轮机终点相同、
流量不变的三条过程曲线

一般情况下,背压式汽轮机的排汽状态和供热量根据用户的需要确定,随之确定机组的进汽量,这就是所谓的"以热定电"。机组的发电量就只取决于进汽参数。当背压式汽轮机的排汽作为工业用汽时,其压力一般为 $0.4 \sim 0.8\text{MPa}$,当背压式汽轮机的排汽作为采暖汽用的蒸汽时,其压力为 $0.12 \sim 0.25\text{MPa}$。图 7-9 所示为背压式汽轮机终点相同、流量不变的三条过程曲线。

1. 背压式汽轮机热、电负荷间的关系

当背压式汽轮机单独运行时(见图 7-10),新蒸汽经主汽门和调节汽门进入汽轮机做功,其排汽在调压器规定的压力下进入供热装置,送往用户。蒸汽热量被利用后又凝结成水,送回供热装置,再由给水泵送入锅炉。通常,由于凝结水不可能全部被回收,所以总需要另外补充给水。若热负荷为 Q_2、排汽焓为 h_2,则排汽量 D_2 为

$$D_2 = \frac{Q_2}{h_2} \qquad\qquad (7-2)$$

对于无抽汽的背压式汽轮机来说,D_2 也就是汽轮机的进汽量。由于整个机组的理想比焓降已由蒸汽的初、终参数确定,所以背压式汽轮机发出的电功率取决于当时热负荷的大小,不可单独变动,换句话说,就是背压式汽轮机不能同时满足热、电负荷的需要。因此,在没有电网供电的地区,背压式汽轮机不能单独运行,而必须与凝汽式汽轮机并联运行(见图 7-11)。这类背压式汽轮机完全按照热负荷的大小工作,并同时供应一部分电能,不足的电能则由凝汽式汽轮机供应。当热负荷大于背压式汽轮机最大排汽量时,或背压机组事故检修期间,来自锅炉的蒸汽通过减温减压器后向热用户供热。这种运行方式的缺点是存在较大的冷源损失和节流损失,故经济性不好。

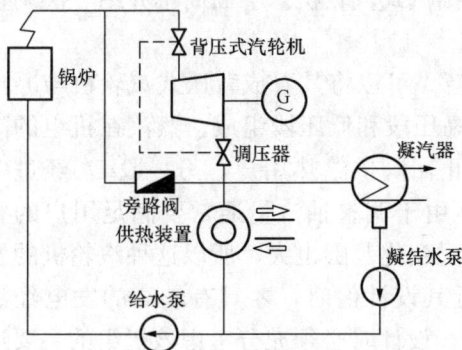

图 7-10　单独运行的背压式汽轮机

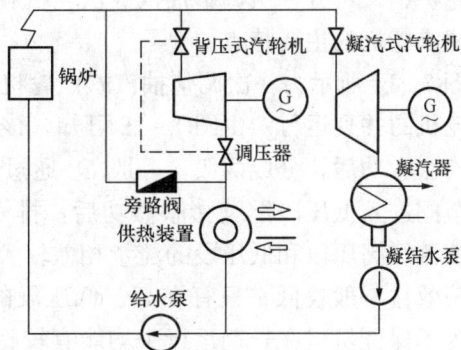

图 7-11　背压式汽轮机和凝汽式汽轮机并联运行

从汽轮机本身的工作条件来看，在图 7-11 所示的方案中，因凝汽式汽轮机的高压级组与背压式汽轮机的级组分担了全部流量，结果是二者流量都小，因而效率都不高，因此提出了图 7-12 所示的运行方式，即背压式汽轮机与一台或几台利用其排汽工作的低压凝汽式汽轮机串联运行，即按前置式汽轮机方式布置。这样，背压式汽轮机（前置式汽轮机）可以承担较大的电负荷，汽轮机效率可以提高，而凝汽式汽轮机（低压汽轮机）由于没有高压段，成本可以降低，效率又不受影响。这种机组的发电量主要由低压机组所需要的总蒸汽量决定，并根据此总汽量利用调压器控制背压汽轮机的进汽量，以保持低压机组前压力稳定不变。

2. 背压式汽轮机的工况图

在对背压式汽轮机进行变工况计算后，就可以绘制出其汽耗线，即功率和耗汽量的关系曲线，这种关系曲线称为背压式汽轮机工况图（见图 7-13）。为了便于比较，图中也给出了功率和初参数相同的凝汽式汽轮机的汽耗线。由图可知，背压式汽轮机的汽耗变化率比凝汽式汽轮机大，这是因为背压式汽轮机的背压较高，用来转变为机械功的焓降较小，所以发出同样的功率所需要的蒸汽量就大些。在其他条件相同的情况下，背压越高，空载汽耗量就越大。

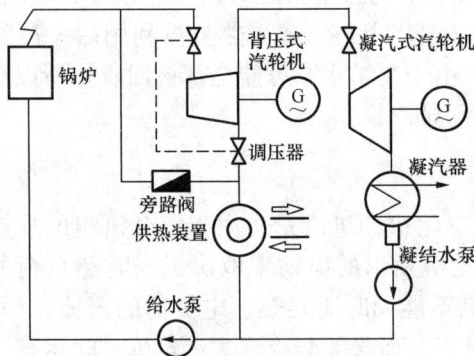

图 7-12 背压式汽轮机和凝汽式汽轮机串联运行   图 7-13 相同功率、初参数的汽耗率曲线

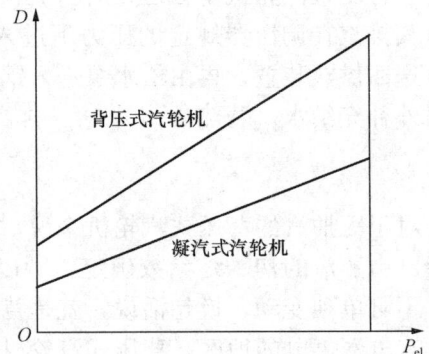

3. 调整抽汽式汽轮机

调整抽汽式汽轮机是指由汽轮机中间一级或二级抽出一部分蒸汽供给热用户，同时发电的汽轮机。又可分一次调整抽汽式汽轮机和二次调整抽汽式汽轮机。下面简单介绍一次调整抽汽式汽轮机的主要特点。

图 7-14 所示为一次调整抽汽式汽轮机的系统示意。可以将其看成背压式汽轮机与凝汽式汽轮机的并列运行。由图 7-12 可知，该汽轮机由高压段和低压段组成。蒸汽在机组的高压段膨胀做功后，分成两股，一股 D_e 通过调节阀和止回阀供给热用户，另一股 D_c 经过中压调节阀进入低压段继续膨胀做功后，排入凝汽器。由于调整抽汽量通常要满足用户的要求，使流经高压段和低压段的流量相差较大，而且工况变化范围也大，所以这种汽轮机的发电经济效益一般较低，只有在高、低压段的流量接近其设计值时，才具有较高的发电经济性。为了保证机组在长期运行中均能有较高的经济性，设计时必须充分考虑该机组的主要运行工况，合理选择各段的设计流量。例如，若调节抽汽式机组在凝汽工况下的电功率不大，且电功率又随热负荷增加而增大，那么其低压段的设计流量就可以选小一些，这样不仅可提高机

组运行的经济性，还可减小低压部分尺寸，降低设备的造价；若调整抽汽量不大，则低压段的设计流量只需略低于凝汽工况下发额定功率的蒸汽量，而高压段则略高于上述蒸汽量。

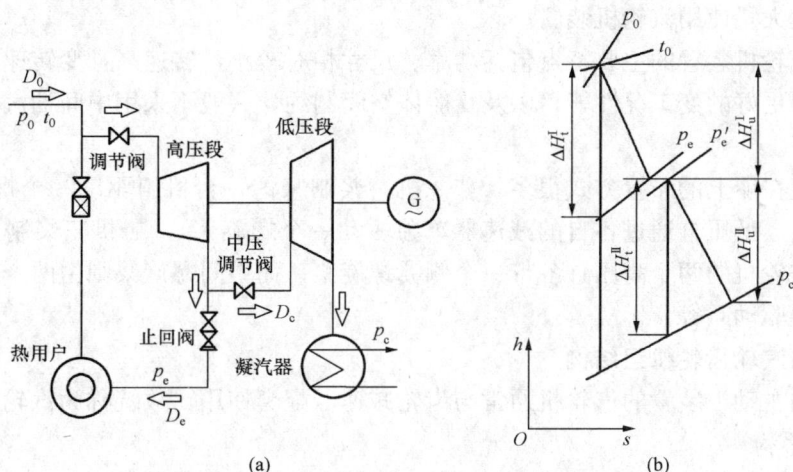

图 7-14 一次调整抽汽式汽轮机的系统示意

(a) 系统图；(b) 热力过程图

设计时，通常将调整抽汽式汽轮机最大功率选择为额定功率的 1.2 倍。如果用 P_i^I 和 P_i^{II} 分别表示一次调整抽汽式汽轮机高压段和低压段的内功率；D_0、D_e 和 D_c 分别表示进汽量、调整抽汽量和低压段的流量，且不考虑回热抽汽量，则在任何情况下，都有以下关系式：

$$D_0 = D_e + D_c \tag{7-3}$$

$$P_i = P_i^I + P_i^{II} \tag{7-4}$$

此时，该汽轮机高压段和低压段的内功率分别为

$$P_i^I = \frac{D_0 \Delta H_t^I \eta_{ri}^I}{3600} \tag{7-5}$$

$$P_i^{II} = \frac{D_c \Delta H_t^{II} \eta_{ri}^{II}}{3600} \tag{7-6}$$

则

$$P_i = \frac{D_0 \Delta H_t^I \eta_{ri}^I}{3600} + \frac{D_c \Delta H_t^{II} \eta_{ri}^{II}}{3600} \tag{7-7}$$

式中 P_i——汽轮机的总内功率（kW）；

ΔH_t^I、η_{ri}^I——高压段的理想比焓降（kJ/kg）和相对内效率；

ΔH_t^{II}、η_{ri}^{II}——低压段的理想比焓降（kJ/kg）和相对内效率。

由于一次调整抽汽式汽轮机的内功率等于高压段、低压段两部分所产生的内功率之和，所以对应于某一热负荷 D_e，可调节进汽量 D_0 得到不同的功率，即一次调整抽汽式汽轮机在一定的电负荷范围内，可以同时满足热、电负荷的要求。同样，对应于某一电负荷 P_i，可调节进汽量 D_0，在一定的热负荷范围内也可以满足热、电负荷的要求。

第三节 船舶汽轮机

随着内燃机技术特别是燃气轮机技术的迅猛发展，蒸汽轮机作为船舶主动力装置的使用范围已经比较狭窄了，汽轮机装置在民用船舶上已基本被淘汰，在军用船舶上仍有使用。从

世界范围看，目前在役的军用船舶，西方发达国家只在核动力船舶上使用汽轮机装置，其他常规动力船舶都使用内燃机或燃气轮机；受制于燃气轮机技术的发展，俄罗斯和我国的大型军用船舶仍然大量使用汽轮机装置。

船舶用汽轮机装置的主要特点包括功率、尺寸相对较小，转速高且变转速，为了追求更高的可靠性和更好的变工况性能，以及受船体空间制约，一般不采用中间抽汽再热等方法提高循环热效率。

汽轮机组在船上的布置方式很多，如一机一桨制（即一台机组驱动一个螺旋桨）、一机二桨制（即高、低压缸通过各自的减速器单独驱动一个螺旋桨），二机三桨制（即两台同样功率的双缸汽轮机的两个高压缸各带一个侧翼螺旋桨，而中间螺旋桨则由两个低压缸共同通过一个减速器驱动）等。

一、船用汽轮齿轮机组结构

作为船舶主动力装置的汽轮机通常与齿轮减速器配套使用，故统称为汽轮齿轮机组。

1. 总体结构

船舶主汽轮机组一般由带调节级的冲动式高压汽轮机和双流反动式（或冲动式）并带有倒车级的低压汽轮机组成。

主凝汽器布置在低压汽轮机下方，为自流式冷凝装置，当船舶达到一定航速后，便能自流冷却。主凝汽器一般为表面、单流程、回热式凝汽器。

在主汽轮机组与推进器（一般为螺旋桨）之间必须配置减速器，否则高转速的汽轮机若直接带动螺旋桨推进器工作，将会出现"空泡"现象，不仅效率降低，而且桨叶受到冲蚀，甚至完全不能工作。目前常用的减速器为功率分支传递两级减速器。

图 7-15 所示为一个典型的船舶推进装置用的汽轮机组。它由高压汽轮机、低压汽轮机、凝汽器和齿轮减速器等组成。燃油锅炉提供的过热蒸汽经过主蒸汽管道首先送入高压汽轮机内做功，然后通过连通管通送入低压汽轮机内做功，高、低压转子通过齿轮减速器和轴系将扭矩传至推进器，作为船舶运动的动力。低压汽轮机做功后的废汽通过凝汽器凝结成水，重新供给锅炉。

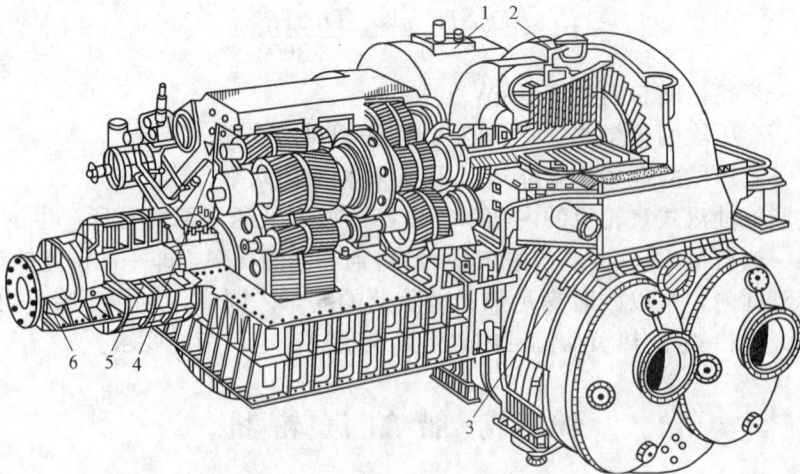

图 7-15　船舶推进装置用的汽轮机组

1—高压汽轮机；2—低压汽轮机；3—凝汽器；4—齿轮减速器；5—主推力轴承；6—支持轴承

图 7 - 16 所示为两级齿轮减速器。其主要特
点：第一级小齿轮同时和两个大齿轮相啮合，
所以小齿轮的转矩由两侧的第一级大齿轮传出，
故称为功率分支传动。这样有效地减小了第一
级小齿轮轮齿的负荷，且该小齿轮没有弯曲变
形，载荷在轮齿上沿轴向分布较均匀。所以功
率分支传动两级减速器在船舶主汽轮机组中得
到广泛应用。

目前船舶用汽轮机尽量向高转速发展，一
般转速为 3000～9000r/min，通过齿轮减速器减
速后，一般的中型以上船舶，其推进器工作转
速为 200～400r/min。

通常船舶主汽轮机组的正车有五个额定工
况，即技术经济航速、战术经济航速、第一巡
航速、第二巡航速、全航速，它的倒车则只有
长期和全速倒车两个工况。某典型船舶汽轮机
在 100％工况下的性能数据如下：

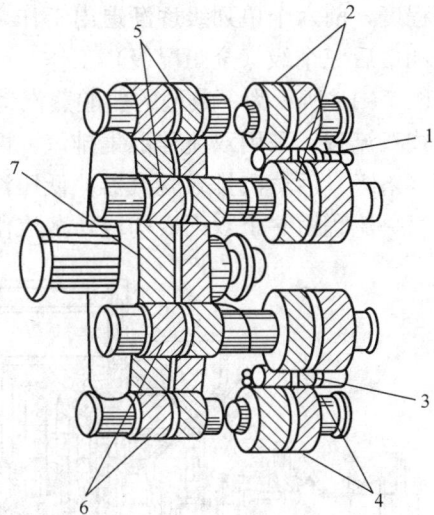

图 7 - 16 两级齿轮减速器
1—高压第一级小齿轮；2—高压第一级大齿轮；
3—低压第一级小齿轮；4—低压第二级大齿轮；
5—高压第二级小齿轮；6—低压第二级小齿轮；
7—第二级大齿轮

功率：   26.478MW（36 000 马力）

大轴转速：   301r/min

调车装置后蒸汽压力：   5.4MPa

调车装置后蒸汽温度：   430℃

主凝汽器真空：   0.013MPa

倒车功率：   6.618MW（9000 马力）

2. 船用汽轮机通流部分结构特点

图 7 - 17 所示为一典型的船舶蒸汽动力装置高压汽轮机通流部分结构。该高压汽轮机是
冲动式内旁通型，由一个双列调节级和九个单列级组成。

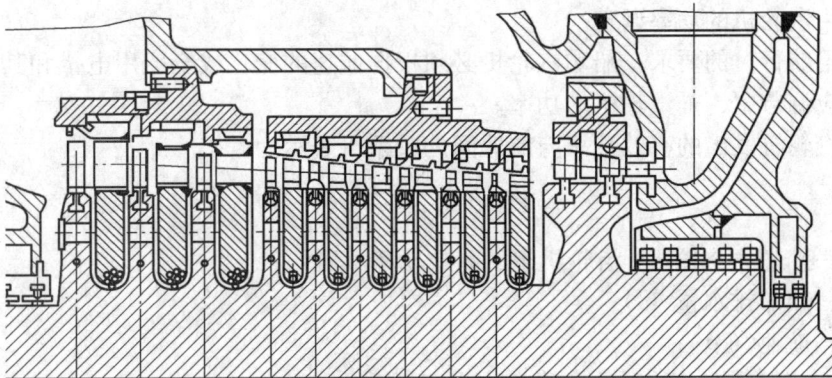

图 7 - 17 高压汽轮机通流部分结构

低速时，包括第一巡航速以下，汽轮机所有的级都工作。在其他航速下，根据旁通阀打

开的程度，前六个单列级逐渐退出工作，蒸汽从调节级旁通到第八级。这样，全速下只有调节级和最后三个级（全工况级）工作。

图 7-18 所示为一典型的船舶蒸汽动力装置低压汽轮机通流部分结构。该低压汽轮机为冲动式双流程，采用双流程汇集排汽，两侧进汽中间排汽；每一流程由五级冲动级组成，第五级（末级）后蒸汽排入凝汽器。低压汽轮机中部配置了双流程倒车汽轮机，汽流向两边分开，每一流程由一个双列级构成，蒸汽由第二列动叶后流出，进入凝汽器。

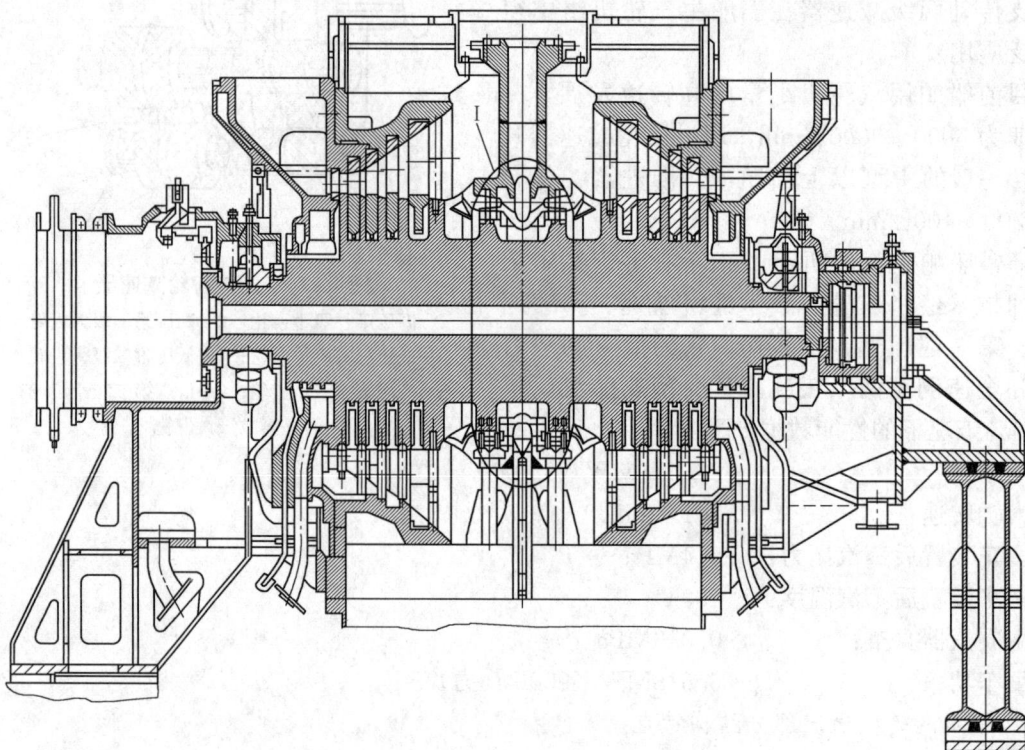

图 7-18 低压汽轮机通流部分结构

二、船用汽轮机的功率调节

为了满足航行时的要求，船舶汽轮机必须根据航速的变化或全船用电量和其他辅机负荷的增减，相应调节主、辅汽轮机的功率。

船舶主汽轮机发出的有效功率与航速间的关系可表示为

$$P_e = 0.735 \frac{D_s^{2/3} v_s^3}{C_s} \qquad (7-8)$$

式中　P_e——船舶主汽轮机-齿轮机组的有效功率（kW）；

　　　D_s——船舶排水量（t）；

　　　v_s——航速（节）；

　　　C_s——与船型有关的系数，通常称为海军系数。

当船舶排水量一定，并忽略不同航速下系数 C_s 的变化时，所需的推进功率与航速的三次方成正比。

由于航速 v_s 与螺旋桨转速 n 成正比，若忽略轴系传动损失的功率，则主汽轮机输出功

率与转速的三次方成正比，即

$$P_e \propto n^3 \qquad\qquad (7-9)$$

为了改变航速，必须改变推进器所需功率，即改变主汽轮机转速，也就是要调节主机功率。人为改变汽轮机的功率称为汽轮机的功率调节。

汽轮机的有效功率 $P_e = GH_{at}\eta_e$，若要调节汽轮机组的有效功率，可以改变蒸汽流量 G 或改变蒸汽在汽轮机内的总等熵焓降 H_{at}。而汽轮机组的有效效率 η_e 是从属于前两个参数的，故一般不采用单独改变有效效率的方法来调节汽轮机组的有效功率。船舶汽轮机的功率调节有以下几种方法。

1. 喷嘴调节（汽量调节）

图 7-19 所示为汽轮机的进汽机构。为了调节功率，多级汽轮机第一级（调节级）喷嘴分成 2～5 组，分别由喷嘴阀控制。喷嘴调节时调节阀全开，蒸汽通过喷嘴阀进入几个互相分隔的喷嘴组，打开或关闭不同的喷嘴阀即改变了进入汽轮机的进汽量，从而改变汽轮机的功率。这种调节方法也称为汽量调节。

采用喷嘴调节，新蒸汽通过全开的调节阀和喷嘴阀时都不产生节流，因此，相比节流调节具有较高的效率。但是，由于调节级喷嘴分组的数目有限，所以采用喷嘴调节不能满足连续调节汽轮机功率的要求。

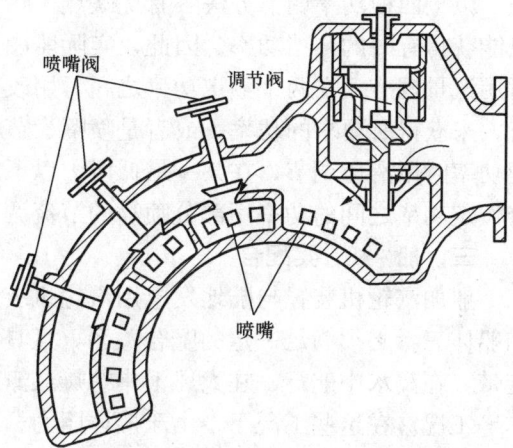

图 7-19 汽轮机的进汽机构

2. 节流调节（汽质调节）

只改变调节阀的开度，对进入汽轮机的全部蒸汽进行节流。由于节流使汽轮机前的蒸汽初压降低，初温基本不变，初焓也不变，若汽轮机背压也不变，则汽轮机的等熵焓降 H_{at} 将减小，因此节流调节也称为汽质调节。应该指出，汽质调节的称法只是相对于纯汽量调节而言。实际上，节流时不仅使汽轮机的等熵焓降减小，而且也使汽轮机的流量减小。

节流调节时，由于阀门节流带来节流损失，因此其经济性不好。其突出的优点是结构简单，可以很方便地得到连续的任意低功率。因此，节流调节常用于船舶主汽轮机的倒车及一些辅汽轮机的功率调节。

3. 混合调节（喷嘴-节流混合调节）

节流调节简单方便，并能连续调节汽轮机的功率，但不经济。喷嘴调节能量损失少，但不能连续调节功率。船舶汽轮机既要求能连续调节功率，同时要求功率调节时具有尽可能高的效率。这样，就结合应用节流调节和喷嘴调节成为喷嘴-节流混合调节，简称混合调节。

混合调节根据其节流方法可以分成两种。一种方法是喷嘴阀根据要求汽轮机发出的功率，或开足，或关闭，再通过改变操纵阀的开度，将全部新蒸汽节流来实现连续调节汽轮机的功率。实际上，这是在喷嘴调节的基础上，再用调节阀进行节流调节。这种方法又称喷嘴-调节阀节流混合调节，主要用来调节中、小功率船舶主汽轮机和大功率辅汽轮机的功率。另一种方法是调节阀全开，不进行蒸汽的节流，喷嘴阀中除有一个将一部分新蒸汽节流来实现连续调节汽轮机的功率外，其余喷嘴阀根据要求汽轮机发出的功率，或开足，或关闭。实际上，这是在喷嘴调节的基础上，再用一个喷嘴阀进行节流调节。这种方法又称喷嘴 - 喷嘴阀节流混合调节，主要用来调节船舶大功率主汽轮机和发电用主、辅汽轮机的功率。

4. 滑动参数功率调节

由于节流调节时效率较低，可用改变锅炉蒸汽压力的方法来获得所要求的功率，即所谓滑压调节，或称为滑动参数调节。从理论上讲，新蒸汽压力可以从最大值一直滑到零以获得所要求的任何功率。实际上由于辅汽轮机及有关系统的需要，锅炉蒸汽压力不允许低于一定值，因此滑动参数调节的汽轮机在某个功率以下仍为定压运行。滑压调节的汽轮机结构较简单，在同样条件下由于避免了调节阀处的节流损失，经济性较节流调节为好。

以上四种功率调节方法各有优缺点，除了节流调节和连续的滑压调节外，其余调节方法只能获得有限的几挡功率。因此，实际船舶主汽轮机是采用混合调节法，即在几个额定功率时用汽量调节，在两个额定功率之间，用改变某一喷嘴阀的开度，使该喷嘴阀控制的蒸汽节流，来获得所要求的功率。或者是喷嘴、节流及滑压三种方式混合调节，即从全速到某一中间功率时用滑压调节，在某一最低压力以下的几个额定功率，用低参数的汽量调节，介乎两个额定功率之间的功率用部分喷嘴的节流调节。

三、船 - 机 - 桨配合

船舶汽轮机装置与陆地发电用汽轮机装置的一个重要区别在于，船舶的汽轮机、螺旋桨和船体三者必须满足一定的配合关系，且具有一些特殊的运行工况，包括船舶载质量变化、拖带，在浅水中航行、在大风浪中螺旋桨露出水面，船舶污底和双桨船舶受损后只有单机工作等工况。在这些工况下，由于船体阻力、螺旋桨负荷发生变化，直接影响船舶主汽轮机的工作，这时，主汽轮机、螺旋桨和船体三者的配合关系不同于额定设计工况。

当船舶以某一稳定的航速航行时，主汽轮机、螺旋桨和船体三者之间必须满足下列条件：

（1）在忽略伴流影响的情况下，船舶的航速等于螺旋桨的轴向运动速度，都用 v 表示。实际上，船体运动时，它与水间存在摩擦阻力，船体以某一速度将船尾部分的水一起带走，这部分被带走的水的运动称为伴流。由于伴流的存在，螺旋桨所在位置处水流的速度（即螺旋桨的轴向运动速度）不等于船舶的航速。这两者相等的前提是忽略伴流的影响。

（2）螺旋桨产生的推力之和 $\sum F_P$ 等于船舶在航速 v 下航行时舰体的总阻力 R，即

$$\sum F_P = R \tag{7-10}$$

（3）主汽轮机经减速后的转速等于螺旋桨转速。

（4）主汽轮机发出的有效功率 P_e 减去轴系中由于摩擦损失消耗的功率 P_s 等于螺旋桨消耗的功率 P_p，即

$$P_e - P_s = P_p \tag{7-11}$$

或主汽轮机经减速器后提供的转矩 iM_T 等于螺旋桨吸收的转矩 M_P，即

$$iM_T = M_P \tag{7-12}$$

主汽轮机、螺旋桨和船体三者中任何一个的工作特性改变，必将破坏原有的平衡状态，使其他两者相应改变运动状态。例如，当船舶载质量增加使船舶吃水加深时，船舶在航速 v 航行时舰体的总阻力 R 增加，破坏了舰体总阻力与螺旋桨推力间原来的平衡关系，结果必定使船舶航速相应降低。船舶航速降低时，螺旋桨转速同时降低，使螺旋桨的转矩 M_P 相应增大。这样，又破坏了主汽轮机与螺旋桨间的转矩平衡关系。这种互相影响一直到它们达到

新的平衡状态时才会停止，即平衡于一个比原来低的船舶航速和主汽轮机转速的状态下。这时，如果要保持原来的航速和转速，必须相应增加主汽轮机发出的功率，反之亦然。当船舶载质量减少使船舶吃水减小时，主汽轮机、螺旋桨和船体三者平衡于一个比原来高的船舶航速和主汽轮机转速的状态下。

第四节 汽轮机运行简介

汽轮机运行不仅包括启动、停机、变负荷以及正常运行等工况，还涉及汽轮机的经济调度、事故处理和试验等内容。汽轮机的运行总的要求是在保证机组安全的前提下，尽可能地提高其运行的经济性，以获得最大的经济效益。在汽轮机的各种运行工况中，除去甩负荷等异常工况外，机组状态变化最为剧烈的是启停工况。在机组启停过程中，汽轮机进汽温度的变化会引起汽轮机产生较大的热应力及低周疲劳，增大机组的寿命损耗，运行中必须对此给予足够的重视。

一、启停概述

启动和停机过程是汽轮机运行的重要组成部分，对机组运行的安全性和经济性有着极大的影响。汽轮机的启动过程是指转子由静止状态逐步加速至额定转速、负荷由零逐渐增至额定值或某一预定值的过程。在启动过程中，汽轮机内蒸汽参数逐渐升高，零部件被加热，其金属温度将由启动前的温度水平被加热而升高至目标功率所对应的温度水平。汽轮机的停机过程与启动过程相反，是指转子由正常运转状态逐步至静止状态的过程。在停机过程中，其金属零部件将被冷却，温度相应降低，负荷和转速逐渐降至零。

汽轮机启动和停机过程不仅操作复杂，而且其主要零部件的受力状态和金属的温度分布也会发生较大的变化，因此造成机组的启停速度受到诸多因素的制约，如汽轮机零件的热应力、热疲劳、热变形、转子和汽缸的胀差、机组的振动等。在汽轮机启停过程中，为了获得较高的经济效益，应尽可能地在确保机组的安全的前提下，加快启停速度，缩短启停时间，提高机组调度的灵活性，减少其能量和汽水损失。

汽轮机启停时，由于其热力特性和结构上的一些特点，会使其金属部件在加热和冷却的过程中，产生较大的热应力、热变形，严重时会导致裂纹的产生。为了保证汽轮机运行的安全性和经济性，防止由于热变形或胀差过大，使汽轮机径向或轴向间隙消失，造成动、静部分摩擦，应在启停过程中注意以下几方面的问题。

1. 热膨胀和热胀差

汽轮机启停时，转子与汽缸均会受到蒸汽的加热或冷却作用，产生膨胀或收缩，其膨胀量的大小主要取决于汽缸和转子的质量与被加热面积。汽缸与转子由于结构的不同，以及本身材质的区别，受热条件存在的差异，都使得两者的膨胀程度不同。转子质量小、表面积大，而汽缸质量大、表面积小，在被加热或冷却过程中，转子的膨胀或收缩速度都比汽缸快，这样就产生了相对膨胀差。转子轴向膨胀大于汽缸轴向膨胀之差，称为正胀差，反之为负胀差。

在汽轮机启停过程中，进汽参数、轴封供汽温度、真空和转速大小等因素都会影响到胀差值的大小。为了避免出现过大的胀差，应合理控制蒸汽的温升速度，合理利用轴封供汽以及使用汽缸和法兰螺栓加热装置来控制胀差值。相对胀差的极限允许值取决于机组动、静部分的轴向间隙以及汽缸与转子的结构。汽缸与转子之间的胀差值是启停过程中监视的一个重要指标。

2. 热变形

汽轮机在启、停过程中，若加热过快或冷却不当，就会使金属部件受热不均匀，出现温差，从而产生热变形，造成通流部分动、静间隙变化，严重时间隙甚至消失，使动、静部分产生摩擦。

汽轮机启停时，由于上下汽缸的保温及受热条件不同，往往造成上汽缸温度高于下汽缸温度，使汽缸的上下缸产生温差，引起汽缸拱曲变形。汽缸变形会使汽封的径向间隙发生变化，变形过大时，会使某些部位径向间隙消失而产生摩擦，造成转子弯曲，引起机组振动。汽轮机的汽缸具有宽而厚的法兰，在被加热时，法兰内、外壁会产生较大的温差，法兰因热变形而翘曲。当法兰因内外壁温差产生弯曲变形时，因汽缸膨胀受法兰的制约，从而迫使汽缸产生椭圆变形；汽缸中部变形为立椭圆，两端变形为水平椭圆。在汽缸被冷却时变形情况则相反。

为了减小上下缸的温差，在机组启停过程中，必须严格控制温升速度，保持本体疏水顺畅，同时应严密监视法兰内外壁温差和汽缸的上下缸温差，使其温差不超过允许值。

3. 热应力

转子和汽缸内的热应力是导致汽轮机失效和寿命损耗的主重要原因之一，热应力的概念和计算在第五章已有介绍，启动和停机过程中要重点关注热应力问题，避免出现不必要的可能引起的热应力增加的误操作。

二、汽轮机启动

汽轮机启动是机组由静止状态到运动状态，机组金属零部件的温度由冷到热逐渐升高的过程。

（一）汽轮机启动过程

根据机组启动时所处的状态及启动条件的不同，可划分为不同的启动方式。对汽轮机启动进行分类的目的，是针对不同的启动过程确定汽轮机的启动参数、暖机时间、转速变化率及启动中应注意的问题等，以便获得最佳的启动效果和较高的经济效益。通常，汽轮机的启动过程可按如下标准进行分类。

1. 根据汽轮机启动前的金属温度水平分类

按启动前金属的温度水平，汽轮机启动状态可分为冷态、温态、热态和极热态四种。启动前金属的温度水平越高，启动过程中零件金属的温升量就越小，启动所需的时间也就越短。

（1）冷态启动。停机时间超过72h，汽缸金属温度已下降至该测点满负荷值的40%以下。

（2）温态启动。停机时间为10～72h，汽缸金属温度已下降至该测点满负荷值的40%～80%。

（3）热态启动。停机为1～10h，汽缸金属温度高于该测点满负荷值的80%。

（4）极热态启动。机组停机时间小于1h，汽缸金属温度接近该测点满负荷对应值。

通常汽轮机启动状态是根据汽轮机高压内缸第一级金属的初始温度和（或）中压内缸金属的初始温度的金属温度的高低状况来区分的，这些部位的温度值在启动过程中非常重要，通常通过设置温度测点来实时测量。

对于不同的汽轮机，其转子的材料和结构不同，区分其冷、热态启动的温度值也不完全相同。表 7-2 为 600MW 超临界汽轮机典型的启动状态。

表 7-2　　　　　600MW 超临界汽轮机典型的启动状态　　　　　℃

启动方式	冷态启动	温态启动	热态启动	极热态启动
高中压缸启动	$t<320$	$320\leqslant t<420$	$420\leqslant t<445$	$t\geqslant445$
中压缸启动	$t<305$	$305\leqslant t<420$	$420\leqslant t<490$	$t\geqslant490$

注　t 为汽缸金属温度。

有些汽轮机制造厂仅将启动分为冷态启动和热态启动两种：当汽缸金属初始温度小于 320℃时，为冷态启动；当汽缸金属初始温度等于或大于 320℃时，为热态启动。

2. 根据汽轮机启动过程中主蒸汽参数变化的特点分类

根据启动过程中汽轮机主蒸汽门前的新蒸汽参数的变化特点，汽轮机的启动过程可分为额定参数启动和滑参数启动两种。

(1) 额定参数启动。汽轮机冲转蒸汽参数为额定值，且在整个启动过程中蒸汽参数保持不变。额定参数启动方式由于冲转时蒸汽压力和温度值都相当高，易造成蒸汽与金属部件之间大的温差，为控制由温差引起的热应力，应将蒸汽的流量控制在较小的数值。另外，由于在这种启动方式中，汽轮机和锅炉是单独启动的，从而延长了机组的启动时间，增大了燃料损耗，降低了电厂的经济性。为提高运行经济性，大型单元制机组不宜采用这种启动方式。

(2) 滑参数启动。根据启动前汽轮机的金属温度来确定冲转时的蒸汽参数的，在整个启动过程中主蒸汽门前的蒸汽参数随负荷的升高而滑升。滑参数启动是根据启动前汽轮机的最高金属温度来确定冲转时的蒸汽参数的，因冲转时蒸汽温度与进汽部分金属温度之间差值小，可减小热冲击造成的热应力值。在汽轮机冲转升速过程中，可先采用较低温度的蒸汽进行暖管、暖机，暖管、暖机的过程与锅炉的升温升压过程可同时进行。同时机、炉启动过程相互重叠，可以缩短机组的启动时间，减少启动过程中的能量损失。

考虑到滑参数启动比额定参数启动有明显的优势，目前大容量机组普遍采用这种启动方式。汽轮机滑参数启动根据进汽冲转参数的不同，又可分为压力法滑参数启动和真空法滑参数启动两种方式。

1) 压力法滑参数启动。汽轮机冲转前，主汽门前蒸汽已经具有一定的压力和温度，通过汽轮机的调节汽门控制进汽量来进行冲转和升速，在冲转、升速、并网、带少量负荷过程中，蒸汽压力值一直保持不变，而蒸汽温度则按规律升高。在机组带初始负荷后，再通过加强锅炉燃烧来提高主蒸汽参数，同时增加机组负荷至满负荷。压力法启动可对汽轮机升速过程、蒸汽湿度进行较好的控制，也便于维持锅炉在低负荷下的稳定运行，因此大多数高参数、大容量汽轮发电机组采用压力法滑参数启动。

2) 真空法滑参数启动。汽轮机冲转前，从锅炉汽包到汽轮机的蒸汽管道上的所有阀门全部开启，凝汽器抽真空，锅炉点火后当产生蒸汽的能量可冲动汽轮机转子时，汽轮机自动冲转，依靠锅炉的热负荷控制机组升速、并网、带负荷。真空法启动时冲转前真空系统一直扩展到锅炉汽包，导致抽真空较为困难，且冲转后转速难以控制。目前真空法滑参数启动很少采用。

3. 根据汽轮机启动冲转时的进汽方式分类

对于中间再热式汽轮机，根据启动进汽冲转时的蒸汽流动通路可分为高、中压缸同时进汽冲转和中压缸进汽冲转，后者也称为中压缸启动。

（1）高、中压缸同时冲转启动。机组启动冲转时，主蒸汽进入高压缸、再热蒸汽进入中压缸冲动转子。这种启动方式操作比较简单，对高中压合缸的机组，利于使分缸处均匀加热，以减小热应力，同时可以缩短启动时间。

（2）中压缸冲转启动。机组启动冲转时高压缸不进汽，处于暖缸状态，而主蒸汽经过高压旁路管道进入再热器，当再热蒸汽参数达到机组冲转要求的数值后，打开中压主汽门和调节阀进汽冲转，当转速升至 2300～2500r/min 或机组并网带一定负荷后，再切换为高、中压缸同时进汽。这种启动方式适合于热态启动，可解决汽轮机启动冲转时主蒸汽、再热蒸汽温度与高、中压缸金属温度难以匹配的问题，同时中压缸启动方式具有降低高中压转子的寿命损耗，改善汽缸热膨胀和缩短启动时间等优点。

（二）汽轮机的启动过程

按机组启动过程中所具有的不同特点，可将汽轮机启动过程分为以下几个主要阶段：

（1）启动前的准备阶段。为机组启动准备相应的条件，主要包括设备、系统和仪表的检查及试验；油系统的检查和试验；调节保护系统校验；辅助设备、系统的检查和启动；汽源准备等工作。

（2）冲转升速阶段。在确保机组安全的条件下，当冲转条件满足后，汽轮机进汽冲转，将转子由静止状态逐步升速到额定转速的过程。此阶段又可分为进汽冲转阶段和升速暖机阶段，启动前金属初始温度的高低对于此阶段的冲转蒸汽参数选择及暖机转速和持续时间有着重要的影响。

（3）并网带负荷阶段。当转速稳定在同步转速，经全面检查确认设备运转正常且具备并网条件后，即可将发电机并入电网并带上初始负荷。

（4）升至预定负荷阶段。在机组并网后，将机组的输出电功率逐渐增加至预定值，并逐渐进入到稳定运行阶段。

图 7-20 所示为汽轮机启动过程的一般流程。

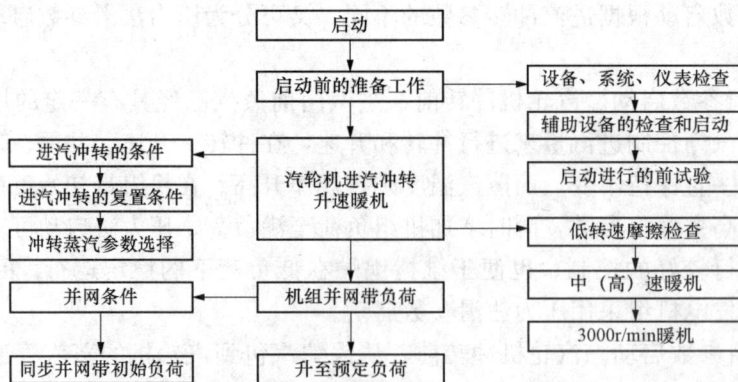

图 7-20 汽轮机启动过程的一般流程

根据汽轮机启动前的状态及启动过程中每个阶段具有的特点，应遵循不同的规定和采取相应的操作，同时要兼顾到不同启动阶段应注意的问题，保证汽轮机启动过程中的安全性和经济性。图 7-21 和图 7-22 所示为 600MW 超临界汽轮机冷态及热态启动过程曲线。

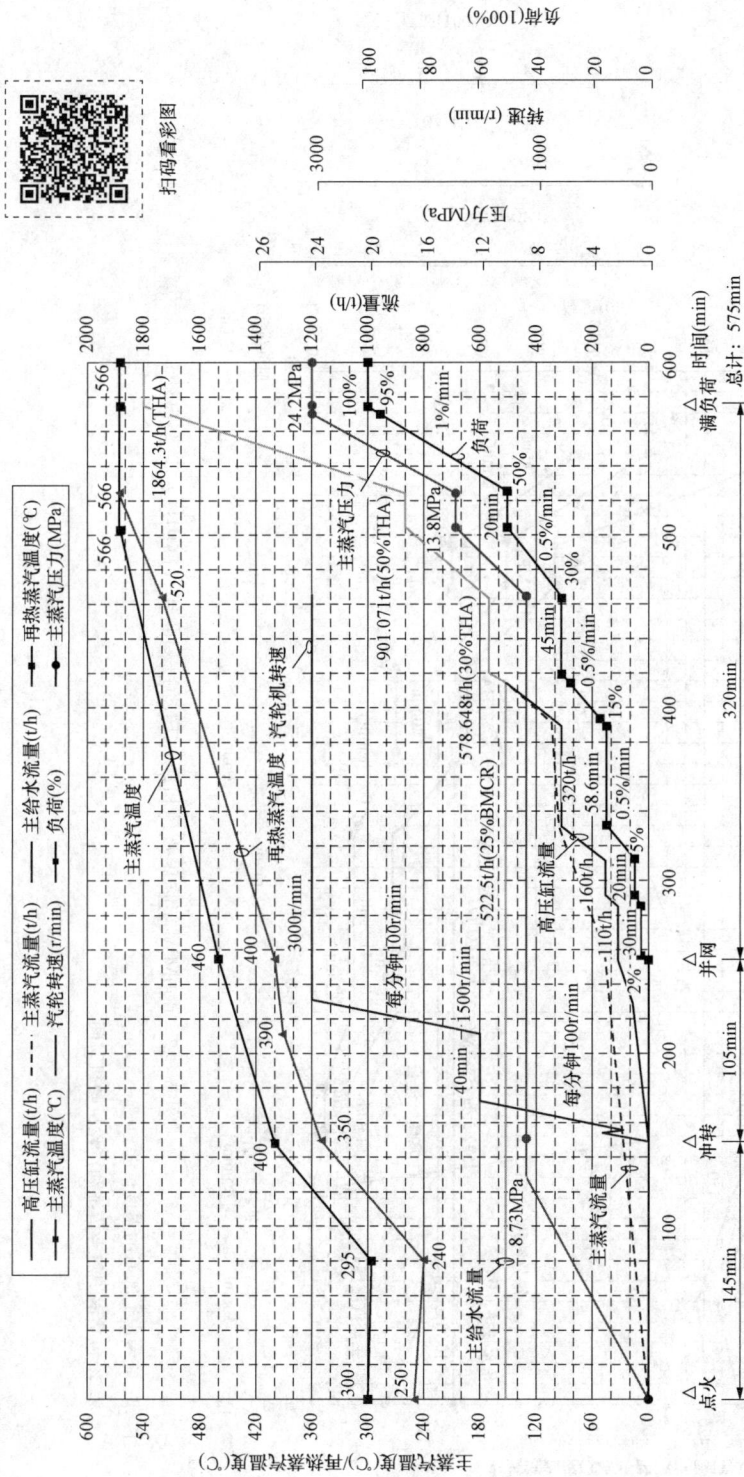

图 7-21 600MW 超临界汽轮机冷态启动过程曲线（高中压缸联合启动）

注：1. 应考虑±20℃的温度偏差。

2. 不包括锅炉热态清洗和汽轮机暖机时间。

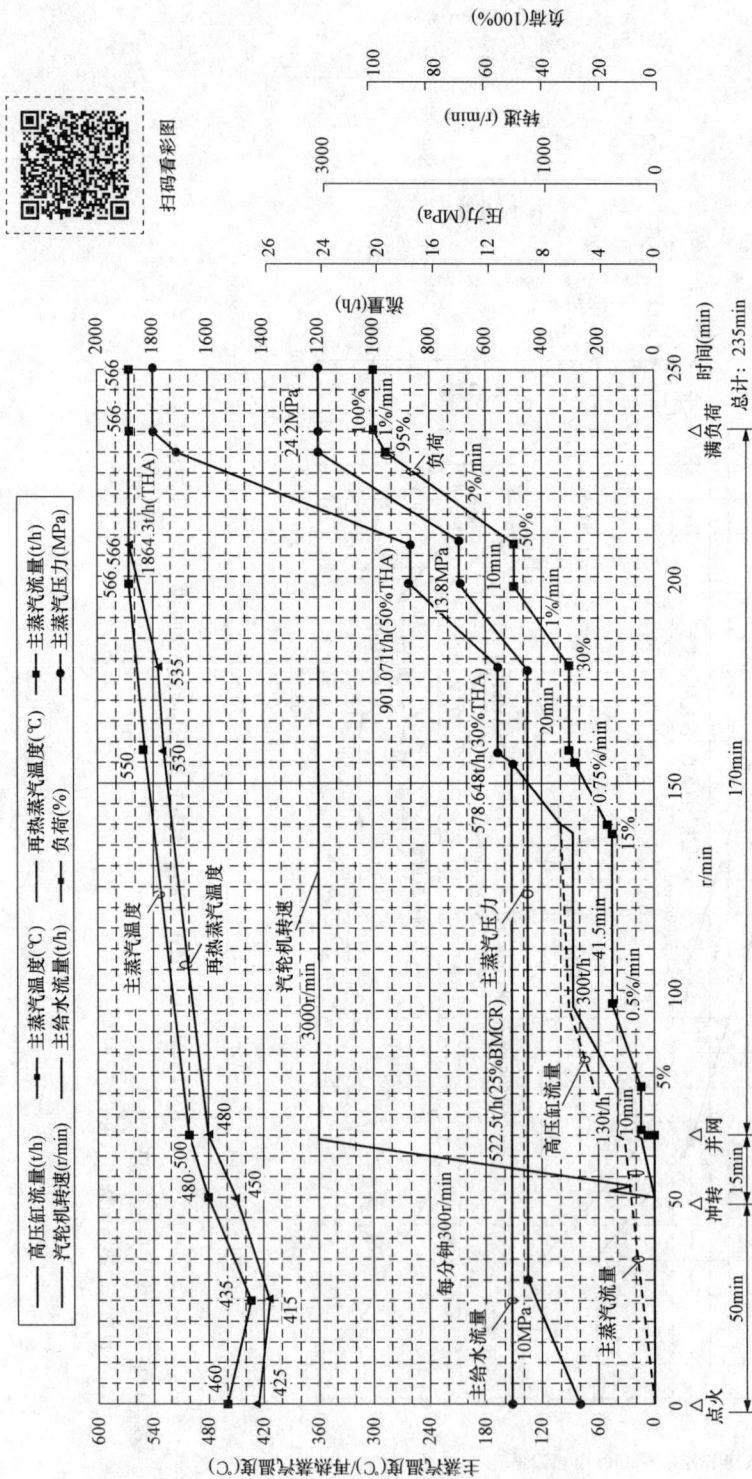

图 7-22　600MW 超临界汽轮机热态启动过程曲线（高中压缸联合启动）

注　1. 应考虑±20℃的温度偏差。
　　2. 不包括锅炉热态清洗和汽轮机暖机时间。

三、汽轮机的停机

汽轮机停机是指由带负荷运行状态到卸去全部负荷、汽轮机转子由转动至静止的过程。停机过程是启动的逆过程,汽轮机停机过程是金属部件逐渐冷却的过程,随着温度的下降,机组各零部件将会出现因受不均匀冷却而产生较大的热应力、热变形及胀差现象。停机过程一般包括降负荷、解列、惰走(降速)、停机后的处理四个阶段。其中降负荷及解列分别与启动过程中并网和升负荷过程相对应。

当机组无功负荷降低到零后,发电机与电网解列,汽轮机自动主汽门和调速汽门关闭后,汽轮机转子由于惯性仍然继续转动一段时间才能静止下来,这个过程称为转子惰走,这段时间称为惰走时间。新投产机组投入运行一段时间后,要在停机时测绘惰走时间曲线,如图 7-23 所示。利用转子惰走时间曲线可判断汽轮机的某些故障。若惰走时间急剧减少,可能是轴承磨损严重或机组动静部分发生摩擦现象。若惰走时间显著增加,可能是进汽阀门关闭不严,或抽汽管道阀门关闭不严。惰走曲线与真空变化有密切关系,真空下降速度快,则

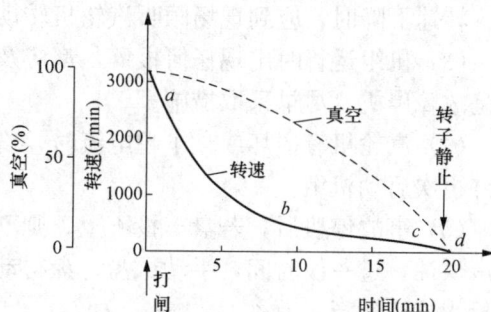

图 7-23 某汽轮机转子惰走曲线

惰走时间缩短。停机过程中必须控制真空下降的速度,以便比较惰走时间。

1. 停机方式的分类

汽轮机停机过程一般按停机目的进行分类,通常分为正常停机和事故停机两大类。正常停机根据实际运行的情况,又分为调峰停机和维修停机。调峰停机是指机组调峰运行或为了消除辅助设备的缺陷而需要进行的短时停机。当电网负荷增加或缺陷消除后,机组很快再启动带负荷,直至恢复正常运行状态,停机过程中希望金属部件尽量保持在高温状态。维修停机则是为了进行大修、小修或维护而进行的停机。为满足检修工期的要求,在停机过程中应尽量降低汽轮机的金属温度,使机组尽快冷却,以便缩短等待的时间。

事故停机是指机组监视参数超限或出现其他异常,保护装置动作,机组从运行负荷瞬间降至零负荷,发电机与电网解列,汽轮机转子进入惰走阶段的停机过程。汽轮机在运行时,可能出现异常情况而需要停机,对不同的故障和事故,采取的停机处理方法不同,按照操作的特点,事故停机通常分为一般事故停机和紧急事故停机,其主要区别是打开真空破坏阀的时间不同。

一般来说,事故的处理应以保证人身安全且不损坏或尽量减少设备的损坏为原则。机组发生事故时,应立即停止故障设备的运行,并采取相应措施防止事故扩大,必要时可保持未发生故障设备的运行。事故处理应判断准确、动作迅速、处理果断。保存好事故发生前和发生时仪器、仪表所记录的数据,以备事后分析原因。事故消除后,运行人员应将观察到的现象以及处理经过和发生时间进行完整、准确的记录,便于总结事故处理经验时参考。

机组发生缺陷需要停机处理,但不需要冷却时,应根据机组运行状态快速停机,并做好重新启动的准备。若机组发生缺陷需要进行冷却处理的,在条件允许时,可采取适当措施进行冷却,以利于消缺。

2. 停机过程中应注意的问题

汽轮机的停机过程是机组从高温状态到低温状态，从额定转速到零转速的动态过程。在这个过程中，若运行操作不当，就会造成设备的损坏。

停机过程中主要的注意事项包括：

（1）汽轮机转速达到盘车转速后，必须投入盘车，并注意盘车电动机超功率保护是否动作。

（2）汽轮机事故停机时，应注意转子的惰走时间。停机过程中严密监视机组的各种参数，转速下降时，应到现场倾听汽轮机转动的声音。

（3）机组运行时出现任何报警，都应及时处理，分析原因并做出判断，决定是紧急停机还是故障停机，尽早采取措施。

（4）汽轮机有损坏或盘车超电流时，惰走时间应大大缩短，不查出原因并加以处理，不允许再次启动机组。

（5）事故停机后，若盘车投不上，则不允许强行投盘车，但油系统应正常运行，以保证轴承供油。过一段时间，手动试盘，盘得动，应先翻转半圈，十分钟后再翻转半圈，直到盘车投入连续运行。

（6）事故停机过程中，若失去轴封供汽，应立即破坏真空。

思 考 题

1. 与火电厂汽轮机相比，核电厂汽轮机有什么特点？其经济性如何？
2. 为什么多数核电厂汽轮机采用半转速？
3. 简述造成核电厂汽轮机叶片侵蚀的原因以及减缓侵蚀的主要措施。
4. 供热式工业汽轮机有什么特点？如何实现调节？
5. 船舶汽轮机有什么特点？如何实现调节？
6. 汽轮机启动过程有哪些分类？
7. 简单分析冷态启动与热态启动的主要区别。
8. 解释汽轮机惰走的含义。

参 考 文 献

[1] 黄树红. 汽轮机原理. 北京：中国电力出版社，2008.

[2] 康松，杨建明，胥建群. 汽轮机原理. 北京：中国电力出版社，2000.

[3] 蔡颐年. 蒸汽轮机. 西安：西安交通大学出版社，1988.

[4] 沈士一，庄贺庆，康松，等. 汽轮机原理. 北京：中国电力出版社，2007.

[5] 吴季兰. 汽轮机设备及系统. 北京：中国电力出版社，1998.

[6] 谢诞梅，刘勇，戴义平. 发电厂热力设备及系统. 北京：高等教育出版社，2008.

[7] 吴厚玉. 透平零件结构与强度计算. 北京：机械工业出版社，1990.

[8] 翦天聪. 汽轮机原理. 北京：中国电力出版社，1992.

[9] 曹祖庆. 汽轮机变工况特性. 北京：水利电力出版社，1991.

[10] 靳智平，王毅林. 电厂汽轮机原理及系统. 2版. 北京：中国电力出版社，2004.

[11] 代云修. 汽轮机设备及运行. 北京：中国电力出版社，2005.

[12] 肖增弘，徐丰. 汽轮机数字式电液调节系统. 北京：中国电力出版社，2003.

[13] 胡念苏. 汽轮机设备及系统. 北京：中国电力出版社，2006.

[14] 王爽心，葛晓霞. 汽轮机数字电液控制系统. 北京：中国电力出版社，2004.

[15] 李维特，黄保海. 汽轮机变工况热力计算. 北京：中国电力出版社，2000.

[16] 顾晃. 汽轮发电机组的振动与平衡. 北京：中国电力出版社，2000.

[17] 王为民，李银凤，刘万琨. 核能发电与核电厂水电热联产技术. 北京：化学工业出版社，2009.

[18] 郑体宽. 热力发电厂. 2版. 北京：中国电力出版社，2008.

[19] 中国动力工程学会. 火力发电设备技术手册：第二卷·汽轮机. 北京：机械工业出版社，2001.

[20] Lieberman N P. Troubleshooting vacuum systems：steam turbine surface condensers and refinery vacuum vowers. Hoboken：Wiley - Scrivener Publishing，2012.

[21] 中国动力工程学会. 火力发电设备技术手册：第四卷·火电厂系统与辅机. 北京：机械工业出版社，1998.

[22] 温高. 发电厂空冷技术. 北京：中国电力出版社，2008.

[23] 邱丽霞，郝艳红，李润林，等. 直接空冷汽轮机及其热力系统. 北京：中国电力出版社，2006.

[24] 索格洛夫 ЕЯ，津格尔 HM. 喷射器. 黄秋云，译. 北京：科学出版社，1977.

[25] 张卓澄. 大型电站凝汽器. 北京：机械工业出版社，1993.

[26] 于瑞侠. 核动力汽轮机. 哈尔滨：哈尔滨工程大学出版社，2000.

[27] Rajput R K. Elements of mechanical engineering. New Delhi：Laxmi Publications，2005.